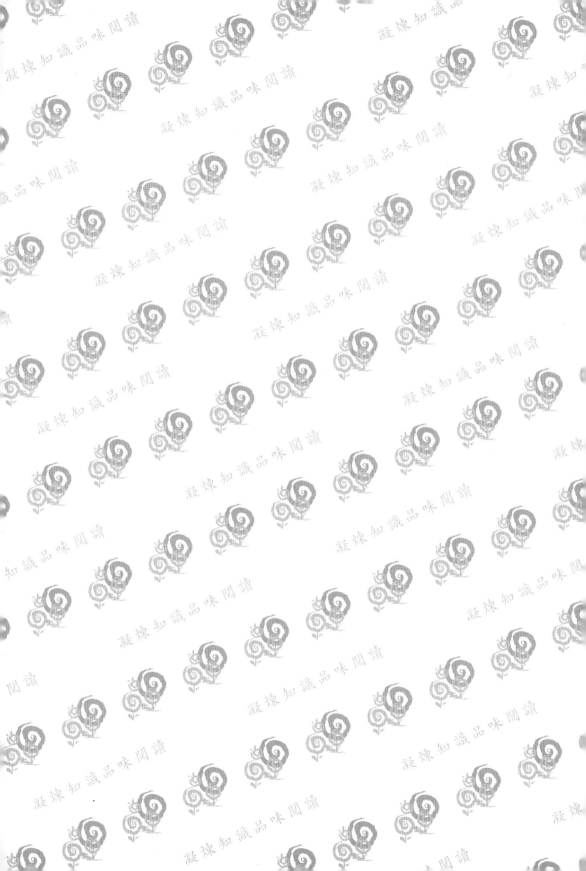

國際關係
Understanding International Relations

Chris Brown, Kirsten Ainley————著

葉惠琦　龐元媛————譯

五南圖書出版公司 印行

顏永銘————審閱

第四版序言

這本《國際關係》的第四版，沿襲了第三版的架構。第十二章是全新的內容，不僅反映出過去四年的變化，也特別探討未來可能出現的變化，尤其是多極世界再度出現的徵兆，同時也預測世界經濟若是衰退，會有哪些嚴重的後果。第四章經過大幅改寫，將重點放在行動者與結構的討論。第十一章也多有更動，探討國際刑事法院快速變遷的歷史。其他幾章也全數經過修訂更新，每一章後面的延伸閱讀亦同。在第四版的延伸閱讀，期刊所占的比重較高，因為現在很多期刊都能在線上瀏覽。

《國際關係》的第三版是以911事件以及美國的實力為主題，現在的第四版卻沒有如此明確的主題。2003年伊拉克戰爭的結果不盡理想，說不盡理想還算是客氣了，美國人民普遍認為國家走在錯誤的道路上。在這種氛圍下，美國帝國的相關討論便不再重要，甚至可以說如今的趨勢是低估美國的實力。俄國的石油與天然氣創造的收益帶動民族主義再度興起，再加上中國經濟強勁成長，有人認為這代表世界出現了新的權力平衡。但這樣說顯然言之過早，況且無論如何，目前的世界經濟衰退將嚴重衝擊中國與俄國，發展程度較高的敵國亦將受創甚深。另外，所謂的「南方國家」的成長幅度普遍相當驚人，但「底層十億人口」沒能享受經濟成長的果實，也沒有能力追趕。這種種因素造就了一個很難找出主題的世界。我們希望讀者看完這本書，能運用書中的理論，釐清往後的事件。

我們要感謝Joe Hoover與Marjo Koivisto的辛勞，也感謝我們的研究助理幫忙整理參考文獻，又對書的內容提供寶貴意見，還要感謝Joe費心更新每一章的「延伸閱讀」內容。另外也要謝謝Amnon Aran、George Lawson以及Brian Mabee針對某些章節給予建議。也要感謝Palgrave Macmillan的Steven Kennedy與Steven Wenham。Steven做事是一如既往的嚴格，品質也是一如既往的可靠。而Steven製作的封面，在我們看來是超越了前面的一到三版！

為了節省空間，這一次就不再重複先前一到三版的序言。最後我們要感謝

所有閱讀過書稿，參與製作先前一到三版的先進，以及在肯特大學、南安普敦大學，以及倫敦政經學院修課的學生，擔任後續的白老鼠。

Chris Brown與倫敦政經學院的Kirsten Ainley

謹識

目 錄

第一章　導論：定義國際關係

　　這是一本用來培養國際關係基本素養的書籍，「國際關係」經常被簡稱為「國關」（International Relations, IR），這是一種常見的稱呼，在本書中也不例外。但是到底「國際關係」是什麼？你可以在國際關係的相關研究中找到一堆關於國際關係的定義。某些意義上來說，國際關係看起來與「外交」（diplomatic）像同義詞，指的是國家對外關係上的一種策略，當然國際關係時常沾染戰爭與和平、衝突與合作等議題。亦有學者則把國際關係當成各式各樣跨國界（cross-border）行為的總稱，涵括政治、經濟、社會等面向，國關也因而被認為應包含國際貿易談判與國家以外的國際組織運行，例如國際特赦組織（Amnesty International），以及那些常規性的和平對話機制或聯合國日常工作。在21世紀又融入全球化（globalization）的元素，世界的通訊、運輸、金融體系、全球商務合作，以及浮現於想像中的全球社會，上述對於國關的解釋看似各成體系，實則又一脈相通，每一個元素皆存在著極其獨特的特徵。不論選定哪種論述作為國際關係的定義，一旦選定將會深切影響我們接下來的研究方向，這並非簡單的一兩句話就可以帶過的。

　　之所以要先界定「國際關係」一詞，是因為在真實的世界裡，我們很難為國際關係找到一個既簡短又清晰的定義，特別是在學術上的意義而言。所以我們只能透過真實世界與知識世界持續地相互對話，以此找出蛛絲馬跡。邏輯上知識世界是由真實世界所建構出來，但卻不能把兩者之間的關係看作簡單的單向關係。我們該如何理解或解釋這個世界，部分奠基在我們決定怎麼定義這個世界。無論何種定義都必會引來非議，這點無可否認。但我們要處理的難題與整個社會科學遇到的難題是一樣的，只要有人解釋何謂國際關係，就會立刻招致各方批評，不過，我想學生們對此情況一定也有相當程度的理解，因此必須改採更宏觀的態度去研究這既複雜又困難的社會科學與國際關係理論，何況，這一切是值得的。

　　「不證自明」似乎是自然科學的產物，在社會科學領域想要一體適用，有現實上的困難。舉個例子會更清楚一些，試想，若有一本教科書名為「螞蟻學導論」，那麼書本的第一頁就會清楚說明螞蟻為何物，甚至無需進一步定義，因

爲你我都知道螞蟻是什麼樣子。因此，接下來要替螞蟻做分類就省事許多，因爲我們對「螞蟻」或多或少存在一個舉世皆然的理解。當有人妄把螞蟻的概念擴大解釋時，我們很容易就可以依據普遍對螞蟻的理解而拒絕接受錯誤的解釋。當然這裡面可能有科學邏輯的問題，像是螞蟻不是自己替自己的特徵進行定義，這些特徵是科學家們賦予的，我們給螞蟻的描述就是人類意見的加總，自然不必擔心有一天人們會忘記有螞蟻這種生物存在。在自然科學裡我們可以對螞蟻這樣做，但在社會科學領域中卻無法依樣畫葫蘆。經濟學領域或許可以做到比較接近自然科學，因爲至少多數的經濟學者對於「經濟」一詞的理解是相近的，因此在經濟學領域中大家有共同遵循的原理原則產生。值得一提的是，社會科學號稱是「眞正」的科學，但持反對意見的人也不在少數，不過那些試圖建構社會「科學」的人，仍努力用不同方式去找尋社會科學的主體，試著理出一些多數人可以接受的共識。至於政治經濟學者（political economists）或馬克思主義經濟學者（Marxist economists）雖然有點被邊緣化，但他們依然存在，並持續推銷他們的論述，就像試著將一個螞蟻世界說成不是螞蟻世界。

其他多數的社會科學研究者，即使是經濟學者，要找出一個複雜度不算很高的共識仍然很困難。正因如此，在政治學領域中即使是談到一些基礎的本質性問題，都還是存有爭議。像是「政治」（politics）一詞僅單單涉及政府與國家嗎？我們也常常說到「大學校園政治」或「學生政治」，這是否也可以用合法性爲基礎來解釋？「家庭裡的政治」又是什麼呢？西方的政治思維中通常會將公領域與私領域分開，但女性主義論者卻認爲，私人是寓於政治之中的，在在說明，社會科學定義上的困難，在於本身並非政治無害。女性主義強烈批判傳統政治是建構在一種父權（patriarchal）的壓迫下，如同在傳統家庭中男女不平等。男性爲尊的政治權力遊戲以及扭曲的勞工地位保障條件，都使婦女屈居劣勢。這個批判點醒了我們，這個世界在特定領域中，存在著支配利益的力量。此外，即使政治與經濟間不存在灰色地帶，也不表示我們不能依照我們相信的事實給予特定的定義。

這些對我們如何定義國際關係有什麼啓示呢？首先，我們必須接受那些對國際關係相當重要且受到公認的概念，即使它相對於自然科學對「螞蟻」的定義還模糊許多。此外，國際關係也沒有劃定領域界線，所以我們寧可聽聽學者或者對某主題有研究的人的意見是什麼。這倒不是在爲後結構主義（post-structuralist）

所稱的「沒有東西可以超越文本」背書。歸根究底，就是有一個真實的世界存在，而活生生的人就在其中活動，那些被我們認為是國際關係領域至關重要的概念並不會自己蹦出來，因此對國際關係的定義，首先需要倚賴學者的意見。第二，可以從公認的、傳統的國際關係定義來著手，此種做法也合乎常理。以上方法可以讓我們對國際關係的概念自模糊走向具體，這麼做無關乎價值中立，相反地，我們反而期待透過這個相對客觀的定義，發現更多的客觀事實，甚至只是單純地描繪已存在的事務，並推斷它將會怎麼發展。也許有人支持有人反對，但唯有據此為起點，才可能有共通的知識基礎，方能繼續累積更多的知識。當然，要仔細審視所有隱藏在定義中已存在的問題，接續的研究當然也會出現許多隱含的議題，亦該仔細探討。

　　我們還是可以列出國際關係領域中一些爭議較少的共識。「國際關係」從字面上看起來就是一門研究國與國之間關係的學問，這門學問經常被放在外交、軍事、戰略等範疇討論，因此許多學者認為外交學與歷史學是國關研究的重心。國際關係研究的對象是國家（state）而非民族（nation），雖然當代多數的國家都是民族國家，不過核心主體應該還是在國家，而非民族。國與國之間關係的英文用「interstate」，比使用「international」更精確，只不過在美國可能不適用，因為美國人的「interstate」指的是州際關係，比如加州跟亞利桑那州之間的關係。而對英國人來講，「international」比較是像是描述大英帝國的蘇格蘭與加拿大的魁北克之間的關係，卻不是英國與加拿大的關係。國家的核心概念是主權（sovereignty），主權是根植於合法自治權（autonomy）概念的另一個很複雜的概念。主權國家之所以有主權是因為在國家之上沒有更高的主體可以支配它，不存在有權利對其下命令的更高主體。實際上，有些國家還是有能力去影響其他國家的行為，但影響力只是一種權力（power）投射並非權威（authority）的表徵。（請參考第五章以下）

　　換個方式來談，傳統國際關係討論強調國家之間關係的無政府狀態（anarchy）。無政府狀態並不一定意味著漫無法制或一團混亂，只是在說明國際體系中缺乏一個至高無上的政府，使國際關係沒有絕對權威的中心，至少在理論上是如此。這也就說明為何傳統的國際關係會特別注重外交與戰略。國際政治（international politics）一詞廣泛地被使用，但國際關係並非真的是「政治」的，因為政治涉及權威與政府，而這些在國際層次皆不存在。相較於在國內設

法影響政府替其代言，國際關係的參與者必須自己照顧自己，並且運用自己的資源來達成目標。用國際關係的行話來說就是一個全然的自助體系（a self-help system）。因為國家身處自助體系，所以國家對安全會格外關注，而外交活動（影響力的行使）存在於一個特定的脈絡中，也就是使用武力（force）依舊是國家行為的一個選項，而這種可能性讓實際擁有並支配武裝力量的國家成為主要的國際行為者。其他的行為者與國家相比皆相形見絀，其他的跨國界活動例如經濟、社會、文化等則被認為重要性低於外交戰略。

此種國家中心論式（state-centric）的學科定義有何問題？從脈絡上來看問題不大。這個世界確實存在如此一外交官與軍人扮演關鍵人物的面向，而所有不在乎安全議題的國家都會被認為是愚蠢的。在中東地區的「衝突之弧」（Arc of conflict）的情況就是著名的例子，這些自認為很安全的國家間突然發生了重大的軍事衝突。除此之外，也沒人會想到1982年1月，英國與阿根廷間之間真的打起了福克蘭戰爭。而1990年1月伊拉克突然入侵科威特，並引發波灣戰爭更是出乎意料。國際體系就是如此，處處有意想不到的事情。

總體來說，暴力與有目的性的衝突在傳統國際關係領域裡都是相當核心的概念。大多數的國家多數時候與他國之間相安無事，保持著和平狀態，跨越國界的行為川流不息，人民、貨物、資金、訊息與想法的互通，每天皆以和平的方式進行。例如將信從英國或澳洲寄到巴西、美國或南非，信件終將寄達收件人。或者我們也會透過網路訂購其他國家的書籍或CD等物品，他們會相信你的信用卡的信用額度是真的，因此你家的廚具、衣櫃、音響掛架可能來自世界不同的角落。而我們在計畫出國旅遊時不需要對於進入他國的國境感到太煩惱，這也可以說是個非凡的成就，由此看來，這樣的發展至少從表面而言是積極正向的。然而，今日卻有一些事情讓跨國活動沒這麼受到歡迎，像是污染問題、環境品質下降、毒品問題、軍火交易、國際恐怖主義與國際犯罪等，儘管這些問題與傳統的戰爭或暴力衝突看起來有所不同，但卻全都威脅著我們的安全。

上述這些發展對於描繪國際關係此一學科有何啟示？有幾個存在的可能性，我們也許還是可以維持「國家中心」原則，但可以捐棄或至少弱化安全議題在國家對外政策中的支配性，從這個觀點出發，國家仍然是國際關係中最重要的行為者，它們實際上控制或試圖控制大大小小的跨國界行為，它們能夠成功約束國境內的公民行為。國家負責簽發護照以及核發簽證、透過與他國簽訂條約來規範彼

此貿易行為、解決著作權及犯罪問題、透過建構國際組織管理世界金融以及防範環境災害等。簡言之，國家的外交政策跟傳統的假設沒有太大區別，只是不再以武力以及暴力作為核心關切。大多數的時候，經濟治術（economy statecraft）被提升到與傳統外交政策一樣重要的地位，使軍事目的漸漸被貿易與金融取代，而與涉外事務漸漸脫勾。

　　在上文中已大略說明國際關係中發生的一些問題，各國的確在這些面向中持續努力，只是不見得都能獲致成功。太多數的跨國界活動掌控在私人組織手上，例如跨國公司，或者發生在國家難以有效行事的場域（如國際資本市場）。有時掌握在非國家行為者、非政府組織（NGOs）手上的資源，可能比一個國家能運用的總體資源還要多，更有甚者，部分國家建立來幫助管理複雜互賴世界的國際組織試圖建立自身的獨立性。著名的例子就是國際貨幣基金（International Monetary Fund, IMF）或者世界貿易組織（World Trade Organization, WTO），它們最早是由世界上的強國所創建，到最後卻脫離強國的支配，使得國家不得不承認它們也是國際行為者，而不僅僅是一個國家活動的外交場域。因為這個變化，部分人士主張，國關學科應聚焦於跨國活動，以及國家與非國家行為者互動的方式。務實來看，國家也許還是主要的行為者，但在許多議題上還有其他的行為者參與其中。國際關係是一個複雜且深受議題影響領域，國家和社會之間的相互依賴，就如同兩者的獨立性一般，都是此一學門的重要特徵。

　　對一個1900年代的外交官而言，一定難以置信當今世界的樣貌，不過這一切卻是從過去傳統國際關係的基礎上而來，各自獨立的國家、社會在更多議題上開始相互作用。還有一派觀點認為國際關係應該要有更前衛的論述，全球化理論（theory of globalization）就是其中之一，這個理論大部分的概念還是圍繞著國家為核心的假設，只是不把所有焦點都放在國家身上，取而代之的是更關注全球政治、社會，特別是經濟間的交互行為，甚或是關心科技的發展，包括普及的網際網路、二十四小時的股票市場，以及日趨密切整合的全球體系（global system）。不同於以民族國家為起點的由下而上推論，這些學者從全球著手，為國家找尋一個有別以往、更適合國家定位的新角色。

　　極端的全球化倡議者的論點顯然誇大，他們認為我們其實已經活在一個「沒有國界的世界」（borderless world）裡（Ohmae, 1990），我認為這樣的論述有點愚蠢，不過這樣的觀點也讓傳統的國際關係學者不得不注意。

近來，全球化政治成爲大家覺得有趣的議題，新的全球化趨勢究竟是增強或者消融貧富差距問題？全球化的另外一個名字是全球資本主義嗎？還是美國化（Americanization）？一種對國際關係批判的觀點被稱爲結構主義（structuralism）或中心邊陲（centre-periphery）理論，這些理論對已存在的全球化力量充滿敵意，他們指出這個世界結構廣泛地支配利益分配與階級關係，先進工業國家利用經濟、政治、軍事優勢控制與剝削整個世界。從新馬克思主義（neo-Marxist）的觀點來看，這個世界並非由國家或民族組成，而是一個階級分明的全球體系，在世界舞台上，上層階級支配著下層階級，然而大家被虛假的國家社會意識給蒙蔽，在這種意識下，不同的階級相信他們擁有的利益是相同的。但事實卻是，不同階級間的利益是對立的。這種觀點與全球化的觀念有所關連，特別是在無國界的特徵上，只是彼此的結論不同。結構主義打著反全球化的旗幟，這也表現在他們對世界貿易組織的否定態度上。而最初的全球化始於何時呢？最早的全球化被認爲是發生在19世紀晚期，最終因爲1914年第一次世界大戰爆發而中斷。現下的第二波全球化是否也會因爲戰爭而宣告終結？像類似911的恐怖攻擊及其後的「反恐戰爭」給終結呢？

這些議題在本書的後半段會有較爲詳細的論述，目前爲止我們至少知道，爲何定義國際關係是件困難的事，並且可以理解爲何國際關係無法產生一個大家都接受的清楚明確定義，或者至少是較簡約的觀點。只能說，每一個理論都只能解釋眞實世界的一部分，或者僅能在特定的領域中做說明。如果我們從傳統的國際關係定義來看待現代的國家，而採取同樣的安全至上觀念或戰爭爲中心的思考模式，則複雜互賴、全球化都會被邊緣化，這樣一來就等同忽略了眞實世界的客觀狀態。至於什麼才是應該討論的問題，坦白說並沒有定論，當我們覺得我們已經窮盡對國際關係問題的理解時，我們得出的結論本身就有盲點。廣泛來說，國際關係脫離不了跨國界的行爲，對於這些跨國界行爲的本質採取開放態度，然而即便是這樣的觀點也有問題，因爲其預設了政治疆界的重要性，而這正是部分激進的全球化理論者所強烈反對的。在定義不可得的情況下，本書後續的全部內容可視爲國際關係定義的加長版討論。然而在進入實質討論之前，我們必須先處理另一個棘手的課題，那就是國際關係理論的本質。

觀點與理論

　　本書是國際關係的「理論性」導論，我們已經知道定義國際關係的困難之處，但我們是否能在「理論性」這點上做點突破？所謂理論，既有它簡約的一面，也有複雜的一面。從某種程度來講，理論的本質就是簡約，這與定義國際關係時「言簡必失」有所不同。理論是以深刻的方式，對事物進行抽象思考，當我們試圖理論化一件事，即意味著必須抽象化我們對某事物的想法。但為何我們要這麼做？因為沒有一個簡約的理論存在時，我們難以回答某些我們自己所提出的問題，有些時候，我們的問題是事情如何發展？或為何該事情發生？有些時候問題則是我們該如何做？這又可分成兩個方面，一則是工具性的探究應當採取何種行動以達成特定目標；另一則是探究行動的道德正確性。這些問題涉及到不同的理論適用，但基本的道理是一致的：當我們對某個重要問題之答案無法確定之時，就必須借助理論之力。當然也不能否認，有些時候理論看似命中問題核心，其實未必正確，但除非有爆炸性的新突破，否則我們可能也不會察覺到理論潛藏的錯誤。

　　多數的時候事情的面貌是清晰地，或至少我們可以輕易的掌握。在這種情況下，我們不會針對問題尋求理論性答案，儘管在原則上我們可以如此做。因為人生實在太短暫，不可能花盡所有心血只為窮盡每個不同問題的正確答案，我們只能把精力投注在那些沒有顯而易見答案，或是答案看似有違常理的問題上。Susan Strange曾如此說明理論扮演的角色（role of theory），她說：人類本能性的會逃離失火的房子，所以我們不用花太多時間去探究原因（Strange, 1988: 11）。但如果我們想要把這件事情理論化，也不是不行，對於逃離失火房屋的解釋，包括火對人類身體組織產生的刺激以及濃煙對肺部的傷害，人類規避痛苦以及避免喪命的欲望時，我們實在沒必要為了證明這件事情而大費周章。反過來說，當我們要解釋人類為何會衝進火場時，某種理論的建構可能就變得必要，因為這違反了人類本能。也許我們可以推測這個衝進火災現場的人是個消防員，他有工作上的義務這麼去做，又或許不是如此，說不定他只是為了私人財產或者想救家人而衝進火場，這種情況下我們就可以深入思考，為何會有人願意為了他人冒著失去生命的危險，是因為利他主義（altruism）嗎？能夠「利他」到什麼程度？是否只會為了家人？有趣的是，這樣一件簡單的事情，也可以歸納出好

幾種不同的理論，例如解釋性理論（explanatory theory）、規範理論（normative theory），或詮釋性理論（interpretative theory）。然而，與其探討這個虛擬的故事，不如去探究與國關學門密切相關的眞實案例，Strange提出的例子，是個普遍存在但卻不易回答的問題，也是國關學門的根本問題，那就是爲什麼國家之間會發生戰爭？

　　19世紀時並沒有對戰爭通則化的理論建構，只知道戰爭在國際體系裡是個普遍現象，歷史學曾討論過幾場比較特殊的戰爭，算是爲戰爭的研究揭開序幕，但還不能算是眞正的深入研究。他們很自然地認爲國家爲了奪取而發動戰爭，或者爲了防禦奪取而採取戰爭手段。國際體系的一個隱含假設是，發動戰爭的通常認爲自己會勝利的國家，它們相信發動戰爭獲得的好處將遠大於戰爭中的損失，如此說來，發動戰爭對國家而言是一種理性選擇（rational choice），也是一種具正當性選擇（legitimate choice），因爲多數國際法學者都主張國家有權利在沒有其他人的允許下對外宣戰，這是國家主權至高本質的延伸。戰爭就是一種國家自然而然的行爲，或許成功達成目的，或許失敗而一敗塗地。在歷史學對19世紀戰爭的記載中也不難發現一些外交家的身影，如俾斯麥或是帝國主義者羅德斯（Cecil Rhodes），他們所發動的征服戰爭，看起來也的確功勳彪炳。

　　如果戰爭牽涉國家對損益的理性評估，那麼當戰爭花費遠比收益來得高時，戰爭發生的機會應該就會減少。在20世紀的前期，情勢有些微變化，對現代工業社會而言，戰爭能得到的好處與尚未工業化的時代相比，顯得微不足道。工業化的結果帶來武器改良，造成更大規模的死亡與破壞，導致相互依賴的世界經濟瓦解，進而造成政治不穩定與各種混亂，這種現象在20世紀的前期司空見慣，把這段歷史描述得最傳神的就是Norman Angell所著的《大幻覺》（*The Great Illusion*）一書（Angell, 1909）。他認爲工業化時代，戰爭不再是有利可圖、經濟成本的現實考量，加上逐漸增加的道德不安，讓國家被迫放棄意氣風發、想打就打的當年。

　　來到1914年，歐洲國際體系三百年來所經歷的最大一場戰爭揭開了戰爭世紀的序幕。Angell說的一點沒錯，戰爭對於發起者以及許多其他行爲者都是災難，它使數以百萬計的人無辜死去、體制崩壞、經濟一團糟，且還沒喘過氣來，下一次的戰爭又開始萌芽。如此毫無建設性的事情怎麼會發生？20世紀國際關係理論研究就由此萌芽。雖然此等憾事看似有明顯的答案，早期的國際關係學者覺得有

必要更深入反思戰爭的起因，以回答過去未曾處理過，也未對其發展理論解釋的問題。受到凡爾賽條約「戰犯」條款（把戰爭爆發全部歸責於德國）的刺激，大量探究第一次世界大戰起因的學術文獻問世。整體而言，20世紀以降探討戰爭的理論如雨後春筍，從特殊利益扮演的角色，到特定國家或其領袖的心理狀態都有學者主張。到頭來，這些理論化努力可能印證了1900年代初期的「常識」。舉例來說，這些理論顯示出交戰雙方皆相信他們自己是採取防禦姿態，而非主動攻擊。在理性選擇理論（rational choice theory）當道的今天（在美國又特別明顯），成本效益分析的戰爭論點和19世紀強權國家的見解相同，只不過今天的結論有理論爲依據（有關安全困境的觀點請參閱第五章），而非基於常識而生，即便前者只是進一步確認後者的正確性。

就戰爭的起因這個例子來看，因爲各種不同情境，使各式各樣的理論在抽象的反思過程中創造出來，在其中，「解釋性理論」企圖解釋爲什麼在特定的情況下戰爭會發生。而「規範理論」或「規定性理論」（prescriptive theory）則試圖告訴我們應對戰爭抱持何種態度，例如我們是否該志願參與武裝衝突，還是基於良知而抵制戰爭。與規範性觀點相匹配的，我們可以引入詮釋性分析來解釋客觀事件，賦予這些事件一定意義，例如第一次世界大戰發生的悲慘殺戮就是一個急待解釋的現象。基本上，不同種類的理論應該相互具有連結性，因爲我們無法僅用單一途徑去解釋任何一個事件的發生，不過在實踐上，爲了便利起見，我們會採取各自獨立操作的方式。

只要有不同理論存在，理論之間就會有分歧之處，有時會讓理論看起來天差地別，卻只能擇一理論來說明事件爲何發生、該怎麼應對，以及意義爲何。但答案總是不只一個，可能同時有好幾個權威性的說法，且皆能提供具說服力的理由，只是每個理論的論據過程不盡相同。對於學習國際關係的學生或許會感到困惑，因爲這種情況與人類社會對理論的理想認知（自然科學的理論模型）有所矛盾，在物理學或生物學上，學生只要選對教科書，書本就會毫無疑問地告訴他們什麼是對的，什麼是錯的。顯然，自然科學以高度純化的方式來處理學科內部的主要爭辯。教科書僅介紹那些學門內專家一致同意的共識性知識。過時的理論被排除，而複雜的爭論則保留給專業人士。但在國際關係這門學科中，情況完全不同，如同先前所討論的學科的定義這種基本事項。在國關學門中，重要人物毫無顧忌地公開進行理論爭辯，即便有些看似奄奄一息，但沒有任何一個理論觀點眞

的消逝。

　　這些是我們該關心的嗎？就某種程度而言是的。這取決於爲何我們需要這麼多理論，針對同一件事我們有好幾種理論可以引用，不過卻沒有一種可以完全滿足現實狀況。以戰爭爆發的原因來看，有的理論主張與領導人的個人特質有關，有的理論強調於政治制度的差異，更有理論認爲是因爲國際無政府狀態造成。每個理論看似都解釋了部分的原因，但是也同時有其缺失。我們並不是眞的希望有這麼多理論存在，但事實上又無法任意剔除任何一個，因爲我們不知道哪一個理論（如果眞的有）才是正確的。因爲任何企圖降低理論數量的嘗試，都有可能排除正確的答案，所以我們必須把所有理論都給留下來。更重要的是，我們也不能直接去除錯誤的答案，因爲我們也不知道哪個理論是一定錯的。

　　如果透過多元化的理論觀察國際關係是理解國際關係的唯一方式，則國際關係這個學科的輪廓一定清晰不到哪裡去。然而必須強調的是，即便秉持著此種悲觀論調，國關學門並不是毫無章法可言，只是立論不如自然科學明確而已。在解釋戰爭起因上彼此競合的理論其實各有所長，也都對於什麼是好的論述各有其看法。大家對從不同的角度切入分析問題，但這些切入視角在數量上絕對不是無窮盡的。當然有些論述實在不太高明，但除此之外，多如牛毛的理論仍舊沒有辦法解釋所有的可能性或驗證所有論據。

　　任何事情都得建構在多元的理論基礎上，這說明國際關係也許不是那種眾人期待且歡迎共識性知識，或沒有分歧論點的學科領域。在這個學門中我們尊重各種想法，一說認爲國際關係是政治學下的一個分支，在其中我們處理那些「本質上可爭辯」的想法與概念，因爲這些想法與概念都有其政治意涵。從上面的討論可知，自然科學的定義約定俗成，當我們使用一個概念時不必擔心如何選擇定義，因爲定義早已存在，且普遍被接受。而在政治學領域，這件事就變得很困難，甚至是不可能。由上可知，光是要對此學科的主體，「國際關係」本身加以定義都有困難，那麼當我們進一步要定義出何謂「權力」，豈非難上加難？我們或許可以用一個常見的說法來解釋權力，那就是A可以依照它的喜好去左右B的行爲，這樣的說明方式用在很多權力出現的地方都可以說得通，但是我們必須承認，上述定義無法處理例如「結構性權力」（structural power）的現象，這是指結構對於議題設定產生的影響力，使決策過程受到干擾，這個反例就足以讓原本看似完美又簡約的權力定義被推翻。這個概念不單單只是智識上的挑戰，更有重

要的政治反抗意義。在社會中擁有「結構性權力」的個人、階級與團體與那些擁有關係性權力（relational power）的個人、階級與團體大不相同。

　　政治學整體來說，偏好理論上的多元主義觀點是一回事，但在國際關係研究上有一點必須特別強調。讓我們對國際關係研究感到有趣的理由之一，在於它企圖創造出一有最寬廣適用空間的理論。這不是只適用在某個國家或五大洲的其中一洲的理論，而是一解釋全球關係的理論。這意味著任何有價值的國際關係理論都必須能適用在不同的文化圈，提供一個普世性的，而非種族中心主義式的理論。但我們必須理解，政治在中東地區，與其在西歐，或拉丁美洲通通都不一樣，即使現今文化如此開放，但是不同地區就是會有專屬於他們獨特的文化。

　　舉個例子或許有助於我們進一步瞭解，第一，我們將會在接下來的第二章中看到，一個世紀的正規外交折衝經驗其實是一連串的災難，國際秩序毀壞，並導致二次大戰的禍事。這些災難是如此決定性，以致七十多年來的「姑息政策」（appeasement）被視為骯髒的詞彙，而一談到獨裁者，眾人往往聯想到希特勒與墨索里尼。我們如何解釋這場災難？無能顯然為其中一因，但另一個顯見的因素則是認知差異，當時英、法領導人的看法認為他們對國際事務的觀點得到所有政治領袖的同意，包括希特勒在內，但事實上並非如此。此一現象最驚人的例證是史達林領導的蘇聯之對德政策，戰爭的爆發顯示西方對希特勒的姑息政策破產，如果張伯倫一敗塗地，那為何史達林仍認為姑息政策有用呢？

　　此一問題的可能答案是意識型態性的。身為一個列寧主義者，史達林認為納粹德國乃一資本主義國家，而資本主義國家必受物質需求宰制，特別是在當時，由於對原物料的大量需求導致對外發動戰爭。在1939年中至1941年中期間，史達林根據這樣的信念行事，透過幫助希特勒發動對英、法之戰來安撫德國。他相信這樣可以避免蘇聯遭到德國攻擊，因為希特勒無須動武便已從蘇聯取得他所欲求之物，若再開戰則是不理性的行為，特別是在西線戰事尚未底定的情況下。2,000萬的蘇聯公民的犧牲，顯示出此一認知的嚴重錯誤。史達林的推論邏輯沒有問題，但希特勒的看法顯然不同。他眼中所看到的是未來受亞利安（Aryans）人宰制的歐亞平原，現在居住於其上的斯拉夫人、猶太人，以及其他不受見待的群體必須加以「消滅」，不是殺光就是將他們放逐到亞洲。希特勒希望自己達成此一願景，且因他相信（事實上也的確如此）他注定會早死，他不準備等到對英國的戰事結束後再發動對俄國的軍事征服行動。史達林似乎真的無法理

解希特勒那古怪且邪惡的思維方式。即便在德軍發動巴巴羅薩行動（Operation Barbarossa）之後，史達林仍指示蘇聯部隊不要抵抗，因為這可能只是德國的挑釁行為，而非真正的軍事入侵（Weinberg, 1994: 186-205）。我們必須謹慎地從這個極端錯估形勢的案例中做出一些結論：基本上，史達林對世界局勢的單元的而非多樣的理論觀點導致他的誤判，史達林堅信總有一個正確答案，一個正確策略。無法接受其他決策者可能受到另類世界觀的影響，導致了史達林的失敗。

　　另一個更晚近的例子是今日美國外交政策存在的分歧。美國對外交政策這個議題始終存有多元看法，大多數美國人，以及幾乎所有民主黨與共和黨的政治人物都同意美國對外政策的重要特質在於其意圖上的良善性格。美國在全世界保護其利益，但同時也自詡為民主與人權這兩項普世所欲價值的促進者。由於民主與人權的普世性質，所以美國推動這兩項政策目標即追求全球利益。有時候（或許太過頻繁）美國並未依據這些價值行事，例如發生在伊拉克阿布格萊布監獄的人權侵害事件大家還記憶猶新，但美國的行為即便出錯，多數時候仍是出於善意而為。美國人認為自己的國家是一個「山上之城」（city on a hill），是世界的典範，有一種「美國例外主義」（American exceptionalism）之感，導致美國人常常覺得他們幫助世界的努力往往遭到誤解；美國人也難以理解為何他們的外交政策總被解讀為自私自利與帝國主義。對這些問題的簡單答案是，那些反對美國政策的國家若非不負責任，就是流氓政權。

　　事實上，一個國家的人民與政府想要從他們的角度介入世界事務，這一點都不讓人覺得訝異，他們有他們對國家利益的定義與話語權，只是不能保證這些恰好符合美國利益。美國人常把與其意見不同的國家視為大錯特錯，諷刺地，這個態度無形中更助長了反美的情緒。美國政府惹人厭的地方不在於它在對外政策中尋求自己的利益，而是他們喜歡把自己的利益用話術包裝成一種「利他主義」。無獨有偶，在英國強盛時期，被人稱為背信棄義的英格蘭（Perfidious Albion）就是因為不願承認不列顛強權替不列顛利益服務。歐陸派的外交人物像是俾斯麥，並沒有被帕麥斯頓（Palmerston）或迪斯雷利（DIsraeli）給激怒，蓋這兩位都是死硬派，不吝於揮舞權力之鞭的政治人物。然而俾斯麥卻無法忍受自由派的格萊斯頓（Gladstone），後者的每一項外交政策都用道德修辭包裝，動不動就戴上「為了歐洲整體利益」的帽子。

　　儘管這種態度持續存在，2001年以降諸多事件發展，在許多美國民眾心中產

生了一定程度的懷疑論，大家願意承認，美國有時候會把事情弄得很糟。有時這種想法會演變成另類的「美國例外主義」，把世界上出現的所有問題都歸咎到美國政府。這種態度的代表人物包括美國基進派學者喬姆斯基（Noam Chomsky）與麥可・摩爾（Micheal Moore），還有像約翰・皮爾格（John Pilger）與哈羅德・品特（Harold Pinter）等人，他們都主張美國所代表的絕對性邪惡，只要有任何不好的事情發生，都是美國的錯；反過來，如果美國真的一些表面上看起來不錯的事情，那一定不是真的。除了導致荒謬的論點——如1999年美國支持澳洲介入東帝汶，目的在於讓印尼擺脫世界資本主義中被剝削的地位外，此種觀點也相當自以為是，認為世界上其他國家領袖不可能犯錯，除非美國在背後拉動控制魁儡的拉線。如此所形成的心智框架先驗的排除了反美的政治領袖犯下野蠻暴行的可能。某些左翼的反對派人士認為美國介入達弗的種族屠殺是一種帝國主義的思維，又或者如麥可・摩爾《華氏911》（*Fahrenheit 911*）一書浪漫地指出，在海珊（Saddam）統治的伊拉克裡，小孩玩得多麼開心，直到美國來了，這一切才變調。

　　不論從正面還是負面的觀點去觀察，美國例外主義的關鍵在於，它並非會導致道德虛無主義或令人厭惡的立場，但卻呈現出一種扭曲的世界觀。試圖終止這些辯論的理論，並提供看待這個世界的單一觀點之嘗試反而弄巧成拙。最近有一部紀錄片《戰爭迷霧》（*The Fog of War*），片中麥克納馬拉（Robert McNamara）說明戰爭成功的第一原則，就是跟你的敵人「感同身受」，當然你也可以把同樣的原則用在推動和平上。簡單來說，如果我們要在國際關係理論上獲得成功，我們必須抗拒試圖建構單一模型的想法。我們必須對活在高度模稜兩可的理論世界裡有心理準備，如果你想要黑白分明，你不如去買一台老舊的黑白電視，而不是作為一名國際關係理論家。

　　表面來看，國際關係可能是一門令人沮喪的學科，我們必須對可能存在的扭曲事實保持開放的態度，這種扭曲觀念可能同時反映出這門學科的重要性與內在價值。作為一個國際關係的學生，我們取得了主看台的入場券，可以同時看到我們這個時代「真實世界」與「社會科學」最令人感到興奮的發展。我們取得了有利的位置，可以觀察與理解什麼是21世紀最有價值的議題，解決全球經濟與社會力量，以及在地文化與政治權限之間的拉扯。國際關係的樣貌不只是學術而已，更為人類提供了一種世界的重要共通語言，用來相互理解到底彼此間發生什

麼事情。要注意的是，在急於結束辯論並達成不成熟的結論的情況下，國際關係此種語言可能會趨於貧乏。同樣地，對於這個世界的看法太過僵化，特別是執著於西方那些先進富有工業化強權國家的視野，也會讓國際關係的語言逐漸萎縮。

結論

　　本章的重點在駁斥那種認為國際關係理論可以透過單一明文定義著手研究的想法。相反地，國際關係理論的研究充滿了多樣、開放與矛盾的特徵。我們想要做到的是，用一系列不同的觀點去探索國際關係的世界，在驗證過程中仔細逐一檢視，但是拒絕任何宣稱具全盤代表性的分析架構，或是偏好某些理論。若有一天，我們仍然對於定義還抱持高度興趣，我們可能會嘗試建立一個，並同時選擇一特定的理論或典範，當然我們可能又再次面對挫敗，然後把這個新理論排拒在理論大軍之外，這過程雖然讓我們又走進了一次死胡同，卻比於我們站在原地不動強得多，這就是知識性的研究。

　　無論如何，這過程都是一條必經的道路，而且就像前面提到的，並不存在純然客觀的定義，所以更不會有客觀的研究起點，無論是成是敗都是有意義的。本書採取的方式，是由最近20世紀國際關係理論化研究的歷史出發，有這段歷史才有理論的累積，這個起點對於比較傳統的學科觀點較為友善，但必須要透過一些傳統的掌握，才能讓新的觀點從中萌芽，並界定自身。本書的前五章所採取的途徑，就是從這些傳統的、「常識」性的國際關係觀點出發，而本書的後半部才是介紹國際關係較新的理論展開。

延伸閱讀

　　關於本書的引註細節都列於第十二章後面的總書目中。

　　Walter Carlsnaes、Thomas Risse與Beth Simmons編輯的《國際關係指南》（*Handbook of International Relations*, 2004），是一本非常實用的原創性論文集，有助我們理解國際關係這個領域。Ira Katznelson與Helen Milner編輯的《政治學：學科狀態》（*Political Science: The State of Discipline*），裡面蒐集很多文章，不論對政治學本身的理解或者政治學下的國際關係領域理解，都

很有幫助。在國際組織（1998）議題上，Peter Katzenstein、Robert Keohane與 Stephen Krasner所編輯出版的《世界政治研究的探索與爭辯》（*Exploration and Contestation in the Study of World Politics*, 1999）是一本將主流國際關係理論集 大成的書籍。而《千禧年》（*Millennium*）2007年〈今日國際關係理論〉特刊 （2007b），對國際關係理論中的分歧與侷限進行了傑出且多元的介紹。

　　前述文獻中對於國際關係不同概念的討論將於本書各章節內詳細介紹。 而在此，有一些清楚說明重要差異的書籍可對讀者有幫助，這包括Tim Dunne 等編輯的《國際關係理論：學科與分歧》（*International Relations theories: Discipline and Diversity*, 2007），這是一本以最新案例研究來解釋國際關係變 化的書籍。另外，Jennifer Sterling-Folker的《理解國際關係理論》（*Making Sense of International Relation Theory*, 2006），用不同的理論面向來探究科 索沃案例；Robert Jackson and Georg Sorensen的《國際關係導論：理論與途 徑》（*Introduction to International Relations: Theories and Approaches*）第三 版，寫得非常好。Richard Little and Micheal Smith編，《世界政治觀點讀本》 （*Perspectives on World Politics: A Reader*, 2006）第三版，這本書蒐集了很多國 家中心論、跨國主義以及結構主義的文章。Paul Viotti、Mark Kauppi著，《國際 關係理論》（*International Relations Theory*, 1999），蒐集了很多權威作者的意 見與廣泛的評論。Scott Burchill等，《國際關係理論》（*Theories of International Relations*, 2009）第四版蒐集了很多理論原著。Michael Doyle《戰爭與和平的 方式》（*Ways of War and Peace*）是一本絕佳的入門書籍。至於重要的美國國 際關係教科書，Charles Kegley與Eugene Wittkopf的《世界政治：趨勢與轉變》 （*World Politics: Trend and Transformation*, 2004）在理論的多樣性方面見解精 闢。上述羅列的書籍都是最新的版本，但早期的版本依舊有參考的價值。

　　William C. Olson與A. J. R. Groom著《國際關係的過去與現在》 （*International Relations Then and Now*, 1992），提供一種對歷史規律的描述， 在這方面比Brian Schmidt著《無政府狀態的政治論述》（*The Political Discourse of Anarchy*, 1998）還更為經典。相反地，Steve Smith、Ken Booth與Marysia Zalewski編的《國際關係理論：實證主義及超越》（*International Theories: Positivism and Beyond*）是本非常值得一讀，不過是本比較艱澀的作品，特別 是在敘述方法論以及認識論議題上；Booth與Smith《當今的國際關係理論》

（*International Relations Theory Today*, 1995）調性也差不多。John MacMillan與 Andrew Linklater編《問題的界線》（*Boundaries in Question*, 1995）則是一本比較好上手的入門書籍。A. J. R. Groom與Margot Light編《當代國際關係理論指引》（*Contemporary International Relations: A Guide to Theory*, 1994）這本文集蒐集了不同研究途徑以及子領域，比Katzenstein的書內容更豐富，只是比較舊了點。最近在《千禧年》Schmidt與Smith關於國際關係理論多元主義的對話，是一個有用的導論。

　　自然科學哲學的入門導論可參考A. F. Chalmers《科學到底是什麼？》（*What is This Thing Called Science*, 1999）第三版。更進一步對於典範與研究綱領的討論（攸關社會科學）可以看看Imre Lakatos與Alan Musgrave編著的《批判與知識的增長》（*Criticism and Growth of Knowledge*, 1965/2008）。Martin Hollis所著《社會科學哲學》（*Philosophy of the Social Sciences*, 1995），介紹了社會科學哲學的內涵，透過他的解釋，國際關係學生更能理解社會科學哲學與國際關係。共同作者Steve Smith，是研究方法論與哲學議題的翹楚，儘管仍有人對他有所批判，像是Hidemi Suganami《行為者、結構與敘事》（*Agents, Structure, Narratives*, 1999）。Kathryn Dean等著《現實主義、哲學與社會科學》（*Realism, Philosophy and Social Science*, 2006）是本在「科學實在論」與「批判實在論」領域很有益處的導論，對於國關與社會科學領域中新興的這兩種觀點有所介紹。

　　認為社會科學可以用等同於自然科學的方式來研究被稱為「實證主義（Posititivism），他們試圖找出實存理論與規範理論之間的區別，經典代表作就是經濟學家Milton Friedman所著之《實證經濟學》（*Positive Economics*, 1966），而持反對立場的代表為Mervyn Frost寫的《國際關係中的道德因素》（*Ethics in International Relations*, 1966），特別是這本書的第二章，涉及到很多概念上的議題以及立論上的爭辯，而William Connolly在《政治論述的專門用語》（*The terms of Political Discourse*, 1993）第三版。在Smith, Booth與Zalewski（1996）及Booth與Smith（1994）（詳見上述）的書中有大量反對實證主義取向的內容，他們認為實證主義太過僵硬，與以理性選擇途徑的正統針鋒相對，後者在第三章進行檢驗。而Gary King、Robert Keohane與Sidney Verba（KKV）合著，《好研究如何設計？用量化邏輯做質化研究》（*Designing Social Enquiry: Scientific Inference in Qualitative Research*）則為新實證主義代表作，可說有如這

個研究領域的聖經。

Michael Nicholson著《國際關係的因與果：一個概念的研究》（*Causes and Consequence in International Relations: A Conceptual Survey*, 1996）說明了並非所有實證主義論者都是現實主義論者。Chris Brown著《國際關係理論：新規範途徑》（*International Relations Theory: New Normative Approaches*, 1992a）是本研究國際關係規範理論的書籍，調性類似的書有Brown所寫的《主權、權利與正義》（*Sovereignty, Rights and Justice*, 2002）及Molly Cochran所著《國際關係中的規範理論》（*Normative Theory in International Relations*, 2000）。Mark Neufeld《國際關係理論再建構》（*The Restructuring of International Relations Theory*, 1995）是本深入淺出的國際關係批判理論書籍。Richard Wyn Jones的《安全、戰略與批判理論》（*Security, Strategy and Critical Theory*, 1999）也備受推薦，它的內容遠比標題看起來還要更廣博，而他後來寫的一本書《批判理論與世界政治》（*Critical Theory and World Politics*, 2001）也同樣推薦。Jim George《全球政治論述：一個批判的國際關係導論》（*Discourses of Global Politics: A Critical Introduction to International Relations*, 1994）涵蓋了我們所說的後現代主義（Postmodern）研究途徑，而同類型的書還有Jenny Edkins的《後結構主義與國際關係》（*Poststructuralism and International Relations*, 1999），與前書相比有過之而無不及。最後一本相對容易入手，儘管爭議不斷，但卻是一本對建構主義很好的入門書，那就是Alexander Wendt的《國際政治的社會理論》（*Social Theory of International Politics*, 1999）。

第二章　20世紀國際關係理論的發展

前言

　　當以領土爲基礎的多樣政治秩序共同出現在一個社會世界中時，某種形式的國際關係即存在，在18世紀結束前，「國際關係」這個詞彙本身並未被統一（Bentham, 1789/1960: 426）。另一方面，國際關係的學術研究在第一次世界大戰前仍僅處於萌芽階段，直到19世紀的下半葉，我們今天所知的社會科學才開始分家，經濟學逐漸從政治經濟學和社會學分離開來，成爲其自許的科學研究領域。同時，社會學、政治研究，以及社會理論也開始處理不同的研究議程，這是一個會讓盧梭（Jean-Jacques Rousseau）、亞當斯密（Adams Smith）和康德（Immanuel Kant）等人大感訝異的發展。然即便至此時，國際關係依然妾身未明，我們今天認定爲國際關係的議題，當時仍分散在許多學科中（包括歷史、國際法、經濟學與政治理論）。儘管如布萊恩・施密特（Brian Schmit）所言，政治學家跟過去相比，已採取更系統性的方式來看待這些研究議題（Schmidt, 1998）。

　　在1914年到1918年的大災難發生以前，具有影響力的學者和慈善家們並不認爲需要對國際關係發展出新的思考方式，也就是建立國際關係此一學科領域。因爲戰爭，這些慈善家們開始認識到「理論化」國際關係的必要性，提升我們對這些主題的理解層次，超越僅透過「當代事務」教育所提供的知識。有鑑於此，他們所關注的理論主宰了此一新生學科領域。的確，國際關係一直是有清楚理論意識的社會科學，但初學者通常並不認同此一觀點，因爲他們認爲國際關係這門學科過於重視自己的歷史，太過著墨於自我指涉的討論。從一系列大辯論的角度來撰寫國際關係理論發展史已成爲習慣，這些大辯論以重要主張的後設理論立場來命名，包括現實主義與理想主義、實證主義與建構主義等。然而，但這絕非意味著這個方式可以很清楚描繪學科的過去，反而很可能出現紙上談兵的情況。

　　在此，國際關係理論的起源是一個更寬廣的議題。簡單來說，在發展過程當中，理論是否反應了某些眞實事件（或者是傳統信念），抑或理論的發展過程

是一內在的論述發展過程、是一特殊社群之間的動態互動產物，如同施密特等修正主義者對學科發展的歷史觀點？由常識判斷，上述兩種情況都曾在理論的發展過程中發生，在新的替代理論出現之前，舊有理論當然無法被捨棄，同樣地，主張20世紀國際局勢的發展與國際關係理論發展無關，顯然也與事實不符，也許刻意去區分真實世界和理論世界之間的差異並不自然。總之，本章與下一章對於企圖理解國際關係之各種嘗試的介紹，將盡可能避免參照大辯論的架構，並對理論起源的問題保持開放態度。本章將對於國際關係主題之概念發展提供歷史性的描繪，而下一章則將檢視當前主流的理論途徑以及其所面對的批判。

自由國際主義與國際關係學科的起源

1914年到1918年間戰爭的破壞造成一連串的效應，其中首先要釐清便是戰爭殺戮的個人責任歸屬。當時在英國和法國，德皇威廉二世受到多數人批評，「吊殺德皇」成為公眾的口號。然而，當戰爭結束後，威廉二世流亡荷蘭期間，並未出現認真追究其責任的嘗試。甚至在戰爭過程中，也有許多人發覺將戰爭的責任歸咎於威廉二世並不恰當。相對來說，德國或許比某些國家還需要承擔更大的戰爭責任，但國際關係的體系本身也有問題。此時，許多學者、政治家與慈善家開始思索該如何改變當時的體系，以避免不幸再次發生。這些專業人士多數為美國或英國人（事實上，直到今日，國際關係學科仍是英語世界的產物，雖然這樣的情況看來似乎不會再持續多久），法國的主導情緒則是希望對德國復仇。在俄羅斯，1917年的布爾什維克革命則對了國際關係此一概念本身構成截然不同的挑戰。在德國，英國和美國學者的想法在戰敗之際得到熱烈支持，然而此一熱情因為1919年凡爾賽和會（Versailles Peace Conference）未能充分落實理想而告幻滅。美國和英國作為新思潮的發源地的部分原因，是因為兩國在戰禍中受創較少，因而較願意去思考非善後性議題。另一個原因，則是這兩個英語系強權的自由主義傳統並不見待世界政治的無政府特質。就後者而言，從英國和美國誕生的新思考可以被稱為自由國際主義（Liberal Internationalism），也就是採取廣義的自由政治原則以管理國際體系。

在英國，自由國際主義的理念是費邊社（Fabians）和激進自由主義者透過民主控制聯盟（the Union for Democratic Control）等機構發展起來的，但當執政

者對這些想法透露些許同情時，外交部門仍採取傳統的立場。他們強調1914年的錯誤源於外交政策的失敗，特別是強權國家未能有效而迅速地針對巴爾幹半島的問題召開國際會議，而不是體系本身的失敗。相較於英國自由國際主義者的非官方色彩，在美國的卻是直接由總統威爾遜（Woodrow Wilson）推動自由國際主義理念，並透過1918年1月的「十四點宣言」演講正式公布，確立美國參戰的宗旨。面對1914年的大戰爆發，自由國際主義國家提供了由兩部分組成的診斷，以及相應的解決方案，希望避免類似的悲劇再度發生。

　　第一部分的診斷和解決方案著重國內政治。自由主義一項堅定的信念是「『人們』不想要戰爭，但被軍國主義者或獨裁者誤導而走向衝突，抑或因為他們對民族的正當性憧憬，遭到非民主體制、多民族政體或帝國主義的阻撓。」是以，促進民主政治體制為解決此問題的答案，也就是自由民主、憲政體制，以及「民族自決的原則」（the principle of national self-determination）。其核心概念為，假如所有國家都是單一民族的自由民主政體，戰爭就不會發生。

　　這樣的信念和自由國際主義的第二部分討論有關，也就是對1914年之前的國際制度結構的批判。自由國際主義認為，1914年前的國際關係體系具有明顯的無政府特質，不利於追求和平。祕密外交導致一聯盟體系的出現，體系內成員國承諾的行動無須受制於議會或國會（這也是民主控制聯盟名稱的由來）。1914年時，除了「權力平衡」（一個與無原則之權力政治有關的概念）外，沒有任何防止戰爭的機制。因此，國際關係迫切需要建立例如「公開盟約」的新規則。但更重要的是建立一個新的制度結構，也就是「國際聯盟」（League of Nations）。

　　國際聯盟的目標在於不透過舊有的權力平衡體系而提供國家想要的安全。權力平衡建立在特定國家各自決定的援助承諾，國際聯盟則提供公開的、由所有國家集體意志確保的安全保證，「集體安全」（collective security）這個詞彙也應運而生，基本原則是「我為人人、人人為我」（one for all, all for one）。每一個國家將確保其他所有國家的安全，國家因此不需要訴諸軍事聯盟或權力平衡的權宜之計，法律取代戰爭成為體系運行的規則。

　　這兩套改革方案（國內與國際制度結構）從兩個面向來看是自由主義式的。由政治面來看，這些方案體現了立憲政府（constitutional government）與法治（rule of law）兩原則的普遍適用性，無論是在國內政體或是國際體系。但這些方案在哲學層次也是自由的，因為它們極端倚賴「真實利益的和諧」（the harmony of real interest）此一基本假設。此想法的根本前提為即便利益有時衝突，但人們的眞實利益相當清晰，利益衝突的情況是特殊利益或單純忽略造成的扭曲。因此，雖然自由國際主義者很難否定在1914年時，戰爭受到廣大民眾的歡迎，但他們拒絕認定此種歡迎情緒出自於對情勢的理性評估。從自由主義的觀點來看，國際政治不是如國際經濟那樣的零和遊戲（zero-sum game），國家利益是得以兼顧的。

　　自由主義對於利益之自然和諧的信念，使其重視教育的價值。教育被視為對抗無法認清利益之和諧性此種無知的工具，而在實質層面對於教育的重視，也是國際關係作為學科領域誕生的起源。因此，英國慈善家如威爾斯大學威爾遜國際政治講座（Woodrow Wilson Chair of International Politics）的創辦者大衛·戴維斯（David Davies），以及與他齊名、成立牛津大學和倫敦政經學院國際關係研究的蒙塔古伯頓（Montague Burton）相信，藉由促進國際關係的研究，他們將能加速和平的到來。國際關係的系統性研究將增進對於國際法和國際聯盟的支持，因此，自由國際主義成為此新興學科的最初的正統觀點。但並非所有國際關係研究者都接受自由國際主義，例如那些研究國際關係史的學者即抱持懷疑的態度。

　　自由國際主義者的理念在1919年的和平協議得到了部分體現，民族自決的原則得以推動，但僅限於歐洲。而即使在歐洲，民族自決原則於處理德國和匈牙利的問題仍遭過度濫用。對德國而言，即使威廉二世在戰爭的終期退位，自由民主共和政體取而代之，凡爾賽和約依然是加諸於其身上，而非經協商而產生的協議。德國被迫負起戰爭責任，並承擔賠償。協約國刻意未標示出賠償總金額，希望等到氣氛比較緩和後再來決定，但德國賠償問題在戰間期持續發酵。國際聯盟建立，納入了集體安全的原則，但由於國際聯盟盟約本身作為凡爾賽和約的一部分，因而與德國人所認為的不公正現狀相連結。此一論斷得到許多自由主義者的呼應，在凱因斯出版的《和平的經濟後果》（*The Economic Consequence of Peace*）中，他批判協約國的動機，並將新生的德國描寫成過時思維的受害者（Keynes, 1999）。美國參議院拒絕加入和約所建立的國際聯盟，而德國與蘇聯在初期則未獲加入許可。不幸的事實是，除了威爾遜總統外，自由國際主義的理想並非各國政治領袖內心所想，而作為一個弱勢的領導者，威爾遜也未能說服國內民眾與政治菁英接受他的觀點，這其中部分原因是他不讓參議院反對黨領袖參

與和平磋商。二十多年後，羅斯福總統（Frankin Roosevelt）學到教訓，並不再重蹈覆轍。

　　儘管如此，1919年的和平協議絕非像我們所想的那麼苛刻，在1920年代，透過大國之間的和諧互動來修正凡爾賽和約顯而易見的瑕疵看來頗有希望。1926年的羅加諾公約（The Locarno Treaties）再一次象徵性地劃定了德國的西部邊界，更重要的，歐洲強權國家透過這個條約重新建立一定的和睦關係，而此一過程一定程度上受益於各國高層人士更迭。德國的古斯塔夫・斯特雷斯曼（Gustav Stresemann）、法國的阿里斯蒂德・白里安（Aristide Briand）、英國的奧斯丁・張伯倫（Austen Chamberlain）與阿瑟・亨德森（Arthur Henderson）皆致力於以和平手段解決歐洲問題，1928年為榮耀美國與法國一百五十年友誼所提出的非侵略協議，後衍生成為全面廢除戰爭的巴黎公約（The Treaty of Paris，同時也被稱為Kellogg-Briand協議），成為此一發展的象徵性高峰。此一公約彌補目光銳利者於國際聯盟盟約內所發現的法律漏洞。儘管常伴隨著條約保留主張，但幾乎所有國家均簽署了巴黎公約。某些憤世嫉俗者因而認為，這是為何在1928年後，所有戰爭均成為國家的「自衛」之戰。

　　簡單來說，當1930年代初期，一個更新、更好的國際關係體系似乎逐漸浮現，當然，這樣的願景從未實現。整個1930年代見證了經濟大恐慌、獨裁者的崛起，亞洲、非洲與歐洲一連串的侵略事件，英國和法國領導的國際聯盟無力對此提出一致的回應。最終，1919年和平協議所試圖避免全球戰爭再一次爆發。這些事件是發生於真實世界的災難，但對於理念的世界（world of ideas），也有同等分量的衝擊。實際上，這真實世界與理念世界是息息相關的，決策者和知識分子對於這些事件無力慎思明辨，導致其無法在現實世界制定出有效的政策（至少在部分程度上如此）。自由國際主義無法處理這些事件，意味著吾人需要一新的概念工具，或者是重新思考某些古老的理念。

現實主義對自由國際主義的批評

　　若回歸自由國際主義的基本概念，可以很簡單地將辨識出此途徑在1930年代所面臨的問題。1919年，自由國際主義者相信，「人類」渴望擁有和平，和平對人類是有真實利益的，而在民主體制下，此種利益和渴望將主宰政策。在此邏輯

下，和平的敵人是軍國主義、獨裁、威權與反民主政體，例如1914年的德國、奧匈帝國與俄國。1930年代的某些危機也是此類政體所造成，日本在中國和滿州的軍事行動、西班牙內戰中的佛朗哥主義（Francoism）都是良好例證，但其餘大部分的問題卻無法從這個角度來理解。希特勒統治下的德國和墨索里尼統治下的義大利，都不是傳統的軍事獨裁政體。他們是透過準民主方式取得政權，且動員公眾支持以維持政權存續的政體。1933年後的德國雖然不再有選舉，但證據顯示國家社會主義黨顯然擁有多數民意的支持，甚至到其政權的最後階段依然如是。

進一步說，這些擁有廣泛民眾支持的政體也確實以發動戰爭爲榮。法西斯主義和國家社會主義觀念強調，武裝衝突的美德與其在國家建立過程的重要性。最終，這些強調「將地中海變成義大利湖」、「清除東歐斯拉夫人、猶太人或其他劣等群體」、「讓雅利安人在這些土地上繁衍」的說詞，最終無可避免地導致戰爭。雖然，希特勒依然堅持在公眾場合強調他是被迫訴諸武力，以回應對手對德國的頑固抵制與惡意行爲。這顯然是無稽之談——除非他所謂頑固是指拒絕自殺。納粹黨在此種政治姿態下仍維持高度民意支持（甚至有些時候此種仇恨言論是納粹得到支持的關鍵）的事實，對自由國際主義思想而言是可怕的打擊。

此一打擊的後果，最後造成國際聯盟與法治的弱化。自由國際主義的基本前提爲：世界輿論的力量將支持國際聯盟，且沒有任何一個國家能夠與這股力量抗衡。在國際聯盟架構下，集體安全的目的在於避免戰爭，而不是和侵略者作戰；國際聯盟繁瑣的行政程序也可避免暫時失去理智的國家草率行事。因爲人們真的熱愛和平，國際爭端將能和平解決。但希特勒和墨索里尼的行爲清楚地證明了這些想法是錯誤的。自由國際主義者的標語「透過法律而非戰爭」，但隨著1930年代的進展，法律唯有透過戰爭才得以維持。

自由國際主義者在1930年代中因無法瞭解此點而感到困惑，許多人一方面表達他們對國際聯盟的全力支持，同時誓言永不再從事戰爭行爲。但他們未能意識到，後者事實上弱化了前一項承諾，傷害了國際聯盟。當英國和法國政府試圖透過「霍爾—賴伐爾協議」（Hoare-Laval Pact），解決義大利入侵衣索比亞造成的危機時，憤怒的公眾輿論迫使英國外長霍爾辭職，最後一個避免墨索里尼落入希特勒陣營的機會也因此喪失。輿論希望國際聯盟有所行動，但英國政府卻清楚認知公眾不想要戰爭，並因此確認對義大利的制裁將無法讓羅馬讓步。而英法兩國的「姑息政策」（appeasement）（人們常常忽略美國和蘇聯也採取同樣政策）

對許多自由國際主義者形成了一個困境，他們不知道是應該稱讚英國首相張伯倫為了避免戰爭所做的努力；抑或是譴責他們的姑息，縱容對國際法律秩序的侵犯，及對弱者的背叛。

對許多人而言，此一困境似乎暗示自由國際主義的基本概念存在缺陷，包括其對世界如何運作的論述，還有其對人類行為主要機制的分析。新的觀念漸漸出現，或更精確的說——是某些舊觀念的再起，其中許多在1914年之前就已廣為知識分子所知。在1930年代中，或許對於對這些事情瞭解最深的知識分子是美國的神學家和批判家雷茵霍爾德·尼布爾（Reinhold Niebuhr）。在《道德之人與不義的社會》（*Moral Men and Immoral Society*）一書中，他認為自由主義者過度誇大人類集體行善的力量（Niebuhr, 1932）。尼布爾認為「人類」擁有向善的能力，但這種能力常常與人性中同樣存在的原罪貪婪以及侵略驅力相衝突。這些負面驅力在社會中隨處可見，而認為可透過國際聯盟的設計與國際和平的目標來駕馭這些負面因子是非常不切實際的想法。

這些有力的觀點稍後引起共鳴，但在1930年代，尼布爾思想中強烈的基督教精神，以及其最初的的和平主義色彩，限制他的影響力。而對自由國際主義最有影響力的批判，來自另一個非常不同背景，馬克思主義的歷史學者與記者——愛德華·哈利特·卡爾（E. H. Carr），他是1930年代末期威爾斯大學威爾遜國際政治講座教授。卡爾在1930年代進行了一系列的研究，其中最有名的著作是1939年出版的《二十年危機》（*The Twenty Years Crisis*, 1939/2001）。這本書為國際關係理論提供了全新的詞彙，自由國際主義被改為「烏托邦主義」（utopianism）〔後來的研究者有時稱為「理想主義」（idealism）〕，並與卡爾秉持的「現實主義」（realism）途徑形成對比。卡爾指出，自由國際主義利益和諧論粉飾了國際關係中處處可見的真實衝突，也就是「擁有者」（haves）與「匱乏者」（have-nots）的衝突。這個世界的核心特徵就是稀缺性，缺乏生活資源，而那些擁有者希望維持美好生活，推行了「法律與秩序」的政策，企圖以此規範暴力的使用；另一方面，匱乏者對於法律缺乏敬意，而他們也不應遵守法律秩序，因為正是由於法律的制約，使其處於匱乏者的地位，使他們必須處於富人的掌握之中。

卡爾指出，政治必須建立在對於上述情況的理解上，烏托邦主義認為可以讓窮人理解他們應當依據法律與道德行事，但擁有者與匱乏者之間的矛盾不可能希

望其不存在就不存在，這些衝突必須加以務實處理，期待像國際聯盟這種的國際
機構能夠擁有真實權力是不切實際的。如同肯‧布思（Ken Booth）的說明，卡
爾希望保留某些烏托邦主義的想法，但現實主義將是主宰的分析模式。在此，文
字選擇的影響極大在大多數人期望擁有「注重實際」（realistic）決斷特質的情
況下，作為一政治原則的現實主義與「實際」一詞產生連結的方式，對於其在國
際關係理論界的成功至為重要。

　　卡爾的對於物質匱乏的強調，以及堅信法律與道德替主宰群體的利益服務，
顯露其準馬克思主義者的智識淵源，以及卡爾‧曼海姆（Karl Mannheim）知
識社會學的影響（Mannheim, 1936/1960）。另一方面，在他看來，1930年代的
「匱乏者」是希特勒與墨索里尼所屬之德國和義大利的事實，證明卡爾的馬克思
主義鑲嵌了一定程度的權力崇拜。卡爾在他的重要著作《蘇維埃俄國的歷史》
（A History of Soviet Russia, 1978）中傳達了這個概念，該書對於史達林的評價往
往被視為太過寬容。他在《二十年危機》的第一版中對姑息政策有一些正面的論
斷，但這些觀點在第二版中卻加以修正排除。儘管如此，卡爾仍提出許多重要的
論點。國際聯盟與集體安全的概念確實和1919年的和平協議息息相關，也因此被
視為必須捍衛現狀。同樣地，英國與法國這兩個維持現狀秩序的領導者，未能藉
由嚴格執行法治觀念以鞏固他們在世界的地位。然而，許多英國人也許希望告訴
他們自己：是他們讓他們的帝國在這些事件中缺席。最重要的，自由國際主義的
政策失敗襯托出卡爾理論主張的重要性與可信度，就如同一個新的理論往往誕生
於舊理論的失敗中。

　　無論如何，現實主義似乎提供了一個較其所批判的自由國際主義更貼近真實
世界的分析，並成為戰後整合（post-war synthesis）的基礎（下一節的主題）。
然而在結束對原始版自由國際主義的檢視前，有幾點值得注意：首先，自由主義
對於第一次世界大戰起源的解讀有許多錯誤，其中有兩項特別重要：第一，當代
史料編纂學對一戰起源的解讀指出，協約方民間輿論的直觀感受（認為德國刻意
開啓戰爭）較自由派知識分子「不應歸責特定方」的論點更為貼近事實。更重要
的是第二點，1914年的德國並非某些自由國際主義者認定的軍事獨裁政體。事實
上，德國是一個有法治的憲政國家，其政府必須對議會和皇帝負責。當然，這並
不是所謂的「民主」，但在當時，即使是投票權規定最寬鬆的民主國家（包括美
國和法國）仍排除婦女的參政權。這些事實意味著自由派認為憲政、自由民主體

制相較於其他政治體制更不願意發動戰爭的觀點值得深入檢視（自由派此一觀點在20世紀末期，以民主和平論的形式得到深入檢視。這部分將在後續第四章和第十章中加以介紹）。

第二，某些對自由國際主義的批評（包括前面已經提到的）忽略了1930年代國際秩序所面臨威脅的特殊性質。說穿了，當時兩個世界強權領袖（德國和蘇聯）是狂人乃相當不尋常的情況。希特勒計畫由雅利安人統治世界的瘋狂思想使他成為任何國家領導人之特例，遑論是一個世界強權領袖。而後一項事實使得拿海珊（Saddam Hussein）或米洛維奇（Slobodan Milosevic）來和希特勒比較充滿錯誤。1945年以後，「慕尼黑類比」一再出現，而「姑息者」被視為對外交官最為羞辱的指稱，然而包括納瑟（Nasser）、卡斯楚（Castro）與海珊等被全世界所拋棄的獨裁者，都只不過是希特勒的陰影罷了。而這不僅是因為他們的人格特質，更由於他們未能取得世界強權的權柄。以是否能比肩希特勒或史達林的能力來評斷一套理念，似乎設定了太高的標準。

同樣地，自由國際主義在現實主義的攻擊下倖存的程度也令人驚訝。當代國際秩序的「穩定規範」基本上仍是那些1919年所提出來的主張，民族自決、不侵略與對國際法的尊重，搭配對於國家主權原則的支持。因此在1945年之後誕生的聯合國（United Nations），實際上是國際聯盟的強化改良版。無庸置疑的是，自由國際主義是一個不一致且有缺陷的主張，缺陷，而我們正嘗試著改善其缺點，特別它對於民族主義和民主乃相容概念的信念。但無論如何，自由國際主義還是一個極具韌性的分析框架，這可能因為其呈現的價值廣泛為世人所接受。

戰後的整合

1945年之後，現實主義成為國際關係的主流理論，並為這門學科提供一個「常識」般的概念認識。絕大多數實務外交官對於國際關係抱持現實主義的觀點，現在學界也加入他們，使國際關係學科中的現實主義陣營更形擴張，還有具影響力的報章社論和專欄作家也加入此一陣營。顯而易見，現實主義直到今日仍是國際關係的主流理論。本書接下來大部分內容都將圍繞著現實主義和其批評者間的交鋒，即便這些批判逐漸產生效果，我們也難以否認現實主義依然提供學科重要論述模型的事實。弔詭的是，現實主義的主宰地位解釋了為何本節有關戰後

整合的篇幅將十分簡短。當同一時期內發生諸多有趣的事情時，當年所發展，而今日仍屬重要的諸多實質理論，將在後續章節加以討論。

　　雖然卡爾還是很有影響力，但他的學術興趣在戰後從國際關係轉移到蘇聯歷史。現實主義在二次大戰後的主流地位更大程度上得力於其他學者的貢獻。英國的馬丁・懷特（Martin Wight）是一個重要人物，儘管他所著的《權力政治》（*Power Politics*）小冊僅在標題上予人疑似現實主義者的啟發。美國的尼布爾（Niebuhr）的影響力也仍然持續，一如地緣政治學家尼古拉斯・斯皮克曼（Nicholas Spykman, 1942）與外交家喬治・凱南（George Kennan, 1952）。然而，此時期最重要的現實主義者是1930年代流亡美國的德裔猶太學者漢斯・摩根索（Hans Morgenthau），他於1940至1950年代間出版的一系列關於現實主義的著作，其中最具影響力之書正是《國際政治學：權力爭奪與和平》（*Politics among Nations: The Struggle for Power and Peace*）。這本書成為接下來的一整個世代國際關係學科的標準教科書（Morgenthau, 1948）。

　　摩根索和卡爾之間有兩大關鍵差異：首先，受到尼布爾以及他自身在1930年代經歷的影響，摩根索認為現實主義的根源不在於資源的匱乏（人類所處狀態之產物），而是人類本性的原罪。國家侵略、追求權力的本質是由於人性的不完美，今日吾人可說這樣的理論轉變是個錯誤。除非站在神學的角度清晰地辯護，否則以社會心理學角度解釋社會行為難以面對許多理論家的質疑（雖然近來對於社會生物學的新研究似乎為摩根索的說法提供了一些支持）。但即使是神學家也缺乏為摩根索論點之原罪觀辯護之意願，既然摩根索的猶太人傳統思維未能強化其立場（從摩根索的猶太背景來看，原罪觀是相當奇怪之立論基礎）。摩根索和卡爾間的第二個差異，在智識上來看，與前一項差異同樣是有待斟酌，但這卻是《國際政治學》大獲成功的關鍵。摩根索系統化了現實主義，《國際政治學》充斥著各種清單，政治現實主義六原則、國家的三種外交戰略等等，這使其成為一本非常成功的教科書，但代價便是現實主義的立場明顯粗俗化。相對地，卡爾的《二十年危機》則是一本複雜且觀察細緻入微的書，可以從不同的角度加以閱讀。摩根索的其他著作雖也有同樣的特徵，但在《國際政治》的複雜性下卻意外呈現架構相當鬆散的結果。儘管如此，在1948年世人迫切需要一本解釋現實主義的入門手冊。二十年後，學者赫德利・布爾（Hedley Bull）對此有所評論，他指出二戰結束後，已經成為世界霸權的美國無須對歐洲長久所實踐的治國之道建

立深刻理解，而美國現實主義提供了「歐洲外交傳統的工具箱」（Bull, in Porter, 1969: 39）。此種態度十分倨傲，實情卻大致如此。

摩根索對現實主義的論述（至少在《國際政治學》一書中的說明）可歸納出國際關係的幾個元素，亦即國際關係是「國家」追求以權力定義的利益。這個簡單的公式打開各種可能性，以下將討論幾個不同的構成概念：首先，根據摩根索的說法，國家是國際關係的關鍵行為者，其他實體，例如政府間或非政府間的國際組織、企業、壓力團體甚至個人，可能在某些情況下發揮影響力，並獨立於國家之外行事，但國家仍然是最重要的行為者，因為其他行為者是透過國家這個制度而運作的。此制度規範其他實體並決定他們行動的條件，如同我們在後續的章節將會看到的，此一論點在21世紀能否成立極具爭議，但在目前，或許我們僅需瞭解現實主義者主張國家並不是唯一的行為者，但它是最具影響力的角色。爭論國家非唯一行為者來批判現實主義猶如燒稻草人一般，無法切中要害。

現實主義對利益的重視傳達了兩個概念：第一，國家有其利益；第二，國家利益主導國家行為。但「國家有其利益」的概念可能是有疑慮的：「為何是制度，而不是人有利益？」現實主義的立場是，國家就像「人」，能夠持有某些利益，因此「國家利益」並不是控制國家行政結構團體之利益的縮寫，國家根據利益行事，而非如集體安全之類的抽象原則，也不是依循利他主義的渴望而行事。國家絕不會自我犧牲，它是徹底的利己主義者。這種觀點看起來相當直接，但事實上卻可能成為套套邏輯。假設國家認為集體安全體系符合他們的利益，並在其物質利益未受直接威脅時持續支持集體安全機制，這樣還可以稱為利己主義的行為嗎？顯然，確認國家利益的理念，並將其適用在外交政策分析上有更多值得討論的問題，這些將在第四章中加以分析。

國家利益是種複雜並難以具體定義的概念，然而現實主義認為一定程度的簡化是有可能達成的，只要我們接受國家追求權力的目的在於達成其他目標此一預設。國家對權力的需求起源於國際體系的無政府性質，國際關係中沒有權威性的決策制度，各國必須在所謂的自助（self-help）體系中自我照顧。權力是一個複雜的概念，我們可以將權力視為能力（capability），也就是實現特定目標的必要實際力量。而能力總是呈現在國家行為關係中各國所擁有的資產（assets）只有在與他人所擁有的資產相比較時才具有政治意義，雖然在國與國的互動中，如何使用資產的技巧也是很重要的。在此所出現的一個問題是，雖然衡量資產並不困

難，但衡量關係中的權力則十分棘手。

在接下來的章節中，我們將重回上述各點討論。在此，還有一個要點，就是現實主義是何種理論？摩根索顯然認為它是描述性（descriptive）和解釋性（explanatory）的──描述並解釋這個世界目前是如何運作的。然其本身也有一些明確的規範性元素（prescriptive elements）在內。現實主義主張政治家們應該如何行事、應該如何做。此外，摩根索學說的一項關鍵優勢，在於其「國家利益」概念可以用來批判政府的行為。這些不同的理論面貌很難被同等看待，當摩根索在1960年代初期參加美國各大學召開的座談會，抗議越戰違背美國的國家利益時，他對美國國務院發言人引用其在1940年代著作作為回應的策略十分不悅。當然，摩根索認為國務院搞錯重點，因為1940年代驅使美國干預歐洲安全的國家利益與1960年代驅使華府不干預越戰背後的理由不盡相同。然而，國務院年輕官員也有他們的理由，《國際政治學》是一本讓人困惑、不精確的書籍，該書對於事情為何如此語焉不詳，但卻帶有強烈的規範性主張。

在對摩根索的討論告一段落之前，現實主義陣營中的其他幾位人物也值得關注，例如約翰‧赫茨（John Herz）提出了許多現今不會被視為典型現實主義的思想。隨著熱核革命在1950年代的開展，摩根索和赫茨皆指出，民族國家將因此一新科技，而受到無可挽回之削弱。赫茨的經典論文〈領土國家的興衰〉（The Rise and demise of the territorial state）相當清晰地表達了上述論點；坎貝爾‧克雷格（Campbell Craig）則證明，世界政府並非一異常的想法，而是今日我們所稱「大規模毀滅性武器」發展下的必然結果（weapons of mass destruction, Herz, 1956; Craig, 2003）。在2004年，摩根索誕辰的一百周年，正是重新審慎反思此位複雜學者重要性的時刻。而非常可惜的是，對一般國際關係學生而言，他最為人所知的或許是他最糟的作品。

國際關係與行為科學

摩根索的著作包涵了許多「政治法則」，也就是說廣泛適用的通則，或許甚至放諸四海而皆準。這似乎意味著認可「涵蓋性律則」（covering law）的解釋模式，在此模式下，某件事情的發生。可以透過某些普遍性法則加以解釋。這種理論化予現實主義進行國際關係科學化研究的志向相符。然而，摩根索作品中的

一些特徵似乎違背了此一願景。首先很明顯地，國家和政治家無必要遵守這些政治的法則，否則為何要試圖說服他們應該如此做？其次，或許更重要的是，摩根索建立通則的方式似乎非常不科學，在《國際政治學》第二版的序言中，摩根索引述了孟德斯鳩（Montesquieu），強調讀者不應僅憑幾個小時的閱讀，就論斷作者窮盡畢生心力的作品。這似乎與科學化的精神背道而馳。在科學研究中，資歷與經驗廣度相較於論述邏輯與品質乃次要之務。如果一個聰明的大學生在一位傑出的學者的畢生研究中發現一個真正的缺漏，這應該值得慶幸而非駁斥之事。

簡單來說，現實主義的科學主張似乎正被其不科學的方法論所侵蝕。1950與1960年代，美國許多具自然科學背景的學者，在投身國際關係領域時都瞭解此一問題。這些人抑或是對核武器充滿良知罪惡感的前物理學家，或是曾受僱於蘭德公司（Rand Corporation）的系統分析師（其工作內容為促進美國在國防領域的決策品質）。與這些人同時投入國際關係研究的還有行為科學，後者企圖修正社會科學的研究，使其聚焦於行為者的真實行為，而非行為者賦予行為的意義。

行為主義者的目的在於以嚴謹、系統與科學的概念和推理，取代摩根索與其他傳統現實主義者代表的「智慧文獻」與「歷史軼事使用」風格。這包含了許多不同面向，例如將舊有理論塑造成更新、更嚴謹的形式，就像莫頓·卡普蘭（Morton Kaplan）在《國際政治的體系與過程》（*System and Process in International Politics*）書中提到的「權力平衡」模型（Kaplan, 1957）一樣。有些科學化工作牽涉到創造全新的歷史資料庫與時間序列數據，以取代傳統外交史的軼聞研究模式，例如辛格（J. D. Singer）與其同事在密西根大學（Ann Arbor, Michigan University）的戰爭關聯資料庫（Correlation of War）研究（Singer et al., 1979）。有一些研究涉及到對決策研究的數理模型運用，例如哈佛大學的湯瑪斯·謝林（Thomas Schelling）等使用的博奕理論研究與早期理性選擇理論（Schelling, 1960）。還有些學者所創造的新概念挑戰了國家中心論的預設，如同社會學者約翰·伯頓（John Burton, 1972）、肯尼思·博爾汀（Kenneth Boulding, 1962）與約翰·加爾通（Johan Galtung, 1971）的研究。

在1960年代中期，上述研究遭到英國學者，特別是赫德利·布爾為首所代表傳統主義者（或他們自我聲稱的古典國際關係主義）激烈反擊（Bull, in Knorr and Rosenau, 1969）。然而，不同於烏托邦主義和現實主義之間的爭論，這個辯論除了在英國以外，僅引起小部分學者的興趣與回應，或許英國依然二元化的教

育體系文化，讓大多數國際關係學者他們北美的同儕更能接受對於科學主義的批判。在現實層面，1960年代美國多數研究生（也就是絕大多數未來此一專業領域的成員）接受了有關行為科學的訓練與方法論，使得科學化的趨勢越來越明顯。更進一步說，傳統主義者難以提供行為科學革命之外的替代方案，這很大程度上是因為他們對科學與可靠知識的想法和那些科學家相當接近，摩根索和卡爾對科學的想像被提及，而任何號稱建立在事實基礎上的知識主張，顯然渴望那些更能掌握真實（reality）的方法。實證主義（positivism）（外在事實可以透過一種方法被發現，此種唯一可靠的知識型態就是出自自然科學的方法）主宰了行為主義與傳統主義兩大陣營，而雙方的差異主要在於風格而非實質。的確，對行為主義的最有力批判，直到1980年代晚期的後實證革命才出現，這些「後實證主義者」雖接受科學目標，但卻質疑行為主義不願處理當代迫切的政治議題。

「行為主義革命」確實激發了更多的新想法，這些新的理念與現實世界的變化一起，對1970年代國際關係理論造成驚人的改變。

對現實主義綜合的挑戰

大致而言，行為主義者都是現實主義者。他們致力於落實，而非破壞現實主義對科學研究地位的主張。然而，在1960年代與1970年代早期，對於現實主義的重大挑戰確實出現了，這些挑戰並非出自學界，而是由現實世界中的事件所驅動。兩組事件具有特別重要的意義，其一聚焦於強權外交的場域，也就是所謂的「高層政治」；而另一組事件則指向不那麼戲劇化的社會經濟變動，這屬於低度政治（low politics）範疇。兩者相結合所產生的變化，造就了1980年代與1990年代後主流理論的轉變，亦即「新現實主義」和「新自由制度主義」（簡稱為「制度主義」或者「新自由主義」），以及對此一新興正統思想的挑戰，如「結構主義」（structuralism）、「建構主義」（constructivism）或「全球化」理論，並促使英國學派的國際社會理論復興。本章的最後一節，將會簡略地檢視這些當代概念的景象。

第一組變化反應了此一時期「高層政治」本質上的轉變。現實主義誕生於在艱困的1930年代，並在冷戰高峰期間建立的正統地位，這意味其理論所對應的真實乃無可否認的強權爭霸，或者是被低估的衝突風險。在1960年代初期，特別是

在1962年的古巴飛彈危機（Cuba Missile Crisis）之後，冷戰局勢發生新的轉折，強權國家間的對峙明顯地下降（兩大超強在1962年衝突邊緣之時，赫然發現沒有任何事情值得承擔核武戰爭的風險），伴隨此一最終造成（國家間關係）「緩解」（Détente）的心境者，乃美國關注的焦點轉移至逐漸升溫的越戰。從現實主義理論角度看來，此一變化最重要的特徵在於，美國無力將其明顯的權力優勢轉化成會議桌上或前線的成果，認知與心理在此變得相當重要。事實上，吾人不難以複雜的現實主義架構解釋強權之間的對峙態勢緩解，以及美國越南政策的失敗。但從表面上看，情況確實看似權力政治的重要性下降，此一趨勢與也是第二組，也更重要的變化相吻合，並導致吾人對於戰後整合的重新評估，那就是低層政治議題領域的變化。

戰後現實主義的綜合體建立在國家是國際關係核心行為者（而且是單一的行為者）的假設基礎上，國家的外交戰略關係則是國際關係的實質核心。經過1960和1970年代，這些假設逐漸變得不太可信。對外交決策過程的研究，顯示國家為單元行為者（至少就西方多元主義國家而言）的假設是虛幻的。儘管像聯合國這樣的機構可以視為國家彼此互動的場域，新的國際組織如歐洲經濟共同體（European Economic Community，後更名為歐盟）或是聯合國專門機構則不太像是催生其出現國家所掌控的工具。企業貿易依然穿梭於國家邊界之間，但一種新型態企業〔令人困惑的被稱為「多國籍公司」（Multinational corporations, MNCs）〕興起，以全球為範圍進行生產活動，並與傳統公司的行事有本質上的差異。而在國家動輒以生死為賭注的互動中，國際外交—戰略關係依然是重中之重，但當冷戰惡化為「熱戰」的可能性已經下降時，國際社會與經濟關係的重要性自然上升，這些事情都在在表明國際關係的本質已經加速變化。

《跨國關係與世界政治》（*Transnational Relations and World Politics*, 1971）一書中對上述變化做了非常好的說明。這本書由約瑟夫·奈伊（Joseph Nye）和羅伯特·基歐漢（Robert Keohane）共同編纂，兩人稍後在國際關係理論界的地位，就如同摩根索在二戰之後國關學界的地位一樣重要。這本書並未發展新的理論，但其對於當時世界的描述卻構成重要的理論挑戰。傳統現實主義的國家中心觀點假定不同社會間的重要互動均透過國家此一制度為之，但眾所皆知是人與人之間的跨國互動和聯繫可以透過多種途徑產生，例如各種跨越邊界的金錢、人流、貨物與資訊的移動。傳統假設認為：第一，真正重要的是國家間的關係；

第二，國家可以控制，只要它想，國家能規範所有其他關係。基歐漢和奈伊的模型放寬了這些假設：首先，不能再假設國家間的關係永遠是最重要的；在現代世界中，非國家行爲者的決定與行動影響我們生活的程度不遜於民族國家，蓋達（Al-Qaeda）組織在2001年攻擊美國的911事件就是一個很好的案例。其次，吾人也不能再假設國家可以有效規範這些行爲者。某些國家原則上可能擁有這樣的能力，但實際上由於在社會、經濟與政治層面需付出的龐大代價，它們並不願如此做。在許多時候，國家寧願和非國家行爲者交涉，第九章將檢視崛起中的全球公民社會與跨國公司對於國家體系的影響。傳統國際關係雖持續，但現在卻與許多「跨國關係」（至少有一方行爲者非主權國家的跨國界交易互動）共存。在此須重申一個重點，現實主義從未否認這些關係的存在，但其淡化了它們重要性，而跨國關係模式正質疑這個判斷。

多元主義與複雜互賴

　　基歐漢和奈伊所編的跨國關係一書並未提出新的國際關係理論，然而他們合著的《權力與相互依賴》（*Power and Interdependence*, 1977/2000），則在某種程度上滿足此一需求。在此本經典中，作者提出了複雜互賴（complex interdependence）概念以說明國際關係的新面貌，並指出其和現實主義的三項差異：第一，複雜互賴論假定社會之間存在多種溝通管道，包括國家機關的不同部門以及非國家行爲者，這與現實主義的單元國家特徵預設不同；第二，複雜互賴論假定，對大多數國際關係而言，軍事力量的重要性並不高，此與現實主義認爲軍事力量爲核心顯然有別；最後，複雜互賴的概念之下，議題彼此之間不存在階層性，任何「議題領域」都可能在任何時刻成爲國際議程的重點。相較之下，現實主義認爲無論何時何地，「安全」始終是國家間最重要的議題（Keohane and Nye, 1977/2000）。後面兩個差異當然息息相關，因爲國際關係中軍事力量的低度重要性也意味著議題之間沒有高下之別。複雜互賴論並不認爲這三個特徵隨處可見，而有可能存在著現實主義仍然適用的情況。但重點在於挑戰現實主義自稱爲國際關係爲一理論的主張，現實主義並非普世理論。

　　國家總是相互依存，而多元主義的創新之處，在於其將所有關係分門別類看待，而非視爲同一整體。不同的議題領域，例如安全、貿易或金融就會呈

現不同的相互依賴模式。複雜互賴的政治便起源於這些差異，行為者的敏感性（sensitivity）和脆弱性（vulnerability）依據所處情況而各有不同。敏感性是指行為者對特定議題領域變化的敏感程度；而脆弱性則意味著行為者在多大程度上可以控制其對敏感性的反應。像是所有先進國家在1970年代早期對原油價格均非常敏感，但他們對價格變動反應的脆弱性卻有顯著差異。部分國家擁有處理這些問題的能力（例如開發自有能源或增加工業出口），但其他國家卻沒有這樣的能力。這代表著行為者有可能透過強化某一領域的優勢，去彌補在其他領域的損失。在此，1971年的史密森尼危機（Smithsonian Crisis）是一個頗受歡迎的個案，美國在此危機中試圖放棄美金兌換黃金的匯率。在布列敦森林體系（the Bretton Woods System）的規則中，金融應獨立於貿易之外，且此二者也應獨立於軍事與安全議題之外；但1971年，美國卻採取貿易制裁作為平價調整的手段。而假如日本和德國沒有積極回應的話，美國外交界的重量級人物，例如亨利・季辛吉（Henry Kissinger），便會披掛上陣，藉由隱晦威脅重新評估美方對兩國安全保證，來推動美方的政策立場。由於美國不依賴國際貿易，又是主要的安全承諾者，美國能夠運用其在這些領域的低脆弱性與低敏感性，來彌補它在國際金融領域的高度脆弱性與敏感性（Gowa, 1983）。

多元主義觀察到這個世界的另一特徵，則是議程設定（agenda-setting）的重要性。在現實主義者的強權政治世界中，什麼事情是重要或者什麼事情不重要，是很容易預先確定的，因為只有戰爭與和平才是真正重要的事。但對多元主義者而言，任何議題原則上都可能成為國際議程的首要問題。在此，行為者如何能在國際組織和其他地方促進其議題的重要性，成為研究的重要議題。在某些領域，讓議題成為首要之務可能有相當明確的路線。這些議題領域可能以具有高度的國際秩序為特徵，他們構成了國際體制（regime）。當一個議題領域存在著可明確理解之原則、規範、規則與決策程序，行為者的預期可依循這些典則趨同整合時，國際體制於焉出現（Krasner, 1983: 2）。國際體制政治是多元主義者研究的一個有趣特徵，第七章中將會詳加探討。

在1970年代中期，多元主義試圖建立其在國際關係理論的主導地位，傳統現實主義看來似乎過時了。多元主義保留現實主義中一些具說服力的見解，像是關於權力的重要性，但同時對這些見解應如何在國際政治分析中操作化提供一個更複雜、細緻的說明。確實，某些多元主義最有力的批評，來自所謂的「結構主義

者」，他們強調多元主義試圖建構一個「富人世界」的程度（在第八章中將會詳細說明其論述），強調一組國家對其他國家的依賴，而不是互賴。他們主張窮人的貧困直接來自於富人的財富。這些學者所關注的，乃所謂連結富人和窮人、已開發與低度發展的剝削鏈在過去數個世紀以來所締造的不平等。然而，多元主義者的回應，是強調相互依賴並不等於平等依賴，而結構主義僅是凸顯了可被納入複雜互賴模型中的一個特殊個案，總而言之，在1970年代中後期，多元主義在國際關係理論界的情勢大好。

延伸閱讀

　　David Boucher的《國際關係的政治理論》（*Political Theory of International Relations*, 1998）對希臘時期迄今的國際關係理論史做了相當深入的整理；Brain Schmidt的《無政府狀態的政治論述：國際關係的學科史》（*The Political Discourse of Anarchy: A Disciplinary History of International Relations*, 1998）是一開創性的學科歷史研究。Hidemi Suganami的《國內類比與世界秩序計畫》（*The Domestic Analogy and World Order Proposals*, 1989）則針對「國內類比」（也就是國家間的關係被類比成國內的關係）如何被用來概念化1814年以後的國際關係做出有效的歷史分析。

　　若欲完整瞭解理論在20世紀前半葉的變化，那麼必須深入瞭解兩次世界大戰的緣起和1930年代的危機，William Keylor的《20世紀的世界及其後：1900年後的國際史》（*The Twentieth Century World and Beyond: An International History since 1900*, 5th ed., 2005）是最好的概觀讀物，James Joll和Gordon Martel的《一次大戰的起源》（*The Origins of the First World War*, 2007）綜合了學界對大戰起源的辯論，而H. Koch編纂的《第一次世界大戰的起源》（*The Origins of the First World War*, 1972）則摘錄了主要爭辯者的看法，A. J. P. Taylor的著名著作《二大戰的起源》（*The Origins of the Second World War*, 1961），提出了希特勒的外交政策和其之前的德國領導者並無太大差異的論點，此種看法被視為有缺陷。現有的理論思考則被整理在E. M. Robertson編著的《二次大戰的起源：歷史的解釋》（*The Origins of the Second War: Historical Interpretations*, 1971）、G. Martel編著的《二次大戰起源的再確認：Taylor論戰二十五年之後》（*The Origins of the*

Second World War Reconsidered: The A. J. P. Taylor Debate after Twenty-Five Years, 2nd ed., 1999），D.C. Watt的《戰爭如何到來》（*How War Came*, 1999）則對在和平的最後期限之外交與綏靖政策的起源做出詳細的說明，而Paul Kennedy的《外交背後的實況》（*The Realities behind Diplomacy*, 1981）、Christopher Hill的《1939：自由現實主義的起源》（1939: The Origins of Liberal Realism, 1989）則結合了歷史和理論，Gerhard L. Weinberg的《一個武裝的世界：二次大戰的全球歷史》（*A World at Arms: A Global History of World War II*, 1994）則是說明二次大戰歷史與外交政策最佳之單冊讀物。

　　而關於自由國際主義者在戰間期的合集論文則可考慮如下：David Long和Peter Wilson編纂的《二十年危機中的思想家：戰間期理想主義的再評估》（*Thinkers of the Twenty Years' Crisis: Interwar Idealism Reassessed*, 1995）對這些學者的理論和想法提供了可信、合情的學術說明，Wilson的《Leonard Woolf的國際理論》（*The International Theory of Leonard Woolf*, 2003）則是一本針對一位20世紀早期被忽略的自由主義者的傑作，而對第一次大辯論與戰間期國際關係的評論則可見Joel Quirk與Vigneswaran Darshan的〈大廈的建築：第一次大辯論的故事〉（*The Construction of an Edifice: The Story of a First Great Debate*, 2005），以及Lucian Ashworth的〈戰間期國際關係的理想主義者何在？〉（Where are the Idealists in Interwar International Relations?, 2006）。而在David Long和Brain Schmidt編纂的《國際關係學科中的帝國主義與國際主義》（*Imperialism and Internationalism in the Discipline of IR*, 2005），第一次辯論的參與者被歸納成帝國主義和國際主義兩個陣營。另外，古典現實主義的作者除開Niebuhr、Spykman、Kennan與Carr等在文中被引用的作者，必須額外注意的是Herbert Butterfield的《基督教、外交與戰爭》（*Christianity, Diplomacy and War*, 1953）與Martin Wight的《權力政治》（*Power Politics*, 1946/1978），Morgenthau的《國際政治學》（2006）有許多版本，但應避免閱讀1988年的刪節版，而近來對古典現實主義的最佳著作則是Henry Kissinger的鉅作《大外交》（*Diplomacy*, 1994）。

　　這些理論在許多珍貴的研究中被討論：整本著作的包括Michael J. Smith的《從Weber到Kissinger的現實主義思想》（*Realist Thought from Weber to Kissinger*, 1986）、Joel Rosenthal的《正直的現實主義者》（*Righteous Realists*, 1991）；A. J. Murray的《重新建構現實主義》（*Reconstructing Realism*, 1996b）以及Jonathan

Haslam的《無德的必要性：馬基維利後的國際關係現實主義思潮》（*No Virtue like Necessity: Realist Thought in International Relations since Machiavelli*），而最不具同理心，但卻同樣重要的著作則是Justin Rosenberg的《市民社會的帝國》（*The Empire of Civil Society*, 1994），Martin Griffiths的《現實主義、理想主義與國際政治：重新詮釋》（*Realism, Idealism an International Politics: Reinterpretation*）主張所謂的現實主義者在哲學上也是理想主義者，Steven Forde和Jack Donnelly對古典與20世紀現實主義的客觀觀點可在Terry Nardin與David Mapel編纂的《國際道德的傳統》（*Traditions of International Ethics*, 1992）找到，Donnelly後續還有一本作品《現實主義與國際關係》（Realism and International Relations, 2000），Campbell Craig的《新利維坦的微光：Niebuhr、Morgenthau與Waltz的現實主義全面戰爭》（*Glimmer of a New Leviathan: Total War in the Realism of Niebuhr, Morgenthau and Waltz*, 2003）檢視現實主義進入美國學界與其逐漸的變化過程，Michael William的《現實主義者的傳統與國際關係的限制》（*The Realist Tradition and the Limits of International Relations*, 2005）則是近來對古典現實主義理論家再評估的作品。

而Peter Gellman的〈Hans Morgenthau與政治現實主義的遺產〉（*Hans Morgenthau and the Legacy of Political Realism*, 1988）與A. J. Murray的〈Hans Morgenthau的道德政治〉（*The Moral Politics of Hans Morgenthau*, 1996a）則是瞭解Morgenthau想法非常珍貴的文獻。近來，Michael Williams編纂的《再確認現實主義：Hans Morgenthau在國際關係的遺產》（*Realism Reconsidered: The Legacy of Hans Morgenthau in International Relations*, 2007）則是對於重新檢視Morgenthau的文獻之極佳讀物；其他晚近但未被Williams收藏在論文集當中的文獻包括：William Scheuerman的〈現實主義與其他：Hans Morgenthau的案例〉（*Realism and the Left: The Case of Hans Morgenthau*, 2008）、Robbie Shilliam的〈脈絡下的Morgenthau：德國後進性、德國知識分子以及自由計畫的興衰〉（*Morgenthau in Context: German Backwardness, German intellectuals and the Rise and Fall of a Liberal Project*）以及Veronique Pin-Fat的〈國家利益的形而上學與民族國家的神秘主義：閱讀Hans Morgenthau〉（*THE Metaphysics of the National Interest and the Mysticism of the Nation-State: Reading Hans Morgenthau*, 2005）。

而加入Michael Cox序言而新編纂的《二十年危機》（2001）則對Carr的論

點做出相當精湛的介紹，Booth與Fox在本章中被引用的論文也相當精彩，同時也可以閱讀Graham Evans的〈E. H. Carr與國際關係〉（*E. H. Carr and International Relations*, 1975），以及Peter Wilson的〈懷有傳統目標的激進主義；E. H. Carr的奇特現實主義〉（*Radicalism for a Conservative Purpose: the Peculiar Realism of E. H. Carr*, 2001）。John Mearsheimer在〈E. H. Carr與理想主義的對峙：殺伐的戰役〉（*E. H. Carr v.s. Idealism: The Battle Rages On*, 2005）則回到Carr的現實主義，而英國國際關係學者對Mearsheimer批評英國國際關係放棄Carr洞見的回應，可以參考《國際關係》（*International Relations*）的〈圓桌論壇：殺伐的戰役〉（*Roundtable: The Battle Rages On*, 2005）。

在方法論的辯論上，Klaus Knorr與James Rosenau編纂的《爭辯中的國際政治途徑》（*Contending Approaches to International Politics*, 1969）集結了許多主要的論文，包括Hedley Bull的〈國際社會：一個古典途徑的案例〉（International Society: The Case for a Classical Approach）與Morton Kaplan另一篇重要論文則是〈新大辯論：國際關係中的傳統主義與科學〉（The New Great Debate: Traditionalism vs. Science in International Relations）。對辯論內涵最好的說明則是Martin Hollis與Steve Smith的《解釋與理解國際關係》（*Explaining and Understanding International Relations*, 1991），Bull的評論則可視爲英國對美國在1950與1960年代主宰社會科學的回應，但其仍和對實證主義的複雜批判有所關聯，例如Charles Taylor的〈解釋與人的科學〉（Interpretation and the Sciences of Man, 1971）或者是William E. Connolly的〈政治論述的術語〉（The Terms of Political Discourse, 1983）。

許多在1970年代領導多元主義的學者後來在1980年代搖身一變成爲新自由制度主義者，他們的研究在之後的章節將被詳細討論，Keohane和Nye的《權力與相互依賴》第三版（2000）澄清了他們和現實主義的關係。

而某些不直接相關，但卻因爲他們對未來國際關係理論發展具有相當重要性而值得一看的讀物，包括當代對人性的討論，Richard Dawkins的〈自私基因〉（*The Selfish Gene*, 1989）則是此類的經典讀物，但Steven Pinker的《空白的石板：現代對人性的拒絕》（*The Blank Slate: The Modern Denial of Hunan Nature*, 2003）則更清楚我們的主題，特別是針對政治的第十六章與針對戰爭的第十七章。Bradley Thayer則第一次嘗試申論後Dawkins時代的現實主義理論，可見〈帶

來達爾文：演化論、現實主義與國際政治〉（*Bringing in Darwin: Evolutionary Theory, Realism and International Politics*, 2000）以及《達爾文與國際關係》（*Darwin and International Relations*, 2004）。而與之同等重要的是Stephen Peter Rosen的《戰爭與人性》（*War and Human Nature*, 2005）以及Raphael D. Sagarin 和Terence Taylor編纂的《自然安全：危險世界中的達爾文路徑》（*Natural Security: A Darwinian Approach to a Dangerous World*, 2008）。Ken Binmore的《自然正義》（*Natural Justice*, 2005）以及Jason Alexander的《道德的結構革命》（*The Structural Evolution of Morality*, 2007）則是敦促科學地透過革新與博奕理論追尋道德如同社會制度般發展的哲學研究。

第三章 今日的國際關係理論

前言：理性選擇理論與其批判

　　就如同摩根索1948年的文章主導了戰後的國際關係研究，當代的國際關係由沃爾茲（Kenneth Waltz）1979年的著作《國際政治理論》（*Theory of International Politics*）所定義。不僅現實主義藉由本書重振聲勢，反對現實主義者也認為有義務回應他的主張。1960年代，湯普森（Kenneth Thompson）指出國際關係理論乃摩根索和其批評者之間的爭論；而1980、1990和2000年代後，沃爾茲這個名字逐漸可取代摩根索（不過，在兩個案例中，被作者所信仰而寫出來的的遠比書頁上的東西來得重要）。

　　以下將討論《國際政治理論》一書的價值，這本書的成功並不僅因為它本身的內容（那個固然令人印象深刻），而是其所呈現的知識脈絡，亦即美國政治學界中理性選擇理論的崛起。理性選擇思維的前提是政治可透過以個人目標導向的行為來理解，他們以最小限度的理性行事，並進行目的與結果的計算，極大化他們在特定狀況中所能獲得之預期利益（或者也可能是極小化損失）。這個觀點有時被稱為「新功利主義」者，主要由經濟學家領域中得到啟發，對經濟學而言，理性選擇乃核心假設，並自1960年代至今被廣泛地應用在美國國內政治的研究，且以選舉、利益團體、國會政治為最前線。它鼓勵了諸如賽局理論等工具應用於政治研究，並開啟了量化研究、使用迴歸分析（以及其他被計量經濟學家大量使用的統計技術）的可能性。可以說，理性選擇理論的個人主義和它的科學抱負和美國精神相當一致，如此可以說明這個途徑在美國的主導地位。相比之下，它在英國以及直到最近的大部分的歐陸是較不重要的。

　　雖然沃爾茲的現實主義偶爾被稱為「結構現實主義」，而結構主義在概念上往往與理性選擇理論截然對立，但沃爾茲透過將其研究途徑融合理性選擇論的方式，確立其作品歷久不衰的重要性。相反的，沃爾茲最痛苦且持續最久的批評來自於理性選擇理論的反對者。事實上，沃爾茲成功的讓國際關係理論與美國政治學界主流理論模式展開對話與整合。然仍需持續觀察的則是，這究竟會使我們理

解國際關係的能力發生長足的進步，抑或迂迴地最後進入死胡同，本章的其他部分將說明可能的替代選項。

從現實主義到新現實主義

在某種程度上，「新現實主義」一詞的內涵相當具有爭議性。因爲許多現實主義者看待新現實主義的概念，並不包含可被稱爲「新」的內容。但多數觀察家不同意，而且認爲某些現實主義的內涵確實有變，用以回應當時其面臨的多元論的挑戰。無論如何，大部分人均同意沃爾茲在1979年出版的《國際政治理論》是現實主義／新現實主義最具代表性、也最重要的作品。沃爾茲是一個具有古典現實主義背景的學者，他的第一本主要著作，是1959年出版的《人、國家與戰爭》（*Man, the State and War*），同樣也是針對當代戰爭的原因深入探討、具有啓發性的學術著作，而該書的內容則多半可被視爲國際政治理論的傳統論述。在1950年代，沃爾茲擔任由傳統方法論取向的現實主義者們於1954年成立、專責國際關係理論研究的美國洛克斐勒國際關係理論研究委員會的祕書長；另一方面，《國際政治理論》一書也是以傳統主義式的風格來呈現其論述。

面對多元主義者的挑戰，沃爾茲維護現實主義的基本策略是限制其範圍。首先，雖然摩根索對「理論」的定義鬆散（儘管他常常提到政治法則等詞彙），但沃爾茲將理論詳細地定義在《國際政治理論》第一章中，並且採取卡爾·波普爾（Karl Popper）科學方法的思路。透過現代經濟學理論的視角，沃爾茲關注的是提出相互關聯法則化的主張，再從中得出可被檢驗的假設（hypotheses）──雖然他確實理解在國際關係領域，「假設檢證」比較像是印象派的創作過程，而非眞正的科學。沃爾茲堅決否認自己是廣義上的「實證主義者」，但他對於眞實世界存在規律性，以及理論的角色在於解釋此規律性的明確信念，足以讓我們將他歸於實證主義者陣營（Waltz, 1997/1998）。

必須強調，沃爾茲非僅只界定他所創造的理論類型，更重要的是限制了理論的範疇。沃爾茲的目標在於創造一個國際體系理論，而非一般性的國際關係理論。這促使他能夠同情地看待各種多元主義者所描述的轉變，因爲他們並未針對國際體系的本質而多所描繪，而僅著眼於組成單位的層次。沃爾茲主張最強而有力的立場之一是：瞭解國際體系內涵的唯一法門是透過系統理論（systematic theories）。系統理論強調組成系統的單位之分布狀態，而爲了透過系統理論瞭解體系，必須瞭解「化約論」（reductionism）的內涵。我們會認爲「化約論」是錯誤的，因爲我們知道，隨著時間的推移，即使組成系統的單位發生變化，國際體系的模式仍會重現。而這些模式必須是系統本身的產物，不能是國際體系次系統，或個人層次可變特徵之產物。如所謂的侵略傾向本質上乃古往今來皆可見之現象，而非專屬於國際體系的特質。以沃爾茲自己所舉的例子來說，列寧以壟斷資本主義的動態發展來解釋帝國主義是有問題的，因爲當壟斷資本主義於晚近初興時，帝國主義早已存在。事實上，這並不是一個具有說服力的批判，因列寧本人也承認此點，並強調現代帝國主義與其前身有所不同。但無論如何，沃爾茲的觀點是非常明確的。一旦聚焦於體系，我們可以發現，沃爾茲推論只可能存在兩種體系——層級的（hierarchical）或無政府的（anarchical）。在層級體系中，不同種類的單位被組織在權威的明確規則之中。而在無政府體系中，單位雖然在本質上相似，但在能力上卻完全迥異於彼此，促使其對彼此的行爲不同，造就彼此間相關且多變的關係。層級與無政府的區別對沃爾茲來講非常重要，沃爾茲認爲當前的國際體系非常明顯地是無政府狀態，而這特徵從中古世紀開始便已存在。多元主義者指出的轉變從未造成體系的變化，體系唯一可能的變化將發生在層級結構被建立才會出現，也就是某種形式的世界政府被建立的時候。《國際政治理論》的大半篇幅多用於證明這樣的情況不會發生，而多元主義者定義的種種發展只會發生在體系的表層，但卻不會造成體系本質的任何變化。

另一方面，國際體系是一個「自助」體系（self-helped system），國家（在理論上被假定爲單元行爲者）必須自己照顧自己，因爲沒有其他行爲者可以幫助它，沃爾茲並不認爲國家是自我強化，必然尋求擴張的個體，但他確實假定國家都希望能夠自我保存。這意味著國家將以自身的安全爲重，同時將其他國家視爲潛在威脅，它們必須根據對自身所有權力與對其他國家權力的判斷，不斷的調整他們在世局中的立場。而這些作用的結果，最終將造成權力平衡（balance of power）。權力平衡就是國際體系理論，我們可以透過「極」（poles）的數量來界定權力平衡，而所謂的「極」則取決於那些足以對其他國家基本生存構成嚴重威脅的國家數量，沃爾茲認爲1979年的國際體系是兩極（bipolar）的，只有美國和蘇聯有能力威脅彼此的生存。許多學者認爲，兩極體系的權力平衡本質上是不穩定的，因爲一個行爲者能力的變化應與另一行爲者能力的類似變化連動方能維

持平衡，但此過程總是不會同步。但沃爾茲不同意這樣的論點，對他來說，因爲兩極體系涉及的利害方數量較少，更使其較容易管理。

這是一個討論國際體系結構的理論，在此一個重要問題是關於結構和能動者（agency）之間的關係？爲何國家一定要遵循某些特定的方式行事？

我們將在下一章檢視「能動者—結構論戰」。但在外交政策研究的脈絡中，結構理論也必須處理的議題。同樣地，我們如何能假定權力平衡總是能產生？或國家在意識上並不希望創造平衡狀態的情況下，如何假定它們總是能管理兩極體系？的確，大多數國家都偏好消滅構成潛在威脅的對手（也就是除了它們自身之外的所有國家）。沃爾茲對上述問題的回答如下：我們無法保證平衡一定會發生，或對權力的管理必然成功。然而，那些沒有回應國際體系給予它們訊號的國家，亦即那些忽視世界權力分配局面的國家終將自食其果；這意味著在某些情況下，它們可能會喪失獨立地位。既然國家不希望發生這些情況，那麼他們可能就會採取必要的步驟（Waltz, 1979: 118），可能還是有少數的國家不會這麼做，但從上一個世紀的紀錄來看並不多。有些國家確實失去了獨立地位；而有些國家因有利的地理位置或其他自然優勢，得以在錯誤判讀國際體系訊號的情況下，仍豁免嚴重傷害。儘管如此，國家回應國際體系的要求仍是大勢所趨。

在此處以及《國際政治理論》的其他部分中，沃爾茲採用了借鑑自新古典經濟學的類比，特別是市場理論和公司理論。完全競爭市場乃市場結構的經典案例，此一市場結構獨立於買方和賣方的意志而存在，但卻是由買賣雙方的行動所創造。在完全競爭市場中，每一個行爲者必須回應市場所傳遞的訊號，但此處所言的「必須」是指，若農夫期待以市場無法接受的高價出售其產品，他必須忍受其產品的滯銷；或農夫若以較低廉價格銷售其產品，將拱手讓出獲利機會給對手，並被迫退出市場。同樣地，買方不會希望付出更多，也不可能支付低於價格的金額。買賣雙方的決定造就了市場結構，而市場結構形塑了這些決定。我們可以進一步討論市場和權力結構之間的類比。在不完全競爭市場，一個寡頭體系中，少數公司可以在避免直接競爭的情況下管制價格與產出，從而讓彼此過得比本來的情況更好。這些寡頭公司對其他公司生存與否缺乏興趣，福特汽車與通用汽車可能希望看到對方消失，但在追求利潤極大化的情況下，他們明瞭任何棄除消除競爭的動作所伴隨的風險皆太高，價格戰可能會拖垮兩家公司。同樣的道理，美國和蘇聯在管制彼此的競爭關係上存在共同利益，即便他們彼此都希望看

到對方消失，但前提必須是以低成本、低風險的方式實現。

這樣的經濟學類比也許是「新現實主義」之所以被稱爲「新」的原因。事實上，沃爾茲提供的是權力平衡的「理性選擇」版本。在這版本中，國家被假定爲自利的利己主義者（egoist），依照福祉極大化的程度決定行動策略。這與摩根索堅持的人性原罪以及「正當的現實主義者」精神上差異甚遠。就此而言，沃爾茲的想法和卡爾相似，後者受準馬克思主義影響而側重匱乏與人類情境的論點，與沃爾茲的無政府狀態以及渴望自我存續論點堪可比擬。卡爾雖未接受理性選擇模式的推論方式，但此種推論模式在古典傳統並非不存在。盧梭關於獵鹿賽局的寓言，就很類似沃爾茲所說的國家利己主義：一群獵人合作獵殺雄鹿，但如果在最關鍵的時刻，其中一個獵人離開去獵殺另一隻野兔，他雖然能滿足個人需求，但卻使整體的目標（獵鹿）落空，這是一個對集體行動問題的良好說明。儘管如此，沃爾茲在處理利己主義論述的方式上，還是有一些新穎之處。

沃爾茲著作的額外影響，還可見諸於其刺激學者所發展的結構性現實主義討論，並造成現實主義典範內部的概念分裂發展成「守勢」（defensive）與「攻勢」（offensive）現實主義。這兩派理論都同意，國家對安全的渴望受制於國際體系無政府結構的假定。然而，包括斯蒂芬・范・艾維拉（Stephen Van Evera）、斯蒂芬・沃爾特（Stephen Walt）和傑克・史耐德（Jack Snyder）的守勢現實主義者，如同沃爾茲一樣，強調國家透過維持其在體系結構內的權力地位以維持其安全，故其傾向獲得適度大小的權力，以平衡其他國家。而攻勢現實主義者中最具影響力的約翰・米爾斯海默（John Mearsheimer, 1990/1994.5/2001），則斷言在自助體系中，安全是難以捉摸掌握的，因此國家被迫追求權力極大化（攻勢現實主義者將傾向以物質性，特別是軍事能力來界定權力），以成爲全球（或至少區域）霸權。這導致攻勢現實主義者追求侵略性、擴張性政策，渠等這些政策的成本比守勢現實主義者所認定的更低，其報酬也更高。另一方面，守勢現實主義者認爲攻勢現實主義者的政策主張並非理性，他們認爲追求更多的權力可能導致更不安全的情形，因此一個理性國家若衡量體系內彼此權力對比後感到安全時，便無意於追求額外之權力。與攻勢現實主義的假設相反，國際體系不會「獎賞」那些追求主宰地位的國家，而是會回報那些維持現狀者。也因爲如此，或許攻勢現實主義最大的貢獻在於解釋「修正主義」（revisionist）國家的行爲，而這是沃爾茲的新現實主義理論中相對匱乏之處。

更深入研究沃爾茲的理論的包括沃爾福斯（Wohlforth）1993年的作品、史韋勒（Schweller）在1998年的作品和札卡利亞（Zakaria）在1998年的作品，這些均補充了結構新現實主義在單位層次的分析，這些作品又被稱爲「新古典現實主義」（neoclassical realism）或「後古典現實主義」（postclassical realism），他們認爲國家行爲不能用單從結構層次加以解釋，並使用如馬基維利、摩根索和季辛吉等古典現實主義者的洞見，將個人和國內／政府層次的變數（沃爾茲在《人、國家與戰爭》（1959）一書中明確反對者）重新帶入，以解釋國家在國際體系行爲。總之，沃爾茲的新現實主義具有相當的爭議性，但其不僅仍然是晚近現實主義最具說服力的作品，也是將國際關係理論和美國政治科學再度連結起來的重要聲明，《國際政治理論》堪稱是那個年代國際關係理論中最具影響力的作品。

從新現實主義到自由制度主義

從1970年代晚期來看，或許可以預測國際關係理論往後數十年的面貌，將沿著新現實主義和多元主義的交鋒展開，同時伴隨著左翼觀點對這兩大陣營的批判。在某種程度上，此一猜想確實發生，而許多關於當代國際關係理論的文獻都以三種視角／典範的方式呈現（Little and Smith, 1991; Viotti and Kauppi, 1999）。然而在學科發展最興盛的美國，國關理論的發展則迥然有別，1970年代的多元主義者後來在1980和1990年代成爲「新自由制度主義」者，而其與新現實主義的關係，在此一過程中變得出乎意料之外的親近。

像是羅伯特‧阿克塞爾羅（Robert Axelord）或羅伯特‧基歐漢（Robert Keohane）這樣的學者發展了和現實主義共享許多概念的理論（Axelord, 1984; Keohane, 1984/1989; Axelord and Keohane, 1985）。他們接受了國際無政府狀態和國家爲理性自利者的兩個基本假設，而他們分析的目的在於論證理性自利的國家在無政府的狀態中仍然可以合作，和新現實主義者借鑑相同的智識淵源，特別是博奕理論（game theory）、公共選擇（public choice）和理性選擇理論（rational choice theory），他們承認無政府狀態下的合作總是脆弱的，搭便車的國家（free-rider states，得到其他國家合作的利益，但卻無須付出任何代價的國家），總成爲國家間合作的障礙。而在無法執行（enforcement）的情況下，「囚

徒困境」（prisoner's dilemma）的模型清楚反映出依賴合作之承諾的困難性。然而，假若能夠建立國際體制（international regime），並在其中交換資訊並形式化承諾，則合作的可能性將會提升。建立制度是一個困難的過程，而且大多數現有的制度，特別是國際政治經濟秩序的體制乃是由「霸權」，也就是美國於二戰之後所建立。「霸權」一詞在此被定義爲有能力建立行動規則，並有意願與能力執行規則的國家。在這些作者的論述中，一個核心命題在於美國的霸權近年來已大幅衰退，因而浮現的問題是：「霸權之後」的合作可以持續下去嗎？在次佳（sub-optimal）層次上，這個問題答案通常是肯定的。因爲國際體制仰賴霸權領導下所積累的資本爲生，這部分討論的細節將在後續第七章中進一步闡述。

　　「新自由制度主義者」對國際合作的看法很明顯地不同於「新現實主義者」，但兩者對理性選擇理論的偏好讓它們形成同一個陣營（broad movement），新現實主義者約瑟·格列科（Joseph Grieco）曾清楚闡明了兩理論間對合作問題的分歧點。

　　格列科認爲最關鍵的差異應爲雙方對合作在「相對利得」（relative gains）和「絕對利得」（absolute gains）的不同觀點。「新自由主義者」假定國家本質上關注合作的是「絕對利得」，只要他們對自己的處境感到滿意，他們就不會太在意其他國家的情況。這與自由貿易理論有明顯相似之處，各方在貿易中因比較利益而所得不均的事實，比不上每個人都會獲得利益來得重要。而另一方面，「新現實主義者」則認爲每個國家都關心合作的「相對利得」，也就是比較其他國家以及自身的表現。這是因爲「新現實主義者」關注權力平衡，各國將不斷的彼此監控，掌握相對權力位置正在發生變化的訊息。格列科指出，此一取向的差異，意味著在討論合作的極限時，「新現實主義者」和「新自由主義者」將關注在完全不同的問題上。對「新自由主義者」來說，由於「絕對利得」的假定，其能非常輕易地回答爲何國家間能合作。但正如同我們看到的，問題在於某些國家可能有欺騙的傾向，選擇成爲「搭便車者」，國際社會需要建立防弊機制。以讓各國能夠瞭解合作的眞實長遠的利益，而非淪爲競逐短期利得。這也是爲何此理論被稱爲「新自由」的原因。另一方面，對「新現實主義者」來說，「欺騙」是毫不令人意外的。由此觀之，困難在於如何在一開始促成合作。因爲，國家只有當預期所得利益大於（或至少等於）其他相關行爲者時，才會進行合作，而這顯然是一個非常困難之標準。

格列科認為，新現實主義對國家追求「相對利得」的假定可由觀察國家在國際體系中的實際行動得到支持，另外公眾輿論數據也提供了支持證據，美國公眾至少更關心「相對利得」勝於「絕對利得」。另一方面，新自由主義者則指出，廣大且持續增長的國際制度網路，削弱了新現實主義者「國家長期而言將不願合作」的論點。而從新現實主義的觀點來看，新自由主義者正在從事一場註定失敗的任務。在接受霍布斯（Hobbesian）式背景設定（也就是接受無政府狀態和理性自利者的預設）的同時，新自由主義主張國家之間的合作可在不存在「主權者」（sovereign）的情況下發生，這是不可能的。但新自由主義者則聲稱，合作還是可能發生，儘管其是次佳選項。

無論如何，這場論戰清楚顯示新自由主義者和新現實主義者的密切關係，特別是相較於他們的先行者（自由主義與現實主義）。自由主義與現實主義以本質上無法相容的角度理解世界，不論是強調利益的和諧或不和諧、國內結構的重要性或不重要，「新」自由與「新」現實主義都建立在無政府狀態的事實與理性自利國家的基礎上（Waever, 1996）；把它們視為某種「新—新」整合觀點或許言過其實，但這兩種理論的類似性，足以讓我們將其視為同一（理性選擇）研究綱領下的不同詮釋。此外，這是一個大多數研究者皆可安身立命於其中的研究綱領。正如將在後續章節所呈現的，在這個研究綱領中，還有很大的揮灑空間，甚至像是最基本權力制衡（balance of power）的概念也可被挑戰，國家可能選擇扈從（bandwagon）而非制衡（balance），或以較軟性的方式挑戰，而非較強硬的制衡？儘管如此，不論是明顯的或者含蓄的說法，沃爾茲建構的「無政府狀態」問題意識，確立了當代大多數國際關係研究的議程。但是，特別在最近幾年中，反對聲浪持續增長。本章後續部分將介紹這些知識上的挑戰，不過關於全球化理論（雖然也許是針對國際關係本質最根本的挑戰），將在第九章詳細敘述。

建構主義和英國學派

如我們將所見到的，全球化理論的支持者反對「新現實／新自由」理性選擇途徑所偏好的「國家中心論」，他們轉而強調全球之社會、經濟、文化與政治力量所扮演的角色。其他理性選擇途徑的批判者則的質疑則更聚焦於國家中心論潛在的假設，而非中心論本身。渠等特別不能接受的，乃國家本質給定的預設，以

及引導國家行為的規則僅是外在客觀實存一部分，而非人類創發行為之產物的見解。從定義來看，理性選擇途徑的國關理論假定國家從事目標導向行動，而此目標所處的情境脈絡已預先確定；它們研究國家如何在無政府狀態的世局中以一理性自利行為者身分進行博奕，而國家作為理性自利者以及無政府狀態乃毋庸爭議的討論前提。換言之，這是場預先設定好的博奕。理性選擇途徑的這些預設遭到強烈的挑戰。

這些批判者對理性選擇途徑都抱持敵意，但其彼此相關性偏低，很難找到一個初步的分類架構加以闡述。在此，吾人大概可以將這些批判者分為兩組：首先是「建構主義」（Constructivism）和與其接近的「英國學派」（English School）作品；接著，我們的討論將逐漸遠離開國際關係理論的主流，仔細觀察並討論批判理論者（critical theorist）、後結構主義者（poststructuralists），與其他被誤認為後現代主義（postmodern writers）的學者。

「建構主義」為國關理論反對陣營中崛起最快速的一支，但這許是因為此一途徑本身缺乏明確定義所導致的結果。不幸的是，「建構主義」已變成類似汽車保險桿貼紙的語彙，那些希望與主流國際關係理論劃清界線，但同時仍可在主流學界維持一定程度體面的人常常以此標籤自稱。這也已經成為一種人人可接受的「中道」（Adler, 1997）。然而在1980年代末與1990年代初期，情況並非如此，當時，亞歷山大‧溫特（Alexander Wendt, 1987/1992）、弗里德里克‧克拉托赫維爾（Friedrich Kratochwil, 1989）、尼古拉斯‧奧夫（Nicholas Onuf, 1989）等人的著作，提出了激進的建構論觀點，並真有將傳統國際關係取而代之的可能。

「建構主義」者的核心想法，也許可以從一個概念來理解，世界的原始事實（brute facts）與社會事實（social facts）有根本之差異。前者獨立於人類行動之物外，而後者的存在則仰賴社會建構的慣例（Searle, 1995）。

無論有沒有人在場觀察，聖母峰峰頂的雪都在那裡；然而我口袋中那張紫白相間，有亞當斯密頭像的紙是一張價值僅20英鎊的鈔票，是因為不列顛民眾承認此一事實。混淆原始事實與社會事實乃重大的錯誤，而建構主義者也認為此種錯誤時常發生，因為這導致我們將自然狀態歸屬到被創造出來的情境中（而這些情境在原則上可以變化）。因此，如果我們將「無政府狀態」視為既定，也就是它制約了國家行為，但其本身不會受到國家行為制約。，我們將忽略了「無政府狀態乃國家所造就」此一重點，且無政府狀態並未主宰任何特定的行動方向

（Wendt, 1992）。我們生存在一個由我們自身界定的世界，而不是一個由非人類力量預先決定其輪廓的世界（Onuf, 1989）。

但這些論述是怎麼發展出來的？這裡有幾種可能的詮釋。首先不幸的是，可能根本沒有任何發展，1990年代中，許多經驗主義的國際關係學者藉由接受上述觀點，宣稱要成為「建構主義者」，但他們的研究方法與先前並沒有任何顯著差異（至少在其他人看來是如此），「建構主義」被當作一種標籤；其次，更重要的是，因為是人類能動性（human agency）的產物，結構一旦建立，絕不容易被人類能動者改變；一旦建立，「能動者—結構」（agency-structure）的問題，反映出兩組概念間關係（Wendt, 1987）。這些問題在外交政策的研究中特別重要，我們會在第四章中討論；第三，一旦我們明白國際政治的博奕本質並非既定，便開啟了對於「遊戲規則」（rules of the game）的維特更斯坦（Wittgensteinian）式的分析，探究世界政治的法則（grammar）如何建構。克拉托赫維爾和奧夫在此一方面的建構主義研究貢獻巨大，在此分析典範下，讀者參考克拉托赫維爾有關不干預原則在西伐利亞主權至上論中位置之討論（Kratochwil, 1995）。另外，某些德國建構主義者採取哈伯瑪斯的途徑，關注世界政治中的溝通行動（Risse, 2000）。

然而，最受歡迎的發展是朝著另一方向發展，著重使用建構主義的概念以處理規範性議題，特別是那些涉及認同事務，以及由此衍生出的國家間合作議題（Ruggie, 1998; Wendt, 1999）。如同前述，「新自由主義」和「新現實主義」的國際關係理論假定合作會在無政府狀態下的自利者間發生，如果這樣的合作真的發生的話。行為者的認同在此無關緊要，而促進合作的規範在一本質上「手段—目的」（ends-means）的計算過程裡也沒有任何說服力。畢竟目的（安全）對所有行為者來說是相同的（也預先就決定了），而無政府概念所設定的脈絡既無可爭辯也不會改變。當然，特定行為者將追求特殊目標以達到他們的目的（安全），但這些目標在事前就已經確立，國家利益被概念化為外生的客體，其與國家在任何既定情形下，計算當為之事無涉。建構主義者挑戰形成這些概念的每一個環節，認同（identity）確實重要：舉例而言，美國與加拿大以及法國的關係，不同於其與埃及和中華人民共和國的關係。這並不只是因為安全的理由，更因為前兩者和美國有著分享一致的認同，而後兩者沒有。更重要的如拉吉（John Ruggie）所言，美國，而非蘇聯，在二戰結束之後短暫成為國際霸主對於國際關

係的發展至關重要，這對於那些僅將霸權視爲建立特定國際合作體制必要條件的人來說難以理解。利益並不僅是外生的變數，而受到和他國互動的持續變化的影響。同樣的，只有一種無政府狀態的概念也值得思考，無政府意味著「沒有規則」，但並不必然意味（儘管有可能）失序，因此，而無政府架構下存在著規範出現的可能性。

溫特在他充滿企圖心的《國際政治的社會理論》（*Social Theory of International Politics*, 1999）中後半部努力申論此種觀點（無政府架構下規範出現之可能）。從書名即可看出，本書刻意發展和沃爾茲《國際政治理論》相左的理論主張。然而從書名也可看出，向作者沃爾茲致敬的意圖。《國際政治的社會理論》的第一部分清楚呈現了一清晰版本的建構主義認識論；而第二部分則說明了認同和規範的重要性，以及不同種類的無政府狀態下的政治，包含「無政府狀態社會」興起的可能性，後者凸顯了這一支建構論與被稱爲「英國學派」的理論家之間的關聯性。

「英國學派」的命名乃是因爲他的核心人物（儘管非全部）多數都長期於英國工作（特別是在倫敦政經學院、牛津與劍橋大學等）。他們的主要成員包括：馬丁・懷特（Martin Wight）、赫德利・布爾（Hedley Bull）、亞當・華生（Adam Watson）、雷蒙・約翰・文森（R. J. Vincent）、詹姆斯・馬耶爾（James Mayall）、羅伯特・強生（Robert Johnson）與近來的蒂姆・鄧尼（Tim Dunne）和尼古拉斯・J・惠勒（N. J. Wheeler）。他們多專注於處理「國家的社會」（society of states）或「國際社會」此概念。鄧尼曾清楚地介紹了英國學派的歷史（Dunne, 1998）。「國際社會」這個詞彙蘊含的兩個重點均在此學派的重要著作，布爾的《無政府主義社會》（*The Anarchical Society*, 1977/1995/2002）中得到詳盡的分析。首先，英國學派認爲研究主要應聚焦在國家所組成的世界，而不是次國家實體，或普世性的類屬（如「人類」）；其次，國家在互動時，並不就這樣形成一國際「體系」（無規範性的規律模式。而是會形成一個「社會」，存在著一種被規範約束的治理關係。國際社會的成員同意，他們至少對彼此和整個國際社會負有部分責任。這些責任在國際法與外交的傳統實踐中得到體現。國家在國際舞台上追求他們自己的利益，但並非不惜一切代價。若他們眞不惜一切代價追求其利益，那麼國際社會將陷入危局。英國學派的思路和溫特建構主義之間的關聯清晰可見。國際關係在無政府狀態下發生，但卻

是在「無政府狀態的社會」，國家依照它們認為有拘束力的規範體系系統而行動。更重要的是，這些規範是國家本身創造的，鄧尼在《國際社會的社會建構》（*The Social Construction of International Society*）一文中有詳細的說明。

這並不僅是「英國學派」思想採納的唯一方向，晚近企圖將英國學派發展成一科學研究綱領的學者巴里・布贊（Barry Buzan），參考了新自由制度主義有關國際體制（regime）的見解（Buzan, 1993/1999/2004）。而或許更重要的是，國際社會的概念緊密地與一古老的，非理性選擇版本的現實主義連結在一起，檢視此概念的一個辦法是把它視為對1914年前歐洲國家體系偶然理想化的概念化。這是歐洲外交治術的真實版本，而非摩根索和其他學者在1940年代替美國政治菁英所準備的操作手冊。如果這理解是正確的，那麼一個必須面對的問題，就是「國際社會」能否在大多數國家都不屬於歐洲的情況下，提供一瞭解當代世界秩序的良好起點？至少我們必須承認，舊秩序之所以能如其所預期的運作良好，是因為在這個體系中文化同質化程度相當高。歐洲國家享有共同的歷史（儘管是一充滿暴力關係的歷史），以及共同的希臘羅馬文化淵源。即便如此，（希臘）東正教和（羅馬）天主教歐洲之間的矛盾是一些摩擦的的根源，如同16世紀和17世紀新教與天主教歐洲的分裂一樣。今日國際社會所構成的規範性基礎還有多少障礙必須面對？構成的國家涵蓋伊斯蘭、印度、儒家、非洲以及「西方」文明。

這裡存在兩個可能的答案：第一，雖然當前的世界無庸置疑的乃多元文化社會，西方所發明的民族國家概念已證明對許多不同文化都有很大的吸引力。無論是因為其真的滿足了需要，或者因為既定存在的秩序，領土性政治單位皆無法避免，世界各地都需要民族國家。此一制度唯一面臨其他政治組織形式嚴重挑戰的地區，乃其起源之地西歐所出現的歐盟。另一個答案則與實際的情況較無關係，也比較複雜。國際社會的基本道理在於其因應文化分殊性的能力，透過社會實踐支持其成員的自由，以追求各自所認知的善（conceptions of the Good），此一觀點將在第十章中更進一步探討。

總而言之，某些版本的建構主義，特別是和溫特近來與「英國學派」相關的作品，對當前國際關係智識主流的理性選擇理論提供了類似的批判，並在不透過理性自利者於無政府狀態下極大化自我安全利益的視角下，提供了如何研究這個世界的同源論點（cognate accounts）。不同於實證主義，他們認為理論在一定程度上建構了世界。然而早期建構主義中的批判精神已在部分作品中被溫特捨棄；

值得注意的是，在《國際研究評論》（*Review of International Studies*）爲《國際政治的社會理論》所舉辦的論壇中，主流國際關係理論學者對溫特的論點表現得相當友善（相較於激進批判論者）。弗里德里克·克拉托赫維爾指出溫特正在建構一個國際關係研究的新正統（*Review of International Studies*, 2000; Kratochwil, 2000）。當然，溫特將自己視爲「忠誠的反對者」，挑戰主流，同時熱切希望對話。《國際政治的社會理論》的標題很清楚地傳達了這個訊息，一方面對沃爾茲提出挑戰，同時又向他致敬。在本章的最後一節，我們將說明那些被視爲忠誠反對派學者的研究。

批判後結構主義者與後現代國際思潮

所有的建構主義者在某種意義上都是後實證主義者，但實際上是反實證主義者，因爲他們拒絕接受主流國關理論所採取之理性選擇、新功利主義式推論。不過，溫特和拉吉（John Ruggie）所代表的當前建構主義主要思潮，則依然與主流理論維持密切關係，這包括企圖針對國際關係，與特別是合作與衝突的問題進行處理。本節所要介紹的作者與當代國際關係理論的研究議程並不完全契合，他們從其他領域中得到啓發，而這些領域五花八門，是以這些有關國際關係的「新學問」（new learning）沒有單一的知識淵源。我們發現，法蘭克福學派的批判主義者、女性主義學者，受到過去半世紀法國思想大師特別是傅柯（Foucault）和德里達（Derrida）影響的學者，還有少數眞正的「後現代主義者」（儘管此一詞彙往往遭誤用）之間除了兩項智識上的承諾外，並沒有明顯的共同點。首先，這些學者都希望將國際關係理解爲，一寬廣社會思想運動中的一個表現形式（manifestation），而不是一獨立自足的論述（有其自己的參照架構）。其次，所有學者都主張，理論必須顚覆既有的類屬，並令讀者感到衝擊。根據這兩方面，國際關係必須在啓蒙運動（Enlightenment）與後啓蒙運動（post-Enlightenment）思潮的脈絡下進行，但如何在解讀則是爭議之所在。此外，瞭解此脈絡必須先退一步去理解啓蒙運動本身。

基於本書的篇幅，我們無法回答「啓蒙運動是什麼」這種問題，但是由康德對於此問題的著名答覆，可以提出一個被粗略稱爲「啓蒙方案」的概貌說明。康德認爲，啓蒙運動是「人從他咎由自取的受監護狀態中走出來」（Reiss, 1970:

54）。換句話說，啓蒙運動是要求人類運用其理智自我解放的計畫。受到啓蒙運動偉大思想家的挑戰，人類開始瞭解自己以及世界，並運用這些知識，從迷信和無知力量，以及更直接的政治與物質需求專制中解放自我。在最初始，啓蒙解放方案的核心理念載體爲（某種形式的）自由主義，但批判論，女性主義，後現代主義，與多數建構主義論者都同意，作爲自由主義的當代型態的新功利主義（呈現在理性選擇理論與主流國關理論）不足以承擔此任務。用羅伯特・考克斯（Robert Cox）的話來說，當代自由主義理論乃「問題解決」（problem-solving）取向，它接受對於特定情勢的普遍性，並企圖解決此定義所產生的問題。相對地，「解放理論」（emancipatory theory）必須是批判的、挑戰傳統想法（Cox, 1981）。因此，新現實主義或新自由主義接受「無政府」問題意識的既定想法，並尋求減輕無政府狀態副作用的策略；新興的研究路徑則期待探索／闡述這樣的問題意識透過何種方式替特定利益服務？封閉了哪些類型的論述？或直接將討論焦點轉移到全然不同的主題。

如果後實證主義者同意當代自由主義不再能被視爲一解放論述，那麼解放人類心智的方案本身是否爲可採納的論述也將不具有共識。在此，一個明顯的分裂出現在那些相信解放方案（儘管非依據現代自由主義路線），與不相信者間，後者認爲自由主義的失敗顯現出解放人類目標本身的問題。前者追溯康德、黑格爾與馬克思來重構啓蒙方案，而後者借鑑尼采、海德格和傅柯等人的思想，對解放理論之隱含前提提出批判。

對於啓蒙方案依舊保持信念者（前者）被稱爲「批判理論者」，他們和法國大革命以降左翼、進步主義傾向的國際思潮有明顯的關聯，這其中包括激進自由主義（在其成爲主導性全球霸權官方世界觀一部分之前）。在這些理論家中，影響力最大的還是馬克思。是馬克思清楚地闡述了「解放」不可能僅爲一政治過程，棄經濟不平等於不顧（這也是自由主義失敗之處）。儘管資本主義顛覆傳統規範形式值得肯定，但它本身創造了新的壓迫，以及更重要的，資本主義（至少在馬克思的時代已經初現端倪）作爲一應當由全球而非地方視角理解的世界體系（world system），意味著所謂解放必須是一全球方案。

不幸的是，這些大多數批判理論者擁護的核心概念，都被馬克思嵌入一涵蓋當代解放歷史，卻顯然缺乏解放精神的的分析架構中。馬克思直系繼承者──蘇聯的布爾什維克（bolsheviks）、毛澤東的中國共產黨與其他在柬埔寨、古巴、

北韓與越南的民族主義共產政權對於20世紀全球各地人類苦難所應擔負的責任勝過於任何其他世界觀（包括納粹─國家社會主義）。此外，各種受馬克思啓發的國際關係理論──包括列寧的帝國主義理論，還有各種「核心─邊陲」與世界系統分析，儘管在非西方世界中帶來極大的影響力，都難以令人滿意（第八章中將詳細敘述）。有鑑於此不良的紀錄，當代批判理論者傾向透過「中介者」與馬克思連結，其中最重要的是安東尼奧‧葛蘭西（Anronio Gramsci），一位義大利的馬克思主義者、法西斯主義的受難者，以及國際政治經濟學者。而在國際政治理論方面，法蘭克福學派（Frankfurt School），特別是他們當代的領航理論家尤爾根‧哈伯瑪斯（Jurgen Habermas）亦相當重要。

　　葛蘭西學派的影響與後續會有詳細討論。而哈伯瑪斯對批判理論的貢獻，在於帶領深受馬克思影響的思潮脫離經濟決定論與階級鬥爭，轉向康德式倫理學與黑格爾的政治社群概念。哈伯瑪斯接受康德有關普遍性倫理義務之看法，今日他將其稱爲「論述倫理」（discourse ethic）。在理想情境下，道德議題可以透過對話加以解決（前面已提過這個概念對德國建構主義者的影響）。此一理想情境是指沒有任何聲音被排除在外，沒有任何特殊的觀點得到特別對待，財富和權力的不平等也不被認爲是理所當然的。政治是一種在社群中發生的倫理活動，但此一社群必須盡可能的維持包容性。如果公民身分有其意義，也許某些程度的排除（exclusion）是不可避免，但包容與排除的基礎必須接受道德監督。

　　哈伯瑪斯關於國際關係理論與實踐的作品，散見於主題分殊的書籍與文章中，這些主題涵蓋康德的國際理論、1990年第一次波斯灣戰爭、1999年科索沃戰爭。而他的觀點在英語世界主要的倡導者包括大衛‧赫爾德（David Held）和安德魯‧林克萊特（Andrew Linklater），以及馬克思主義立場更濃厚的馬克‧紐菲德（Mark Neufeld）和理查‧溫斯‧瓊斯（Richard Wyn Jones）等人所代表的法蘭克福學派觀點（Habermas, 1994/1997/1999/2002; Held, 1995; Neufeld, 1995; Linklater, 1998; Jones, 1999/2001）。林克萊特和赫爾德的試圖開展普同民主（cosmopolitan democracy）概念的不同面向，赫爾德企圖建立一清楚的規範性論述，主張民主化當代國際關係的必要性。其核心論點是，在全球化的時代（赫爾德爲主要的理論家），對民主自治的渴望不再是國家層次的問題，因此無論有多困難，民主化國際秩序的方案都應優先推動。林克萊特則較不關心制度變遷，相較之下他更在乎的是政治社群概念的轉變，以及更具包容性的對話如何開展。

這些主題和哈伯瑪斯的思想有清楚的連結關係，不過許多批判國際研究者，特別是「批判安全研究」領域的學者，則以更寬廣的角度檢視批判理論。相較於林克萊和赫爾德，紐菲德和瓊斯的立場更接近批判理論的馬克思主義淵源，並對當代世界政治中「權力是什麼？」（power to be）的問題採取更批判的觀點。

　　上述介紹僅讓我們淺嚐批判理論者的作品（我們鼓勵讀者可以參照本章後附的建議閱讀清單），但已可讓我們清晰瞭解，他們提供的是截然不同於主流國際關係理論的論點。對此理論分歧的說明可在《國際研究評論》（*Review of International Studies*, 1999b）有關林克萊特的《政治社群的轉型》（*The Transformation of Political Community*, 1998）一書的論壇中找到；其中代表主流理論觀點的史韋勒的茫然不解導致了一近乎滑稽的敵意反應。然而，在一論壇中，沃克（R. B. J. Walker）同等重要的批判指出了另一個方向。林克萊特的批判理論致力於挽救啟蒙方案計畫，但這有可能嗎？應該如此做嗎？也許理性選擇國際李論背叛啟蒙方案並非只是個案，而是非常寫實的呈現了此一趨勢。

　　沃克所採取的這類途徑通常被稱為「後結構主義者」（post-structuralist），或有時不精確地被稱為「後現代主義」（postmodern）。如果上述對於哈伯瑪斯和批判理論的介紹流於淺薄不足，那麼任何對後結構主義學者提供類似背景說明的嘗試將更為困難。同樣地，我們建議讀者嘗試參考下列的書目清單。

　　後結構主義有一些可辨識主題。第一，追隨前述沃克的論點可見「內在／外在」（inside/outside）之概念，與此密切相關的是一倫理學和多元主義的新研究途徑；其次，速度、模擬與虛擬實境；而最後則是女權主義者在著作上的貢獻。

　　對批判主義者林克萊特來說，社群具備某些排他標準來說是必須的，但目標在於如何包容與盡可能地降低排他的成本，雖然林克萊特堅持支持此一目標的傾向內存於當前世界秩序中，但這顯然是一規範性方案。沃克也許亦部分同意這些規範目標，但他卻更加關心主權國家體系形成的方式，以及此一體系建立在明確的內外區隔基礎上（Walker, 1993）。正是此一起源於近代的「內在／外在」區隔造就了西伐利亞國際體系，以及晚近的國際關係論物本身。除此之外，啟蒙主義的解放論述也建立在一結構相似的區隔上，亦即啟蒙主義偏好一特定立場：出自歐洲、理性、男性主導的觀點。此種偏見並非偶然出現，且當可透過良好的對話加以消除。任何有界限的社群，也可以重新設計以避免其原住居民的利益得到不成比例的優待。

我們並不清楚沃克希望如何發展這些論點，但是其他學者諸如威廉・康諾利（William Connolly）和大衛・坎貝爾（David Campbell）等提供一些建議。兩者均重視差異（difference）和他者（otherness）的議題，兩人對於他者議題所提出的策略也均反對傳統解放政治的普世主義立場。在研究波斯灣戰爭與波士尼亞危機的過程中，坎貝爾試圖呈現規則取向倫理學（以「義戰」理論的發展為象徵）的虛無性，根據義戰理論（Just War theory），衝突各方的行動都可以透過一據稱公正而客觀的道德標準加以檢驗（Campbell, 1993/1998）。相反地，坎貝爾提出「遭遇的倫理學」途徑，這是一種個人化、非一般性的方式來處理團體與個人的身分認同與利益，身分認同與利益並不是被既定賦予的，而是在衝突的過程中被建立的——經典案例就是「波士尼亞衝突」。衝突中的「各方」是在衝突過程中才逐漸誕生，而非代表早已存在，單一的「穆斯林」或「塞族」（Serbs）群體認同。康諾利的研究興趣比較不那麼國際，他的貢獻在於檢驗當代美國的文化戰爭，他批判美國多元主義作為一統合與分類化檢驗標準，不同於他所偏好的「多元化」（pluralization）概念。在後者的架構中，不存在對特定利益的特別待遇，並尊重行動者的自我界定（Connolly, 1995/2002）。

坎貝爾和康諾利將自身描述「晚期現代」（late-modern）理論家，他們並未對於解放概念失去關注。他們（特別是康諾利）所擔憂的是，傳統概念的解放可能當代科技結合，創造出一個「差異性」消解的世界，在其中，人的多樣性被「常態化」了。而如同尼采在一個世紀以前所說的，每個人的想法都類似，而那些沒有附和多數的人，很容易就被送進瘋人院（Connolly, 1991）。有關現代生活的速度、模擬能力與「虛擬現實」的創造力（將根本地改變我們認為檢視自身是一種自由與解放的方式）的主題，已經在部分國際關係的討論中得到處理，其中最重要的學者為詹姆斯・德爾・德里安（James Der Derian）。他早期針對外交系譜學之先驅性研究追尋著傅柯式的主題，不過其後來針對間諜，速度與「反外交」的分析，則建立在保羅・維希留（Paul Virilio）的研究基礎上，後者是本節所提及的學者中唯一無爭議的後現代主義者。他的作品指出，當代存在的步調，正帶領我超越現代，進入另一個新紀元（Der Derian, 1987/1992/1998/2001）。德爾・德里安對「虛擬戰爭」（virtual war）的研究與其他企圖探索戰爭本質變化的分析有著有趣的關聯，而這將在後續的第六章中簡略討論。

　　我們沒有任何特殊理由解釋，為何「女性主義者」作品應當與「後結構主義」，而非本章中所提及的其他立場來做連結。的確，國際關係女性主義者中最有影響力的作者之一，吉恩·貝思克·艾爾希坦（Jean Bethke Elshtain）不應被歸類為後結構主義者（Elshtain, 1987/1998）。儘管如此，多數國關領域的女性主義學者仍自然被歸類在本節，而非介紹建構主義或批判理論的段落。此處的關鍵在於，歐洲啟蒙運動的觀點是陽性的，而女性主義學者如安·蒂克娜（J. Ann Tickner, 1992/2001）、辛西亞·埃勒（Cynthia Enloe, 1993/2000/2004）、克莉斯汀·塞爾韋思特（Christine Sylvester, 1994/2001）和辛西亞·韋伯（Cynthia Weber, 1999）並沒未把將「歐洲」、「理性」與「男性」之間的連結視為偶然（一位僅關切「婦女平等」的自由主義女性主義者或許可以）。這些女性主義學者們同意後結構主義者論點，認為啟蒙主義解放方案不可能僅透過加入女性向度即可實現；相反地，他們嘗試提出社會世界論述，在其中探詢性別在吾人所有範疇（特別是在我們的「國際」概念）中的影響。

　　如同本節所介紹的其他學者，女性主義國關理論的目的在於讓我們擺脫「什麼是正常」的意義，迫使我們重新思考那些我們根本未曾意識到是假設的假設，蒂克娜和埃勒在進行此理論努力時所採取的方式，仍試圖在最終與批判理論的宏觀目的連結，也就是一改良擴充的人類解放概念。其他作者則沒有那麼大的雄心壯志，其中也許最爭議性的作品乃辛西亞·韋伯有關美國隊加勒比海與中美洲政策的分析，她的論點聚焦在卡斯楚政權存續所造成的去勢（castration）恐懼投射（1999）。此一特殊個案在女性主義國關理論中並非常態，然而女性主義國關理論和當代社會理論另一主要分支——性別研究和所謂的「酷兒理論」（queer theory）的連結，顯然說明了後實證主義國關理論試圖打破主流理論國家主義假設特徵的企圖心。

　　最後還有一類學者也值得留意。多數在本節與先前段落所介紹的學派皆具激進（radical）與「反實證主義」特徵，在此，「實證主義」指涉一種信念，相信有一真實（reality）的存在，其可透過自然科學的方法加以辨識，此科學方法稍加調整即可適用於社會科學的特殊情境中。相較之下，反實證主義者的共同信念則認為真實乃社會建構的。近來，另一關於「科學」議題研究途徑興起（或可稱復興），也就是「科學實存」（scientific realism）。此派相信科學的目的在於描繪事情的真實情況，科學研究的客體存在於真實世界，而無法觀察的現象可透

過參照其影響的方式進行描述，因果關係的概念是眞的，而非僅是人類思想的產物。「科學實存」在國際關係研究領域的影響與其最重要的作者則是羅伊・巴斯卡爾（Roy Bhaskar）與他的「批判實存論」（critical realism）。這類學者往往被視爲無可爭議的激進派，通常是馬克思主義者，左翼但卻拒絕接受「後結構主義」與「後現代主義」的反科學主義立場。這是一個很有趣的發展，但這些少數的研究者是否會對國關學科造成重大影響有待時間檢驗。在此同時，如科林・懷特（Colin Wight）、喬納森・約瑟（Jonathan Joseph）和柯基（Milja Kurki）等人的研究值得關注。

結論

　　本章的目的在於呈現當代國際關係理論的概貌，就像其他的草圖一樣，讀者不太可能運用這張示意圖找到特定的位置。章節後延伸閱讀的部分將提供滿足讀者所需的資訊。但讀者現在應該對看似彼此間關係撲朔迷離的國際關係理論有一些基本的概念。如同前述，這些理論之間的關係不是非常密切。本章導論提到，國際關係理論在1980年代以後涉及與沃爾茲理論的對話（有時使用「進行中的論戰」更貼切），本章第二部分所討論的作者同樣反對「新現實主義」，儘管其彼此間共同性甚微。也許「後實證主義」學者唯一共享的特徵，在於他們認識論上的「後實證主義」立場，反對理性選擇理論，以及反對世界的「基礎主義」（foundationalist）式說明。基礎主義認爲知識可以建立在理論與一已知實存（knowable reality）的對應上，前面提到的科學實存論乃此一觀點的明顯例外。相對於反對者的偶爾批評，「後實證主義者」並沒有否認眞實世界的存在，卻不認爲否定我們能在沒有理論範疇協助下，掌握這個世界。而除了這些知識論上的共同點，很難再找到反對「新自由主義／新現實主義」者的共同點。

　　雖然如此，我們期許在後續章節的閱讀中，當提到某一特殊理論觀點時，讀者可以瞭解哪組概念與該觀點相關，以及他們該去哪尋找完整的內容。考慮到這點，至少目前我們暫時可以把重心從理論移出，看一看這些理論所創造的世界知眞實圖像。在後續三個章節中，我們將檢視現實主義所關切的重要議題。在接下來的三個章節，將檢視那些挑戰現實主義正統的理論所提出的議程與引發的論戰，特別是和全球化力量，以及和全球化相關的理論議題。

延伸閱讀

　　儘管本章中所提到的書籍顯然與多元主義者、新現實主義者、新自由主義者之間的論戰關係密切，但對這些論戰最有趣的貢獻多半以期刊論文的型態呈現，像是《國際組織》（*International Organization*）、《世界政治》（*World Politics*）與《國際安全》（*International Security*）等季刊，這些論文通常也都可在某些合輯中找到，其部分內容可能重覆。

　　Robert Keohane主編的《新現實主義及其批判》（*Neorealism and its Critics*）包括Waltz的《國際政治理論》（1979）的一大部分，並加上了J. G. Ruggie的〈世界政治的連續與轉變：對新現實主義者的合成〉（Continuity and Transformation in the World Polity: Towards a NeoRealist Synthesis, 1983）、Robert Cox的〈社會力量、國家與世界秩序：在國際關係理論之外〉（Social Forces, States, and World Orders: Beyond International Relation Theory）與Richard Ashley重新修訂的〈新現實主義的困境〉（The Poverty of Neorealism），也包含Keohane自己的作品、Robert Gilpin對Ashley的反擊，〈政治現實主義傳統的豐富性〉（The Richness of the Tradition of Political Realism），以及Waltz對其批評的回應。

　　David Baldwin主編的《新現實主義與新自由主義：當代辯論》（*Neorealism and NeoLiberalism: The Contemporary Debate*, 1993）是最好的合輯，它多數環繞著Joseph Grieco的〈無政府狀態及合作的限制：現實主義對新自由制度主義的批評〉（Anarchy and the Limits of Cooperation: A Realist Critique of the Newest Liberal Institutionalism, 1988），它也包括其他重要論文，像是Robert Axelord和Robert Keohane的〈無政府狀態下的合作：策略與制度〉（Achieving Cooperation under Anarchy: Strategies and Institution, 1985）、Robert Powell的〈國際關係理論中的絕對與相對利得〉（Absolute and Relative Gains in International Relations Theory, 1991）Aruthur Stein的〈協調與合作：無政府世界中的建制〉（Coordination and Collaboration: Regimes in an Anarchic World, 1982），Baldwin並對這些辯論做出極有價值的摘要與Grieco對這些批評的回應。

　　Friedrich Kratochwil和Edward Mansfield共同編纂的《國際組織與全球治理讀本》（*International Organization and Global Governance: A Reader*, 2005）則

廣泛彙輯了許多對建制有所研究的珍貴文章（見後續第七章）。一般理論部分包括經典文章的選取，包括那些與新自由／新現實理論設定有關的重要作品，Cox在1981年的文章再次被重印，而J. G. Ruggie的文章，〈國際組織：現有狀態或國家的傑作〉（International Organization: the State of the Art or the Art of the State, 1986）以及相當重要的Alexander Wendt的〈無政府狀態是國家建構的：權力政治的社會建構〉（Anarchy Is What States Make of It: The Social Construction of Power Politics, 1992）、Keohane的經典〈國際制度：兩種途徑〉（International Institutions: Two Approaches, 1988）等經典論文均被收錄其中。

Charles Kegley Jr.編纂的《國際關係理論爭議：現實主義和新自由主義的討論》（*Controversies in International Relations Theory: Realism and the Neoliberal Challenge*, 1995）則較少被關注，但這本書也收錄了不少有價值的論文與原創著作，包括Grieco在1988年的論文、Waltz的〈現實主義思想與新現實主義理論〉（Realist Thought and Neorealist Theory, 1990），Kegley和James Lee Ray也對此撰寫了相當精采的摘要。

Michael Brown、Sean M. Lynn-Jones和Steven Miller合編的《無政府狀態的危險：當代現實主義與國際安全》（*The Perils of Anarchy: Contemporary Realism and International Security*, 1995）則是國際安全季刊的讀本，對冷戰結束後的現實主義思潮極富價值，Kenneth Waltz的〈國際政治的新興結構〉（The Emerging Structure of International Politics, 1993）與Paul Schroeder對新現實主義說明國際體系發展的批判，亦即〈歷史現實與新現實主義〉（Historical Reality v.s. Neo-Realist Theory, 1994）一文，而在攻勢、守勢與新古典現實主義的議題中，這些文獻評論可詳細檢閱：《國際研究評論》（*Review of International Studies*）第29期針對美國現實主義的論壇、Stephen G. Brooks的〈對決現實主義〉（Duelling Realism, 1997）、Colin Elman的〈各有所長：為什麼不是新現實主義的外交政策理論〉（Horses for Courses: Why Not Neorealist Theories of Foreign Policy?, 1997）、Gideon Rose的〈新古典現實主義與外交政策理論〉（Neoclassical Realism and Theories of Foreign Policy, 1998）與Jeffrey Taliaferro的〈在無政府狀態下尋求安全：重新審視防禦性現實主義〉（Security Seeking under Anarchy: Defensive Realism Revisited, 2000/2001）。

而其他重要，但未被上述合輯收錄的論文也包括Robert Powell的〈國際關係

理論中的無政府狀態：新現實主義新自由主義辯論〉（Anarchy in International Relations: The NeoLiberal-Neorealist Debate, 1994）、Joseph Nye的〈新現實主義和新自由主義〉（Neorealism and NeoLiberalism, 1998）、Ole Waever的〈典範間辯論的興衰〉（The Rise and Fall of the Inter-paradigm Debate, 1996）、還有特別重要的是Robert Jervis的〈現實主義、新自由主義和合作：理解辯論〉（Realism, Neoliberalism and Co-operation: Understanding the Debate, 1999），而學術專書則推薦Robert Gilpin的《世界政治的戰爭與變革》（*War and Change in World Politics*, 1981）以及Barry Buzan、Charles Jones和Richard Little的《無政府狀態的邏輯：新現實主義到結構現實主義》（*The Logic of Anarchy: Neorealism to Structural Realism*, 1993）。

　　由Peter Katzenstein、Robert Keohane和Stephen Krasner主編的《國際組織五十年》特刊（1998）則對當代主流理論提供了一個大略的介紹，包括建構主義者，例如J. G. Ruggie的意見，同時檢視自由主義和現實主義，但仍然在理性選擇的框架下，將能找到Andrew Moravcsik的〈審慎看待偏好：國際政治的自由理論〉（Taking Preference Seriously: The Liberal Theory of International Politics, 1997）、Jeffrey W. Legro和Andrew Moravcsik的〈任何人都是現實主義者嗎？〉（Is Anybody Still a Realist?, 1999），而《美國政治科學評論》（American Political Science Review）在1997年12月號針對Waltz的新現實主義收納了許多有價值的論文，包括Waltz對其批評的回應。

　　晚近，新自由主義和新現實主義的關注焦點在於理解反恐戰爭與美國霸權，特別被討論的議題包括霸權、層級（hierarchy）與單極（unipolarity）的概念。《世界政治》特刊〈國際關係理論與單極的後果〉（International Relation Theory and the Consequences of Unipolarity, 2009）則收錄了許多重要學者的論文，Stephen Walt的〈馴服美國霸權：全球對美國第一的回應〉（Taming American Power: The Global Response to U.S. Primacy, 2005）、其他有用的文章例如Jack Donnelly的〈主權不平等與無政府狀態中的層級結構：美國霸權與國際社會〉（Sovereign Inequalities and Hierarchy in Anarchy: American Power and International Society, 2006）、David Lake的〈逃離自然狀態：世界政治的權威與層級結構〉（Escape from the State of Nature: Authority and Hierarchy in World Politics, 2007）。

　　而建構主義由Kratochwil、Onuf、Ruggie和Wendt撰寫的作品則在本章中被詳細敘述。而《歐洲國際關係期刊》（*The European Journal of International Relations*）則是這類學者的主戰場，例如Emmanuel Adler的〈占領中間地帶〉（Seizing the Niddle Ground, 1997）、Richard Price和Christian Reus-Smit的〈危險聯絡人：批判國際理論與建構主義〉（Dangerous Liaisons: Critical International Theory and Constructivism, 1998）、Stefano Guzzini的〈國際關係建構主義的重構〉（A Reconstruction of Constructivism in International Relation, 2000）、Vendulka Kubalkova等人的〈建構世界中的國際關係〉（International Relations in a Constructed World, 1998）則是非常有用的概況回顧。而Rodney Bruce Hall的《國家集體認同：社會建構與國際體系》（*National Collective Identity: Social Constructs and International System*, 1999）則是建構主義作品的模範，如同Yosef Lapid和Friedrich Kratochwil編纂的《國際關係理論中文化與認同的回歸》（*The Return of Culture and Identity in International Relation Theory*, 1996）一樣。Kratochwil對Wendt的《國際政治的社會理論》之批評大作《建構新的霸權？Wendt的國際政治社會理論與建構主義者的挑戰》（*Constructing a New Orthodoxy? Wendt's Social Theory of International Politics and the Constructivist's Challenge*, 2000）則是很重要的著作，而也被完整的收錄在Stefano Guzzini和Anna Leader合編的《建構主義與國際關係：溫特及其批判者》（*Constructivism and International Relation: Alexander Wendt and its Critics*, 2006）。但Wendt仍然是建構主義的重要代表，這可見於他同Vaughn Shannon在《歐洲國際關係期刊》的交流〈Wendt對建構主義計畫的破壞：能動者與為何世界國家無可避免？〉（Wendt's Violation of the Constructivist Project: Agency and Why a World State Is Not Inevitable, 2005）。

　　而在英國學派中，Hedley Bull的《無政府的社會》（*The Anarchical Society*, 1977/1995/2002）仍屬重要，而Herbert Butterfield和Martin Wight合編的《外交調查》（*Diplomatic Investigations*, 1966）則仍然是早期瞭解此途徑最佳的入門讀物，Tim Dunne的《發明國際社會》（*Inventing International Society*, 1998）快速地建立了此學派的歷史。而最有趣的發展則是由兩個年輕學者發展出的「批判」國際社會理論，N. J. Wheeler的《多元主義者和社會連帶主義者的國際社會概念：Bull和Vincent對人道干預的看法》（*Pluralist and Solidarist Conceptions*

of International Society: Bull and Vincent on Humanitarian Intervention, 1992）、
Tim Dunne的《國際社會的社會建構》（*The Social Construction of International
Society*, 1995），以及兩者合寫的《Hedley Bull智識上的多元主義與意志的社
會連帶主義》（*Hedley Bull's Pluralism of the Intellect and Solidarism of the Will*,
1996）。而此學派較具影響力的合集則是《國際研究評論》在2001年的所舉辦
的論壇，Barry Buzan的〈從國際到世界社會？英國學派理論與全球化的社會結
構〉（From International to World Society? English School Theory and the Social
Structure of Globalization, 2004）也是這學派很重要的文獻。而近來對正當性的
研究則如Ian Clark的〈國際社會的正當性〉（Legitimacy in International Society,
2005）與〈世界社會的正當性〉（Legitimacy in World Society, 2007），英國學
派的新近作品亦包括Alex Bellamy編纂的《國際社會及其批評》（*International
Society and its critics*, 2004）、Andrew Linklater和Hidemi Suganami的《國
際關係的英國學派：當代的重新評估》（*The English School of International
Relation: A Contemporary Reassessment*, 2006）與Andrew Hurrel的《論全球秩
序》（*On Global Order*, 2007），Tim Dunne和Barry Buzan2005年在《千禧年》
（*Millennium*）中的意見交流，凸顯了在英國學派傳統下研究的多樣性。在Barry
Buzan和Richard Little與Ole Waever的倡議下，一個以促進英國學派研究爲目標的
實用網站網址如下：http://www.leeds.ac.uk/polis/englishschool/。

　　Hazel Smith的《馬克思主義與國際關係》（*Marxism and International
Relation*, 1994）是非常珍貴的文獻調查，Anthony Brewer的《帝國主義的馬克
思理論：一個批判性調查》（*Marxist Theories of Imperialism: A Critical Survey*,
1990）則是瞭解新舊帝國主義的最佳文獻。Fred Halliday的《重新思考國際關
係》（*Rethinking International Relations*, 1994）從一（約略）馬克思主義的角
度，提供了對國關學科領域最佳的概要分析。關於依賴理論和核心—邊陲的分析
則將在第八章詳細討論，葛蘭西學派的國際政治經濟學也將在第八章中討論。
Stephen Gill編纂的《葛蘭西、歷史唯物主義與國際關係》（*Gramsci, Historical
Materialism and International Relations*, 1998）則是一本有用的合輯，而Randall
Germain和Michael Kenny的《交鋒葛蘭西：國際關係理論與新葛蘭西學派》
（*Engaging Gramsci: International Relation Theory and the New Gramscians*, 1998）
亦爲相當有用的研究。

哈伯瑪斯的批判理論在Linklater的《政治社群的轉變》（*The Transformation of Political Community*, 1998）中有詳細介紹，另也可閱讀他的《超越現實主義與馬克思主義》（*Beyond Realism and Marxism*, 1990）以及綱領性的《國際關係理論下一階段的問題：批判理論途徑》（*The Question of the Next Stage in International Relations Theory: A Critical-Theoretic Approach*, 1992）。而James Bohman和Matthias Lutz-Bachmann合編的《永久和平：康德普同理想文獻》（*Perpetual Peace: Essays on Kant's Cosmopolitan Ideal*, 1997）則包括許多重要批判理論家的作品，包括Jurgen Harbermas自己的文章。而Habermas的《如同未來之過去》（*The Past as Future*, 1994）涵蓋他一些較清晰「國際」的內容，包括針對波斯灣戰爭與德國政治的討論。而在《他者的包容》（*The inclusion of the other*, 2002）一書中，他則對民族國家的未來與全球人權政治的前景提出反省，哈伯瑪斯針對當年科索沃危機的《時代週報》（*Die Zeit*）專文（1999）則是批判理論實踐的最佳案例。《國際研究評論》曾以論壇與特刊的方式收納許多批判理論的論文，提供了理解此學派現況的便利管道，詳見：《論壇：有用的對話？Habermas和國際關係》（*Forum: Useful Dialogue? Habermas and International Relations*, 2005）以及《特刊：二十五年後的批判國際關係理論》（*Special Issue: Critical International Relations Theory after 25 years*, 2007）。

主要的後結構主義合集包括James Der Derian和Michael Shapiro合編的《國際／文本之間：世界政治的後現代讀本》（*International/Intertextual: Postmodern Readings in World Politics*, 1989）、Richard Ashley和R. B. J. Walker在《國際研究季刊》（*International Studies Quarterly*, 1990）合編的特刊：《訴說流亡的語言：國際研究中的異議者》（*Speaking the Language of Exile: Dissidence in International Studies*）。Michael Shapiro和Hayward R. Alker編纂的《挑戰邊界：全球流動與領土認同》（*Challenging Boundaries: Global Flows, Territorial Identities*, 1996）以及Jenny Edkins、Nalini Persram與Veronique Pin-Fat合編的《主權與主體性》（*Sovereignty and Subjectivity*, 1999）。Jenny Edkins的《後結構主義與國際關係：重新將政治帶回》（*Poststructuralism and International Relations: Bringing the Political Back In*, 1999）則是對類似文獻傑出（儘管艱澀）的回顧，而類似文獻包括在Burchill等人的《國際關係理論》（*Theories of International Relations*, 2009）中由Richard Devetak撰寫的《批判理論與後現代主義》

（*Critical Theory and Postmodernism*）。而Chris Brown的《批判理論與國際關係的後現代理論》（*Critical Theory and Postmodernism in International Relations*, 1994a）和《海龜的歸處：反基礎主義、批判理論與國際關係》（*Turtles all the Way Down: Antifoundationalism, Critical Theory, and International Relations*, 1994c）。同樣重要的是，Yosef Lapid的《第三次辯論：後實證主義世代的國際理論前景》（*The Third Debate: On the Prospects of International Theory in a Post-Positivist Era*, 1989），以及Emmanuel Navon的《再探第三次辯論》（*The Third Debate Revisited*, 2001）。而關於戰爭的記憶與創傷，Jenny Edkins的《創傷與政治的記憶》（*Trauma and the Memory of Politics*, 2003）與Maja Zefuss的《記憶的傷口：德國的戰爭政治》（*Wounds of Memory: The Politics of War in Germany*）則提供有趣的個案研究。後結構主義近來的焦點是運用傅柯的治理性與生物政治的概念來分析國際關係，Michale Dillon和Luis Lobo-Guerrero的《21世紀的安全生物政治：序論》（*Biopolitics of Security in the 21st Century: An Introduction*, 2008）與Iver Neumann和Ole Jacob的《治理的國際》（*The International as Governmentality*, 2007）則是此等概念的新發展。Kimberly Hutchings的《時間與世界政治：思考當下》（*Time and World Politics: Thinking the Present*, 2008）則是從後現代與女性主義觀點對當前世界政治的綜合陳述。

　　除了本章中被提及的女性主義學者，讀者還可以試著閱讀V. Spole Peterson編著的《性別國度：女性主義版本的國際關係理論》（*Gendered States: Geminist (Re)Visions of International Relations Theory*, 1992）、Marysi Zalewski和Jane Papart編纂的《國際關係的男性問題》（*The Man Question in International Relations*, 1997）以及近來在此領域中最好的教科書，Jill Steans的《性別與國際關係：一個序論》（*Gender and International Relations: An Introduction*, 1998）。而Adam Jones和他的批評者在《國際研究評論》的辯論則為女性主義和解放議題提供了有趣的觀點：參見Jones的《性別化國際關係》（*Gendering International Relations*, 1996）、《性別化辯論》（*Engendering Debate*, 1998），以及Terrell Carver、Molly Cochran和Judith Squires的《性別化Jones》（*Gendering Jones*, 1998）。女性主義與國際關係的性別議題合集則如Rebecca Grant和Kathleen Newland合編的《性別與國際關係》（*Gender and International Relation*, 1991）、《女性與國際關係》（*Women and International Relations*, 1998）與Louiza

Odysseos和Hakan Seckinelgin的《性別化國際》（*Gendering the International*, 2002）與《性別與國際關係》（*Gender and International Relations*, 1998）。而在《千禧年》二十週年的論壇，《反思過去，展望未來：性別與國際關係》（*Reflections on the Past, Prospects for the Furure in Gender and International Relations*, 2008）也具有相當重要性。而近來的《英國政治與國際關係期刊》（*British Journal of Politics and International Relations*）的特刊〈超越邊陲：性別與國際關係在英國〉（Beyond Being Marginal: Gender and International Relations in Britain, 2007）也值得參考。Brooke Ackerly等人編纂的《國際關係中的女性主義方法論》（*Feminist Methodologies for International Relations*, 2006）則亦有相當貢獻。女性主義對當代議題的研究則可見Shirin Rai和Georgina Waylen等人合編的《全球治理：女性主義觀點》（*Global Governance: Feminist Perspectives*, 2008）與Krista Hunt和Kim Rygiel合編的《性別化反恐戰爭：國家故事與偽裝政治》（*(En) Gendering the War on Terror: War Stories and Camouflaged Politics*, 2006），最後，女性主義的重要期刊則包括《國際女性主義政治期刊》（*International Feminist Journal of Politics*）和《希帕提亞與女性哲學評論》（*Hypatia and Women's Philosophy Review*）。

　　關於批判實存論與科學實存論，最佳的介紹或許是《千禧年》論壇的《國際關係中的科學與批判實存論》（*Scientific and Critical Realism in International Relations*, 2007），其作者包括Colin Wight、Miljia Kurki和Jonathan Joseph等人，亦請參見第四章對能動者—結構問題討論時對科學實存論與批判實存論進一步的參考。

行為者、結構與國家

前言

在前一章中，我們注意到國際關係主流理論焦點的改變，從將國家視為行為者，到檢視國家行動的環境或結構——「國際體系」或「國際社會」。在本章，我們將檢視行為者與環境的關係及國際關係中主要行為者的本質。因此我們要重新探討社會科學中最古老與棘手的爭論之一，能動者與結構（agent-structure）問題。此一爭論的重心並非討論何者（國家、個體、企業、國際組織等）為國際政治主要行為者，而是討論決定社會世界的主要因素究竟是「能動者」（行為者之行為或其能力）或「結構」（行為者活動所面臨的限制，如國際無政府狀態或國際社會、全球資本主義或國際法）。這個問題或許有些抽象，但是比起以前不斷討論知識論或本體論的老調重彈，這些現實世界的重要問題值得探討。本章會稍微討論能動者與結構問題，接著會把重點放在能動者以及國際關係中最重要的行為者——國家，探討外交政策制定以及國家此一特別的能動者與國際體系的關係。關於國際體系更深入的討論可參考第五、六章。

能動者與結構問題與分析層次

能動者與結構問題是社會科學中很重要且尚未有解答的爭論，溫特（Alexander Wendt）曾提出兩個重要理論：1.人類與其組織是有目的性的行為者，其行動再生產或改造渠等身處其中的的社會；2.社會是由社會關係所組成，社會構造了這些行為者的互動（Wendt, 1987: 337-8）。馬克思在19世紀時也用稍微不同語彙表達出同樣觀念：「人類創造自己的歷史，但是他們並不是隨心所欲地創造，並不是在他們自己選定的條件下創造，而是在直接碰到的、從過去承繼下來的條件下創造。」（Marx, 1973: 96）行為者有所行動，但受限於結構，行為者與結構如何分別或共同創造國際關係的主要特徵？這就是**能動者與結構問題**。馬克思之後，討論這個問題最著名的古典理論家是涂爾幹（Durkheim,

1982），20世紀初他提出長期的結構性因素，「社會事實」，如法律、宗教信仰或與特定社會角色表現有關規範，是影響個體行為最重要的決定因素。這和英美當時（迄今在很大程度上依然如此）主流觀念相反，英美觀念認為社會現象可以全然由個人的行為與動機加以解釋，此一立場或可稱之為「方法論個人主義」。此一爭論對社會科學所有領域均有重大涵意，包括國際關係。古典現實主義國際關係理論傾向以能動者為主要重心，也就是以國家為研究問題的能動者，但是沃爾茲在其《人、國家與戰爭》（1959）中提出一個革命性主張，國際體系的本質（結構變數）是對戰爭最佳但非唯一的解釋，而在接下來的《國際政治理論》（1979）中，他進一步概括此論點，主張國際無政府狀態要求行為者必須履行之務的重要性。事實上，沃爾茲的理論有些模糊，有時可解讀為支持行為者中心著墨於理性自利者之行為，此一立場主宰了1980、1990年代美國國關學界。不過，其他晚近的理論如依賴理論、核心—邊陲分析，與世界體系理論則很清楚的屬於結構論立場。

辛格（J. David Singer, 1961）將能動者與結構問題定義為「分析層次」（levels of analysis）問題。他認為國際關係理論學家仰賴兩個獨立的解釋來源來解釋國際政治：國家及國際體系（能動者與結構）。他認為這兩個因素無法混為一談。從那時開始，分析層次的數量開始增加，布讚、威佛與維爾德（Buzan、Waever andde Wilde, 1997）提出國際政治中最常被提到的五個層次，包括：1.國際體系；2.國際體系中的國際次體系或國際體系中之團體（如東協或OECD）；3.國家或跨國企業等單位；4.官僚體系或遊說團體等次單位；5.個體。他們跟許多人一樣，認為分析層次對於研究國際關係非常有幫助，甚至可能是國際關係理論家對於社會科學最有貢獻的概念創新。但他們也提出兩個問題：第一，關於分析層次的爭論，常會讓人將本體論與認識論問題混淆。前者指涉的是何者存在，以及因此國關研究的客體應當為何（國家、個別行動或體系）的問題；與後者則涉及當如何研究我們的研究主題，亦即國家、個人或體系之行為與特徵的適切解釋來源。第二個問題是，在近來新現實主義主宰國際關係理論的情況下，我們可能會傾向以國家為界定層次的判準，國家作為基本單元，次體系與個人乃國家的構成要素，而體系乃國家所組成。如此一來可能會忽略了許多可對國際關係產生影響的行為者。儘管如此，能夠從不同層次分析國際政治，處理研究主題，並據以發展出不同理論並產生研究發現，仍是非常有價值的。這也有助於解釋為何許

多國際關係理論（如前面章節所介紹者）似乎都傾向討論過去，而非彼此對話。

　　沃爾茲《國際政治理論》一書對此一主題的當代爭論有卓越貢獻。如第三章所述，沃爾茲限縮了國關理論的範圍，專注在國際體系層次（亦即作為結構變數的國際體系是他主要分析目標），他認為國際體系之特徵——一個國家（儘管相對能力有所差異）必須在其中行事與互動之國際無政府狀態——乃國際政治最佳的解釋（結構因素是他解釋的來源）。但是當國家似乎朝著和沃爾茲所提結構約制反向而行時，最有趣的問題就出現了。為什麼蘇聯1989年不戰而降？為什麼德國和日本並未於1991年後尋求平衡美國勢力，或追求核武以武裝自己？沃爾茲的解釋是，國際體系的行為者，也就是國家，並未被迫一定要遵守結構約制，但長期來看，體系還是會讓這些國家走上這條路。總之，行為者有一些自外於結構的自由，但其需付出顯著的安全代價。

　　有幾點理由讓這種能動者與結構關係的說法難以讓人滿意。首先，我們難以見到德國與日本究竟為了忽略國際體系結構約制付出了什麼代價。而在哲學層面上，沃爾茲將因其本體論主張（體系應為研究之對象）遭到批判。依照沃爾茲的本體論主張，國際層次上的結構在本體論上優於能動者，所以國家在某種意義上乃國際體系所創造——這個合乎邏輯的意涵會遭沃爾茲反駁。很多理論學家，特別是建構主義者（參考第三章），都質疑沃爾茲的途徑，並尋找更細緻的理論模式解釋行為者與結構在國際關係中的互動。他們開始質疑沃爾茲的假設，包括行為者（國家）是理性的、自制的、自利的、自主的，國際體系大體上是物質性結構取向，主要由軍事、經濟資源構成，而非理念與規範。溫特在推動這一波論辯中非常有影響力，他認為我們無法逕自認定究竟是能動者或結構影響國際關係，但我們必須瞭解能動者與結構如何互動，特別是兩者如何建構對方。根據溫特的說法，那些利用原因與結果規則來解釋現象的因果解釋（causal explanations），可以解釋國際體系的制度與規則如何變化，或透過能動者的行動而再生產。另一方面，構成性解釋（constitutive explanations）則透過詮釋來瞭解涉入行為者的觀點，以及彼等自我認知的脈絡。為了要瞭解國際關係的行為者如何行事，以及行為者所處的結構如何存在及與時而變，兩種解釋方式都有其必要。

　　溫特引進了社會學「社會結構」概念，亦即社會組成成分之間模式化的關係關係，這些關係在時間與空間中不斷重複（Giddens, 1986）。這些結構不是具體可觀察的實體，而是抽象的，但其帶來的影響卻又是可真切感受到的。溫特（及

其他建構主義者，例如Dessler, 1989）認為，規範、信仰與理念的系統是國際關係的社會結構，其賦能與束縛行為者的方式如同物質結構一般，因此在解釋行為者的行為時也應納入考量。規範性的結構，例如國際法和人權機制，都藉由形塑行為者的利益與認同來影響行為，在影響行為者利益與認同之時，就限縮了能動者考量行為正當與否的範圍。然而，建構主義也承認結構乃能動者已知曉（但非必然意圖性）行為（knowledgeable behavior）的產物，因此能動者與結構相互影響。

建構主義者並未將其分析侷限於因果解釋。他們認為，若沒有同時使用強調社會規則概念的構成性理論（constitutive theory），將無法正確分析能動者與結構的關係。根據溫特的說法（1991: 390），構成性理論清楚說明了規範社會情境的規則，讓我們理解行為者如何能在特定情況下採行特定手段，以及這些實踐如何說明了（或未能說明）規則。用維根斯坦式的說法，構成性規則就是遊戲的規則，但這些規則卻又不僅只是規範遊戲如何進行的規則，它們本身就是遊戲的一部分。用有關西洋棋的簡單例子來形容，「碰到棋子就必須移動它」是一個管制規則（regulative rule），不過對初學者可以稍作通融；反之，主教必須斜角移動，是建構遊戲的一部分，如果不遵守那就不是下西洋棋了。構成性理論讓我們嘗試理解涉入社會情況之行為者其自身觀點，以及其所認知在其中行動的脈絡。這表示能動者與結構（也就是規則與遊戲）是互相建構的（消較之下，因果論認為能動者與結構是互為因果的）。

但是能動者和結構究竟如何相互構成呢？德斯勒（David Dessler）將結構概念化成行動的工具之一。亞里斯多德學派認為結構是行為的質料因（material cause）而非動力因（efficient cause），由於亞里斯多德的因果論太複雜，在此不討論細節，但有興趣的讀者可以開始閱讀柯基（Milja Kurki）最近關於因果關係論的書（Kurki, 2006/2008）。簡單的說，結構創造了能動的可能性，但無法支配能動者，就像是語言創造的言說的可能，但無法自成任何對話。對影響德斯勒很深的巴斯卡（Roy Bhaskar）而言，能動者和結構本體上就不一樣，社會的能動者就像是雕琢作品的雕刻家，根據手邊有的原料與工具創造出其作品（Bhaskar, 1997: 43/2008）。巴斯卡的論點已經被援用在最晚近有關能動者與結構問題的研究上，批判實存論者如科林・懷特（Colin Wight）的作品即為一例。批判實存論批評實證主義或後實證主義之國關研究途徑，並提出替代性分析方

法，這個方法在本體論上為現實主義（ontologically realist），主張只有一個實存（reality），而這個實存不同於我們的想像而獨立存在；在認識論上此分析方法屬相對主義（epistemologically relativist），認為觀念皆屬社會製造，因此並不可靠；最後，「判斷的理性主義」認為，即便認識論上屬相對主義，原則上吾人還是有可能替偏好的理論與社會解釋／詮釋提供合理的理據（Patomaki and Wight, 2000: 224-5）。

科林・懷特（1999/2004/2006）認為，儘管能動者鑲嵌於結構，並仰賴結構脈絡（1999: 109），但不能就此將能動者化約到對結構脈絡。懷特進一步認為我們的真正要問的問題並非國際政治究竟是由結構或是由能動者形塑，而是我們提到結構和能動者時，代表何種意義，也就是何者實存於國際社會的本體性問題。對懷特來說，在探索能動者和結構如何相互影響前，必須先回答能動者和結構到底是什麼？而他相信國際關係學者迄今仍未做到這件事。根據懷特的說法，能動者與結構問題不可能徹底解決，因為能動者與結構兩者從未全然相互獨立，所以我們無法知道懷特提出的四個層次——物質（material）、互為主體性（intersubjective）、社會角色（social role），及個人主體性（personal subjectivity）——何者最適於研究國際關係。最適層次為何，端視我們欲找尋答案的問題是什麼；但我們可做的是，用經驗分析法來建立特定的能動者與結構在特定情境中的因果意義（causal significance）。這是沃爾茲等想簡化國際關係理論的理論家最討厭的事，但似乎是思考能動者和結構最合理的方法。重要的是，他把我們帶回現實世界，遠離那些最好留給哲學家的抽象問題。

現在回到比較實質的問題上，在這章剩下的部分，我們會討論國際關係中仍居主導地位的行為者，國家。我們還是採取一現實主義，或至少國家中心論的議程；當然不能否認的是，其他行為者也越來越重要，基歐漢與奈伊（Keohane和Nye）在1971年已經告訴我們，非國家行為者在國際關係中的重要性，而其後的發展也證實了他們的看法：約54,000個非政府組織（NGOs）、60,000家跨國公司、7,500個政府間組織存在於國際社會並產生重大影響。這些影響的細節將在第八章討論全球經濟及國家間透過商貿而強化的聯結性，以及第九章討論全球公民社會成長時加以檢視。實際上，本書其他地方亦可見相關討論，畢竟現在涉及非政府組織、跨國企業、政府間組織的行動隨處可見。然而，儘管在西發里亞條約所締造的國家主權幸福快樂之日後，吾人可感受到國家權力逐漸下滑，但瞭解

國際關係還是不可能忽略國家的角色，國家還是國際政治最主要的行爲者，這也是此處討論的重點。

國家與國際關係

現實主義提供國家中心論式的國際關係分析，且因爲現實主義強調國家在國際關係的關鍵角色，致使外交政策決策分析或國家權力構成要素分析等議題更顯突出。基於同樣的理由，「國家間戰爭」也不同於其他社會衝突，而有自成一格的特質。此一國家中心性意味現實主義應有一清楚的國家理論，並以此作爲其餘思考的自然起點。可惜，缺乏這樣的論述乃現實主義的核心缺陷，也是國際關係學門的重大問題。值得注意的是，現在關於「國家與國際關係」的研究眞的不多，霍布森（John M. Hobson）的書是這麼多年來第一本介紹這個主題的書（Hobson, 2000）。

不過，雖說理論闕如，現實主義對於國家及國家如何出現提供了堪稱詳盡的描述。國家是以領土爲基礎，有中央決策單位及執行單位（政府與行政單位）的政治單位，國家擁有合法的主權，它不承認任何優於它的外在權威，也不承認境內有與其同等的權威，同時國家存在於一個由其他一樣擁有領土、主權的政治單元組成的世界。我們參考其他型態的政治組織，可以慢慢釐清國家的標準，因此我們可以透過什麼不是國家，來推斷國家到底是什麼。

國家是擁有領土的政治性單位，而政治不一定要有領土才能操作。古希臘時代，政治指涉的是一地的居民而不是那個地方，因此以前提到「雅典」時，指的就是「雅典人」而不是那個地方。很顯然的，雅典人住在那塊土地上，他們就是焦點，重點不在於那塊領土；城市雖劃出城牆，卻沒辦法界定雅典人掌控的廣大領域邊界。在現代國家尚未出現的中世紀歐洲，政治權威指是以個人或群體爲基礎，而不一定要有領土。當統治者宣稱對某塊土地有統治權時，總是會有其他力量挺身而出來競爭。教皇領導的羅馬教廷在各地運作，無論是俗民或神職，都有義務在一些關鍵的政策領域拒絕世俗的統治者所下的命令，各種行會組織與公司主張其「自由」（liberties）以抵抗國王及其他貴族，且通常成功。很多個人對他們所屬的地方權力巨頭負有忠誠義務，而後者的政治忠誠對象往往式「境外」統治者，而非特定領土名義上的國王。這些因素都會影響「政治認同」等議題，

任一個人都會有許多不同的認同，而其中領土認同可能是最不具政治意義的一個（請參考第十章關於21世紀非領土認同的復興）。對一般村民來說，作為一領主的農奴比當英國人或法國人更重要，基督徒的身分也是如此；此外，範圍較廣泛的認同會讓人想起，過往歐洲的政治秩序與宗教秩序曾經是普世性的；羅馬帝國餘蔭淵遠流長，在其輝煌時，比任何中世紀的後繼者，提供了一個更有效的統治。

　　國家之所以出現，大概是15、16世紀日趨崩壞世界之產物。1648年終止三十年戰爭的西發里亞條約被視為這個新秩序的開始，但其實西發里亞條約不應該這麼受到看重。事實上，西發里亞條約改變的事情很少。新秩序的出現有很多原因：新軍事科技，特別是步兵的專業化與攻城技術的進步，讓比較大的政治體越來越有優勢，也破壞城鎮和城堡的防禦性；與美洲征服和東向航海探險探索有關的經濟成長，也讓比較大的政治體不斷發展。另一方面，行政管理技術和通訊科技並無助於跨洲的政治組織，而普世教廷宗教體制的崩壞亦影響了歐洲一體的意識型態基礎。這些發展的結果，就是出現相對強大的以領土為基礎之政治單元，彼等控制內部情況，但不得不接受外部有很多類似政治單位的存在，這就是西發里亞體系（Westphalia system），過去幾世紀以來這個體系成功的在全球領域複製再生，創造出現代的全球體系。

　　這就是國家中心國關理論所述說的體系起源故事，這個故事也不斷被拿來引用，並添加若干變化。馬克思主義（或更一般來說是政治經濟學家）通常從一個物質主義的角度來講述這個故事，強調世界經濟及生產過程的變化；科技決定論者及軍事歷史學家，則將重點置於新型武器的影響及船艦設計改良；其他人強調理念的重要性，特別是古典知識的復甦（文藝復興），包括政治的古典理念，新教的出現與普世教會的同步崩壞，這些因素加總起來導致了西發里亞體系的出現。

　　不管採用哪一個版本，就算我們知道國家從哪裡來，我們還是要想辦法解釋國家到底可以做什麼；標準版本的體系緣起故事還沒有提供我們國家的理論，這是一個很大的疏漏，假設我們欲瞭解「對外政策」或是「治國之術」，將發現困難重重。因為我們不瞭解國家行事的動機為何？其功能為何？其如何行事？當然，國家中心國關理論在實際上有其對國家理論的看法，但問題在於這些觀點大多隱而不顯且未清楚陳述，如果我們想要在此有所進展，必須將那些被納入但相

互矛盾的要素加以釐清。所以，究竟國家是什麼？

　　針對「什麼是國家」這個問題，其中一個答案純然由權力集中的角度出發。國家就是權力集合（concentration of power），是純然力量或基本武裝力量的集合。此為19世紀德國思想家特賴奇克（Treitschke）的「強權政治」（*Machtpolitik*）概念。這說法確實跟16世紀的歐洲非常相符，或者也可說是現在第三世界的現象（Treitschke, 1916/1963）。其他人如堤利（Charles Tilly）則認為，16世紀的國家所做之事就是增稅與發動戰爭（Tilly, 1975/1990），這些國家透過戰爭成功擴大領土及稅收基礎，透過稅收的增加強化軍隊，征服更多領土，這個認為國家乃軍事實體（military entity）的理論似乎有一定道理，而且最近也經其他歷史社會學家加強說明，例如邁可・曼（Michael Mann）和社會理論學家紀登斯（Anthony Giddens）。邁可・曼認為社會是透過武力聚合的人造物，而西發里亞體系的故事是軍事主義與成功征服的故事。不過，紀登斯認為民族國家的角色和暴力是尚未理論化的主題，他希望可以改正這個疏漏（Giddens, 1985; Mann, 1986/1993）。

　　有的現實主義者採用軍事主義的國家觀點，多少同意特賴奇克，但對其他人則不置可否。有些基督教現實主義者則採取和平主義（pacifism）立場，如尼布爾（Reinhold Niebuhr）和馬丁・懷特（Martin Wight）認為，一旦一個人理解國家和國家體系的運作，則對於國際關係唯一能採取的道德態度就是脫離鬥爭（detachment from the struggle）。然而，事情並非可截然二分，尼布爾確實相信國家有建立在非武力之上的可能性，但馬丁・懷特在這個問題上的含糊立場，讓我們可以一面視他為英國學派的知識領袖，同時也認定他是英國戰後重要的現實主義者（Bull, 1976）。除開國家只是武力象徵的簡單觀點，現實主義的特徵在韋伯學派伴隨著責任的權力概念中得到更完整的說明。韋伯強調，理論上來說，國家應該是壟斷暴力者，但事實上國壟斷的是「合法」的暴力，這也帶出國家理論的另一層面向，國家是由人民賦予正當性的機構，因為國家代表人民，對內或對外都以人民之名義行事。

　　儘管國家乃純粹權力展現此一理念與歐洲近代早期的絕對主義專制，以及王公貴族的做派相呼應，國家有代表性功能的觀念則呼應了契約論與啟蒙時代理念，但或許特別重要的是後啟蒙對於「社群」（community）和「國族」（nation）的重視。在此，德國的思想很重要，經由赫德（Herder）的啟發，我

們把政治權威的適切基礎歸諸國族，亦即一群「人民」透過習俗（以及特別是語言）所表現的預先給定認同（pre-given identity）（Barnard, 1969）；根據黑格爾，我們瞭解了「法治國」（*Rechstaat*）此一作爲場域的理念，在其中社會生活的矛盾與衝突可以有所解決（Hegel, 1821/1991），結合了1789年後法國革命黨人羅馬式共和愛國主義，這些德國思想帶動19世紀民族主義運動，而其混生的成果乃「民族國家」（nation-state）的誕生，根據此一理念，唯一正當的國家型態乃能體現與代表民族的國家。

　　顯然地，此一國家理論可以從兩個不一樣的方向去解釋。首先，民族國家可以只是「強權國家」的體現，相較於以君王爲名，國家權力集中與行使變成代表了民族；民族的榮耀與榮譽取代個人榮耀及統治者的榮譽；國家利益（national interest）取代國家理性（raison d'etat）的權力政治成爲驅動國家行爲的主要因素，然除此之外並無太大改變。雖然沒有提到國家榮耀，但施密特（Carl Schmitt）認爲政治就是分辨敵人和朋友，以及現代國家作爲一外部化敵/友之分的實體之看法，足以被歸類爲此一解釋類型。（Schmitt, 1932/1996）。另一方面，一旦國家代表民族的理念蔚爲風潮，國家開始重視人民福利而非自身權力的可能性就會存在。那麼戰爭國家（warfare state）就會被福利國家給取代。民族福祉（national well-being）取代了國族榮耀，成爲定義國家利益的依據。這不僅只是理論上的一種可能，當前許多以愛好和平、無威脅性、合作與善鄰取向而聞名的歐洲國家都是很明確的「民族國家」，斯堪地那維亞國家就是顯明的例子，它們能夠駕馭民族主義情緒脫離權力追求的渴望，轉而將重心放在關注人民福祉。

　　不管帶來的影響爲何，福利國家的概念跟權力國家的概念是不同的。然而，在兩種觀點之間，還有第三種國家理論，其認爲國家在社會生活上確實扮演正面角色，但這是一種促進性（facilitatory）而非構成性（constructive），賦能而非創造的功能。此種國家概念可以稱之爲「自由式」（liberal）——只要我們接受霍布斯是一原型自由主義者。此種國家概念顯然帶有英國社會契約論與蘇格蘭（相對於德國與法國）啓蒙思潮的特徵。此種觀點認爲，個人有利益及欲望驅動他們和他人合作，但是這個合作如果沒有國家的強制力確保各方遵守協議的話，就不可能成功（霍布斯看法）或只能達成次佳的結果（洛克的看法）。

　　這是一個凸顯國家在社會生活中的重要性，但否定其在國家利益形成中創

造性角色的國家理論；它不認為所謂的國家利益在作為人民利益總和之全稱描述外還有何重要意涵。這是一個幾世紀以來主宰英語系國家，同時不斷影響國際關係學科的理論（有鑑於國關領域長期受到英美學者啟發），而且顯然也對自由國際主義影響深遠。確實，自由國際主義的弱點之一，在於無法理解國家被賦予了自由主義傳統所未預期的重要角色；而從其他角度來看，國家只是權力的集中。英美自由主義學派的國家理論，事實上比較像在看待「行政」理論（a theory of administration），與歐陸學派有別。有些英美現實主義學者，特別是受大陸學派訓練的英美專家，如摩根索，有意識到這個差別。但值得注意的是，新自由主義學者和新現實主義學者，可能因為受到經濟學專業的影響，其對於國家的觀點大體上屬於自由派國家理論。吉爾平（Robert Gilpin）認為國家的角色就是想辦法解決「搭便車」（free riders）的問題，就是明證（Gilpin, 1981: 16）。

　　最後，自由主義國家理論最具說服力的競爭觀點乃馬克思主義國家是主宰階級的行政單位。在資本主義，國家乃資產階級的管理委員會。馬克思主義認同自由主義主張國家應是次要組成的看法，但其並不認為國家對於社會提供了有價值的功能。馬克思主義者認為國家不可能是中立的問題解決者，而是永遠會代表某些特別利益。極端的自由主義者霍布森會同意此看法，如同極富影響力的當代無政府主義者喬姆斯基（Noam Chomsky）。後者批判美國／西方外交政策根本就是建立在不具任何代表性的菁英利益之上（Hobson, 1902/1938; Chomsky, 1994）。儘管馬克思主義不再是兩大超強之一的官方意識型態，其觀點還是很有影響力，特別是透過如喬姆斯基這些人。事實上，自從許多馬克思主義者強調國家的「相對自主性」（relative autonomy）以來，喬姆斯基和他的追隨者就是當代擁護馬克思主義對國家角色定義的主要團體。最後要注意的是，一般認為馬克思主義／喬姆斯基學派與強硬的現實主義者一樣，將國家視為權力的集合，全然否定國家能代表「人民」或一社群的觀念。喬姆斯基學派、馬克思主義者和現實主義者都同意這是自由主義的困境。最重要的是，或許是他的「左翼」現實主義觀點所提供的機會說明了為何喬姆斯基的共謀理論（conspiracy theories）如此受到歡迎。在他的文字中，憤世嫉俗的沙龍現實主義者可在不放棄進步性同情心之際找到證成其看法的論據。

　　國家在所有的國際關係中都被視為行為者嗎？根據上述的理論，民族國家似乎是一個行為者，也是戰爭國家。但如果國家只是促進社會生活，或只是累

積社會中權力的節點，那我們是不是錯把國家當成能動者？溫特（1999/2004）認為國家不該僅被視為行為者，而應該視為個人。溫特認為「國家也是人」（states are people too），也就是作為單一的行為者，國家透過萌發的心理特徵（包括集體意圖性與集體認同），也能感受欲望、意圖與信念（Wendt, 1999: 194ff., and 2004）。透過集體認同形成的過程，溫特認為一世界國家（world state）的發展乃不可避免（Wendt, 2003）。科林‧懷特對溫特的概念提出異議，認為國家（更精確來說是構成國家權力的那些能力）乃結構的一個制度性集合（institutional ensemble），非一個別能動者。他強調，國家權力實現的方式，取決於能動者（個人或群體）的行動，而這些行動發生在國家此一集合之中（Wight, 2004: 279）。因此對懷特而言，國家本身不是能動者，無疑不是人，國家是一個促進權力行使的的形體，而權力之行使乃此形體內能動者所為，這也是「外交政策分析」應當深切理解的觀點。

對外與對內政策：國家內的能動者

上述這些國家理論顯然非常不同，我們或許也可以期待它們會產生不一樣的國家外交政策及治國之術理論。然而情況卻非如此，如我們將看到的，大多數外交政論點策都未能連結到一明確的國家理論。在許多外交政策分析中，確實存在一模糊的自由主義國家形象（國家作為問題解決者），然而此一背景從未被清楚闡述。

大部分的外交政策分析的假設是將國家視為存在於兩種環境下的社會制度：一是內部環境，由國家所界定之領土內所有其他制度，以及這些制度比使的互動所構成。另一是外部環境，由各個國家以及其彼此間互動所構成。傳統國際關係理論假設國家持續嘗試介入二者，也就是說，國家要同時處理對內及對外政策。例如，與多元化主義有所區別的現實主義者，認為這兩種政策是不一樣的，以內政來說，國家可以在做出決定後，就以自己的方式執行，也就是國家同時擁有行事的權威與執行的手段，但外交政策就不是這樣，其結果往往是相互依賴決策行為之產物；國家不能期待其他國家尊重它的權威，因為在一個無政府狀態的體系中，沒有國家擁有權威，而國家能否有手段加以落實政策更是偶然。畢竟國家雖原則上對內壟斷所有強制力工具，但在國際社會中，沒有國家享有這種地位。這

意味我們可以從兩個面向來辨別外交政策，一是如何規劃外交政策，這跟規劃對內政策有點像；一是如何執行外交政策，這個部分就與對內非常不同。外交政策的執行會在下一章討論，這一章討論外交政策的規劃。

在傳統外交政策制定中，所涉及的問題乃認知並清楚表達特定議題上的「國家利益」，例如1914年以前英國的外交當局的任務，必須依照歐洲情勢變化，特別是成長中的德國力量，以及德方企圖在世界舞台投射其權力的嘗試，制定相關政策方案；英國外交當局對於歐陸力量模式早有一長期性觀點，也就是說英國反對任何可能會控制北海和英吉利海峽港口的權力集中。一旦此種情況出現，則皇家海軍將受到威脅，並迫使英國建立一支相當規模陸軍以防衛本土免遭入侵。從1904年到1914年，英國外交政策的制定可以視為對於上述觀點的調整修正，以因應關切重心轉變（德國取代傳統的敵人法國成為新的挑戰者）所造成之新情況。這些政策調整如何產生？為何產生？更戲劇化的是，1940年代美國放棄長期以來的「孤立主義」政策，且第一次對於大範圍承平時期聯盟關係做出承諾，此一轉變又是如何發生的？

回答這些問題的其中一個方法，是運用外交歷史學家的方法：搜尋文獻。假設重要文件確實存在，我們或許能對於特定的變化得到滿意的說法，可是這並不是我們要的。身為國際關係的研究者，我們希望對於外交政策如何制定，以及國家利益如何界定建立一普遍性的理解。我們希望找出行為模式，而不僅是分析個案，我們有時候會運用歷史學家的方法來處理我們的案例（case studies），但其目標是要歸納，而不是歷史學家所重視的殊異性。那我們要如何將外交政策制定分析普遍化呢？從1950年代以來，外交政策分析告訴我們，最好的方法就是拆解決策過程，將之視為一系列的「決定」，再對每一個決定進行分析，分辨影響其之因素，以及發生作用的情境。屆時，外交決策分析的普遍理論就會慢慢浮現。

外交政策決策研究的鼻祖，是1950年代美國行為科學家。他們認為可以有效「操作化」國家利益概念，並發展出大規模分類架構，在其中涵蓋所有可能影響決策的因素，包括大眾媒體的影響、決策者人格特質、決策機構制度特色，及威脅認知社會心理因素等。這些架構令人印象深刻，但分類與解釋不同；列出一長串可能影響決策的因素，還不如預測哪個因素較有影響的理論來得有用。此外，要讓一個分析架構付諸運作，填入所有的空格是一個極為複雜的任務。真正該做的，是不要有一個分類架構，而是一個能簡化複雜因素的模型，此即艾利森

（Graham T. Allison）在1971年《決策的本質》（Essence of Decision）一書提供的經典決策分析。他在這本書中以1962年古巴飛彈危機為案例進行的分析是現代國際關係的少數經典之一（Allison, 1971；另請見Allison and Philip Zelikow, 1999第二版）。

事實上，艾利森提供了三種決策分析模式，每一種模式反映了飛彈危機的不同特徵：第一，蘇聯在古巴部署中程彈道飛彈的決定；第二，美國決定以封鎖來回應蘇聯的部署；第三，蘇聯決定撤回中程彈道飛彈。他的重點跟書名相反，亦即，沒有所謂「決策的本質」，只是由不同角度看待同樣的事件而已。

第一個模式是理性行為者模式（Rational Actor Model, RAM），此一模式呼應傳統國家利益，並將國家視為一行為者；外交決策被假定是對特定情勢的理性回應，由單一國家規劃制定。此模式以手段／目的的角度看待理性（rationality），也就是說，國家會選擇極大化利益及最小化損失的行動，決策可以透過理性重建過程加以分析，分析者可假裝自己是決策者，並試圖模擬決策推理過程。因此，為了要解釋蘇聯部署飛彈的原因及時間地點，必須具體指出蘇聯希望達到的目的，以及讓蘇聯認為如此部署將達成該目的的推理連結。必須注意的是所欲追求的目的可能不是那些公開陳述者。確實，要知道真正的目的的最佳方式可能是回溯所採取之行動。理性重建是困難的事，分析家要完整模仿決策過程，要能夠掌握決策者當時所擁有的全部資訊，而且要完全依照當時決策者得到的資訊來分析，這實在是一項艱困的挑戰。雖然如此，我們還是很常使用這個模式，且通常可以得到決策如何制定的合理解釋。

艾利森認為理性行為者模式有兩個問題。首先，認為行為完全理性實為不可能，因為這必須要決策者能夠知道每個行動的可能後果是什麼，可是這種訊息是不可能得到的，不管是對決策者來說，還是事後分析的分析家，都沒有辦法；這種資訊就像是西洋棋賽中完全開展的決策樹（decision-tree），但是即使是最快速的電腦也沒有辦法運算出來。事實上，我們做決策時，就像是在下棋，我們有些規則可以依循，特別是棋賽一開始尚能掌握狀況之時，接著面臨到未知的情境時，我們會採取最有把握的步驟，在有限的時間下，找出我們最滿意的行動。這就是「理性」的賽局行為或「理性」的決策，雖然另一個選項勝過我們目前所採取者的可能性總是存在。要重建一場賽局確實極為困難。直覺可能比純粹理性思考過程更有用，況且還有時間壓力須納入考慮。就算是西洋棋大師來下棋，我

們也不能假設他下的每一步棋都是最好的；棋聖在有限的時間內也會犯下嚴重錯誤，理性行為者模式假設國家對於行為的後果，都已有所打算，但真實的情況很可能不是這樣。

　　理性行為者模式的第二個問題比較實際，亦即，我們即使決定使用理性行為者模式，總是會有例外是無法解釋的。艾利森認為，用理性行為者模式來解釋蘇聯部署中程彈道飛彈原因，就是蘇聯欲透過部署飛彈拉近其與美國之間的日益惡化的能力落差，但這無法解釋為什麼蘇聯這麼容易被美國發現其部署了飛彈；認為蘇聯故意讓美國發現其部署飛彈的另類觀點解釋了此一例外，但卻無法處理縮減能力的落差。

　　儘管也許有更好的理性行為者模式，但是艾利森提議轉移陣地到另一個決策模式。理性行為者模式假設，決策是單一行為者的產物，組織決策模式（在該書第二版裡面稱為組織行為模式）則假設，決策是由國家內許多組織共同決定，每一組織都有其特性，包括組織常規、標準作業程序等，同時也抗拒被任何中央權威控制。這與先前有關如何處理缺乏全面資訊的評論不謀而合。當面對一個問題時，蘇聯國安家安全委員會（KGB）、蘇聯戰略火箭軍（Soviet Rocket Forces, SRF）或美國海空軍等組織，不會從零開始，它們會從組織過往的經驗著手，看看之前是如何解決類似的問題。因此，當接獲在古巴建立飛彈基地的任務時，蘇聯戰略火箭軍沿用在蘇聯境內行事的概念，因為經驗告訴他們，這是建立飛彈基地最佳的方式，是否會被美國偵察發現，顯然不在它們考量範圍之內。反過來說，KGB在深夜祕密運送飛彈，就是KGB一貫做事方式，一般人會覺得，SRF這種吸引注意的方式很奇怪，但如果假設是某個人指示這兩個組織這樣做事才是奇怪的論點，相反地，負責這整件事情的人若知道真實的情況，可能會嚇壞。

　　以上討論可能誇大一個組織的自主權，但有個美方的例子可以強化這個論點。由李梅（Curtis Le May）將軍帶領的美國空軍想轟炸飛彈基地，但評估報告顯示，傷亡人數將非常可觀，且沒有辦法保證一定成功，故甘迺迪總統決定延後這計畫。之後調查顯示，美國空軍只是援用本來轟炸古巴的相關設施的計畫，再臨時加上飛彈基地的目標，這麼做當然會有嚴重的預期傷亡。此外，他們假設飛彈是機動式布署，所以轟炸很有可能失誤；事實上，這些飛還需幾週的時間才能移動布署，所以空襲很有可能達到百分之百的成功率。這是一個很有趣的例子，因為美國空軍其實支持發動空襲。通常當軍方提供高傷亡率的預估報告，是因

爲他們想要勸阻政治人物避免使用武力，這個觀點讓我們進入到艾利森下一個模式。

　　組織決策模式貶低決策理性的概念，艾利森在最後的官僚決策模式中，從另一個角度解構了理性行爲者模式，強調政治因素外於國際議題之程度可能對決策造成影響。其中一個面向是，官僚是從他們自己的組織角度來觀察國際情勢，就如同艾利森提到的「你的立場決定你的觀點」（第二版的時修正爲較不聳動但更精確的說法：「你的觀點大多數時候受你的立場強烈影響」）。以美國來說，國務院通常偏愛談判，聯合國的代表偏愛聯合國行動，美國海軍偏愛海軍行動，大家其實不期待組織進行無助於增加組織自身預算的行爲。更重要的事實是，領導人需要去保護並捍衛其政治立場。古巴飛彈危機期間，甘迺迪總統知道他的決定將會導致許多政治問題，進而影響其競選連任，同時更會立即影響到1962年11月民主黨期中選舉。有趣的是，今日的研究指出，這並非影響甘迺迪總統決定的重要因素（Lebow and Stein, 1994: 95）。理性行爲者模式（一般現實主義也是這樣認爲）認爲外交決策制定，通常以外交政策爲基礎出發，無涉內政，但官僚決策模式則不是這樣認爲。

　　艾利森在《決策的本質》一書中提到的概念至今仍沿用，但很多人批評他的想法，認爲他只是貶低總統、國會及大眾在外交決策分析中的角色，並認爲照艾利森所說的民主社會中的決策是一個不民主的行爲，因爲權力掌握在官僚手中（請見Stephen Krasner, 1972，沒好氣的作品「官僚重要嗎？」）。儘管冷戰結束後，艾利森的案例研究已逐漸被其他蘇聯和美國的例子取代，但艾利森還是很有影響力。這些模型顯然需要補充，艾利森最大的缺失是他在決策過程中，並未加入社會心理學與認知面向的背景，決策者與他們認知的環境互動，而他們的認知可能是錯誤的（Jervis, 1976; Cottam, 1986）。一般可能認爲，要修正錯誤認知的方法，就是在決策的時候儘量聽取意見，但詹尼斯（Irving Janis）在《團體迷思的受害者》（Victims of Groupthink）一書中，證明決策者如果有許多人，和只有一人擔任決策者一樣容易受到錯誤認知影響（Janis, 1972），艾利森就是缺乏對這些現象的解釋，因此讓他的案例研究顯得落伍。之後的研究，著重於理解蘇聯的決策在多大程度上，是基於美國政策所造成之恐懼所致。諷刺的是，這些政策本就是設計來嚇阻蘇聯的。美國警告蘇聯於古巴設置飛彈的後果，就被解讀成意圖威脅與傷害蘇聯地位的訊號（Lebow and Stein, 1994）。對於認知過程

的強調，也體現在近期對於理念與意識型態在外交決策過程中扮演角色的研究上（Goldstein and Keohane, 1993）。同樣地，冷戰的結束也為這方面研究帶來新的刺激（Lebow and Risse- Kappen, 1995）。

　　艾利森的模型還有其他普遍性問題，有時候組織決策模式和官僚決策模式的差別很模糊，稍後他也承認自己太過強調組織的角色、官僚與首長的互動，以及民主國家中媒體的角色。艾利森的模型可能要在那種組織結構相異的國家才有效，要在沒有廣大官僚體系的國家中，運用組織決策模式是很困難的。他也研究危機發生時的決策模式，這些危機是在時間壓力下必須做出高昂代價的決定，通常這些危機都會讓決策者產生不同於「正常」決策模式的行為。然而，一個歷史超過四十年的案例，卻未遭取代是很令人意外的事情，艾利森的模型還在使用，這可以從兩方面來解讀。首先，這可能證明這個模型設計得多好，從這角度，外交政策決策分析是國際關係眾多理論中最完善的領域之一，近來未見創新，乃是一有利證據。但從另一方面來看，這個案例可以使用這麼久，透露出它的不足，表示這個理論在國際關係中很少出現，本來就沒有太多重點。外交政策分析中也有很多這種例子，例如公眾意見與外交政策、壓力團體與外交政策，以及其他近期沒有新進展的領域。通常這些領域是不斷檢視就得到概念，而非提出新意見。懷特（Brian White）提供了許多論點（White, 1999）。

　　為什麼會這樣呢？這又涉及到能動者與結構的問題。主宰當代國際關係研究的新現實主義和自由制度論者都強調對國際「體系」的分析而忽略了外交政策分析。沃爾茲學派的新現實主義者口惠而實不至，聲稱重視外交政策，但本質上新現實主義提供了一個由上到下，以結構為重的國際關係理論，這表示外交決策者最重要的技能，應該是認清系統給你的暗示，而不是當一個負責任的能動者。決策者是一個技術嫻熟的工匠，而不是一個有創意的藝術家。新自由主義同樣也提供上到下的國關理論（儘管其強調合作之可能性）。在每個案例中，認定國家是單一、理性自利行為者，在無政府狀態下運作的假設，限制了外交政策作為一自主研究領域的可能。在新的條件下，理性行為者模式恢復其重要性。諷刺的是，在當代主流國際關係理論中，理性選擇（rational choice）的主宰地位似乎恰恰與外交政策分析彼此對立。一般可能以為「選擇」與「政策」在概念上可以共存，但事實上，理性選擇思考的表現方式否定了這個潛在的關係。體系才是重點，而構成體系的單位行為乃體系所決定的，而不是能動者作為的表現。如沃爾茲所

言，任何與此相反的理論，都是化約主義（reductionist）且顯然有誤，因為任何在系統裡長久存在的模式，都和個體的改變無關（Waltz, 1979）。如此一來，傳統外交政策分析因素，如公眾意見、媒體影響力、壓力團體和組織架構等，都只會混淆決策者，分散他們對真正議題（國家和體系的關係）的注意力。

很少外交政策分析家會和新現實主義者起爭執，長期研究外交政策能動者與結構問題的卡爾斯內（Walter Carlsnaes, 1992）則屬例外。他認為溫特的建構主義和一些傳統的理論，或許可以解釋結構對能動者的影響，但沒有辦法解釋能動者對結構的影響，因為他們沒有從一個夠長的時間框架，來觀察外交政策制定，他提出了外交政策分析的三種解釋層次：1.外交政策行為者的「意圖」——這個政策設計要達成的目的為何；2.解釋為何行為者會有這樣的意圖和目標，這涉及對決策者的性格（predisposition）的檢視；3.行為者內部和外部的結構環境，以及其如何在特定情況下影響意圖與性格。卡爾斯內支持以一制度或結構性途徑來進行外交政策分析，但堅持吾人必須要嘗試理解相關次級行為者的價值與認知，要知道行為者的意圖與性格會反饋至國內與國際制度層次，並從而約制／或促成特定的外交政策行動，假以時日，結構環境也會因而發生變化。

外交政策分析另有一個辯論主題，是關於國家政體類型是否會影響外交政策。從新現實主義的觀點來看，國家政體不管是自由民主、威權、或極權統治，相對來說比較不生影響；國家就是一個希望在無政府狀態下生存的自利行為者，其他考量在此要務面前都相形見絀。舉例來說，現實主義學者領袖人物米爾斯海默（John Mearsheimer）在〈回到未來〉（Back to the Future: Instability in Europe after the Cold War, 1990）一文中設想了歐洲重現1914年以前態勢的情境，他主張控制並穩定此依態勢的方法之一，是協助德國成為一個核武國家，這是一個違反直覺但有意思的提議，除新納粹團體外，所有德國人都會由衷加以反對，但米爾斯海默不受影響。如果這是一個「正確」的政策，那它將獲得採納。「正確」在此意謂的是在國際條件（權力平衡的要求）來看屬於適當，而非關國內壓力。這是一個結構性的論述，而且顯然存在一個能動性的問題；一個關於德國政府是否可以成功推銷這個政策，且維持政權的問題。但對米爾斯海默來說，這只是次要的問題，外交政策這時候就像是填空遊戲，我們已經有線索了，現在要做的就是找出答案，決策者沒辦法影響或決定答案，只能發現答案，並且盡可能有效的執行。

　　認為政權類型不會有任何影響的這個想法有點天眞，認為民主國家的領導人會和極權國家的領導人做出一樣決策，似乎有點難以置信。加諸他們身上的壓力或許一樣，但是他們個人的價值觀對他們一定會造成影響，就像現代的德國和核武。此外，認為內政和經濟結構無關外交政策亦不可置信，因為這就是說，一個國家的社會型構對國家的國際行為不會有影響。對於這些直觀信念，一個極富爭議性但有趣的調查來自於所謂的「民主和平論」，就是憲政上穩定的自由民主國家之間不會發動戰爭，雖然在面對非民主國家時，民主國家的戰爭傾向並不會比較弱。民主和平論之所以有趣是因為相較於其他對新現實主義思考模式的挑戰，民主和平論者與理性選擇現實主義者運用同樣的實證主義方法論。雖然最初是多伊爾（Michael Doyle）根據政治哲學家康德的作品推展出民主和平的概念並引發關注，此一論點在1990年代主要由經驗研究者以最新的統計技術加以驗證，修正原初假設，並討論出更完善的版本（Doyle, 1983; Russett, 1993; Gleditsch and Risse-Kappen, 1995; Brown et al., 1996），關於民主和平更詳細的說明將在第十章討論。

　　如果民主和平論確立的話（似乎多少已是如此），它將再召起（並合理化）有關外交政策分析一相當傳統的研究綱領。在結構論開始主宰國際關係理論之前，制度、公眾意見、規範、決策等都是外交政策研究的基本內容，民主和平論把這些傳統議程帶回國際關係理論。有趣的是，它的主要對手是新現實主義和喬姆斯基學派；新現實主義和喬姆斯基學派皆認知到，駁斥或駁倒這個提案，對他們自己立場的重要性（Layne, 1994; Barkawi and Laffey, 1999）。再者，在此應指出，我們有一個產生於明確國家理論的外交政策理論，這是其他外交政策分析的主題比不上的。

　　雖然企圖放寬民主和平論範圍的嘗試不甚成功，其核心論點——憲政秩序穩定的自由民主國家之間不會發生戰爭依然未被拒斥。在最壞的情況下，我們或可說此種極端特殊的和平乃其他因素，而非政體型態的產物；或這是一個樣本數太少所導致的統計假象。如果這個核心主張無法被拒斥，那當代國際關係理論中出現了一個巨大的異例（anomaly）。因為新現實主義在這些事務上的理論意涵，雖有受到一個顯然屬於「能動者中心」或「化約論者」論述的成功挑戰，但新現實主義的結構性邏輯部分卻不受影響。這兩個概念似乎指向不同的方向，就像經濟學中個體經濟學和總體經濟學，個體經濟學核心的公司理論所觀察到的東西，

似乎無法與關注經濟整體的總體經濟學有效對話；是否應將此視爲一個問題，似乎沒有太大意義，經濟學家似乎不太在意這個問題，也許他們在所有陣線上同時推進，希望最終某些統一見解將出現的策略值得效法。

結論：從外交政策到權力

下一個步驟要從制定外交政策到加以履行，也就是說，外交或者可以說是「治國之道」。這將會牽涉到對外交的藝術與技術、談判的藝術等議題的徹底探索，舉例來說，在後面的章節中會討論國際經濟體制的形成時，我們會提到這些方面，但本書此部分是以討論國家，以及由現實主義形塑而成的國際關係爲主，因此會多加討論國家對權力的運用，然而討論權力不可免地將引發超越外交政策的討論。所以在下一個章節我們會討論權力，以及其所產生的問題。

延伸閱讀

關於能動者與結構問題最關鍵的資料是溫特〈國際關係理論中的能動者與結構問題〉（The Agent-Structure problem in International Relations Theory, 1987）和Colin Wight〈能動者、結構與國際關係〉（Agents, Structures and International Relations, 2006），另可參考Martin Hollis and Steve Smith《解釋與瞭解國際關係》（*Explaining and Understanding International Relations*, 1991），他們和溫特之間的辯論，從1992年開始就在《國際研究評論》（Review of International Studies）進行。除此之外還有Hidemi Suganami〈能動者、結構、敘述〉（Agents, Structures, Narrative, 1999）和Roxanne Lynn Doty〈迷陣：國際關係理論中關於能動者－結構問題的批判探索〉（Aporia: A Critical Exploration of the Agent-Structure Problematique in IR Theory, 1997）。關於「分析層次」問題，請看Nicholas Onuf〈層次〉（Levels, 1995）和H. Patomäki《國際關係之後：批判實存論和世界政治的重構》（*After International Relations: Critical Realism and the (Re) Construction of World Politics*, 2002）。柯基（Milja Kurki）《國際關係的因果關係：重申因果分析》（*Causation in International Relations: Reclaiming Causal Analysis*, 2008）是關於現實主義及社會科學因果關係辯論的傑出入門讀

物，批判實存論者論文篇幅的作品，包括柯基所寫的〈一個分裂學科的原因：重新審視國際關係理論的原因概念〉（*Causes of a Divided Discipline: Rethinking the Concept of Cause in International Relations Theory*, 2006），和Jonathan Joseph〈國際關係中的霸權與結構—能動者問題：一個科學的現實主義者的貢獻〉（Hegemony and the Structure-Agency Problem in International Relations: A Scientific Realist Contribution, 2008）都刊登於《國際研究評論》（*Review of International Studies*）；James Rosenau在《世界政治的亂流：理論的變遷與延續》（*Turbulence in World Politics: A Theory of Change and Continuity*, 1992）及《沿著內政——外交界線：在混亂世局中探索治理》（*Along the Domestic-Foreign Frontier: Exploring Governance in a Turbulent World*, 1997）中討論國際政治中能動者與結構之間的關係，最近在《國際研究評論》（*International Studies Review*）論壇上，〈超越能動者——結構的辯論〉（Moving Beyond the Agent-Structure Debate, 2006b）是建構主義者關於這個問題在知識論與方法論上的討論。

關於前西發里亞國際體系，A. B. Bozeman《世界歷史中的政治與文化》（*Politics and Culture in International History*, 1960）和Martin Wight《國家體系》（*Systems of States*, 1977）提供不一樣的看法，跟Wight接近但更本質上屬於教科書的作品是Adam Watson《國際社會的演進：歷史分析的比較》（*The Evolution of International Society: A Comparative Historical Analysis*, 1992），這是瞭解西發里亞體系來源的最快方式。

近年歷史社會學者研究體系及國家的起源的研究日益重要，要瞭解概況，請閱讀Richard Little〈國際關係和大範圍的歷史改變〉（International Relations and Large Scale Historical Change, 1994）與Anthony Jarvis〈社會、國家與地緣政治〉（Societies, States and Geopolitics, 1989），除了正文Giddens、Mann和Tilly的書之外，重要作品還有Ernest Gellner《犁、劍與書：人類歷史的結構》（*Plough, Sword and Book: The Structure of Human History*, 1988）；George Modelski《世界政治的循環》（*Long Cycles in World Politics*, 1987）；Paul Kennedy《強權的興衰》（*The Rise and Fall of the Great Powers*, 1988）；Charles Tilly （ed.）《西歐民族國家的組成》（*The Formation of National States in Western Europe*, 1975）；Michael Mann《國家、戰爭與資本主義》（*State, War and Capitalism*, 1988）。

Michael Cox, Tim Dunne和Ken Booth編的《帝國、體系與國家：國際政治的大轉變》（*Empires, Systems and States: Great Transformations in International Politics*, 2002）不止包含國家體系的歷史，也討論了非歐洲文化與社群的經驗，及為什麼國家會取代其他型態政治組織的理論。Adam Morton在《等待葛蘭西：國家組成、消極革命和國際》（*Waiting for Gramsci: State Formation, Passive Revolution and the International*, 2007）則是用批判角度觀察國家的形成。

關於國家的問題，P. Evans, D. Rueschemeyer和T. Skocpol（eds）《把國家帶回來》（*Bringing the State Back In*, 1985），是對於缺乏國家理論的反動，Friedrich Meinecke《馬基維里主義：國家理性及其在現代歷史中的地位》（*Machiavellism: The Doctrine of Raison d'Etat and its Place in Modern History*, 1957）就是一個經典之作，霍布森（John M. Hobson）《國家與國際關係》（*The State and International Relations*, 2000）也是這個議題的優秀作品，霍布森在《國際研究評論》的〈國際關係中第二次國家辯論：理論的翻轉〉（*The "Second State Debate" in International Relations: Theory Turned Upside-down*, 2001）從不同的理論角度檢視了國家的概念化，Colin Hay *et al.*（eds）《國家：理論與議題》（*The State: Theories and Issues*, 2006）則調查了現有的國家理論，Bob Jessop的《資本主義國家的未來》（*The Future of the Capitalist State*, 2002）則是檢視在資本主義下國家遇到的危機以及全球化下國家的結構，Jessop的另一個著作《國家力量》（*State Power*, 2007）則指出他的策略─關係國家理論，2004年《國際研究評論》（*Review of International Studies*）論壇的論文檢視了溫特的國家理論，Peter Lomas〈擬人論、擬人與倫理：對溫特的回應〉（Anthropomorphism, Personification and Ethics: A Reply to Alexander Wendt, 2005）和溫特的〈如何不爭論國家人格：對Lomas的回應〉（How not to Argue against State Personhood: A Reply to Lomas, 2005b），Cornelia Navari〈國家和國家體系：民主、西伐利亞或兩者皆是〉（States and State Systems: Democratic, Westphalian or Both?, 2007）檢視了彼此對立的國家理論及其組成。

從廣泛的馬克思主義來看，密立班（Ralph Miliband）《國家和資本主義社會》（*The State and Capitalist* Society, 1973）和普蘭札斯（Nicos Poulantzas）《國家、權力、社會主義》（*State, Power, Socialism*, 1978/2001）是重要讀物，近期關於國際關係和資本主義的關係之討論可看Alex Callinicos《資本主義需要

國家體系嗎？》（*Does Capitalism Need the State System?*, 2007）和Ray Kiely《美國霸權與全球化：帝國主義理論的角色？》（*US Hegemony and Globalization: What Role for Theories of Imperialism?*, 2006）。

Deborah J. Gerner《外交政策分析：令人振奮折衷主義、有趣的奧秘》（*Foreign Policy Analysis: Exhilarating Eclecticism, Intriguing Enigmas*, 1991）和Steve Smith《外交政策的理論：一個歷史回顧》（*Theories of Foreign Policy: An Historical Overview*, 1986）都是很好的著作；Richard C. Snyder, H. W. Bruck, Burton Sapin和Valerie Hudson, Derek Chollet, James Goldgeier（eds）的《重新審視外交決策分析》（*Foreign Policy Decision Making Revisited*, 2003）是Snyder, Bruck和Sapin在1962年經典之作的更新，Charles F. Hermann, Charles W. Kegley和James N. Rosenau（eds）的《外交政策研究的新方向》（*New Directions in the Study of Foreign Policy*, 1987）；Michael Clarke和Brian White（eds）《理解外交政策：外交政策體系途徑》（*Understanding Foreign Policy: The Foreign Policy Systems Approach*, 1989）；以及討論真正外交政策，Roy C. Macridis所編輯的經典《世界政治的外交政策》（*Foreign Policy in World Politics*, 1992），Brian White〈外交政策分析的歐洲挑戰〉（*The European Challenge to Foreign Policy Analysis*, 1999）是對於詆毀外交政策分析有趣的還擊。Christopher Hill《改變中的外交政策政治》（*The Changing Politics of Foreign Policy*, 2002）是目前這個領域的標準讀本，他的另一個文章〈還可以做什麼？外交政策作為政治行動中的一部分〉（What Is to Be Done? Foreign Policy as a Site for Political Action, 2003）更是提供了超越新現實主義和全球化理論者系統性答案的觀點。最近關於艾利森理論的研究包括Jonathan Bender和Thomas H. Hammond〈重新思考艾利森的模型〉（Rethinking Allison's models, 1992），還有David A. Welch〈組織過程和官僚政治典範〉（The Organizational Process and Bureaucratic Politics Paradigm, 1992）；1999年艾利森和Philip Zelikow所修改的《決策的本質》第二版，則由Barton J. Bernstein〈瞭解決策制定，美國外交政策與古巴飛彈危機〉（Understanding Decisionmaking, US Foreign Policy and the Cuban Missile Crisis, 2002）做了長篇的文獻評論，而關於危機外交的特質，可看Michael Brecher《世界政治中的危機：理論與現實》（*Crises in World Politics: Theory and Reality*, 1993）；James L. Richardson《危機外交》（*Crisis Diplomacy*, 1994）；Richard

Ned Lebow《戰爭與和平之間：國際危機的本質》（*Between Peace and War: The Nature of International Crisis*, 1981）。而關於認知過程和外交政策，參考本文中提到Jervis, Janis和Cottam的著作，對於後實證主義外交政策研究的實證主義回應請參考Fred Chernoff《國際理論的力量：透過科學研究重鑄與外交決策的連結》（*The Power of International Theory: Reforging the Link to Foreign Policy-Making Through Scientific Inquiry*, 2005），《國際研究觀點》（*International Studies Perspectives*）2005年所出的《外交決策中的政策與多元啓發理論》論文集（*Policy and the Poliheurustic Theory of Foreign Policy Decision Making*），檢視了決策理論的進展，David Houghton的《重啓外交決策研究：邁向建構主義途徑》（*Reinvigorating the Study of Foreign Policy Decision Making: Toward a Constructivist Approach*, 2007）評估了領域的狀態，並認爲建構主義對這個領域可做出巨大貢獻。

國際關係中微觀—巨觀的問題可看Fareed Zakaria〈現實主義和內政：一個評論文章〉（*Realism and Domestic Politics: A Review Essay*, 1992）和Peter B. Evans, Harold K. Jacobson, Robert D. Putnam（eds）的《外交雙面刃：外交與內政》（*Double-Edged Diplomacy: International Diplomacy and Domestic Politics*, 1993），比較早期但還是很有價值的著作是James N. Rosenau（ed.）《外交政策的國內因素》（*Domestic Sources of Foreign Policy*, 1967）。Daniel Byman和Kenneth Pollack則是在〈讓我們讚美偉人：把政治家帶回來〉（*Let Us Now Praise Great Men: Bringing the Statesman Back In*）中用案例研究證明個體能動者的在國際事務中能扮演的角色。

關於民主和平論的文章，Bruce Russett《把握民主和平：後冷戰時期的原則》（*Grasping the Democratic Peace: Principles for a Post-Cold War World*, 1993）很重要，康德哲學的觀點，要看Michael Doyle《自由主義與世界政治》（*Liberalism and World Politics*, 1986）以及本文中提到的文章；Tarak Barkawi和Mark Laffey《帝國主義和平：民主、武力與全球化》（*The Imperial Peace: Democracy, Force and Globalization*, 1999）從左派立場挑戰民主和平論；而現實主義反對者的立場可以看Brown等人所編輯的《國際安全》讀本，《民主和平論的辯論》（*International Security Reader, Debating the Democratic Peace*, 1996），Joanne Gowa《選票與子彈：難以捉摸的民主和平論》（*Ballots and Bullets: The*

Elusive Democratic Peace, 1999）亦為重要著作，其他可參考Chris Brown〈真正存在的自由主義和國際秩序〉（*"Really Existing Liberalism" and International Order*, 1992b）；Raymond Cohen〈和平聯盟：對「民主國家間不發生戰爭」論點的再評價〉（*Pacific Unions: A Reappraisal of the Theory that "Democracies Do Not Go To War with Each Other"*, 1994）；Bruce Russett, J. L. Ray及Raymond Cohen〈科漢的和平洋聯盟：回應與回覆〉（*Raymond Cohen on Pacific Unions: A Response and a Reply*, 1995）；John Macmillan〈民主國家不開戰：一個錯誤研究議程案例〉（*Democracies Don't Fight: A Case of the Wrong Research Agenda*, 1996），Edward Mansfied和Jack Snyder《選擇開戰：為什麼剛開始萌芽的民主國家會有戰爭》（*Electing to Fight: Why Emerging Democracies Go to War*, 2005）則重新檢視民主和平論，Karen Rasler和William Thompson編輯的《民主和平論的迷思》（*Puzzles of the Democratic Peace*, 2005）也是。最近研究則總結於《美國政治科學評論》論壇（American Political Science Review forum, 2005），Azar Gat在〈重構民主和平論：現代化的衝擊〉（*The Democratic Peace Theory Reframed: The Impact of Modernity*, 2005）藉由強調科技改變的衝擊來批判民主和平論。

權力與安全

前言：國家的能力、影響力與權力

　　從外交政策來看，國家會為了達到自己所設定的目標而試圖改變外在所處的環境。從結構的觀點來看，國家會在其所處的國際體系結構中，依據體系結構做出適宜的作為。無論採哪一種觀點，在國際體系中國家都是獨立運作的個體，至於如何產生國家的行為？什麼是國家外交或（有點過時但近來被賦予新意）國家「治術」（statecraft）的本質？對此問題最好的討論出自於David Baldwin，他將國家治理的技術區分成四類型：1.「宣傳」（propaganda）：指涉主要仰賴刻意操控語言符號的影響力；2.「外交」（diplomacy）：主要指涉透過談判的影響力；3.「經濟治術」（economic statecraft）：仰賴以貨幣衡量之市場價值的影響力；4.「軍事力」（military statecraft）：指涉仰賴暴力、軍備或強制力的影響力（Baldwin, 1985: 13）。本章將以David Baldwin的分類觀點作為分析的基礎，檢視其所引出（或迴避）的問題。

　　上述所述的四種技術共同的特徵就是它們都會產生「影響力」（influence）。我們要理解「影響力」，最好的方式是透過權威與控制兩個反義字來進行，再思考是否影響力等同於權力？對國家而言，它想運用影響力的企圖大於運用權威，因為權威依存於具正當性的關係，根據假設此種關係不存在於國家之間。國家權威的本質取決於有權利（right）去做一件事情的認知，國家被授權（authorized）去做這件事情。然而在國際關係中並沒有這種相應的權威概念存在，或至少在具有政治重要性的議題上並不存在。

　　影響力與控制力的運作方式有所不同，當使用控制力時，那些被控制者就會完全地失去了自主性，毫無自己做決定的可能，更失去了獨立行為者的資格。從現實主義的觀點來看，國家當然更喜歡動用控制力以操作它所處的環境。只是一旦出現某國控制了另一國，那該被控制的國家，就等同於覆滅。

　　假設有個國家有能力控制世界上所有的國家，那麼當前國際體系就等於消失，取而代之的是「帝國」的概念。有些人認為這個過程正在進行中，亦即美國

建立出了以它為中心的帝國。不過近年來此一見解因美國在伊拉克與其他地方的政策失敗而頗受質疑。

重整一下這些重點，影響力運作乃國家彼此相互關連特有方式，因為這個世界不存在一個凌駕各國的「世界政府」扮演合法權威，也不存在一個強大到足以宰治世界的真正「帝國」。由於這兩種極端的狀態不存在，國家間的影響力關係得以持續存在。當然在實踐上，可能出現過趨近於兩種極端的關係型態，在冷戰時期，精心設計出來的軍事同盟例如北約（NATO），其理事會，還有歐洲盟軍最高司令部（SACEUR），以及美國總統（在某些情況下），可說具有一定程度的正當性權威，得到北約成員授權可代表其行事。然而此一權威是脆弱的，可隨時被棄置。另一方面，前蘇聯對其東歐「盟國」的影響力程度有時近似於控制，儘管在史達林主義極盛期，最脆弱的人民共和國之行動自由仍大於蘇聯在1940年所併吞的波羅的海三國。有時國家的行動自由僅僅意味著選擇那不可避免的屈服，但這仍是有意義的。在二戰前1938年至1939年的危機時期，捷克與波蘭在淪落於德國納粹控制之外，實際上沒有真正的行事自由，但他們行使這最終的自由之方式，對廣大民眾依然產生莫大的影響。

影響力與權力之間的關係更為複雜，由於權力一詞過於浮濫地被使用在政治學的各個領域，以致於要精確定義它變得困難，限制此一語彙使用的主張可以理解，但實際上不可行。對一般人而言「權力」的定義其實跟「影響力」沒有什麼區別，一個有權力的人就是個有影響力的人，但是某些形式的「影響力」並非如一般所理解的仰賴「權力」而生，而某些形式的權力也只是間接與影響力產生連結。對國家中心（特別是現實主義）的世界觀來說，這是一個特別重要的關係，而不像區別影響力、權威與控制力三者定義的差異那麼容易，我們無法僅透過定義加以判斷。只有藉由一對權力複雜理解的創造，才能掌握現實主義的世界觀；當然在試圖超越現實主義時，也需要這種複雜理解。

權力的特點

權力是一個多面且複雜的概念，我們透過三個面向來試著理解它，當然這三者間也不是全然獨立的概念，部分可能相互重疊。首先，權力是一種屬性（attribute），某群人、某群團體或某些國家透過它可以產生指揮調度的效果。

其次，權力是一種關係（relationship），存在人之間、團體之間或國家之間，它同時是影響其他行為者的一種能力，用來達成自己的意志。上述這兩個面向不可分割，多數的現實主義學者在談論國際關係時，喜歡用這兩個概念進行解釋。第三，權力的面向是結構（a property of structure），這個面向比較不容易被整合進現實主義者的討論中，至少在那些仍認定只有行為者能運作權力的討論中，我們比較難把權力與結構加以連結。

　　把權力當作國家的屬性之一是傳統國際關係領域大家所耳熟能詳的事情。絕大多數的舊教科書，與大部分新教科書都會提供國家權力要素的列表，例如符合什麼條件會被稱為強權（great power），什麼樣的條件又會被認為是中等國家（middle power）或超級強權（super power），這些給定的條件大體說明了國家可能具備的不同權力屬性，以及其所屬的世界權力位階，這些屬性可能包括一國的軍事實力的規模與強弱、資源基礎（以原物料加以測量）、地理位置優越程度、基礎建設與生產能力、人口數量與技能水準、政府體制的效率，及領導人品質等特徵。其中有些要素是不太會改變的，例如：地理位置與國土範圍（也許要非常久才會變動一次）。但有些要素會變動，只是很慢，像是人口數量與經濟成長速度。當然也有些要素可能處於快速變遷狀態，例如軍隊的規模。這些觀點讓我們得以區別「實際權力」（actual power）與「潛在權力」（potential or latent power）的差異，後者是一定期間內可產生，前者則是任一時點具備的權力。

　　上述權力要素之間相對的重要性會隨時間發生變化。人口規模與地理位置只有在行政組織、通訊與交通基礎設施允許的情況下，才能提升國家的的權力。舉例來說，在1890年代西伯利亞鐵路開通之前，從聖彼得堡或莫斯科到海參崴最快的方式是經由海路通過波羅的海、北海然後繞過大西洋、印度洋與太平洋。這意味著俄國在東方的陸權受到英國海上權力的擺布，所以俄羅斯幅員廣大難以轉化成真正的政治資產。一個擁有高度生產能力的小國可能比一個龐大但生產力低落的國家更具有權力，但這種對比還是有其侷限。舉例而言，不論新加坡的經濟實力多強，或者軍隊有多精實，侷於土地面積它終究不可能成為全球主要的軍事強權，或者投射自己的部隊到遠方作戰，某種程度來講它的總人口數就是不足。尊重軍人的文化可能是發展有效武裝力量的重要因素，但現代機械化戰爭的本質意味著受過科技訓練的平民可能比孔武有力的戰士更重要，當然此處的前提是假設這些平民準備為國犧牲。核武扮演一個提升軍事權力的關鍵角色，但可能只有那

些領土廣大又人口分散的國家才眞的可能威脅使用核武。

　　這幾種主張都是權力政治的一般之見。既然是一般之見，那幾乎每一種都有相反的意見。而且除了談笑之外，我們也很難找到別的方法一一驗證。

　　在多數的時候，我們對國際關係的興趣不光是關注國家權力的屬性，而是把權力當成一種關係看待。的確，上述所有的要素只在一「關係」的脈絡中才有意義，例如人口多少只有在與其他國家比較時才有意義，權力亦是如此，這樣的想法再度把我們拉回到影響力的分析概念。

　　美國的政治學者道爾（Robert Dahl）提供了關係性權力的經典說法，他認爲權力就是有能力讓另一個行爲者去做他原本不願意做的事情，或讓他不去做他原本想做的事情。前者的情形我們稱之爲「強迫」（compellance），後者的情形我們稱之爲「威懾」（deterrence），但不論哪種情形，我們都只能用行爲的客觀表現來描述權力，或者只能用甲國對乙國產生的作用來觀察，而不是可加以測量的特定國家屬性。即便在一般的敘述（至少在英文）裡，「權力—屬性」與「權力作爲關係中的影響力」兩者之間往往容易混淆，但其間確實存在的差異。相較之下，法文用「*puissance*」指涉權力（power），用「*pouvoir*」指涉能力（capability）就有比較清楚的區別。

　　當然，我們在此面臨的，可能只不過是以兩種方式觀察同樣的現象。這種看法主張一基礎力量權力模型（basic force model of power），根據該模型假設，一個行爲者在彼此關係中能行使權力的程度，乃其在國家屬性意義上所擁有權力數量的直接反映。換句話說，我們實際上可以忽略關係性權力主張，因爲眞正重要的是那些被帶入互動關係中的資源。如果我們想知道是否一個行爲者能夠發揮權力凌駕另外一個行爲者，那就去比較兩者能在彼此關係上能動用的資源數量，所謂的玄機不過就是：勝利之神總是站在強大軍隊的一方。

　　這種權力理論的問題，在於不用證明也會知道根本不成立，不然就是要附帶一大堆條件才能成立。問題是加上一大堆條件，原本的思想就會變得混亂不清，整個理論也會變成一種贅言，也就是「所謂強大的國家，就是在任何關係都能爲所欲爲的國家」。主張強大的國家就是在任何關係中都可爲所欲爲者乃一套套邏輯（tautology）。一個常常被引用的例子是美國與北越，透過任何權力屬性指標來看，美國比北越強大得多是再也清楚不過的事實，如果從越戰美國投入的資源來看，美國的士兵、坦克、飛機與船艦遠多過北越，但倘若我們要解釋美國爲何

還是被北越擊敗，我們必須以不同的方式發展我們的分析。首先，我們必須把兩國的領導統御力，以及兩國在戰爭進行時的政治與社會結構納入考量。美國媒體在削弱對戰爭的支持上所扮演之角色，越共軍隊在非正規叢林作戰的技巧，以及美國無法在越南鄉村地區發展地方盟友並取得充分支持。這些因素每一項都可以被轉化納入基礎力量模型，畢竟部隊的技巧以及政治菁英總是被視爲是國家權力的要素，但這必須付出的代價，是在計算過程中放進高度主觀性因素。基礎權力模型的優點在於讓我們可以（或多或少）進行精確的計算，一旦我們要評估國家領導階層相對的技能差距，就無法維持此種優勢。

對於基礎力量模型，還有兩項更爲根本的批判。第一是權力被使用的脈絡很重要。第二是諸多權力關係間的不對等本質。關於脈絡，只有在極少數的情形下，權力關係會僅存在兩個行爲者之間，多數的時候權力關係是由多個行爲者之間的關係共同構成。以越戰爲例，看起來是美國與越南之間的戰爭，實際上卻有太多的第三方陣營或因素干擾越戰的結果，北越的潛在盟友至少有中共與蘇聯，而美國則擁有太平洋的盟邦還有歐洲友邦。這只是要說明，在任何的權力關係中只存在兩個行爲者的角力情況非常少見，多半是交雜著數個行爲者。

除此之外，不對稱（asymmetry）比脈絡更加重要，前面提到的「強迫」與「威懾」間的差異可在此窺知一二。美國在越戰中的意圖從來就不清楚（這也是其問題之一），不過其中必然牽涉到對越南政治結構的積極改變，例如在南方出現一個有能力贏得人民效忠的政府。另一方面，北越政府的目標卻是希望把美國人趕回美國去，並且北越有信心只要美國退出越南，他們有辦法掃蕩任何地方反抗力量，事實也證明是如此。北越有時間等，他們的目標就只是生存下來然後以靜制動，等待美軍失敗，而不是想辦法與美國妥協。

這開啓了關係性權力的一個新面向，並超越了基礎力量權力模型。關於權力的其中一個定義是有能力去抗拒改變，將調適的成本轉嫁到其他人身上，或是有能力確保拒絕改變所付出的成本總是能比接受改變的成本還要小。國際政治就像戰爭一樣，守勢相較於攻勢享有戰術上的優勢。

談了這麼多，我想說的是，我們不可能把權力屬性與關係性權力整合進一個算式中。如果有辦法，該公式必然非常複雜且附帶一堆排除適用條款，如此將無法扮演簡化權力分析的角色。這眞是太不幸了，因爲有些時候我們眞的很希望能建立一個測量權力的工具，而測量一個國家的影響力，遠比測量該國的權力屬性

來得困難。舉例而言，當我們想知道權力平衡（balance of power）的概念時，我們會先問自己，究竟平衡的狀態是什麼？是否真的存在平衡狀態？如果我們能直接假設權力可透過其屬性加以測量，則可能會對上述問題的答案有所幫助，但如果我們否定權力屬性與關係性權力之間的直接關聯性，我們將會遭遇問題。

影響力的測量的確很困難，因為我們要尋找某一行為者的行為之變化，是由另一個行為者行使權力的嘗試所造成。當然在實際的情況中，總是有一連串的理由可以解釋某一行為者行為之變化，有可能在我們所認定的理由不存在的情況下，依然造成行為的改變；抑或是至少強化了因果關係。在有些例子中，我們有可能辨別談判過程，或特定決策過程中的一特定時刻，說在這一刻的考量乃決定性的。然而決策分析的文獻指出，此種「決策關鍵」的情況相當罕見。此外，就算一特定的決定可以透過此種方式加以確定，導致此決定性時刻的條件總是複雜且多因。事實上，試圖確認一特定的影響力因素往往涉及到反事實歷史（counter-factual history）建構。倘若行為者採取不同作法，這個世界會變得如何？儘管如此，我們不應誇大這些困難，歷史學家一直在處理這些問題，任何歷史敘述都被必須面對判斷特殊要素影響力大小的問題。

在任何案例中，以資源為指標衡量國家的權力與影響力是很重要，但卻不能直接就把資源當成觀察基礎，國家運用資源的方式很有可能對權力大小產生變化。影響力被定義為在他人不服從的前提下使用威脅手段使之屈服的能力，或對服從命令者提供獎賞的能力。簡單來講，影響力有積極與消極的作為方式，或者用棒子與胡蘿蔔的比喻來理解亦無不可。而這種運用權力的能力與國家擁有權力的本身同樣重要。國家企圖施加影響力，讓它所處的國際環境變成想要的樣子。不論是以國家客觀權力指標或國家運用權力的手腕為出發點，在實際的案例中都還是可能遇到問題，因為實際的案例不是所有的威脅手段或者給予好處都是這麼明確的，一國製造有效威脅／承諾的能力一般來說可以被利害關係國所掌握並認真看待，而無須明確公開表示。事實上，明確的威脅，以及以行動背書的威脅，往往在無法確認訊息是否成功傳遞，或可信度有疑慮時出現。但在這裡也要強調，威脅與報酬不見得與有形的因素直接相關。有些國家可能具有某種程度的聲望，能吸引其他國家與他們來往。

這些論點可以透過參考國際關係最近的某些事件加以說明。例如1993年與1994年間帶給以色列政府與巴勒斯坦解放組織之間關係真正進展的和談過程，以

及在加薩走廊與約旦河西岸等區域創造有限自治，乃從埃及政府到挪威個人等行為者斡旋的結果。然而當初一開始協議達成時，簽署儀式在白宮草坪舉行。顯然各方都認為美方的權力與最後的成果有關，只有美國有能力對和平進程提出獎賞或懲罰，挪威與埃及的保證並不足以確保事情成功。隨著以巴和平進程展開，此一事實變得更為明顯，而另一逐漸清晰的事實是美國影響力運作與其國內政治的密切關聯。任何想競選或連任的美國政治人物在要求以色列讓步上都有其限制。這個現象成為美國政治學界的研究議題，並成為米爾斯海默與沃爾特（Stephen Walt）針對以色列遊說團研究的主題。他們過度高估了遊說的影響力，因為彼等對於遊說究竟指涉為何採取一彈性的定義。不過，無人會否認美國在該地區政策存在著真實的國內障礙。

美國或其他國家在所提供威嚇與獎賞的成效，會隨著所涉議題利害而改變。隨著巴勒斯坦執政機構建立，核心價值逐漸浮出水面，因而外在行為者說服雙方妥協的能力逐漸消失。2000年的大衛營談判失敗了，以巴雙方不願接受如美國、英國與歐洲等第三方所提出的「路線圖」清楚顯示了此一狀況。2005年哈瑪斯（Hamas）贏得巴勒斯坦的政權，使得此一核心分歧出現在巴勒斯坦家園。今天加薩走廊與約旦河西岸由彼此敵對的巴勒斯坦派系統治，所有的外國勢力的介入都宣告失效。

1995年岱頓協議（Dayton Accord）簽訂之前的波士尼亞和平進程，可以很明顯的看出從檯面下的遊說，到明確威脅，以及最後的公開行動的轉折。1993年至1995年之間，美國一直處於幕後，但隱隱威脅介入（若波士尼亞的塞爾維亞人不肯妥協），不過這仍沒有產生什麼實質效果。後來美國介入並做出明確威脅，但還是然沒有結果。直到美國與北約對史布雷尼察淪陷及相關暴行做出武力回應（短暫的空襲行動）後，才使塞爾維亞領袖不情願的屈服。在這個案例中，最後非出兵不可的原因，可能是因為塞爾維亞沒有充分瞭解美國施壓背後的意含，甚至錯誤解讀。雖然實際的情況可能是，波士尼亞的塞爾維亞領導人認為相較於在沒有明確威脅下就屈服，在實際的軍事壓力下放棄比較能夠說服人民。此種觀點在1999年也得到部分北約（NATO）分析家同意，當時塞爾維亞開始鎮壓尋求科索沃獨立的阿爾巴尼亞裔人士，而情勢的發展顯示，在塞爾維亞改變政策之前，壓倒性的軍事舉措是必要的。在這兩個例子當中，美國的持續存在都是必須的，如果沒有美國的力量，則負責執行岱頓協議的國際武裝部隊可能無法達成

任務，即使北約的幾個主要歐洲國家都有投入。同樣地，駐科索沃國際安全部隊（KFOR）能夠有效運作的關鍵，在於各方皆知美國軍事力量提供了最終的背書（本書第十一章將探討這些介入者背後的人權目標與具體結果）。

最後值得一提的是，另一種截然不同的權力樣貌，因為南非的納爾遜・曼德拉（Nelson Mandela）個人形象搏得世界好評，使得在1995年「核子非擴散條約」檢討會議上，南非代表團扮演很重要的角色。外交技巧固然有幫助，但更大一部分的原因是因南非代表團利用各國不願意與南非立場相對的機會。另外一個例子，利比亞政府在處理洛克比空難調查爭議時相持不下，最後也是曼德拉（當時已經是前總統）出面，才擺平紛爭。

在這兩個案例中，美國政府的傳統遊說並沒有什麼具體的成效，部分原因是美方在這些議題上並沒有太多籌碼可以提供。另一方面，此類權力運作的限制也很明顯。例如奈及利亞軍政府不願對南非的要求做出善意回應，給予異議分子緩刑。奈及利亞在1995年大英國協成員國領袖高峰會期間處決人權分子沙羅威瓦（Ken Saro-Wiwa）顯示對奈及利亞的統治者而言，曼德拉的批判次於他們在國內維持權力的需要。

我們再來談一個同樣在非洲，但沒這麼戲劇性的案例，很清楚的，非洲國家在仍進行中的WTO杜哈回合（Doha Round）談判顯得相對有效率，這很大程度要歸功於盧安達總統卡加米（Paul Kagame）。關鍵不在於盧安達本身的實力，或卡加米總統本人在在終結種族滅絕的貢獻，他的權力來自於其政府的稱職以及他對議題的掌控能力。有時候，知道該做什麼，以及該如何做也是一種權力的來源，當然，此種影響力不一定全然都是正面的效果，提升影響力的手段也可能導致對個人名譽的負面或有害的結果，看看奧薩瑪・賓拉登（Osama Bin Laden）爭取追隨者投身恐怖主義事業的例子，他所帶來的影響約略等同，甚至超越曼拉德許多，只不過賓拉登聲譽的影響力帶來的是傷害。

在我們進入權力結構的探討前，還有個關係性權力的特徵需要討論。前述道爾（Dahl）對權力的定義背後的脈絡，乃美國學界激烈爭辯「社群權力」。其中批判火力最猛烈的一派指出，道爾的權力定義只能讓我們在決策時看到權力的運作，但很多時候更有效的權力運作存在於「非決策」的情況中（Bachrach and Baratz, 1970）。控制何者能登上議程的能力，比決定何者發生更為重要。透過影響力決定議程優先順序，進而確保自己在議程中所獲得的利益。大多數人都同

意此一對道爾（政府體系）權力定義的批判，但這是否適用於國際關係？

　　雖然許多早期對於權力的討論可適用於多元主義與現實主義的不同版本，但目前我們正處於一分歧點上。很明顯地，非決策權力對於分析國際體制內部議程設定分析相當重要，所以也對各種版本的多元主義相當重要，包括當代的新自由制度主義（neoliberal institutionalism）。然而對現實主義、新現實主義或廣義的這類學派而言，非決策過程中的權力根本就不是一個有討論價值的概念。這是因爲在現實主義的國家中心主義假設下，國家根本不可能在設定議題時被拒於門外。在任何時候，國際關係中的關鍵議題，都是那些有充足權力得到他國注意力的國家所想要推動的議題。從來不會有一個強大的國家提案遭到攔阻，而某些議案始終無法排入議程是因爲提出這個議案的國家本身權力不足，現實主義的權力定義就是如此。

　　這樣的觀點可能會引導我們去注重結構性權力，不過對此恐怕還是要進行更廣泛的檢驗。截至目前爲止，本章所討論的權力都被視爲透過行爲者所運作，而這個行爲者在現實主義的假設下乃國家，然而行爲者也有可能是其他實體，例如個人或團體。此一能動者—行爲者導向（agent-actor-orientated）的途徑是我們思考引申出外交政策的權力的必要特徵。我們從能動者—結構問題開始，將注意力放在國家，思考國家如何製造政策。回過頭來檢視國際體系狀態決定國家行爲的觀點，我們有理由懷疑這個論點。接著我們再把焦點移到外交政策的執行上。對此議題的思考引起我們對於國家治理（statecraft）的興趣，也導向我們對權力的討論，權力被看作是國家在與他國的關係中去所擁有或運用的一種東西。若以「國家」爲起點，這樣對權力的思考方式再自然不過，但是權力的研究，應該還有其他非行爲者導向的途徑，這又回到能動者—結構問題，我們在最後一章會討論到。

　　如果我們把權力當成日常生活中去慫恿或去防止某事務狀態變化的一種手段，那麼我們試著從結果倒推回去，一切就變得清晰。並非所有事情的狀態都會因爲個人、團體或國家的一個行爲就立即產生改變，很多事情的發生並不屬於一個特定行爲者行爲產生，一個社會或一個體系可能受結構所影響制約，以致其產生的結果與任何其組成分子的意志無涉，這時去討論這些情境中的權力是合理的，有影響力的力量確實存在，但眞正關鍵乃結構性權力（*structural* power）。

　　理解結構性權力的一個好方法是義大利馬克思主義革命家葛蘭西的思想。

葛蘭西一開始所關注的是如何發動革命以及推翻資本主義，但是在1920年代，葛蘭西領悟到，在一個相對發達的資本主義國家義大利，推翻資本主義與列寧1917年在俄國所面對的情況並不相同，且顯然在義大利推動革命比列寧在俄國所面對的挑戰更加艱困。俄羅斯只不過是一個低度開發的資本主義國家，資本的力量僅僅體現在特定制度，可以加以辨識並展開鬥爭，只要能打破這種脆弱的結構，資本主義就會土崩瓦解。但在義大利，資本主義已經滲透進義大利社會的每一個角落，資本主義掌控了社會的「常識」，一般百姓在政治、經濟、社會層面的思維都浸淫其中。資本主義變成一種結構式的文化霸權，使得要轉變這個態勢變得很困難，抵制且推翻資本主義／中產階級體制（如公司）或自由民主國家只是第一步。對於揭竿起義而言，資本主義的結構性權力是個比資本主義體制所掌握之龐大資源更令人畏懼的障礙。

　　但這樣的權力結構概念，要如何應用於國際關係領域呢？把霸權（hegemony）的概念放到國際政治經濟領域的研究中是第九章我們要談的內容。這裡我們想談的還是對權力本身更一般性的理解，我們在前面的討論中曾經接觸過類似的觀點，就是新現實主義者之國際體系（international system）。現在我們要透過這個新的重心來重新檢視新現實主義者的討論。我們發現，與第一印象不符，沃爾茲的體系性權力（systemic power）概念僅僅部分屬於結構性的。國際體系似傳遞訊息給體系成員（國家），這些訊息如果被正確解讀，將告訴國家當為之行動方針。而沃爾茲假設國家的基本利益就是為了生存，所以它們會成為很嫻熟的訊息解讀者，以上這些觀點顯然屬結構性理論的要素。國際體系的遊戲規則——該如何操作國際關係的「常識」性理解——來自於體系之律令（imperatives）。

　　很顯然地，這些規則並不反射某國家的權力；它們不是任何國家或國家團體意志的產物，即使這些規則的運作確實有利某些國家，而不利於另一些。例如讓部分國家相較於其他國家有更多的選擇。

　　然而沃爾茲的想法卻沒有抓到結構性權力的完整概念，因為構成體系的國家似獨立於體系而存在，且這些國家具有能力，使其不僅可以如同資本主義企業利用資本主義結構性邏輯般的利用國際體系結構性權力，他們還可以與結構性權力互動，甚至進一步去改變遊戲規則的本質。沃爾茲認為在兩極體系中，兩大超強有能力規範彼此間的競爭行為，並超越體系的「自助」律令。後者若未受

到調節，將使兩大超強被迫陷入高度毀滅性的軍備競賽。即便在管控更加困難的多極體系，體系裡的任何單一國家間都有錯估體系訊號的能力。沃爾茲的體系觀念是個奇怪的混合體，在其中有時國家是能動者，有時又是聽命辦事的機器人（automaton）。對尋求更大自主性的外交政策分析家來說，後者形象太過濃厚；而對於一真正結構論視野的體系而言，前者的形象則太強烈。在這邊可以發現（之後也會看到）理性選擇思維對國際關係的影響，國家是在國際無政府狀態下運作的理性自利的個體，儘管極力否認，沃爾茲的模型不可避免呈現出能動者導向的特徵。

在別的地方我們可以找到對權力結構有更好描述的國際關係著作，史特蘭奇（Susan Strange）認為在國際政治中存在四種主要的權力結構，包含知識結構、財政結構、生產力結構、政治結構（Strange, 1988）。每一種結構狀態都有其運作邏輯，獨立於成員之外，不論在哪一種結構，權力都是可以被操作的。歷史社會學者麥可曼也界定出了四種關鍵的結構，包括：意識型態、經濟、軍事、政治（Mann, 1986/1993），他的研究是一大規模的歷史社會學分析，他所關注的不光是這幾種權力如何決定結果，他更想找出每一種結構隨著時間改變所出現的相對重要性變化。

上述兩位學者研究的有趣之處在於，儘管兩位在某種意義上，提供了國際關係運作的現實主義式分析，但他們都未接受國家中心論的世界觀，也不同意國內與國際之間存有明顯的區隔，而這兩者被視為界定現實主義者的判準。顯然，一個真正的結構性權力運作觀點，無須合乎上述兩項判准。而兩位學者決心發展此種分析的努力，使其無法被歸類為本章與前面章節所呈現的現實主義陣營。

實際上，結構性權力如同非決策權力一樣，並非由現實主義國家權力觀點所派生的一類型，這也是必須超越現實主義觀點的另一項理由。不過在此之前，現實主義國家中心世界觀仍有許多要素需要確認與釐清。

權力、恐懼與不安全感

現實主義對國際關係的描述的特徵，就是國家中心主義，它說明了國際關係內在的危險本質，即便非恐懼（在其他情況下被認為是一種偏執），至少某種程度的警覺（watchfulness）似乎是國際關係的必要特質。一個簡短的回顧可以幫

我們釐清何以如此。

　　首先，國家為主要行為者，對國際關係而言像是一種牢不可破的假設，國家在國際體系裡決定它們的行為目標，而這些目標的設定則是以國家的生存為核心、以維護領土完整為基本要領，而國家的實力則與先天的稟賦有關。這個論述說明國家會選擇捍衛自己的主權，這也說明了國家天生獨立的本質，不論是絕對王權國家還是自由民主國家，對於國家主權的本質，不會有差別。而不論發生什麼事情，國家就是會力圖保有自己的主權。其二，國家中心論國際關係的一個前提是，在缺乏世界政府的情況下，互動的機制乃透過達成權威性決定的方式來追求利益，透過嘗試在世界上行使權力來達成目標，而權力就是一種能發動威脅或提供獎賞的能力。此外，高壓（coercive）手段乃國家對涉外行為選擇積極制裁或消極制裁作為的一環，決定使用高壓手段乃主權國家自我決定，而不使用高壓手段的承諾則可能視情況而定。

　　綜合而言，上述兩項假設（都只是對於一主權國家體系意涵的鋪陳）確認了不安全與恐懼作為國際關係的永恆特徵，雖然導出這樣的結論理由未必充分，但總存在一些東西，可以讓這個無政府狀態更危險或更安全，雖然似乎不存在徹底消除無政府狀態的方法，但卻不能說這個狀態是完全不變的。

　　傳統現實主義的國家中心式國際關係論述顯然讓我們的生活比基本狀態的描述還要更加危險，因為它增加了人性的不確定性，也就是天生的侵略傾向，而這種傾向必須用政府的強制力才能遏制，也因此國家會產生對支配力量的渴望，這不光是因為國際無政府狀態對國家行為產生的影響，更多是因為人性的本質使然，人就是會想要支配別人。卡爾・施密特（Carl Schmitt）認為，國家間潛在的敵意可以轉換為一種「敵―友」的關係，而這種關係的非個人特質可以降低吾人原初侵略性某些最糟糕的部分。反過來看，暴力現代手段的非個人性可能降低了人類所繼承的部分獸性。不論你用神學角度來看，還是人類的生物性來看，古典現實主義就是說明了侵略與暴力為人類內在本質的一環。

　　新現實主義強調體系性律令作為行為的起源，淡化了侵略性概念的重要性。危險的是基本情況，而非在國際無政府狀態中運作的人性本質。此外，國家在行為過程中被假設是理性的個體，而不易受本能的恐懼與敵意所牽制。新現實主義所描述的國家很冷漠，沒有永遠的朋友，也沒有永遠的敵人。此外新現實主義認為國際體系讓危險的國際無政府狀態產生了一種結構，而國家在結構中能找到自

己相對應的位置，國家間必須對存在於世局中的權力關係保持關注，在此環境中保持警覺很重要，因為在霍布斯的假設裡國際無政府狀態就是一種戰爭狀態（the state of war），而戰爭狀態又是一種自然狀態，此前提也正是新現實主義對國際體系的假設基礎，並不是說戰爭是持續性的，而是指出其永恆的可能性（Hobbes, 1946）。

　　英國學派所談國際社會的國家中心主義，以及溫特提出的建構主義，首次提出國際關係並不是受制於國家間彼此恐懼的關係，當國家開始擁有主權，國家間的關係狀態就被勾勒出來，不過它們彼此之間是一種社會關係，同時存在一些規則可以消除彼此之間的恐懼與緊張，例如國際法揭示的規則像是禁止侵略他國、不干涉他國內政，都被國家認真看待。國際關係中還可以為國家間的行為方式找到一些「解決規範」（settled norms），這些規範的設置並不以每個國家都永遠會遵守，而是即便有國家違反規範，它依然會表達對於該規範忠誠；它們可能會嘗試自圓其說，表示其並非真的違反規範，或它們的行為全然出自於特殊例外的理由（Frost, 1996: 105）。這些規則為外交操作（diplomacy）所支撐——此一制度自身的文化傾向於問題導向與協商，而非暴力與脅迫。國家間主權是相互獨立的，這與遵守規則並不衝突，多數的時候國家會遵守彼此間的約定而不會隨便推翻。當然國家間的緊張關係還是會出現，但絕對不是像現實主義所言的那麼誇張。

　　這裡我們遇到兩個問題，一個很明顯，另一個則可能需要進一步的闡述。首先，沒有一位國際社會理論家主張所有國家在所有時刻都能夠扮演好乖乖牌，在國際場域中，一定會有對國際狀態不滿的國家準備使用權力傷害其他成員，這種可能性不能被排除。更為嚴肅的問題是，就算全世界各個國家都懷善意，持續遵守國際規則，且不欲以暴力或脅迫手段處理涉外關係。此一事實不受承認的可能性依然存在（即便沒有「客觀」的理由）。

　　安全困境（security dilemma）的概念是建立在國家「意圖」及「能力」的複雜關係，以及主權國家體系對於後者的重視上，這導致源自錯誤認知的不安全感擴張。即使在大部分國家沒有侵略意圖且對於國際現狀非常滿意的國際秩序下，這種不安全感還是會存在，因此國家會被迫以合乎成本效益，但仍有效的方式保有自我防衛手段，有時就不免涉及能力的提升。然而防衛力量與攻擊力量是一體兩面。循著這個脈絡，可以推敲出：若一國在和平狀態下保留武力，且有時提升

其軍事力量的有效性，則第二國可能會將其視爲潛在的敵對行動。「防衛性意圖」（defensive intentions）由於難以呈現，遑論證明，所以重要性比不上攻擊性能力（offensive capabilities）。如第二國對第一國家崛起的反應是去更加擴大自己的壓制性力量，這也會被認爲是一種潛在的敵意。於是緊張情勢就開始螺旋上升。美國推動國家飛彈防禦（National Missile Defense）系統的情形，可以作爲一個例證，對美國而言，局部性的導彈防禦建構當然應該被看作防衛意圖，目的在反制那些對美國有攻擊意圖的國家，不過此舉卻無意地刺激了蘇聯與中國，使它們各自再去提升自己的武器系統，這麼一來就更讓美國感到焦慮，最後就這麼持續不斷地一來一往。其實對美國來說，存在著一些防止此惡性循環的做法，像是分享關鍵技術給它的競爭對手，不過從歷史經驗回顧看來，這些做法是時尚無助於降低恐懼，反而可能因爲展現出絕對的優勢而增加了競爭對手的恐懼感。

這是一個安全困境而非簡單的錯誤，因爲沒有人以非理性方式行事，或做出非理性的預設。事實上國家可能會誤判他國根本不存在的敵意，但這是種可以理解的錯誤，畢竟寧枉勿縱。歷史上的例子屢見不鮮，國家沒有在第一時間對其他國家的威脅意圖做出反應，以致忽略強化本國防禦力量的良機，最後招致覆滅。世界上並不存在一套測量國家意圖的工具，因此我們只能從表象的實力變化及相關作爲去猜測。這是在自助的國際體系中，國家得以生存的一種本能，國家傾向對國際關係運作採取悲觀態度，就算是用國際社會的概念來理解也一樣。國家領導人會認爲他們自己有責任積極地保持警覺並防範潛在威脅的發生，而不是坐視不管，放任潛在威脅的存在。

安全困境的概念可能被過度延伸，以至於我們可能認爲所有的國際不安全感，都來自於某種反應與過度反應的過程。要解釋不安全感似乎不能只用安全困境的概念。有時的確有國家對他國懷有企圖或者敵意，在這種情形下，受威脅的國家提升自己應對能力理所當然。但重點是，在國際體系中大部分的國家是沒有這種心懷不軌的意念，而僅純粹依照自己的理性評估做出決策，但是不安全感卻還是像流行病一樣擴散。無政府狀態就是無政府狀態，叫他無政府的社會也一樣。在一個國際無政府的主權國家共存世界裡，不安全感與危險就是這種狀態的天性。

結論：對不安全感的管理

　　當我們對國際無政府狀態進行反思時會發現，其實國際體系的眞實狀況並沒有像前人假設的這麼糟，國際體系在多數的時間裡都是有一定程度的秩序，而國家在體系中的不安全感，也都在可以控制的範圍。這如何可能？根據國家中心論，存在著兩種國際關係制度確保了國際體系一定的秩序與安全。首先就是權力平衡（balance of power），根據此一理念，雖然力量是國際體系的核心特徵，有些型態的力量可以誘發一定程度的穩定性。第二種管理不安全的制度就是國際戰爭制度（institution of interstate war）。乍看之下有違常理，因爲大家都知道，戰爭不但是災難，更是種對國際秩序的破壞。不過在傳統國家中心主義者的眼中，戰爭雖然是災難性的，但卻對體系本身的存續扮演重要的角色。儘管兩種說法都有些道理，但今天這兩種制度都無法依照傳統的理解方式運作，這或許是讓我們放棄國家中心主義的另一個理由。然而在我們得出這樣的結論前，我們也應該要把爭議的部分繼續釐清，這就是我們下一章的工作。

延伸閱讀

　　對本章而言，2006年Richard Little與Michael Smith所著《世界政治的解析：一個讀本》（*Perspective on World Politics: A Reader*）的第一部分特別值得一讀。

　　總體來講，談到外交，可以閱讀G. R. Berridge著《外交：理論與實務》（*Diplomacy: Theory and Practice*, 2002）、Adam Watson著《外交：國家間的對話》（*Diplomacy: The Dialogue of States*, 1982）以及Keith Hamilton與R. T. B. Langhorne合著《外交實務》（*The Practice of Diplomacy*, 1995）。另外探討國家如何行爲的書籍可閱讀Steven Smith與Micheal Clarke主編的《外交政策的履行》（*Foreign Policy Implementation*, 1985）。另外談後現代的外交可參閱James Der Derian《論外交：西方隔閡的系譜學》（*On Diplomacy: A Genealogy of Western Estrangement*, 1987）、Costas Constantinou〈外交代表，或者說，是誰想出了外交官？〉（*Diplomatic Representation, or, Who Framed the Ambassadors?*, 1994）、Constantinou《外交路上》（*On the Way to Diplomacy*, 1996）等著作。

　　David Baldwin《經濟治術》（*Economic Statecraft*, 1985）是一個關於權力／影響力的重要研究。在強制外交領域研究可以參考A. L. George著《強制外交

的限制》（*The Limits of Coercive Diplomacy*, 1971）、Gordon C. Craig and A. L. George主編《力量與治術》（*Force and Statecraft*, 1983）以及Robert Art and沃爾茲主編《武力使用：軍事權力與國際政治》（*The Use of Force: Military Power and International Politic*, 1993）。

國際安全本質上是運用物質資源換取權力的能力之相關爭論可參閱Robert A. Pape〈為何經濟制裁起不了作用？〉（Why Economy Sanctions Do Not Work, 1997）與〈為何經濟制裁還是發揮不了作用〉（Why Economic Sanctions Still Do Not Work, 1998）、David A. Baldwin〈衡量經濟制裁〉（Correspondence: Evaluating Economic Sanctions, 1998）以及〈制裁的辯論與選擇邏輯〉（The Sanctions Debate and the Logic of Choice, 1999/2000）。Joseph Nye的《軟權力》（*Soft Power: The Means to Success in World Politics*, 2005）皆為重要的讀物。

近來最好的權力理論書籍，是Felix Berenskoetter與Michael Williams的《全球政治的權力》（*Power in World Politics*, 2007）。這本書集結了Joseph Nye、Steve Lukes以及Joseph Grieco的理論，還有其他許多重要理論。書的內容原本刊登於《千禧年》期刊（*Millennium*）「國際關係的權力面向」（Facets of Power in International Relations, 2005）特刊。Michael Barnett與Duvall Raymond在「國際政治的權力」（Power in International Politics, 2005a）一文，提出一種相當實用的權力分類法。他們所寫的《全球治理的權力》（*Power in Global Governance*, 2005b）也很值得參考。

大多數的教科書都以很長的篇幅探討「權力」這個主題，其中特別有意思的是Hans J. Morgenthau的《國家之間的政治：爭奪權力與和平》（*Politics Among Nations: The Struggle for Power and Peace*, 1948）、Raymond Aron的《和平與戰爭：一種國際關係理論》（*Peace and War: A Theory of International Relations*, 1967）、George Liska的《權力的運作：全球政治的型態與意義》（*The Ways of Power: Patterns and Meanings in World Politics*, 1990）、Robert Cox的《生產、權力與世界秩序：塑造歷史的社會力量》（*Production, Power and World Order: Social Forces in the Making of History*, 1987），以及David A. Baldwin的《權力的矛盾》（*Paradoxes of Power*, 1989）。這幾本書各自不同，但對於各種類型的權力的討論相當精彩。地緣政治如今又成為熱門話題，有一篇值得參考的文章，是Daniel Deudeny的「地緣政治理論：歷史安全唯物論」（Geopolitics as Theory:

Historical Security Materialism, 2000）。有關葛蘭西的霸權權力理論，見本書第九章。Alexandre Bohas的「反美主義的矛盾：探討軟實力的膚淺概念」（The Paradox of Anti-Americanism: Reflections on the Shallow Concept of Soft Power, 2006）以全球政治近來的發展爲背景，探討軟實力的概念。Fahreed Zakaria在「美國強權的未來」（The Future of American Power, 2008）討論美國強權所受到的挑戰，以及長期的優勢。

　　焦點從國際轉移到社區，探討社區權力的標準教材，是Robert Dahl的《誰治理？》（*Who Governs?*, 1961）。最優質的批評是Paul Bachrach與Morton S. Baratz的《權力與貧窮》（*Power and Poverty*, 1970），以及Steven Lukes的《權力：一種激進的觀點》（*Power: A Radical View*, 1974/2004）。Brian Barry寫了一篇簡短卻強而有力的「權力的晦澀」（The Obscurities of Power, 1989），是針對Lukes的批評。

　　Robert Jervis的《全球政治的理解與誤解》（*Perception and Misperception in World Politics*, 1976）是探討「安全困境」及「不安全螺旋」的經典之作。不過Ken Booth與Nicholas Wheeler的《安全困境：全球政治的恐懼、合作及信任》（*The Security Dilemma: Fear, Cooperation, and Trust in World Politics*, 2007）在這些主題立下了新的標竿。Ken Booth編寫的《戰略與國際安全的新思維》（*New Thinking about Strategy and International Security*, 1991a）有幾篇文章批判這個概念。Michael E. Brown等人所寫的《新全球危機：國際安全的變化》（*New Global Dangers: Changing Dimensions of International Security*, 2004a）探討各國在21世紀面臨的重大安全困境，包括非軍事威脅。有關新的安全理論的其他文獻，見第九章的「參考文獻」。David Baldwin的「安全的概念」（The Concept of Security, 1997）相當實用，融合了新舊理論。Daniel Deudney的《連結的力量》（*Bounding Power*, 2007）探討從古到今的共和安全理論。其他探討安全議題的近期著作包括：Holger Stritzel的「邁向安全化的理論：哥本哈根及以外」（Towards a Theory of Securitization: Copenhagen and Beyond, 2007）、Thierry Balzacq的「安全化的三個面貌：政治機構、受眾與情境」（The Three faces of Securitization: Political Agency, Audience and Context, 2005），以及Tarak Barkawi與Mark Laffey的「安全研究的後殖民時刻」（The Postcolonial Moment in Security Studies, 2006）。

第六章 權力平衡與戰爭

前言

　　國家中心主義世界觀（state-centric view of the world），尤其是現實主義的國家中心主義世界觀，充滿了不安全與恐懼。各國顧慮己身的安全，也許還想控制其他國家，所以必須時時想方設法，在提升自身權力的同時，也打擊別國的權力。既不受國際政府約束，也不受其保護的情況下，每一個國家都必須為自己的安全負責。但各國不會不知道，維護自身安全的策略，會造成其他國家不安全。如此看來，世界的前景似乎注定悲慘，國際「秩序」也會是天方夜譚。但其實世界還是有一定程度的秩序，國際關係因為沒有政府權威存在，所以形式上是無政府的，但這並不是一個不講法律，混亂失序的狀態（至少不全然如此）。這怎麼可能呢？

　　根據現實主義國際關係理論，某種類型與某種程度的秩序，是由兩個主要機制維繫，也就是權力平衡與戰爭。說權力平衡能創造秩序，還看似成理，說戰爭能創造秩序，不但莫名其妙，沒有道理，甚至可說令人嫌惡。不過不管再怎麼可惡，我們也還是要接受，因為戰爭作為一種政治工具，確實可以創造秩序（至少以前創造過）。戰爭是以兩種方式創造秩序，第一種是作為權力平衡的一部分。有人認為權力平衡的目的是要避免戰爭，但戰爭其實是維持權力平衡不可或缺的機制。第二，戰爭也是一種解決衝突的機制，能做到權力平衡做不到的事，也就是帶來（而不是阻礙）改變。換句話說，戰爭能與權力平衡互補，也能填補權力平衡的缺陷。如果沒有戰爭，權力平衡在國際體系或國際社會就不能發揮作用。戰爭與權力平衡是共存的，也許應該說共亡才對，因為從21世紀初的國際關係的跡象來看，說戰爭在世界扮演這麼關鍵的角色，根本站不住腳，原因有很多，不僅在道德上站不住腳，在實務上也是。倘若真是如此，那除了第四章與第五章探討過的疑慮之外，國家中心主義的國際關係還會受到更多質疑。

　　這一章的第一節要討論權力平衡。首先概略介紹歐洲國家體系當中源遠流長的權力平衡思想傳統。接著則是探討兩種現代的權力平衡思想（其中一種是再次

探討）。這兩種分別是布爾（Hedley Bull）與沃爾茲（Kenneth Waltz）提出的權力平衡思想。第二節要討論政治屬性的克勞塞維茲（Clausewitzian）戰爭理論，不同於那些強調戰爭非理性、災難性特質的論點。第二節還要討論在古典國際關係中，戰爭作爲一種解決衝突的機制的角色。這一章的最後一節會列出種種理由，探討克勞塞維茲戰爭理論，以及以此爲基礎的國際關係理論，在現今的環境爲何已經站不住腳。

權力平衡

權力平衡的思想，在國際關係的論述幾乎是無可迴避，因爲是過去三、四百年發展出來的產物。權力平衡一詞可追溯到至少16世紀，不過並沒有到現代之前，因爲根據休謨（Hume, 1987）所言，希臘人對於權力平衡一無所知。權力平衡理論是在18世紀成形，曾經出現在條約（例如1713年的《烏得勒支和約》）、政治家與外交官的回憶錄，以及史學家與律師的著作。法國舊制度（ancien regime）時期的外交官認爲，權力平衡是創造穩定的基本原則。相較之下，科姆登（Richard Cobden）之類的激進自由派則是認爲，權力平衡只是妄想，將一組沒有意義的聲音湊在一起（Cobden in Brown et al., 2002）。在20世紀，每一個主要的國際行爲者，都曾經在不同的時候，訴諸權力平衡。

問題是各界對於權力平衡的定義沒有共識。懷特（Martin Wight）與巴特菲爾德（Herbert Butterfield）這幾位學者研究權力平衡的支持者的著作與演說，發現至少出現11種不同的權力平衡定義。某些作者使用這個詞，定義也是前後不一致。例如克勞德（Inis Claude）就發現，摩根索（Hans Morgenthau）在《國際政治學》（Politics Among Nations）一說是要「釐清」權力平衡概念的章節內，卻出現好幾種定義（Claude, 1962: 25），想必幾乎每一個作者都有這種問題。

定義如此混亂，該怎麼辦？克勞德等於是放棄了，只是把「權力平衡」的定義限縮在將各國組成的體系看成一個整體，所以一個以主權原則爲基礎，沒有世界政府的體系，就叫做權力平衡體系。這樣的定義未免有點失敗主義。這裡有一個很重要的基本觀念，如果說因爲過往的定義太混亂，就忽視這個基本觀念，那也太可惜。這個基本概念，就是只有力量才能抵銷另一股力量，而在一個無政府的世界，各國在世界牟取利益所能發揮的力量，必須達到某種平衡，世界才會穩

定、可預測，也才會有規律。「平衡」的概念如果比喻成一台天秤，並不恰當，因爲這表示平衡關係中只有兩股力量。另外一種比較不傳統，卻比較恰當的比喻，是將平衡看成一個枝形吊燈。枝形吊燈承載的重量所發揮的力量（也就是向下拉的地球引力）如果能平衡分配，整個枝形吊燈就能維持平衡（穩定）。用枝形吊燈做比喻，有兩個好處。第一，相較於其他令人費解的用法，這個比喻較爲清楚。舉例來說，當某國處於支形吊燈的平衡狀態中同時吊燈重心又倒向該國，那麼情況就危險了，如此便說明「維持平衡」是相當困難的。

　　另一個比較正經的好處，是讓我們明白有兩種方式可以破壞平衡，也有兩種方式可以重建平衡。枝形吊燈承載的重量當中，如果有一個變重，又無法抵銷，枝形吊燈就無法維持平衡。這就像一個國家因爲內部的原因，變得比其他國家更強大，好比說因爲經濟成長的速度超越其他國家。枝形吊燈如果有兩個分支的距離拉近，其他地方又沒有相同的位移抵銷，也會變得不穩定，就好比兩個國家的關係比以往更親近。重建平衡的方式也分爲兩種，一種是增加另一個重量，另一種是另外兩個載重的距離拉近。放在國際關係，就是軍備競賽、結盟政策，或是兩者的結合可以打破平衡或重建平衡。

　　要以比較具體的方式說明以上幾點，不妨將1871年之後的歐洲國際體系大幅簡化，當成例子。1871年的歐洲國際體系大致算是平衡，因爲普魯士先後戰勝奧匈帝國（1866年）與法國（1870至1871年），最重要的是俾斯麥（Bismarck）決定不要利用這幾場勝利，將奧匈帝國這個二元君主國（Dual Monarchy）的某些版圖納入新成立的德意志帝國，進而創造大日耳曼（Greater Germany）。當時的歐洲國際體系存在著緊張局勢，各國之間維持著鬆散且暫時性的同盟關係，但整體而言仍然處於平衡狀態。但有人認爲19世紀末，德國因爲工業主義與人口成長的關係，國力不斷擴張，開始形成超級大國，違背了俾斯麥的本意。德國的工業實力逐漸演化爲積極的外交政策，包括擴充軍隊，以及從頭開始建置海軍。其他的歐洲強國見狀也有所回應，首先是擴充自身的國力（例如法國就延長軍事訓練的時間，英國則是強化海軍），其次是重新結盟，締造新的軍事同盟。法國與俄國也拋下意識型態的爭端，在1892年簽署正式同盟關係。英國將帝國主義擴張過程中的敵對關係擱置，並放棄長久以來堅持的和平時期不介入政策，分別在1904年與1907年，與法國及俄國建立友好關係。簡單說來，就是動用了先前提到的兩種重建平衡的方法。

這個故事有三個地方很有意思。這裡先討論兩個，第三個要到這一節的最後再討論。第一點是倘若各國的同盟穩固，國際體系的靈活程度就會降低，因爲國際體系會逐漸兩極化。在一個兩極化的體系，顯然只有內部變化才會打破穩定，國家之間的結盟並不會影響穩定。所以古典權力平衡理論家主張，一個權力平衡體系最理想的國家數量是五個，因爲可以視情況需要，形成三比二的局勢，優於先天就不靈活的兩極體系。然而沃爾茲認爲，兩極體系的權力管理更容易，因爲兩邊比多邊更容易透過協商維持穩定。

這個第一點有點難懂，比較重要的是第二點，也就是如果使用很複雜的「權力」理論概念，要思考權力平衡就不容易。權力平衡理論家通常將權力視爲國家的一種特質，例如克勞德在他所有的著作中，都將權力定義爲軍事力量，因此也傾向使用影響力的「基本力量」模型（"basic force" model）。然而我們在第五章討論過，基本力量模型不是錯誤就是套套邏輯。在另一方面，如果我們以「權力等同影響力」當作出發點，那麼權力平衡的提倡者所提出的簡單說法，都會變成非常複雜的敘述。我們回頭看看先前的1871年之後的例子。根據基本力量的權力模型，德國的實力是破壞平衡的最大影響力量。然而我們如果從結果論斷影響力，就會覺得事情很難理解。在當時大多數的外交危機中，德國政府都是失敗的一方，完全無法將絕對的武力優勢，轉化成談判桌上的成果。難怪1914年以前的德國政治菁英，都深信其他國家都與德國爲敵。他們認爲自己缺乏影響力，但其他國家則是認爲德國權力過剩。

權力平衡如何成形？摩根索認爲當各國在世界追求國家利益與權力，權力平衡「必定會出現」，但這樣說其實很奇怪，畢竟他很清楚，權力平衡有時候並不會出現（Morgenthau, 1948: 161）。如果他不清楚，那就很難解釋他爲何要提倡權力平衡政策。何必要鼓吹一個「必定會發生」的事情？何況綜觀歷史，也很難找到具體的證據，能證明權力平衡算是「自然」現象。正如懷特所言，歷史顯示出來的趨勢是權力集中，而不是權力平均分布（Wight in Butterfield and Wight, 1966: 167）。一般而言，任何人要主張權力平衡必定會出現，就必須提供一些能動性的解釋，也就是說明一下，會自動出現的權力平衡過程是如何轉變成國家政策。

布爾與沃爾茲分別提出的權力平衡理論，一個是符合這個標準，一個則是迴避了這個標準。沃爾茲在他的著作《國際政治理論》提出權力平衡理論，我們

在第三章概略討論過。根據他的理論，如果各國留意到自身所處的環境，依據全球權力結構的變化，調整他們的政策，而且最重要的是，實際的權力分布必須容許權力平衡出現，那「權力平衡」才會出現。沃爾茲並沒有主張權力平衡一定會出現，例如他曾經探討當時（1979年）世界的兩極體系，表示如果蘇聯無法持續與美國競爭，那麼最有可能取代兩極體系的，就會是單極體系（unipolarity，也就是無政府體系終結）（Waltz, 1979: 179）。他要說的重點，是其他國家不會希望這種情形出現，也會竭盡全力重新結盟，提升自身的能力，以阻止單極體系出現。在冷戰結束後，新現實主義者也曾提出這個觀點。

根據沃爾茲的理論，國際體系是藉由訴諸理性，對行動者發揮影響。會形成權力平衡，是因為各國面對特定的情勢，是採取理性的利己主義行動，也就是各國因為權力分配的變化，導致自身的自保能力受到衝擊，所做出的反應。要知道各國並不希望製造出權力平衡，至少不會是首選，在兩極體系也是如此，兩大超強並不希望兩極平衡（也許應該說尤其不想要）。在現實中，每一方都會希望另一方消失，而且如果不會有風險，也願意採取行動讓另一方消失。但這當然是不可能的，「退而求其次」的解決方案，是一起維持一種兩極平衡。這裡要再一次強調，通常沒有一個國家願意看見權力平衡出現，之所以願意接受權力平衡，是因為眼下沒有更好的選擇，沒有一個更能帶來安全的選擇。

沃爾茲知道，權力平衡是一種國際政治理論，但其他使用相同理論的作者，得到的結論卻不盡相同。除了權力平衡理論之外，還有另一種叫做「扈從」（bandwagoning）理論，也就是加入權力越來越大的國家的陣營。有人曾經提出很中肯的言論，說扈從在某些情況下是值得採取的理性策略，而且歷史上的經驗也能證明，各國選擇平衡與選擇扈從的機率差不多（Walt, 1987）。在1989年之後的世界，主要的趨勢是各國投靠美國陣營，但現在也許有所改變（詳見第十二章）。無論如何看待這種論點，重點在於各國並不會像沃爾茲所說的那樣，積極促成權力平衡。各國面對安全困境，也可採取其他的理性回應。

布爾在他的著作《無政府社會》（*The Anarchical Society*）大略提過，權力平衡是「偶然」出現，純粹是各國的行動無意間造就的結果（Bull, 1977/1995/2002: 100）。但他隨後又推翻這種言論，認為這種偶然不足以維持中長期的穩定。各國如果只考量理性的利己主義，那一有機會就會打破權力平衡。布爾的理論重點是權力平衡是任何一種國際秩序所不可或缺的附屬品，只有在權

力平衡的狀態，各國在世界上才有真正的自由可言，而且各國必須明白這個道理，也願意共同追求權力平衡，權力平衡才會出現，也才能維持下去。換句話說，權力平衡是一種人工製品，是各國，或者應該說相當大多數的國家，願意看到的結果。各國必須希望（want）權力平衡能運作，也須認為維繫國際體系是理想的選擇，權力平衡才能運作。國際社會理論家常說，重點在於關係的規範性基礎。回到先前提過的歐洲的例子，權力平衡在1871年首次成立，因為俾斯麥服膺這些規範，至少要儘量做到。他希望德國能成為全歐洲最強大的國家，但他不希望以德意志帝國取代現有的體系，所以他願意促成一個新的權力平衡，這種觀點至少與他的一位後繼者，也就是希特勒，所規劃的藍圖大相逕庭。德皇威廉二世（Emperor Wilhelm II）的設想，也可能跟俾斯麥並不一致。

　　根據這種理論，權力平衡是一種人工製品，是人類製造出來的東西，那它算不算是文化的人造物？布爾所提出的不可或缺的動機，似乎只能來自或多或少文化同質的社會。而且權力平衡的規範性基礎，似乎也不適用於現代的後歐洲世界。布爾顯然很在意這一點，所以才在他最後的著作，也就是《國際關係裡的正義》（*Justice in International Relations*）一書，還有探討國際體系擴張的著作中特別提及（Bull, 1984; Bull and Watson, 1984）。另一方面，福斯特（Frost）則主張現代體系的「公認規範」，也就是幾乎所有國家都默認的規範，包括對於延續國際體系的承諾，而這意味維持權力平衡之必要，所以沒必要特別強調這是歐洲的態度（Frost, 1996）。

　　根據布爾的理論，我們希望維持權力平衡，以維護國際「秩序」。所謂的國際秩序，指的是「和平」嗎？不盡然。這裡要提出討論1871年之後的體系的第三項重點，也是剛才擱置的重點。1871年之後，也可說是1914年之前這個時期。1914年爆發的大戰，揭露了1914年之前的權力平衡體系的哪些重點？也許大戰告訴我們，這個體系在1914年失靈，但從維護國際秩序的角度來看，1914至1918年的大戰，以及後續的事件，可以說證明了權力平衡是正確的。從人道角度來看，這樣說未免太殘酷，但如果認同「避免國際體系被某一個強權主宰」是件好事，也承認「在某些情況，唯有暴力與戰爭，才能避免國際體系被某一個強權主宰」，那就難免要這麼想。國際秩序通常等同和平，但也不見得一定是如此，有時候和平的代價會太高昂。過去四百年的歷史也驗證了這一點，四百年來不斷有國家想要建立霸權，都被不惜發動戰爭的權力平衡政治擊潰。

　　戰爭是維持權力平衡體系的關鍵，結盟政治及軍備競賽也是。結盟政治與軍備競賽，是沒有戰爭的維持權力平衡的方式，但如果這兩種方式失靈，那戰爭可能就有必要開打。不過在這種國際體系，戰爭還能扮演別的角色。權力平衡的本質是穩定、平衡、避免改變，但有時候解決衝突需要改變，而且是唯有戰爭才能帶來的改變。按照這個道理，戰爭並不代表解決衝突失敗，反而是解決衝突的一種方式。這一點需要詳細解釋。

戰爭的政治概念

　　在20世紀，一般人對戰爭的想法，就是戰爭是病態的現象，代表國際體系崩潰失靈，也許是一個民族，一個文明不成熟的象徵。最後一句便是佛洛伊德（1985）的想法，也是當今所謂的反戰運動（Anti-War Movement）的思想。至少是真正的反戰精神，不是西方強國，尤其是美國發動的那種反戰。然而想要瞭解戰爭在權力平衡體系扮演的角色，就必須瞭解這種觀念並不正確。戰爭是國際關係的正常現象，是國際體系正常運作的一部分，雖然很遺憾，卻絕非病態。要想瞭解箇中的道理，我們必須先概略探討關於戰爭起因的幾種理論，再回頭來談符合這個立場的戰爭觀，也就是克勞塞維茲的戰爭概念，又稱戰爭的政治概念。

　　戰爭的起因此一研究議題受到沃爾茲研究的深遠影響。在1979年大舉提升了國際政治理論論述水準的《國際政治理論》外，沃爾茲在1959年發表的《人、國家與戰爭》專門探討戰爭此議題。有些人認為，《國際政治理論》很像是將《人、國家與戰爭》的第三部分擴大改寫。在《人、國家與戰爭》中，沃爾茲提出戰爭起因的三種「意象」（images），第三種就是他後來的研究理論基礎。

　　第一個意象強調人性，認為戰爭是由人性的某些層面引起。這個理論可以由神學、心理學、心理分析，或現在流行的社會生物學加以角度分析。我們是墮落的動物，被逐出伊甸園，有嚴重的暴力傾向。我們被死之本能（thanatos）糾纏。我們是唯一會殺害同類的動物，不具有能抑制我們殺害同類的特質（要知道這個理論雖然很多人認同，卻是錯誤的）。這些論點很複雜，也帶有幾分真實，但無法解釋戰爭的起因。戰爭不同於凶殺，不同於重傷，也不同於個別的暴力行為。戰爭是一種社會機制，所以需要以社會的角度解釋。用人性解釋社會現象，是一種「化約論」，沃爾茲在往後的研究也會用到「化約論」一詞。

　　第二個形象著重在社會的本質，而不是人的本質。戰爭是被某一種社會引起的，這個社會的類型很廣泛，從獨裁政體與君主政體（自由派的觀點），到民主政體（獨裁政體的觀點），從資本主義社會（列寧主義觀點），到共產主義社會（資本主義觀點）都有。我們可以找到理由，主張上述這幾種社會都具有戰爭傾向，但這樣的解釋會忽略一個重點。就我們所知，任何一個社會只要與其他的社會有固定的接觸，都會經歷某種戰爭。民主國家即使不會與其他的民主國家交戰，也會與非民主國家以某種規律發生衝突。戰爭無所不在的現象只有一個例外，是極少數很罕見的例子，也就是極端的氣候條件導致戰爭不可能開打，北極地區的因紐特族（Inuit）就是一例。顯然第二種形象跟第一種形象一樣，都不能對戰爭起因提出一般性解釋。

　　於是只剩下第三種形象，不難猜到就是主張國際體系是造成戰爭的主因。這個論點在這本書已經提過太多次，再長篇大論解釋就顯得太累贅。各國都有各自的利益，這些利益有時會互相衝突。在無政府的體系，並沒有一個對各方都有約束力，能解決利益衝突的方案。利益衝突的各方通常不想以暴力解決，但有時也會使用暴力。各國如果找不到化解利益衝突的方法，就會以戰爭作爲最終手段。這裡要特別注意，第三種形象解釋戰爭爲何有可能發生，而爲了要解釋實際上戰爭爲何會發生，我們還必須考量社會因素與個人因素。要說明同樣地道理的最後一種方式，是強調內戰與國際戰爭之間的差異。內戰代表正常狀態的崩解，所以是一種病態的狀況。原則上各國都有禁止動用武力的解決衝突方法，但萬一出現這些機制無法遏制的問題，暴力就會接踵而來，甚至爆發大規模的內戰。國際戰爭並非如此，因爲在國與國之間，戰爭是解決衝突的（終極）機制。

　　這是戰爭的政治概念，也就是將戰爭視爲理性選擇的產物，是衡量動用武力的成本效益之後所做的選擇。這聽起來很現代，但第一個提出這種理論，也列出相關重點的人，卻是將近兩百年前的作者。這位就是普魯士將軍，也是第一位軍事學者克勞塞維茲（Karl von Clausewitz）。他的鉅作《戰爭論》（*On War*）在他死後於1831年出版。他作爲高級參謀成績不俗，先後參與了沙皇與普魯士國王對抗拿破崙的戰爭，後來又在普魯士參謀學院（Prussian Staff College）教書。普魯士參謀學院在當時是最先進的軍事思想中心。他在教書期間，完成《戰爭論》的書稿，內容多半是探討戰術與戰略的細節，顯然已經不適用於科技與社會大有進步的現代。但是克勞塞維茲是一位知識分子軍人，是後啓蒙時代德國思想的產

物，對於當今的國家與社會思想也有所涉獵。所以《戰爭論》除了技術上的細節之外，也包含關於戰爭的本質，以及戰爭在當時的國際關係所扮演的角色（篇幅相當短）的思考。這些思考也成為必讀教材，流傳至今。

克勞塞維茲的思想重點是，戰爭是（或者說應該是）一種控制的、理性的政治行為。戰爭是一種暴力行為，目的在於逼迫對手順從我們的意志。依據克勞塞維茲的名言，戰爭不只是政策行動，也是「真正的政治工具，是其他方式延續的政治活動」（Clausewitz, 1976: 87）。我們在這裡看見戰爭與和平之間的連續性。戰爭並不是政治活動的目的，而是追求政治目標的手段。克勞塞維茲是軍人，卻也強調政治控制武力的重要性。他認為戰爭的基礎是三個元素，分別是對「人民」對敵人的憎惡、軍隊對於偶發事件的管理，以及由政治領導階層決定的戰爭的目標。這三個元素絕對不能混淆不清。軍隊有權向政府要求達成任務所需的資源，但無權決定任務是什麼。政府有權設定目標，但不應干涉要用什麼方式達成目標。人民應該支持軍隊與政府，但不能限制軍隊與政府的行動自由。

用幾頁篇幅探討克勞塞維茲的思想，我們等於看見了一個濃縮版的現實主義世界觀，也許也是任何國家中心主義的世界觀的幾個重點〔不過國際社會理論家以及溫特式建構主義者（Wendtian constructivists）不會苟同〕。克勞塞維茲的思想，與新現實主義的思想雷同程度相當驚人。克勞塞維茲的思想並沒有使用「成本」、「效益」這些詞彙，但顯然他對戰爭這個工具的理解，就是「成本效益」的觀念。這裡要提出一個很有意思的問題，按照現在的分類，克勞塞維茲是「攻勢」，還是「守勢」現實主義者？守勢現實主義者認為，國家基本上是被動反應，會捍衛自己的地位，但不太可能先出手打擊潛在敵人。攻勢現實主義者則是認為國家為了解決安全困境，只要不必承擔後果，就會先發制人（關於這兩種理論的詳細討論，見第三章）。克勞塞維茲看起來應該是攻擊性現實主義者，但他提倡的是審慎算計，反對聖戰與仇殺。然而克勞塞維茲以及信奉相同哲學的當代人士都認為，戰爭是為國家而戰，也有全國的支持為基礎，但戰爭並不是由國家執行。與他同時期的偉大哲學家黑格爾（Hegel）也曾寫道，戰爭是由軍隊執行，戰鬥人員與非戰鬥人員的分際相當清楚。平民的控制，或者至少是政治的控制，是相當重要的。克勞塞維茲應該會認同前英國首相喬治（Lloyd George）的格言，那就是「戰爭太重要，不能只交給將軍負責」。他應該不會認同某些20世紀將領的大話，不會抱持（例如艾森豪在第二次世界大戰反駁邱吉爾的觀點）

「戰爭是技術層面的事情,政治人物不應干涉戰略」的觀點。20世紀的人如果能採納克勞塞維茲的觀點,世界就可免除許多災難。但這種思維的缺點也相當明顯,例如願意動用武力,卻忽視了以暴力追求政治目標的道德問題、認為國家必須全權判斷自身的事務,以及視野無法超越國家的範圍以外,看不見更廣泛的全人類。我們也許可以接受,克勞塞維茲的戰爭觀在19世紀忠實反映出當時的現狀,整體而言也比其他的戰爭觀更為理想,但放在20世紀就不盡然是如此。

20世紀的戰爭

在19世紀,國際法學家普遍接受「戰爭是國家的合法行為」,認為是主權原則的延伸。只要發動戰爭的一方有權行動,也按照正確的法律程序(例如以正確的方式宣戰),發起的戰爭就是合法的,不必探究這個國家發動戰爭的原因是否合法。但現在的情形已經不同。1919年的《國際聯盟公約》(The Covenant of the League of Nations)、1928年的《巴黎非戰公約》(the Pact of Paris)、1945年的《聯合國憲章》,以及同年的《倫敦憲章》(the London Charter,建立了紐倫堡的戰爭罪法庭),共同建立了一種新的法律體系,規定只有在兩種情況發動的戰爭才算合法,一種是基於自衛的行為,另一種是幫助他人自衛的執法行為。這不僅是現今的法律立場,似乎也符合大多數人對於20世紀的戰爭的看法,也就是將戰爭視為一種災難,必須不惜一切代價阻止。的確,目前關於戰爭的法律規範,比較有可能被批評太過寬鬆,而不是對戰爭積極設限。在現在的世界,克勞塞維茲的戰爭觀無論是道德上還是法律上,都無法為人所接受。

從現實主義的觀點來看,這些當然都是無稽之談。各國要是仍舊依循克勞塞維茲的戰爭觀開戰,也不會在乎是否違反法律與民意。這頂多就是解釋了現代戰爭的某些怪現象,尤其是不願意直話直說的現象。英國政府就是不願意直話直說,所以每次都將福克蘭戰爭(the Falklands War)稱為1982年的南大西洋衝突,畢竟參與一場明確宣示的戰爭會衍生出來的問題,實在是複雜到難以想像。但各國還是會將戰爭視為理性的政策行動嗎?有些國家有時候會,但整體而言,20世紀的環境並不適合依據克勞塞維茲的戰爭觀開戰。這裡有兩個重點,一個是現實的計算,另外一個是計算在戰爭決策所扮演的角色。

第一點很簡單。在20世紀,戰爭的成本大幅上升,效益則是持平,甚至多半

下降。我們在第一章討論過，安吉爾（Norman Angell）在1914年的前幾年就預見這種情形，這個道理在1945年之後更是明顯。戰爭的破壞力量不斷攀升，從第一次世界大戰的機關槍、後膛裝彈的大砲，以及有刺鐵絲網的殺傷力，到第二次世界大戰的戰略轟炸，再到可能會爆發的第三次世界大戰的核武毀滅威脅。戰爭會摧毀社會的經濟結構、消耗金融資源以及破壞政治穩定。但贏得戰爭的效益卻沒有同步提升。從物質的角度來看，贏得戰爭的報酬不如以往。整體而言，國家的財富並不是來自占領領土，也不是來自獨占原料，不過1990年的入侵科威特行動，證明了在某些情況物質性收益還是有可能。贏得戰爭也許能除掉敵人或是競爭對手，在某些情況，這是非常值得的結果，整體而言，20世紀經過理性計算所發動的戰爭，應該會比19世紀少得多。但實際上20世紀卻是一個戰爭的世紀，大多數的統計指標都顯示，20世紀比19世紀更容易爆發戰爭，顯然戰爭不再是理性思考過後的行為，而是基於其他因素。

　　我們從克勞塞維茲的三元素在現代的遭遇，依稀能看出另一個原因是什麼。人民、軍隊與政府應該各自發揮一種功能，與其他兩種互相配合。政府將人民的感受轉化成政治目的，再由軍隊轉化為行動。這一套現在仍然可以運作，只是比較少見。我們回頭看先前的例子，北越對於越戰的態度完全符合克勞塞維茲戰爭觀，這倒也不奇怪，因為北越的意識型態深受馬克思、恩格爾、列寧與毛澤東影響，而這幾位都是克勞塞維茲的忠實信徒。北越人民也全體動員支援戰爭，但對於戰爭的執行面，則是完全沒有置喙的餘地。北越的政治領導階層牢牢控制戰爭的目標，北越的軍隊只有在軍事行動的領域才享有行動自由。相較之下，美國軍隊在越戰並沒有接獲明確的目標指令。美國總統會干預軍事行動，甚至會在白宮的簡報室挑選空襲目標。美國民眾未曾動員支援戰爭，還會透過媒體與國會，對戰事施加政治壓力，發表各種瑣碎又前後矛盾的意見，導致美國根本無法形成一個連貫的戰略。

　　這裡的重點在於，比起北越那種純粹的克勞塞維茲主義，美國的情況其實普遍得多。北越是東南亞的普魯士，重新創造了一種克勞塞維茲式的環境，這包括沒有民主政治的民族主義，國家強大到能控制軍隊，也不會被非正式表達的輿論所約束。這是一種很特別的組合。先進的工業國家有輿論與民主機構，所以「人民」是很難動員的，就算動員成功，也不願意按照劇本，飾演政府與軍隊的啦啦隊，而是堅持要主導戰爭的目標，戰略與戰術也要經過他們同意（更常見的是否

決）。美國國會與英國國會調查2003年伊拉克戰爭開戰的原因，以及相關的情報。媒體也深入報導伊拉克戰事，而且多所批評。國會與媒體的舉動讓兩國政府火冒三丈。但是這樣的調查挖掘，在現代的世界已經是難以避免。在開發程度較低的國家，沒有民主政治的民族主義相當普遍，但很少國家既能控制軍隊，又能不顧人民的不滿。暴亂與動盪就像民主國家的媒體與自由選舉，都能影響戰爭的目標。

簡單說來，克勞塞維茲主義面對民意，必須解決兩個問題。第一，要「拉攏」民意就很不容易。在1930年代，英國與美國用了很久的時間，才讓大眾明白戰爭可能是必要的。但在1960年代，美國始終無法讓足夠多數的美國人民相信，美國在越南的付出是值得的。不過一旦「拉攏」了民意，要控制可就很不容易。姑且不論二次世界大戰的同盟國對於「無條件投降」的要求是好是壞，顯然民意不會接受其他的選項，尤其不會接受蘇聯在未來可能演變成比戰後德國更嚴重的問題的看法。也許民意對於越戰的看法是正確的，但重點是不符合克勞塞維茲精神。

但是克勞塞維茲的戰爭觀還有一個更基本的問題，也就是可能僅限於特定的文化。19世紀的歐洲戰爭相當正式，身著軍服的軍隊占領著劃分清楚的領域，通常會遵守行為準則（有時候也不見得）。戰爭一開始會正式宣戰，結束也會透過和約正式宣告。「決戰」（decisive battle）是拿破崙、克勞塞維茲，以及維多利亞時代戰爭的特色。克利希（Creasy）的著作《十五場決戰》（*FifteenDecisive Battles*）是這個領域的經典教材，清楚呈現從馬拉松戰役（Marathon）到滑鐵盧（Waterloo）戰役的演進（Creasy, 1902）。當時的各國無論是交戰，還是講和，都會依循正式的管道。韓森（Hanson）稱之為「西式戰爭」（The Western Way of War, 1989），他認為是發源自古代希臘城邦之間的戰爭，也就是每逢作戰季節，平民組成的重裝步兵團會打一場非常形式化的戰爭。決定勝負的方法很簡單，就是以哪一方占領戰場為準。韓森認為這就是現代歐洲戰爭的雛形。但他也認為這種戰爭完全不像大多數文明的戰爭。大多數文明的戰爭比較非正式，也不是以制式的戰役為主，而且很少會演變到決戰，更不用說和約。

西方當然也知道這種戰爭，但多半將其視為例外，而不是常態，還貼上特別的標籤，例如游擊戰、低強度衝突、警察行動、卑鄙戰爭，還有吉卜林（Kipling）口中的「野蠻的和平戰爭」。這裡要強調的是，例外可能會逐漸變

成常態。我們已經知道，自由的憲政民主政體彼此之間不會交戰，但是話又說回來，現在誰都不會用古老的方式交戰，除非是極少數的例子，例如1982年的福克蘭戰爭，或1990至1991年的波斯灣戰爭。即使是這兩場戰爭，戰敗的國家也不肯拿出19世紀的紳士風度，締結和約承認戰敗，而是繼續堅持下去，等待轉機出現。以色列在制式戰役中屢屢「打敗」敵軍，卻始終無法將戰場上的勝利，化為政治上的收益。反而每一次「成功」的軍事行動，似乎只是在削弱歐洲人及很多美國人先前對於弱者的同情，減損以色列自身的談判籌碼。現代戰爭比較類似1990年代前南斯拉夫的複雜糾葛。準正規軍隊對抗有武裝的「志願軍」，當地的軍閥對於名義上的上級的忠誠相當薄弱。結盟每天都生變，「前線」很難定義，地盤沒有經過制式戰役也會易主。各國簽署了停戰協定與和約之後不承認，再次簽署又再次背約。這種非西式戰爭以最痛苦的方式蠶食西方。美國與盟國在2002年的阿富汗戰爭，以及2003年的伊拉克戰爭，在戰場上的勝利是轟轟烈烈，戰後的建設和平工作卻是慘慘烈烈，足以證明非西式戰爭造成的損害。在這兩場戰爭，聯軍擁有壓倒性的軍事實力，卻極難控制組織雜亂，武裝短缺的阿富汗與伊拉克叛軍，至今也依然無法在兩國建立並維護新的政治體系。

　　至少有一些跡象可以證明，有些西方軍事思想家，比西方的政府與民意更瞭解戰爭的本質所出現的變化。美國軍隊多年來都在發展一套非傳統強制手段的使用準則。根據這一套準則，新型態的美國士兵（大地勇士，land warrior）必須展現自身的才能，運用最新科技，不是在制式戰爭對抗固定的敵人，而是在比較非正式的情況，以暴力手段支持美國的政治利益。這種「虛擬戰爭」知名度很高，也許真正的意圖是「虛擬嚇阻」，也受到後現代主義思想家托佛勒（Tofflers, 1993）及德里安（Der Derian, 1992）提倡。

　　西方國家自己都摒棄西式戰爭，原因之一也許是近年來現代社會出現重大變遷，尤其是西方「武士文化」（warrior culture）顯然已經消逝。雖然西方的民意仍然認為，有時候還是有必要在國際關係中使用武力，但如今的重點，是要將己方軍隊的傷亡降到最低，也要將「敵方」的平民傷亡降到最低。很多作者都曾提到，美國相當倚重空軍的力量，而且除非地面已經徹底「精準」轟炸，否則不願意派出作戰部隊，這也反映出西方國家在心態上的改變（Coker, 1994/1998; Ignatieff, 2000）。1999年的科索沃戰爭（Kosovo Campaign），就是這種新型戰爭的最佳典型。這是一場「零傷亡」戰爭，至少對北大西洋公約組織來說是零傷

亡，而且竟然是以空襲取勝（至少短期算是勝利），這出乎很多人的意料。

　　在我寫下這段文字的時候，阿富汗戰爭的傷亡數字還在政治上可接受的範圍。伊拉克戰爭的傷亡人數，至少一開始也是在政治上可接受的範圍。顯然至少對某些美國人而言，911攻擊事件與反恐戰爭改變了戰爭的本質。阿富汗戰爭的形象，不再是科索沃戰爭與索馬利亞戰爭那樣的「選擇之戰」（war of choice）。但「反恐戰爭」，現在又稱「長期戰爭」（Long War），仍然凸顯出「戰爭的本質已然改變」。有些作者對「西式戰爭」相當執著，認為戰爭就應該有開頭，中段與結尾，所以覺得長期戰爭根本不算戰爭。他們認為真正需要的是逮捕犯罪者的警察行動（但也默認這樣並不能完全遏止類似的犯罪行為）。但這種想法忽視了現代戰爭不斷改變的本質。現在的阿富汗戰爭與先前幾場阿富汗戰爭有許多地方相似（要知道有幾場其實是英國人打贏的），所以長期戰爭跟其他反叛亂戰爭也類似。有趣的是美國軍方是意識到伊拉克戰爭的本質之後，伊拉克當地的情況才有所改善。改善的功臣是裴卓斯將軍（General Petraeus），自從戰爭開始，他就不斷與美國國防部及新保守主義者在這一點上面爭執。

　　總而言之，這種戰爭最大的特徵，就是有別於克勞塞維茲式戰爭，不能單純視為一種可行的解決衝突的方式。在1860年代，關於德國政治未來的型態，就出現了各種互相衝突的觀點。俾斯麥統治下的普魯士解決問題的方式，是派出毛奇（von Moltke）連贏三場西方特色的克勞塞維茲式戰爭，分別是1866年在薩多瓦（Sadowa）以及1870年在色當（Sedan）的決戰，決定了戰爭的結果。戰敗方勉強接受戰爭的結果，和約也簽署了。在普魯士強大軍事實力的庇護之下，德意志帝國得以成形。一個問題解決了，但難免又浮現另一個新的問題。類似這樣的一連串事件發展，很難想像會發生在現在。現在的戰爭沒有正式宣戰，也不會正式宣告結束，如果不是漸漸結束，就是一路惡化下去。有時會出現僵局，這有時是外部力量所造就的情況。1973年賽普勒斯的「非戰爭」（non-war）被聯合國的維和部隊遏止，但衝突仍然沒有解決，甚至可以說僵局排除了衝突解決的可能。在索馬利亞與盧安達，非正式戰爭造成的影響可能是社會瓦解，淪為無政府狀態。外力也無力扭轉這種頹勢，因為沒有明確的敵人，沒有明確的戰線，也沒有正規軍隊的情況下，外部干預幾乎不可能實現。即使在戰事結果很明確的科索沃戰爭，戰敗的一方也絕對沒有接受（空襲）戰場上的輸贏。北大西洋公約組織甚至必須在可預見的未來，持續保護科索沃。顯然任何要將舊有的歐洲模式，套用

在當代現象的分析，結果就是錯得離譜。

結論：國家中心主義的國際關係的結束？

　　在前面三章，我們看見國家中心論的國際關係理論出現了許多漏洞。我們也發現具有決策權的理論家，紛紛主張外交政策與內政政策差異並不大。這些研究的結果，並不符合「各國是以國家利益為出發點」的觀念。國際關係結構理論的重點逐漸偏離外交政策，但也無法解決行動者的問題，而且強調國內因素並不重要，也遭到「民主和平」現象反駁。權力似乎是一種很明確易懂的概念，然而一旦將「作為屬性的權力」與「作為影響的權力」區別開來，那些原本想當然爾的權力運作的概念，幾乎全數消失。在這裡要再次強調，權力平衡是一種直覺上覺得合理的觀念，但是一旦箇中的邏輯曝光，就會全面崩塌。

　　在一個層面來看，戰爭的政治概念之缺點，純粹就是另一個質疑國家中心主義的理由，但也顯示出國際關係不按牌理出牌的特色。在現實生活中，這個問題影響的層面很深。克勞塞維茲的戰爭論，是權力平衡能運作的先決條件。兩者是共存的，但如果如同現在所主張的，是共亡的話，國家中心主義的整棟大樓都會土崩瓦解。對於所有類型的現實主義理論來說都是如此。重點在於戰爭與權力平衡並不是那種一旦事情不如意，就能擱在一邊的額外之物。戰爭與權力平衡是沃爾茲的無政府體系的核心，也是布爾的無政府社會的核心，是體系與社會得以運作的關鍵。倘若出了問題，體系或社會也會出問題。

　　但國家中心主義的邏輯仍然很有說服力。如果一開始的前提成立，也就是說我們生活在一個無政府的世界，各國是主要的行動者。而且如果國家是受到理性利己主義的驅使，那麼一個新現實主義的世界似乎是無可避免。但如果國家除了利己主義之外，也能顧及規範，那某種國際社會就可能會出現。但如果我們所生活的世界，在許多方面並不符合這種國際關係，而且實際情形也是如此，那這些假設應該有問題。我們已經知道其中一個假設，也就是理性利己主義的那一個，唯有透過「英雄式實踐」才能成立。在接下來的幾章，我們也會一一檢驗其他的假設。這些假設當中，最基本的是無政府狀態，有兩種方法可以推翻這個假設。

　　首先我們必須認真思考第一章所談過的，關於理論的角色的各種命題，尤其要認真思考「知識是建構出來的，不是發現的，而且知識是建立在社會性

基礎上而不是某個確定性的基石上」這個觀點的影響。我們如果認同「國際無政府狀態」是各國建構出來的，也就是認同「無政府狀態是各國所製造的結果」，就比較不會對不合邏輯的地方感到意外，也更願意研究誰能從中得益（Wendt, 1992/1999）。這也等於將國際無政府狀態予以歷史化，也要理解（新）現實主義超越時空普遍性的脆弱本質，將其置於某種歷史脈絡下。羅森伯格（Rosenberg）就是這方面的專家。他想用一種歷史敘事，取代現實主義的缺乏歷史主義，問題是他想援用的馬克思主義框架，跟現實主義一樣有問題，19世紀的馬克思主義在政治上與思想上的失敗就是明證（Rosenberg, 1994）。不過這也牽涉到幾個關於權力與知識的問題。

阿希利（Richard Ashley）發明一個詞彙，英語化之後的意思是有問題的無政府狀態（anarchy problematic）。在有問題的無政府狀態，某些行使權力的方式會合法化，富有的強國也因而受益。另外也會散播一種給予所有國家特權的政治概念（Ashley, 1989c）。有問題的無政府狀態就是以這種方式，將「國家存在的目的，是爲了保護人民不受外侮」的思想合法化。但很顯然大多數的人在大多數的時候，受到「本國」政府的威脅，遠比遭受外國人的威脅還多。西方的政治觀念充斥著公私區隔的精神，西方國家也基於這種精神，不准女性參與公共事務。這種精神與西式戰爭是源自相同的基礎。史上最早出現的公眾人物，是參與希臘城邦的制式戰役的軍人（Elshtain, 1987）。簡言之，國家中心主義的國際政治理論，承載著來自社會生活其他領域的不少政治包袱。「國際關係與社會生活的其他領域都不相同，所以國際關係作爲一個學科，與社會科學其他的學科都不相同」是傳統現實主義國際思想當中，最沒有說服力的命題。

我們在後面的章節會探討這些思想，首先要以實證研究的方式，檢驗「無政府狀態」。我們是不是眞的生活在一個未被治理的體系？顯然我們沒有傳統西方定義的「政府」，也就是沒有一小群制定官方決策，執行官方決策的機構。但政府就只有這一種類型嗎？現實主義者、新現實主義者、新自由主義者，以及國際社會理論家，都強調在國際關係中「到了最後關頭」，並沒有「終極」決策權威。所以主權是體系的關鍵特徵，而且除非出現一個世界帝國，否則什麼也沒有改變，往後也不會改變。但「最後關頭」究竟有多重要？其實我們很難得遇到最後關頭，只有在危急存亡之際才會遇到。現在的國際體系所處的準政府制度網路，眞能這麼容易被否定？我們或許沒有全球政府，但應該有「全球治理」，接

下來就要討論這個現象。

延伸閱讀

　　Brougham、Von Gentz以及Cobden探討權力平衡的經典作品，收錄在M. G. Forsyth、H. M. A. Keens-Soper，以及P. Savigear編寫的《國際關係理論》（*The Theory of International Relations*, 1970）。還有一個探討範圍較廣的論文集，是Chris Brown、Terry Nardin，以及N. J. Rengger編寫的《政治思想的國際關係》（*International Relations in Political Thought*, 2002）。Hume的經典之作「權力平衡」（The Balance of Power），在兩百五十年之後仍然值得一讀，正好就收錄在David Hume的《論文：道德、政治與文學》（*Essays: Moral, Political and Literary*, 1987）。

　　探討權力平衡的現代「經典」，包括E. V. Gulick的《歐洲的古典權力平衡》（*Europe's Classical Balance of Power*, 1955）、Inis L. Claude的《權力與國際關係》（*Powerand International Relations*, 1962）的第二與第三章、Ludwig Dehio的《危險的平衡》（*The Precarious Balance*, 1965）、以及編者所寫的文章，兩篇都叫做「權力平衡」（The Balance of Power），收錄於Herbert Butterfield與Martin Wight編著的《外交研究》（*Diplomatic Investigations*, 1966），亦見Morgenthau的著作及其他教科書的討論。Morton Kaplan的《國際政治的體系與程序》（*System and Process in International Politics*, 1957）是另一種經典，是1950年代行為主義運動的產物，意圖確定平衡體系的規則。J. N. Rosenau編著的《國際政治與外交政策讀本》（*International Politics and Foreign Policy: A Reader*, 1969）收錄了Kaplan、Waltz、Singer等人的著作，出版至今超過三十年，仍具參考價值。權力平衡的當代討論的主流，是Kenneth Waltz的《國際政治理論》（*Theory of International Politics*, 1979）。也可參考《國際安全》（*International Security*）的文章，收錄於Michael E. Brown、Sean M. Lynn-Jones，以及Steven E. Miller編著的《無政府的危險》（*The Perils of Anarchy*, 1995），尤其是Stephen M. Walt的「結盟與世界權力平衡」（Alliance Formation and the Balance of World Power, 1985），以及Paul Schroeder的「歷史現實vs.新現實主義理論」（Historical Reality vs. Neo-Realist Theory, 1994），提供了新現實主義陣營的

批評與另類觀點。Hedley Bull在著作《無政府社會》（*The Anarchical Society*, 1977/1995/2002）提出一個有別於Waltz的非新現實主義觀點。《國際研究評論》（*Review of International Studies*）的特刊收錄了值得參考的權力平衡的傳統理論，見Moorhead Wright編著，「權力平衡」（The Balance of Power, 1989）。

近年的主流權力平衡理論，多半將重點放在「軟平衡」，《國際安全》的「平衡招數」（Balancing Acts, 2005）論壇有深入淺出的探討。Richard Little的《國際關係的權力平衡：隱喻、迷思與模式》（*The Balance of Power in International Relations: Metaphors, Myths and Models*, 2007）重新思考權力平衡的分析架構，也是Stuart Kaufman等人的《全球歷史中的權力平衡》（*Balance of Power in World History*, 2007）的姊妹作。William Wohlforth等人的「以全球歷史驗證權力平衡理論」（Testing Balance-of-Power Theory in World History, 2007）探討一連串的歷史個案研究。如果想看稍微不同的觀點，Ken Booth與Nicholas Wheeler的《安全困境》（*The Security Dilemma*, 2007）是近年較為重要的研究。研究中美關係的未來是當今的家庭工業，但還是牽涉到重要的議題，見Anton Friedberg的「中美關係的未來：衝突是否無可避免？」（The Future of US-China Relations: Is Conflict Inevitable?, 2005），以及G. John Ikenberry的「中國崛起與西方的未來」（The Rise of China and the Future of the West, 2008），還有David Kerr的「中俄伙伴關係與美國的北韓政策：東北亞的霸權到和諧」（The Sino-Russian Partnership and U.S. Policy Toward North Korea: From Hegemony to Concert in Northeast Asia, 2005）。

Lawrence Freedman編寫的《戰爭》（*War*, 1994）是非常實用的參考書，收錄大量的文獻，以短篇一一呈現。關於戰爭這個主題，公認的經典是Karl von Clausewitz的《戰爭論》（*On War*, 1976）。Michael Howard與Peter Paret編譯的版本不僅有詳盡的評論，還有幾篇精彩的引言，是現有的眾多版本中最優質的一個。Michael Howard的《克勞塞維茲》（*Clausewitz*, 1983）是最佳的短篇入門教材。Beatrice Heuser的《閱讀克勞塞維茲》（*Reading Clausewitz*, 2002）探討《戰爭論》的幾個重點，但更有意思的是也研究其他人如何理解（或錯誤理解）克勞塞維茲。Paret編寫的《從馬基維利到核子時代的現代戰略創造者》（*Makers of Modern Strategy from Machiavelli to the Nuclear Age*, 1986）是介紹偉大的戰略家的經典作品的再版。Colin Gray的「克勞塞維茲是王道！未來是加裝GPS的過

去」（Clausewitz Rules, OK! The Future is the Past with GPS, 1999）表面上是提倡克勞塞維茲的思想，實際上是強烈批評那些愚蠢到以為19世紀初的世界，與現在的世界有所不同的作者（包括這本書的作者，當時這本書發行的是第一版）。

關於戰爭的起因，有兩個研究特別值得參考。一個是Kenneth Waltz的《人類、國家與戰爭》（*Man, the State and War*, 1959）。唯一能與之相提並論的，是Hidemi Suganami的《論戰爭的起因》（*On the Causes of War*, 1996），先前較為簡短的版本是「有條不紊談戰爭起因」（Bringing Order to the Causes of War Debate, 1990）。Stephen Van Evera的《戰爭的起因：權力與衝突的根源》（*Causes of War: Power and the Roots of Conflict*, 1999）獲得的評價很高，也是實至名歸，但對於不認同理性選擇理論的讀者來說，會覺得太過於偏重攻擊性現實主義與防禦性現實主義之爭。有一個篇幅比較短的版本是「攻擊、防禦與戰爭的起因」（Offense, Defense and the Causes of War, 1998）。《國際安全》出版的專書，也就是M. E. Brown等人所寫的《攻擊、防禦與戰爭》（*Offense, Defense and War*, 2004b），完全聚焦在攻擊與防禦之爭，但也匯集了相關的重要研究（包括Van Evera的短篇文章）。其他實用的參考文獻，包括Geoffrey Blainey的《戰爭的起因》（*The Causes of War*, 1988），以及John G. Stoessinger的《國家為何參戰》（*Why Nations go to War*, 2005）。以新觀點探討戰爭的作品則有Vincent Pouliut的「可行性的邏輯：安全社群的實務理論」（The Logic of Practicality: A Theory of Practice of Security Communities, 2008），以及William Thompson的「系統領導、演進流程以及國際關係理論：單極問題」（Systemic Leadership, Evolutionary Processes, and International Relations Theory: The Unipolarity Question, 2006）。Taj DingottAlkopher的「構成戰爭的社會（與宗教）意義：現實政治運動vs.社會政治運動」（The Social (and Religious) Meanings that Constitute War: The Crusade as Realpolitik vs. Socialpolitik, 2005）是探討戰爭概念的社會組成的近期論文。

近年有關「正義戰爭」及法律對暴力的限制的相關討論，見Adam Roberts與Richard Guelff編著的《戰爭法的文件》（*Documents on the Laws of War*, 2000）、Geoffrey Best的《1945年以後的戰爭與法律》（*War and Law since 1945*, 1994）、Michael Walzer的《義戰與非義戰》（*Just and Unjust Wars*, 2000）及《關於戰爭的討論》（*Arguing about War*, 2004），以及Terry Nardin編著的《戰爭與和平的倫理》（*The Ethics of War and Peace*, 1996）。探討反恐戰爭是否正義的則有

Jean BethkeElshtain的《正義的反恐戰爭：美國權力在暴力世界的包袱》（*Just War Against Terror: The Burden of American Power in a Violent World*, 2004），以及Mark Evans編著的《義戰理論：重新評估》（*Just War Theory: A Reappraisal*, 2005）。更多關於戰爭的合法性與合法化的思考，見《國際研究評論》（*Review of International Studies*）的「全球政治中的武力與合法性」（Force and Legitimacy in World Politics, 2006）論壇。另外還有Shirley Scott與Olivia Ambler的「合法性真的重要嗎？探討美國外交政策正當性在2003年伊拉克之役後下降的原因」（Does Legality Really Matter? Accounting for the Decline in US Foreign Policy Legitimacy Following the 2003 Invasion of Iraq, 2007）。Marieke De Goede的「歐洲先發制人政治學與反恐戰爭」（The Politics of Preemption and the War on Terror in Europe, 2008）點出歐洲將戰爭與干預合法化的長期趨勢。關於干預與預防性戰爭的討論，尤其是與「反恐戰爭」相關，與本章討論的議題也相關，見Wolf-Dieter Eberwein與Bertrand Badie的「預防與主權：創造新世界秩序的願景與策略？」（Prevention and Sovereignty: A Vision and Strategy for a New World Order?, 2006）、Michael Doyle的《搶先出擊：國際衝突的先發制人與預防手段》（*Striking First: Preemption and Prevention in International Conflict*, 2008），以及Robert Lieber的《美國的時代：21世紀的權力與戰略》（*The American Era: Power and Strategy for the 21st Century*, 2007）。

有不少文獻探討不斷變化的戰爭本質，有些是「學術」著作，有些不是。近年發表的探討戰爭的本質，以及未來戰爭型態的書籍，包括John Keegan的《戰爭的面貌》（*The Face of Battle*, 1978）、Jean BethkeElshtain的《女性與戰爭》（*Women and War*, 1987）、Victor Davis Hanson的《西式戰爭：古希臘的步兵戰爭》（*The Western Way of War: Infantry Battle in Classical Greece*, 1989）、James Der Derian的《反外交：間諜、恐怖、速度與戰爭》（*Antidiplomacy: Spies, Terror, Speed and War*, 1992）及《正直戰爭：打造軍事－工業－媒體－娛樂網路》（*Virtuous War: Mapping the Military-Industrial-Media-Entertainment Network*, 2001）、Alvin與Heidi Toffler的《戰爭與反戰爭》（*War and Anti-War*, 1993）、Christopher Coker的《20世紀的戰爭》（*War in the Twentieth Century*, 1994）、《戰爭與反自由良知》（*War and the Illiberal Conscience*, 1998），以及《人道戰爭：後現代戰爭的新倫理》（*Humane Warfare: The New Ethics of Post-Modern*

War, 2001）、Michael Ignatieff的《虛擬戰爭》（*Virtual War*, 2000）。Ignatieff
的主題是1999年的科索沃戰爭。關於這場戰爭，有幾個值得一讀的軍事戰略分
析，例如Daniel A. Byman與Matthew C. Waxman的「科索沃與強大空軍之辯」
（Kosovo and the Great Air Power Debate, 2000），以及Barry Posen的「為科
索沃而戰：塞爾維亞的政治軍事戰略」（The War for Kosovo: Serbia's Political
Military Strategy, 2000），這兩篇都收錄在《國際安全》。Micahel E. O'Hanlon
的「有瑕疵的傑作」（A Flawed Masterpiece, 2002）對於阿富汗戰爭的分析很
有意思。John Keegan的《伊拉克戰爭》（*The Iraq War*, 2004）精闢呈現2003年
伊拉克戰爭的軍事層面。Rick Fawn與Raymond Hinnebusch編寫的《伊拉克戰
爭：起因與後果》（*The Iraq War: Causes and Consequences*, 2006）是比較新
的研究。其他探討戰爭不斷變化的本質的文獻，包括Andrew Hurrell的《論全
球秩序：權力、價值與國際社會的組成》（*On Global Order: Power, Values and
the Constitution of International Society*, 2007），以及Tarak Barkawi的《全球化
與戰爭》（*Globalization and War*, 2005）。《全球化與戰爭》的修訂版，以及
Mark Laffrey的《民主政治、自由主義與戰爭》（*Democracy, Liberalism and War*,
2001），是探討民主和平論（Democratic Peace）的重要評論。Norrin Ripsman
與T.V. Paul的「全球化與國家安全國：一個分析架構」（Globalization and the
National Security State: A Framework for Analysi, 2005），以及Sven Chojnacki的
「有新意還是老調重彈？1946至2003年國際體系的戰爭與軍事干預」（Anything
New or More of the Same? Wars and Military Interventions in the International
System, 1946-2003, 2006）探討戰爭本質所出現的巨變。Philip Bobbitt的權威作品
《恐怖與同意》（*Terror and Consent*, 2008）是他的另一部權威作品《阿奇里斯
之盾》（*The Shield of Achilles*, 2002）的延伸，提出了一個很有說服力的觀點，
也就是隨著「市場國家」（market states）逐漸主宰這個世界，「恐怖國家」與
「同意國家」之間爆發衝突。

第七章　全球治理

序言：主權、無政府狀態，以及全球治理

　　無政府狀態是國家中心主義的國際關係理論的基礎，因爲主權是國家中心主義的國際關係理論的基礎。正如辛斯里（Hinsley）等人所言，「主權」的概念在16與17世紀出現，是一體兩面的概念（Hinsley, 1966）。在一方面，統治者只要不接受內部，也就是「國內」的平級，就等於擁有主權。在另一方面，統治者只要不接受外部，也就是「國際」的上級，就等於擁有主權。這個概念在17世紀後半，也就是終結三十年戰爭（Thirty Years War）的西發里亞和約（Westphalia Peace Treaties）簽訂之後，正式成爲規範，至今仍然是無政府狀態成立的基礎。至於國際實務到底有多遵守西發里亞和約的規範，則是眾說紛紜。西發里亞和約對於主權的定義，也許眞如克拉斯納（Krasner）所說，是一種「有組織的僞善」，因爲統治者一天到晚都在互相干預，但至少在原則上，要想自稱是主權國家，就必須承認其他國家的主權（Krasner, 1999; Kratochwil, 1995）。

　　無論如何，沒有外部的更高權威，就等於沒有「政府」，也就是無政府狀態。這一點很明確，但還是掩蓋了主權的法律狀態（juridical status），以及主權的政治概念（political concept）之間的差異。在一方面，形容一個國家是主權國家，指的是這個國家在世界上的法律地位，也就是這個國家不承認在法律上有任何高於自己的上級，它不是其他國家的殖民地，也不是宗主國體制下的一分子。在另一方面，說一個國家是主權國家，通常表示這個國家擁有某些能力，能做出某些行爲，完成某些事情。這兩種主權定義的最大差異，在於第一種沒有灰色地帶，一個國家是不是法律上的主權國家，只有是與不是兩種答案。第二種則是顯然有程度上的差別。主權國家擁有的能力即使多一些，少一些，也不會影響主權，而且處理事情就算沒那麼有效率，也仍然擁有主權。在一方面，主權是一種國家或有或無的地位。在另一方面，主權也是一群權力與能力的集合，可能變大也可能變小。

　　在「西發里亞制度」剛推出的那些年，主權的這種區別並不重要，因爲國

家行使的權力的範圍與程度都有限。當時國家在內部的主要活動，是徵稅與「安定」，也就是建立法律與秩序，在外部的主要活動，則是戰爭與帝國主義。能力的差別在這方面最明顯，但絕對不會影響到無政府狀態的概念。沃爾茲說得對，無政府狀態的主要特色，就是無政府體系當中的每一個單位，都會以不同的能力，發揮相同的功能（Waltz, 1979）。但是如果說主權國家所發揮的功能，也包括達成某些社會目標，以及有效規範，甚至實際管理經濟，那情況就會非常不一樣，因為很顯然在某些情況，倘若沒有外部合作，主權沒有某種程度的匯聚，就不可能有效行使這些權力。因此舉一個很簡單的例子，國家的「權力」之一，是成立郵政服務。但除非能跨國收寄郵件，否則郵政服務就沒有太大的價值。為了能夠跨國收寄郵件，各國必須轉讓一部分的權力給一個國際組織，最早是1874年成立的萬國郵政聯盟（Universal Postal Union）。如此一來，「主權」國家所擁有的權力同時擴大又縮小。國家現在有能力成立有效的郵政體系，但付出的代價，是將郵政體系的一部分控制權轉讓出去。要成為真正的主權國家，必須放棄一部分的主權，這還真是矛盾。

　　同樣地道理，西發里亞制度問世以來，國家與社會或經濟的「配合」也有所改變。原本幾乎沒有社會政策，絕大多數的經濟活動都是小規模的本地農業活動。然而後來有了製造業與工廠體系，越來越多人發現為更大的市場生產，能得到效率利益（efficiency gains），也就是規模經濟（economies of scale），於是經濟活動的範圍與種類擴大，而社會政策也得以浮現。引發的第一個效應，是國家最理想的規模有所擴大。英國與法國排除了國內的貿易障礙，創造「單一市場」，德國則是從關稅聯盟變身單一國家。然而新社會的需求絕非這些措施就能滿足，所以從1860年代開始，先後成立了幾個國際管理機構，例如1865年成立的國際電報聯盟（International Telegraphic Union）、1875年成立的國際度量衡局（International Bureau of Weights and Measures），以及1901年成立的國際勞工局（International Labour Office）（Murphy, 1994）。在20世紀，國際聯盟與聯合國體系加速了功能合作的制度化過程，諸如國際貨幣基金、世界銀行，以及世界貿易組織這些機構開始管理更廣泛的國家活動。這些新機構每一個都是主權國家行使權力才得以誕生，但每一個都導致國家的主權縮小，因為每一個國家或多或少必須將主權匯聚起來，才能有效行使權力。

　　在規範制度化的過程當中，受到影響的不只是過去兩百年的新社會與經濟

力量。國家最基本的外部能力，也就是發動戰爭的能力，也同樣受到管制。雖然管制的效果很有限，但放在一百五十年前，很難有人相信發動戰爭的能力也會受到管制。在海牙與日內瓦發布的幾項公約、《聯合國憲章》的法律限制，以及限制使用武力的法令，確實抑制了軍事力量的使用。總而言之，雖然世界沒有政府（因為各國不願意交出主權國家的法律地位），但各國為了要有效統治，行使政治主權，所以創設了廣大的全球「治理」網路。「治理」是一個很古老的詞彙，原本是政府的同義詞，後來則是用來泛指在過去一百多年來激增的各式各樣的（國內與國外的）準政府機構的集體影響（Rosenau and Czempiel, 1992）。這一章要探討全球治理的基本制度架構，也要介紹幾種國際合作的理論，例如功能主義（functionalism）、新功能主義、聯邦主義、建制理論，以及集體安全。

最後有一點要特別提醒，「全球治理」的重要性在不同的議題差異很大，在世界的每一個地方也不同。千萬不要將全球治理的成長，視為逐漸入侵國際生活的每一個層面，以及世界每一個區域的一股力量。在世界上的很多地方，無論是國內還是國際，粗暴的霍布斯式現實主義都是理解政治最精確的觀點。而在國際政治的某些層面，則是沒有一個國家願意放棄一部分的主權。簡單來說，同時也重申剛才提過的一點，那就是全球治理與全球政府不同，更不用說是責任代議政府。不要誇大了整體世界井然有序，遵循規範的程度。

功能主義

聯邦主義的起源，至少可以追溯到18世紀的和平計畫，所以嚴格說來，聯邦主義是最早開始研究國際制度發展的學問。不過我們一開始應該先探討功能主義。功能主義是人類史上及智識上最為複雜以及最具有企圖心的嘗試，其不僅要瞭解國際制度的發展，也要規劃此一發展未來的成長軌道，並考量其規範性意涵。功能主義是原創的思想，規模與現實主義相當，但不同於現實主義的是，功能主義與過往的外交傳統無甚相關。密特蘭尼（David Mitrany）應該算是功能主義的創始人，奈伊（Joseph Nye）、哈斯（Ernst Haas）、塞維爾（J. P. Sewell）、泰勒（Paul Taylor）、古姆（A. J. R. Groom）這幾位學者便是沿用他的世界觀進行個案研究，也衍生出更多理論。伯頓（John Burton）還有米契爾（Christopher Mitchell）與班克斯（Michael Banks）這幾位世界社會理論家，則

是以相當獨特的方式使用功能理論。功能主義絕對是20世紀出現的研究國際制度的最重要的理論，但這並不表示功能主義所有的思想，甚至可以說絕大多數的思想，經得起批判的檢驗。

要想瞭解功能主義，就必須明白雖然功能主義對國際制度過去的發展，以及未來的前景提供了解釋，但這並不是功能主義的主要目的。功能主義真正的重點，在於研究和平的條件。功能主義在1940年代出現時，是對於聯邦主義、集體安全這些國家中心主義的和平理論的回應。密特蘭尼認為，國家中心主義的和平理論之所以失敗，不是因為很多人所說的，對國家的要求太激進，而是因為不夠激進。集體安全放任主權國家自行決定是否回應其當為之務。各國在法律上有義務採取某些行動，但也有權以本身的利益考量，完全不顧法律規定。全球規模的聯邦主義能創造出強制各國遵守法律的環境，但正因如此，各國就不願意結成聯邦。聯邦主義與集體安全之所以失敗，是因為牽涉到主權的本質，但造成的結果卻又違反主權的本質。正面攻擊法律主權，但讓政治主權毫髮無傷，這種作法注定要失敗。密特蘭尼認為，「可行的和平體系」只能由下而上建構，鼓勵各國合作的同時，也繞過正式主權的議題，轉而逐漸削弱各國行使主權的能力（Mitrany, 1966）。這個主張可以用兩句話概括：「功能領導形式」以及「階段式和平」（Nye, 1971）。

「功能領導形式」顛覆了許多命題。第一，合作必須僅限於國家目前正在進行，但換在更大的情境就能更有效進行的特定活動（功能），才有成功的可能。第二，合作的形式必須取決於所要達成的功能的本質，因此某些功能適合由全球機構達成，而某些功能只需要區域性，甚至地方性的機構便已足夠。有時候只需要資訊的交流，有時候則是必須將決策權交給功能性機構。勞工組織與資方團體必須關注勞動標準，醫師與衛生官員在意的應該是消滅疾病。每一種功能性組織的設置，都應該以達成特定的功能為目標。

「階段式和平」是功能合作個案的理想集體結果。主權的功能論模式將先前提到的政治主權擺在首要位置。主權是一群權力的集合，這些權力從國家逐漸移轉到功能性組織，國家扮演主權者的能力也因而逐漸降低。這牽涉到某種政治心理學的運作，也說就是說個人對國家的忠誠，是國家為個人服務的產物。當其他機構取代了國家在某些活動的角色，個人對國家的忠誠也會流失。而且功能合作的結果，並不是創造一個更大、更有效的新國家，而是國際體系的領土基礎，會

被「功能領導形式」的指導原則破壞。領土國家行使的功能越來越少，國家會變成一企圖發揮多重功能且擁有領土的異質機構，然而世上大部分的治理與行政工作，都已由能發揮特定功能，也沒有領土的機構負責。

密特蘭尼的基本思想啓發了一批新的理論作品，以及一些非常著名的個案研究，尤其是哈斯對於國際勞工組織研究《超越民族國家》（*Beyond the Nation State*），以及塞維爾的聯合國教科文組織研究《功能主義與世界政治》（*Functionalism and World Politics*）（Haas, 1964; Sewell, 1966）。顯然聯合國體系的「功能機關」提供不少個案研究的主題。不過這些功能機關多半違反了「功能領導形式」的指導原則，因爲都是全球機構，而且是由各國主導，而非由履行功能者主導。功能主義也影響了關於區域組織的思想，不過就如下一節會談到的，此種影響僅限於「新」功能主義而已。功能主義的思想，與伯頓所提出的世界社會「蛛網」模式之間的關連很明顯（Burton, 1972），米契爾與古姆也認同兩者之間確有關連，即便伯頓自己並不這樣想。著重全球化的世界經濟理論，就是源自功能主義思想，近年關於國家去疆界化（debordering）的研究也是一樣。簡言之，即使很少人認同密特蘭尼的所有思想，功能主義仍然是一種影響力深遠的全球治理模型。那麼，功能主義的問題是什麼？影響力爲何無法再上層樓？

英國現實主義者諾夫艾吉（F. S. Northedge）評論哈斯的著名研究，說國際勞工組織「超越民族國家」，就如同特拉法加廣場（Trafalgar Square）超出查令十字站（Charing Cross Station）的範圍。這句話有點難懂，意思是說國際勞工組織是由國家、工會與資方代表三個部分組成，在空間上確實不同於民族國家，但絕不是「超越」了民族國家這個制度。世界出現了極爲複雜的制度網路，但出乎功能主義者意料的是，西發里亞體系依然存在，主權也依然是指導原則。主權國家始終能將功能合作控制在一定的範圍之內，並不受功能主義據稱的侵蝕效應影響。從現實主義的觀點來看，很容易發現哪邊出了問題：功能主義的政治心理學觀點有誤。對國家的忠誠其實是建立在兩大基礎之上。第一，對國家的忠誠是一種情感的現象，而非純粹是一種工具。對很多人來說，國家代表民族，民族則是伯克（Edmund Burke）所提出的過去、現在與未來的幾個世代之間的契約。這個契約的基礎，是血統、語言、對地域的情感，以及文化的關係，而這些關係皆不會被跨越國界的功能合作所削弱。第二，如果說對國家的忠誠是工具性的，則換取忠誠的關鍵在於國家保障基本人身安全的能力，保障人民不受外侮的能力。

根據密特蘭尼的理論，國家發揮這種功能的能力，是各國政府最不可能放棄的。

　　也可以說這種現實主義的理論，就跟功能主義一樣，是以不合理的政治心理學觀點爲基礎。也就是說其實很少國家是民族國家。大多數人受到本國政府的迫害，更甚於外國人的迫害。人民多半是被迫「忠誠」，而非自願忠誠。不過在現實主義理論的背後，還有一種針對功能主義較爲合宜的批評，出自於比較務實的國家論預設。密特蘭尼還有幾位後繼的理論家，提出了一種非政治（apolitical）的功能合作理論。他以技術人員的精神解決問題，而此處潛在的預設是功能合作要解決的問題，基本上都是技術問題，可以技術方式解決。「行政與政治可以分離」，這是一種很19世紀實證主義的世界觀，伯頓也認同這種思想。他所提出的「系統」解決方案，與國家所採取的非系統方式相反，也是基於對政治的不信任與排斥（Burton, 1968）。

　　當然問題在於即使是最技術性問題的最技術性解決方案，也還是會產生政治影響，總是可能造成一個團體受益，另一個團體受害。根據萬國郵政聯盟的基本規則，每一個國家都有義務在領土範圍內投遞國際信件，感覺就是有效郵政系統問題的一種純技術性解決方案。但如果投遞的信件含有政治、宗教或色情內容，就會引發很大的政治效應。蒐集有效的氣象預報所需的資訊，看起來沒有什麼問題，但封閉的社會就會抗拒。而在另一種極端，誰都知道勞動標準，以及貿易與國際資本市場管制會形成的政治影響，這些功能合作的例子，都牽涉到收益與損失的分配，要決定何人，在何時與何地拿到什麼。這些都不是技術問題，也沒有技術性解決方案，因此國家往往很不願意從「功能」的角度解決問題。所以聯合國那些功能機關之所以會依循國家中心主義，並非出於偶然。沒有一個大國願意以非政治的方式，處理他們眼中的政治問題。就算有國家願意這樣做，也不曉得人民是否能接受結果。

　　所以完整的功能主義國際合作模型算是一種失敗。不過至今尚未出現類似等級或範圍的理論，而且至少有部分功能主義語彙仍然存活在其他野心比較小，但也許更成功的理論當中。在全球化的時代，關於政治空間的新概念逐漸浮現，反對領土原則的功能主義更能引起共鳴。

整合理論、聯邦主義及新功能主義

　　功能主義著重創造新世界秩序，主權國家在新世界秩序扮演次要的角色。相較之下，整合理論的重點則是以整合現有的國家，創造出新的國家，通常在區域基礎上，長期而言有可能創造出一個世界國家。從1945年開始，整合理論最重要的試驗場是歐洲，所以接下來討論聯邦主義與新功能主義，也會將重點放在歐洲，但也要記住，歐洲整合程序的教父多半將整合視爲一種跳板，希望在遙遠的未來的某一天，會整合整個世界。

　　在大戰剛結束的世界，許多西歐領袖極力要避免第三次歐洲大戰爆發，想創造一個歐洲合眾國，也就是一個聯邦或是邦聯，成員國的主權會受到限縮。有些早期機構就是這種志向的雛形，尤其是歐洲理事會。但在1940年代，大家發現直接挑戰歐洲國家的主權是不會成功的。1954年，法國國民議會封殺了歐洲防禦共同體（European Defence Union）的成立計畫，更加確認了此一觀點。三位歐洲整合之父，也就是莫內（Monnet）、卡斯佩里（De Gasperi）與舒曼（Schuman），運用功能主義思想，也吸收了馬歇爾計畫（Marshall Plan）的美國援助經驗，規劃了另一條邁向歐洲整合的道路。功能主義的目標是由下而上削弱國家主權，要像切薩拉米香腸一樣，一點一點剝奪國家的權力。爲了分配馬歇爾計畫的援助而成立的歐洲經濟合作委員會（Committee for European Economic Cooperation），也就是後來的經濟合作暨發展組織（Organisation for Economic Co-operation and Development）的前身，接受援助的歐洲國家必須提出分配援助的共同計畫。此一策略與經驗結合的結果，就是一條藉由促成歐洲經濟統一，邁向歐洲的政治統一的道路，因此在1952年成立了歐洲煤鋼共同體（European Coal and Steel Community），又在1956年成立了歐洲原子能共同體（Euratom）及歐洲經濟共同體（European Economic Community）。這三個機構後來合併爲歐洲共同體（European Community），也就是現在的歐盟的前身。

　　這些機構無論是在以前還是現在，都是獨立的機構，不過就正式程序而言，歐盟的決策權多半還是掌握在會員國代表組成的部長理事會（Council of Ministers）。歐盟執行委員會（European Commission）是由一群委派的官僚組成，有權制訂政策。歐洲法院（European Court）有權裁決歐盟內部的許多紛爭。近年又成立了直接選舉的歐洲議會（European Parliament），可以不受各國

控制，獨立行使大權。這些機構串連起來，就代表歐盟（目前的）27個會員國與4億人民，一同參與一種獨特的國際制度合作的過程。

　　該如何理解這個過程？這個過程比起密特蘭尼一派提倡的功能主義，顯然有兩大不同。第一，歐盟成立的目的，也是至今仍在努力的目的，是藉由成立國際制度建構，創造一個新國家。最終想要達成的結果，是一無法透過行動創造的聯邦（或邦聯）歐洲。雖然歐盟某些國家的政治人物，尤其是英國與北歐，並不想承認有這種企圖，但成立聯邦或邦聯仍然是歐盟追求的核心目標，不過聯邦主義在這裡的定義究竟是什麼，仍然沒有定論。總而言之，歐盟的機構無論是過去還是現在，都不是按照「功能領導形式」的原則設置，所以許多整合主義者才會反對「兩種速度（或是多種速度）的歐洲整合」這種準功能主義原則，意思是歐盟的不同部分以不同的速度整合。

　　也許歐盟整合過程與功能主義的第二項差異比較重要。如同功能主義，歐盟整合的目的也是擴大機構合作，因為各國發現一個領域的合作，往往會自然而然走向另一個領域的合作。但差異在於在歐盟體系，這種擴張（也可以說是「擴散」）過程具有明顯的政治性。廢除會員國之間的內部關稅，就會創造出一種將生產與運輸成本儘可能均等化的政治需求。而重點在於政黨與壓力團體會逐漸向中央機構，而不是向「地方」政府施壓。政治是功能主義的敵人，卻是歐洲整合的推手。

　　這兩個與功能主義的差異，引發某些作者從歐洲經驗歸納出一種整合的方式，稱為新功能主義，可以作為其他整合案例的理論基礎，例如非洲或拉丁美洲。換一個角度分析非常重要，因為有些人誤以為歐洲是新功能主義的試驗場。其實並非如此，新功能主義的核心觀念，亦即是國家之間的整合乃政治驅動的擴散程序過程之產物，是源自歐洲經驗，而非將其應用於歐洲案例上。那麼新功能主義作為一種理論，發展又是如何呢？基本上不怎麼樣。歐洲經驗無法輸出，其他的整合案例並沒有依循歐洲（新功能主義）模式。即使在歐洲內部，新功能主義的運作也是時好時壞，有時候會出現擴散效應，有時候又不會。有些壓力團體在歐盟層級運作，有些又沒有。一個令人驚訝的例子是歐盟共同農業政策（Common Agricultural Policy），雖然大家都知道其重要性，以及布魯塞爾在做出相關裁決上的關鍵地位，但歐盟各地的農民組織還是習慣向本國政府施壓，而不是對歐盟的中央機構施壓。這裡的重點是「功能自治」。歐洲議會開放直選，

也並沒有造就真正歐洲層級的政治差異。選民反而是利用這些選舉，表達對本國政府的好惡。簡單說來，歐洲整合的過程是斷斷續續的，並不是一氣呵成的擴散。而且那些重啓整合過程的因素也未能呈現出明顯的模式。整合的方式與速度，取決於發生的事件，而爲如同任何理論模式所預期。後來也有人提出「府際主義」（intergovernmentalism）的論點，意思是說整合是由國家之間的協商推動，一旦出現特定的問題，就由各國政府以政治方式解決，而不是依循任何一種功能主義。然而在某些情況下，政府之間的協商會形成某種程度的「主權匯聚」。要是出現涵蓋全歐洲的「政策網路」，或許會帶動某些變革。尤其是許多作者特別提到，會員國政府經常利用歐盟，推廣那些政治菁英認爲很重要，卻在國內不受青睞的政策。這意味著一種政治歐洲化，雖然與歐洲整合的幾位創建者最初的設想不太一樣。總而言之，歐洲經驗顯然很獨特，卻從中歸納出關於合作過程，以及國際制度建構的一般性啓示並不合理。

　　不過在介紹全球經濟機構，以及聯合國體系的機構之前，還是應該先回到戰後歐洲經驗的起點，也就是創造「歐洲聯邦」的抱負，近年來又成爲熱門話題。英國從1980年代開始，尤其是1999年歐洲發行單一貨幣（「歐元」）之後，討論的話題多半聚焦在一個歐洲聯邦是否有望。1992年的馬斯垂克條約（Maastricht Treaty）明確宣示要創造聯邦制的歐洲，2004年夭折的歐盟憲法，也有不少明顯屬於聯邦制的特徵，所以這個議題很重要。英國（大概還有歐洲其他國家）強烈反對歐洲走向聯邦制。原因之一是「聯邦主義」在英國的含意，與在歐洲其他國家（尤其是德國）的含意不同。在英國，聯邦主義等於一種集權化的過程，奪走了區域（也就是歐洲的民族國家）的權力。但在德國，聯邦主義則是從第二帝國與第三帝國，演變至德意志聯邦共和國的過程，也就是分權化的過程。歐洲大陸的政治人物所謂的歐洲聯邦，並不是英國的疑歐派人士強烈反對的「歐洲超國家」。這個問題之所以那麼複雜，是因爲有些人認爲歐盟已經是一個聯邦體系。福西思（Murray Forsyth）認爲聯邦體系最大的特色，在於聯邦政府不必顧慮較低層級的政府，也能有效行使某些權力。較低層級的政府也可以不必顧慮聯邦政府，自由行使某些權力。歐盟內部的情形就是如此（Forsyth, in Brown, 1994c: 56）。歐盟是個「軟弱」的聯邦體系，但畢竟還是個聯邦體系。這裡還牽涉到更廣泛的層面。現在的世界上有許多擁有類似權力的組織，有些人認爲聯合國本身也算其中之一。學者不願意使用類似「聯邦主義」這種傳統分類標準形容這個情

況，也許是一種錯誤。

　　總而言之，我們先短暫回頭談談歐盟。2004年提出的歐盟憲法，在各國批准的階段遭到否決。法國與荷蘭的公投都反對歐盟憲法，不是因為外界指稱歐盟憲法的聯邦主義特徵，反而是因為我們方才討論的觀點，也就是歐盟憲法據稱被英國與東歐及中歐的伙伴置入了部分帶有新自由主義色彩的條款，法荷兩國擔憂歐盟憲法將破壞兩個國家所立基的社會式模型。這兩個歐洲強國抗拒歐盟憲法，也反映了一種對歐盟擴張的恐懼心理，荷蘭尤其不願看見土耳其加入歐盟。歐盟憲法最後以撤銷收場，後來又發布了一份相當類似歐盟憲法，只是少了「憲法」兩個字的文件，也被2008年愛爾蘭的公投否決。新文書較為低調，所以有些國家竟然有一種荒唐的念頭，覺得既然新文書與「條約」完全不同，所以只要國會批准就好，不需要人民藉由公投批准。就是因為這種念頭，不然英國的公投也必定會出現否決的結果，也許其他國家也一樣。隨著歐盟逐漸擴張，制度變化確實有其必要。目前由27位成員組成的歐盟執行委員會規模太大，無法發揮效益。歐洲聯盟理事會的投票機制，以及歐洲議會的代表規模也有待調整，但很顯然歐洲人民不想再聽一份闡述歐洲理想的全新偉大宣言。最有可能出現的情況，是這些問題只能一個一個解決。這也反映出歐盟的成功，也就是說歐盟的政治不再被大動作與大口號所主宰，而是逐漸常規化。

全球經濟機構：布列頓森林體系（**Bretton Woods**）及其後

　　在當代國際機構當中，歐盟在全球治理及削弱主權方面最具野心，但世界上還有一群幾乎同樣傑出的機構。這裡要先說明一下歷史背景。在1914年之前，世界經濟表面上會「自動調節」，但在實務上，英國的經濟力量發揮了一些調節功能，大多數的國家依循金本位制（gold standard），所以不需要複雜的國際貨幣機構，貿易也相對自由，這也符合經濟自由主義的看法（下一章會詳細介紹）。但這種經濟體系最終不堪戰爭的壓力而崩潰，因大多數國家對於進口與出口加以管制，並脫離金本位制，終結本國貨幣與金價的連動關係。當時的想法是暫且如此，等到戰爭結束，就會恢復先前的自由主義國際經濟。事實證明是絕對回不去了，在1920年代的短暫繁榮後，1929年爆發華爾街股災，1930年與1931年又發生歐洲銀行危機，幾乎所有國家都實施高度的貿易保護，以及廣泛的貨幣控制。

作爲舊體系的領導者，英國在1931年永遠脫離了金本位制，並在1932年建立了帝國優惠關稅制度（Imperial Preferences），拋棄了自由貿易，此一發展跟隨著美國國會於1929年通過的，保護主義色彩濃厚的斯姆特－霍利關稅法案（Hawley–Smoot Tariff）。自1929年至1933年，全球貿易崩跌，1933年的貿易額滑落至1929年的四分之一以下。1930年代的經濟大蕭條是由貿易引發，與1980年代的經濟衰退有所不同，在後一場危機中即使整體產量下降，貿易量還是逐年上升。1930年代經濟開始復甦，是以貿易集團爲基礎，分別是美元區（Dollar Area）、英鎊區（Sterling Area）、黃金法郎區（Gold Franc Area）等等，同時也側重以物易物的交易。不過這種交易反映的是政治實力，而非經濟優勢。例如納粹在1930年代末主導的以物易物，羅馬尼亞被迫以石油換取咕咕鐘之類的非必需品。在全球資本主義體系的集體記憶中，這段期間是一場災難。對於經濟大蕭條的遙遠記憶，也是促成現在的全球經濟合作的因素之一。

有人認爲經濟大蕭條是缺乏領導的結果，英國再也沒有能力領導，美國則是沒有領導的意願。總而言之，在1930年代中期之前。美國已經在主導國際貿易會議。隨著戰爭到來，美國成爲民主政治的兵工廠，又擁有世界最大的財力，有能力與現在算是小伙伴的英國合作，決定世界經濟未來的面貌。美國認爲戰爭之所以爆發，是舊的自由主義秩序失靈的緣故，所以在戰爭結束之後，一定要重建這個秩序，這涉及對自由貿易的承諾（或者至少以關稅取代實體管制與貿易集團），廢除貨幣集團與外匯管制，恢復可兌換貨幣機制。英國人不認同這個路線。凱因斯，1930年代的激進派經濟學家與保護主義信徒（當時已經成爲凱因斯爵士），也是英國財政部的重量級人物，對政策有很大的影響力。在他的領導之下，英國人不再傾向自由貿易，而是支持英鎊區。但最後美國的經濟力量還是強大到讓英國無力招架。其實很諷刺，因爲美國原則上是希望制度安排能不受權力考量影響。但我們先前在討論功能主義的時候提過，這不太可能，牽涉到核心的經濟議題，就絕對不可能。

英國、美國，以及許多小國的代表，在1944年於美國新罕布夏州布列頓森林召開會議，商討戰後的新經濟秩序，也就是後來的布列頓森林體系。布列頓森林體系在幾個方面符合美國的思想。第一，這個制度將國際議題分配給不同的機構來處理，實現了國際經濟的「去政治化」。因此國際貿易組織（International Trade Organization）負責貿易事務，世界銀行管理資本流動，國際貨幣基金則是

處理國際資金及國際收支危機。這些機構是聯合國的功能機關,卻與聯合國安理會,以及其他負責「政治」事務的聯合國機構,保持最遠的距離。在實務上,聯合國無法有效控制這些機構。這些新機構是由理事會及常務董事負責經營,雖然是由各國推派(席次的比例是按照各國的經濟實力分配,而不是「一國一票」的制度),但還是有固定任期,他們被期待以專業人士而非政治代表的角色行事。成立這些機構,就是要用技術方案,解決技術問題。

第二,這些機構是監管機構,而不是經理機構。因此世界銀行除了少數的營運資金之外,不會擁有其他的資金,而是會以商業手段籌措資金,以商業利率借貸給各國,以補充私人貸款與政府間交易。國際貨幣基金也不會是(凱因斯所提倡的)製造國際貨幣的全球央行,而是一個監管機構,負責管理一套規則,要求會員會支持自由兌換貨幣,並以國家行動捍衛匯率。國際貨幣基金會協助國家處理國際收支危機,但也會開出協助的條件,進而監督會員國的政策。國際貿易組織則是負責監督會員國的貿易政策,確保會員國遵守限制貿易配額及降低關稅的規則。不過還是要等到將近五十年後,世界貿易組織才終於在1995年成立。在此期間則是由功能更為受限的關稅暨貿易總協定(General Agreement on Tariffs and Trade)承擔其任務。

在大戰剛結束的那段日子,這些機構完全不可能開始運作。在1940年代,沒有一個國家有能力與美國競爭,因為資本主義世界超過半數的工業生產都在美國。實際上,真正促使資本主義世界經濟重建,並造就了一個繁榮世代的推手是冷戰。馬歇爾計畫(Marshall Aid),又稱歐洲復興計畫,提供歐洲與日本大約150億美元的援助,不僅援助金額遠遠超越了凱因斯的計畫,援助的條件也較為寬鬆。不過馬歇爾計畫擺明了是對於共產主義的威脅的回應。要不是受到共產主義的刺激,美國國會絕對不會通過如此慷慨的援助計畫。將國際經濟關係去政治化的努力終究只是一個美好的夢想,沒能成為現實。總而言之,在1950年代早期之後的20年間,世界經濟出現前所未有的成長與繁榮。絕大多數的成長集中在歐洲與日本,但即使是英國與美國也穩定成長。所謂的第三世界的成長率也很高,不過也經常受到人口成長的衝擊。到了1950年代末,主要經濟體多半已經重建了貨幣的可兌換性。各國也已經依照關稅暨貿易總協定,展開過「幾輪」的關稅協商。進入1960年代,整個制度雖說跟原本設想的不太一樣,還是運作得很好。

然而在1960年代,布列頓森林體系卻經歷一場又一場的危機。到了1973

年，各國不再追求固定匯率，世人普遍認爲布列頓森林體系已經是名存實亡。原因之一是貨幣危機持續延燒。制度運作的關鍵是「準備貨幣」（也就是美元，還有極少比例的英鎊），必須提供充裕的準備貨幣給第三方使用，又不能傷及發行國。這個不可能解決的問題始終也無法解決，所以才會產生現在的浮動匯率機制。布列頓森林體系式微，也是一群新經濟行動者崛起的結果，我們在第八章與第九章會深入討論。不過雖然布列頓森林體系停擺，體系下的機構也依然存在，並扮演新的角色。

國際貨幣基金與世界銀行扮演的新角色，多半與開發中國家有關。這兩個機構不負責處理已開發國家的短期貨幣與資金需求，而是逐漸肩負起提振所謂的「南方國家」的經濟成長的責任。他們也因爲扮演這種角色而備受爭議。很多人認爲，國際貨幣基金開出的「借貸條件」，也就是借貸方必須遵守，才能得到援助的條件，帶有一些並不適當，會增加開發中國家負擔的建議。世界銀行與國際貿易組織也遭受過類似的批評。眞正的自由貿易對開發中國家有好處，但先進工業國家不願將農業貿易自由化，是引發強烈反感的關鍵。總之南方國家建立了自己的一套全球經濟機構。1964年是關鍵的一年，聯合國貿易和發展會議（United Nations Conference on Trade and Development）與77國集團（Group of 77）都在這一年成立。聯合國貿易和發展會議是聯合國成立的機構，定期召開會議，討論影響南方國家的貿易議題。不同於國際貨幣基金及世界銀行，聯合國貿易和發展會議遵循一國一票的機制，南方國家在國際會議所擁有的主要優勢，也就是數量優勢，也得以最大化。世界貿易組織的情形也一樣，南方國家只要有強力的領導，就能發揮很大的權力，例如盧安達就在2004年7月展開的杜哈談判回合中，爲非洲國家爭取權益。如果巴西、印度這些第三世界大國握有實質影響力，南方國家也能具有優勢。77國集團是一群要求成立聯合國貿易和發展會議的「低度開發國家」。由於去殖民化的開展，幾乎是成立沒多久，其會員國就超過77個，但還是沿用原始名稱。這些團體至今仍然具有某種象徵意義，但在實際協商中需注意的，如目前正在進行的世界貿易組織的杜哈談判回合，情況不是單純的南北劃分那麼簡單，而更爲複雜。例如印度、中國與巴西的利益各自不同，與其他南方國家也不盡相同。這些非正式團體實際上也會跨界結盟。

除了這些正式機構之外，八大工業國組織（G8）之類的論壇也負責經濟相關的決策。八大工業國組織是由主要工業國的元首組成的團體，每年召開會

議。其他的經濟決策管道，包括聯合國針對重大議題召開的會議、較小規模的地方貿易協定、政策網絡，以及有錢有勢的人的非正式聚會場所，例如達弗斯（Davos）及畢德堡俱樂部（Bilderberg）。所以國際經濟關係的治理，也許包括其他社會領域的治理，應該已經超越了制度的層面，形成了建制（regime）。

國際建制與建制理論

國際建制的概念，發源於1970年代複雜的相互依賴的國際關係，在1980年代成為新自由主義與新現實主義爭論的焦點。史上第一次出現一個大家都能接受（雖然還是有點爭議）的建制定義，也就是一套「在國際關係特定之議題領域，行為者期望所交集的一組隱性或顯性的原則、規範、規則及決策程序。」（Krasner, 1983: 2）。想看看具體的例子，可以將克拉斯納提出的幾個關鍵字的延伸，套用在現在的貿易體系上。

貿易體系所依據的原則（關於事實、因果關係及正確性的看法），是貿易是件好事，自由貿易優於管制的貿易，自由貿易能促進和平。這些原則構成了貿易建制中「鑲嵌的自由主義」，即使出現違背原則的實踐，原則依然存在。建制的規範（以權利義務界定的行為標準）賦予這些原則實際的內容。所以舉例來說，規範告訴我們如果貿易不可能自由，一定要受到限制，那關稅會比貿易配額更理想，因為關稅對市場的干擾較少，也比較不會造成差別待遇。貿易建制的規則（具體行動指令或禁令）詳細闡述這些規範的含意，也列出能允許的例外。這些規則記載於世界貿易組織憲章、多種纖維協定（Multi-Fibre Arrangement），以及其他法律與準法律文件。在貿易建制的例子中，決策程序（做出與執行集體決定的主要方式）主要包括世界貿易組織的會議、聯合國貿易和發展會議之類的機構的會議外交，以及在另一個層級的世界貿易組織憲章所制訂的貿易糾紛處理程序。

原則、規範、規則及決策程序有明示與默許兩種。明示的規則是白紙黑字，默許的規則是一種沒有以文字記載的默契。所以例如歐盟以及北美自由貿易區（North American Free Trade Area）之類的「關稅同盟」與「自由貿易區」雖然很明顯會製造差別待遇，還是得到明文許可。「自動出口設限」（voluntary export restraints）則是在默許之下成立。所謂自動出口設限，意思是一方承諾要

限制對另一方的出口。這種限制是一種差別待遇，也違反了貿易體系的規範與原則，但還是有人接受，因為以為是出於自願才如此約定。每個人也都基於各自的理由同意此種作法。這就是一種貿易體系的「默許」規則，就跟創造這個建制的各種協定中之明文規則同樣重要。

「建制內行為者期望所交集」是整句話的重點。世界貿易的「行動者」是企業、國家，以及個人消費者，對於世界貿易的原則、規範、規則，以及決策程序有某些期望。如果這些期望有交集，建制就會形成。如果沒交集，就沒有建制。「交集」是一個特別挑選的詞，免得有人誤以為這些期望必須完全相同（大多數時候明顯有別），或者以為大家都一定會遵守規則（同樣明顯的，並不總是如此）。「期望所交集」意思是說行動者多半會有類似的期望，而且多半也會實現，所以就這個例子來看，相較於沒有建制，貿易建制內的事務比較容易預測，也比較有規律。

顯然很多人認為建制是全球治理的一部分，但必須要強調的是，貿易建議中雖然世界貿易組織扮演重要的角色，但還是與強調制度性特徵的布列頓森林體系有顯著差別。世界貿易組織是很重要，但聯合國貿易和發展會議、多種纖維協定等等的機構也很重要。依循默許規則的非正式「機構」也許跟正式機構一樣重要，甚至更加重要。建制理論發源於國際關係的新自由主義理論，其基本假設是國家，還有企業，是一群理性的利己主義者，在無政府體系之內運作。建制如何可能？也就是說，無政府體系內的理性利己主義者怎麼有辦法合作？從新自由主義的角度，不難看出國家（以及企業）為何想要合作，因為合作會有絕對利益（absolute gains），也就是說相互適應能得到絕對利益。新自由主義認為國家會在乎絕對利益。問題在於作弊的誘惑實在太大。國家會經常遇到一種情況，就是合作能帶來利益，但如果合作的成本能由其他人承擔，利益就會更大。這是一個典型的集體行動問題。在國內社會，政府扮演的角色之一，就是透過強制執行一套原則上符合共同利益的規則，解決集體行動的問題。很明顯的，國際層次上並沒有這種解決方案，那麼國家們一開始是如何創立建制，這些建制又如何能發展至今日的規模？這個現象最有影響力的解釋，是霸權穩定理論（theory of hegemonic stability）。

霸權穩定理論在早期的重要宣示，出現在金德爾伯格（Charles Kindleberger）關於1930年代的經濟史著作《蕭條的世界：1929至1939年》（*The*

World in Depression 1929–1939, 1973）的最後一章。他探討經濟大蕭條的成因，認為大致是如此：很多人以為1914年以前的國際經濟體系會自動調節，但其實並非這樣。英國的金融霸權力量，其實是由具準自治地位的英格蘭銀行行使，用來解決金本位制所衍生出來的合作問題。英國持有大量海外資金，所以有這個能力。英國也有意願，因為作為最大的金融強權，體系的存續對英國來說最為重要。英國身為霸主的正當性也為體系內其他成員所廣泛接受，儘管多以默認方式表現。體系要能順利運作，必須要有一個國家具備能力、意願與正當性。在1930年代，並沒有一個國家具備這三項條件，所以整個體系崩塌。不過在1945年之後，又出現一個新的經濟霸權：美國。

美國有提供霸權領導的能力，也有意願。資本主義世界的其他國家都很貧窮，又懼怕蘇聯，所以願意接受美國領導。因此戰後的制度結構，便是由美國的實力背書。美國大致上遵守規則，而因為其基本實力強大，所以即使其他國家違反規則，只要體系能維持下去，美國就願意不計較。所以美國的霸權能夠作為國際政府的一種替代品，但並沒有違反理性利己主義的基本假設。美國之所以扮演這個角色，是因為符合本身的利益。體系的存續對美國的影響最大，所以美國願意遵守規則，也願意負擔體系運作的大部分交易成本，這並不是基於利他主義，而是一種開明的，中長期的自利考量（Ikenberry, 2001）。

然而霸權領導是一種消耗性資產，終將導致自身的衰落。霸主必須循規蹈矩，競爭對手卻不必受到這種約束。這些競爭對手會將霸主創立的建制運用到極致，會利用機會進入霸主的市場，但會阻礙霸主進入他們的市場，還指望霸主不會有太大的反應。霸權的物質基礎逐漸流失，霸主也再也沒有能力擔任霸主，反而會開始不拿正式的規則當一回事，結果就是失去正當性。到了最後，同一個體系的其他成員會認為霸主只顧自身的利益。美國經濟霸權從1950年代以來的發展，就類似這種情況。美國的產量逐漸被貿易對手超越，多少也是因為美國被自身的責任束縛，同時美國也難抗拒追逐短期利益的誘惑，例如為了籌措越戰所需要的資金，捨棄徵稅的手段不用，走上通貨膨脹的道路。

好消息是體系「在霸權結束後」（after hegemony）仍然能繼續生存（Keohane, 1984）。最困難的創立建制的階段已經結束，剩下的工作比較簡單，只要讓體系繼續運作就好。白紙黑字寫下的規則以及市場制度化的事實，讓各國願意遵守。同時各機構也能提供很多實用的資訊，防止各國傷害自身利益。

這裡的假設是國家之所以坐享其成而不付出，多半是因為覺得不會被發現，或者是並不瞭解自身的行為長期會造成的後果。制度的存在，讓這個假設的兩種情況都不可能成立，所以就有了合作的動機，合作也就能繼續下去，但相較於霸主促成的合作，這種合作只能算是「次佳」狀態。在結束有關建制的討論之前，還是要特別強調霸權穩定的議題之所以出現，部分原因是前述克拉斯納的建制定義，與美國主流的理性選擇國際關係理論息息相關。其他的「建制」概念，尤其是由歐洲學者提出，以及與建構主義國際關係理論相關的討論，比較著重在體系所含有的觀念性要素，而不是社會選擇理論所著重的理性利己主義。對前兩者而言，合作能夠持續，因為國家相信合作本身就有好處，而不僅僅是因為合作符合他們眼前，甚至是中期的利益。同時也不那麼需要強制合作的機制（Rittberger, 1993; Hasenclever et al., 1997/2000）。

全球治理及（集體）安全

前面幾章詳細討論過，安全與不安全的議題，向來是無政府問題的核心。這一章的主題是全球治理，照理說應該一開始就要直搗這些議題，而不是先探討區域合作與經濟治理。設計出18世紀「和平計畫」的人應該會這麼想，1920年代與1930年代大多數的國際組織理論家，應該也會這麼想。這些理論家認為他們最重要的任務，是國際聯盟的設計與重新設計。即使在1945年之後，「以世界法追求世界和平」運動的思想重點，仍然是改革中央安全機構，而不是以功能主義及整合理論，間接追求和平（Clark and Sohn, 1966）。在國際聯盟，或聯合國這類機構內正面挑戰主權，顯然是過去百年來最失敗的嘗試。為何如此？成績真有如此不堪？

在20世紀，直接改變世界處理安全議題方式最重要的嘗試，就是「集體安全」（collective security）主義的出現，也就是以各國承諾互相確保體系內所有其他成員安全的新體系，取代1914年之前盛行的「自助」式權力平衡體系。我們在第二章已經看見集體安全主義在1930年代，在自由國際主義與現實主義的理論之爭的下場。現在我們要再次「研究」這個失敗，這次要把重點放在制度層面，並進一步探討1945年後的發展。

1919年成立的國際聯盟，是第一次世界大戰這個偶然事件的產物。聯合國

則是在第二次世界大戰結束後，從國際聯盟的殘骸中誕生。但這些機構的起源其實更爲古老，可以追溯到歐洲國家體系的早期歷史。這裡的「起源」是複數，這一點很重要，因爲這些機構最大的問題，始終是想要將兩個南轅北轍的傳統制度化，並且融合在一起。這兩種傳統對於國際秩序與全球治理問題，採取完全不同的規範途徑。一種傳統叫做「和平計畫」，另一種是「歐洲協調」（Concert of Europe）。

最著名的「和平計畫」，是康德（Kant）在1795年提出的「永久和平」（Perpetual Peace）。17世紀與18世紀「和平計畫」的發起人，常常將「永久和平」掛在嘴邊，但康德提倡的內容跟大多數人不同（Reiss, 1970）。和平計畫雖然細節差異很大，但基本概念很明確（Hinsley, 1963）。爲了解決戰爭帶來的破壞，歐洲的國家建立一個國會或是聯邦議會以化解紛爭。和平計畫的投票機制與執行程序各有不同，但重點在於集體決策，也就是說各國再也沒有權力決定自身相關的事務。一套公正的規則會以公正的方式適用於所有行爲者，各國都有義務遵守。國際關係成爲一個法律的領域，而不是權力的領域，不過和平計畫的倡導者很質疑當時的國際法學家，認爲他們是康德口中的「可悲的安慰家」，爲權力政治與國家權利辯護。

「歐洲協調」是一種截然不同的方式。這個概念出現在19世紀，一開始是源自處理拿破崙戰爭的餘波的正式會議，後來則以較爲非正式的方式出現。協調的基本概念，是強國之間會彼此商議，也會儘量協調共同關心的議題的政策。基本的觀念是強國必須承擔重大責任。強國若有能力，就應該以共同利益爲目標來管理整個國際體系。然而重點是「共同利益」往往偏重強國自己的利益。有時爲了「管理整個體系」，就得犧牲較爲弱勢的國家以維持強國之間的權利平衡，例如1815年之後國家邊界的全面重整。有時候強國之間發生衝突，協調就完全無法運作，例如俾斯麥就不會認同「歐洲利益」的概念。總而言之，歐洲協調絕對不是一個執行公正法律的公正機構。就算能運作，也是有缺陷，也許會維護秩序，也絕對會滿足強國的利益。

在21世紀初，這兩種傳統仍然存在。聯合國的機構改革，以及全球「民主化」運動，顯然是源自和平計畫的傳統。但在另一個方面，例如美國、俄國、德國、法國與英國的非正式「聯絡團體」，在1990年代初的波士尼亞戰爭期間，監督對前南斯拉夫的政策，顯然就是一種（更廣泛的）歐洲協調的重現，其對待小

國的權利的態度也很類似，這一點從波士尼亞政府後來嚐到的苦果即可得知。國際聯盟與聯合國成立的制度，都是兩種傳統既困難又不成功的混合。

因此集體安全是源自和平計畫的普世主義，也就是人人為我，我為人人，但其運作需透過國家，而各國有權決定在哪些情況履行集體安全的義務，這一點與大多數的和平計畫所設計的制度不同。況且集體安全捍衛的是現狀，對於和平改變的機制興趣缺缺。和平計畫的提倡者則是相信藉由他們的審議機構，能以合法的方式實現改變。國際聯盟理事會（Council of the League）以及聯合國安理會顯然是依循「強國協調」的思維，但也希望擔任體系之中其他國家的代表。聯合國安理會應該要執行的規範，則是強調各國之間相互平等，而不是各國不平等的原則。各國心照不宣的默契，是強國之間必須有共識，國際聯盟理事會與聯合國安理會才能有效運作。在國際聯盟，除了利害關係人之外，國際聯盟理事會的成員必須一致同意，決策才能生效。利害關係人如果得不到半個朋友支持，面對不利於己的投票結果，往往是採取退席表達反對。而在聯合國，安理會的五個常任理事國擁有著名的「否決權」，所以沒有出走的必要。然而這些組織依循的普世主義精神，讓人難以替此加以辯護，所以很多人始終認為否決權是1945年鑄下的錯誤，而不是整個聯合國體系不可或缺的特色。（安理會）應該要執行集體安全與普世主義的規範，但本身卻代表另一種傳統，也就是歐洲協調的傳統。

這些全球機構從1919年至今的差勁表現，多半源自這兩種傳統之間的矛盾。在實務上，兩種傳統唯有指向同一個方向，整個體系才能順利運作。這種情況偶爾會發生，但顯然不能當作常態。唯一方向明確的集體安全行動，發生在1950年的韓國，是因為蘇聯（握有否決權的常任理事國之一）在安理會暫時缺席。即使在1990年，對於伊拉克入侵科威特，普世原則以及大多數的強國的利益都指向同一個方向，但負責執法的聯軍雖然得到聯合國安理會的決議授權，行動卻還是不受聯合國控制。1989年之後有一段時間，聯合國安理會似乎可以發揮《聯合國憲章》所定義的功能，但俄國勢力捲土重來，中國又更有自信，五個常任理事國能經常達成共識的最後一絲希望也宣告破滅。安理會屢次想在涉嫌違反和平議題上達成共識的努力，卻往往以失敗告終。

不過整個聯合國體系在處理安全問題方面，應該也不算太失敗。如同歐洲整合的例子，大理論雖然失敗，制度與觀念卻出現大幅度的革新。聯合國在1950年代因為冷戰而陷入困境，當時的聯合國秘書長哈馬紹（Dag Hammarskjold）發

明了「預防外交」（preventive diplomacy）的概念，也就是積極防止冷戰影響到某些區域。他也與其他人共同提出「維持和平」（peacekeeping）的概念（動用身穿聯合國制服的軍隊，協助陷入衝突的各方彼此分開）。聯合國也提供調停服務、休戰觀察員，以及陷入衝突的各方會需要的許多「斡旋」服務。這些創新服務在許多案例確實發揮了很大的作用。1948年至今，聯合國一共發動63個維和行動，大約有20個仍持續進行。完全成功的行動少之又少，但幾乎每一個都對世界和平有所貢獻。

這些創新的特色，在於將「歐洲協調」傳統的實用主義，與普世主義衍生出來的「由下而上的政治」結合在一起。維和行動就像協調政治，用社會工作的術語說就是「不批評」。聯合國不會偏袒任何一方，也不會在意事情的是非對錯，所以能協助維護秩序。這種不批評的態度當然是完全違反集體安全的道德觀。集體安全的道德觀的重點，在於必須找出做錯的一方。聯合國的態度經常被那些自認為能明辨是非的人批評。例如聯合國顯然將波士尼亞的塞爾維亞人，與波士尼亞的「合法」政府一視同仁，因此招來波士尼亞政府的反感。不過很多比較小的聯合國會員國，都很欣賞聯合國不批評的特質。這些小國覺得聯合國要是喜歡批評，自己坐的就不會是冷板凳，而是被告席。

預防外交與維和行動並不能取代集體安全，因為這些都不能回答一個基本的問題，也就是國際制度能不能帶領我們超越現實主義的自助式安全體系。功能主義希望能做到這一點，採取的方法是直接削弱主權，但也沒有比18世紀的和平計畫成功。集體安全吸引人的地方，在於不會像功能主義那樣破壞國家主權，而是努力說服主權國家支持更廣泛的利益，而不是只顧國家本身的利益。正式意義上，集體安全是失敗的，因為公然的集體安全行動非常罕見，但在非正式層次，集體安全的某些元素倒是站穩了腳跟。最類似非正式集體安全體系的，可能是古老的英格蘭習慣法的民團（posse comitatus）概念，也就是治安官召集一群人協助執法。這個概念涵蓋了中世紀的英格蘭，及西方電影著名的「民團」。1990至1991年的波斯灣戰爭，是「民團」概念的最佳範例。一群國家組成聯軍，合力將伊拉克逐出科威特，這個聯軍就是「民團」。這個行動的合法性，並不是來自哪一個治安官，而是來自聯合國安理會投票通過。1995年，北大西洋公約組織扮演「民團」，在波士尼亞展開干預行動，創造一個「平靜的殺戮戰場」（雖然不是由聯合國下令，卻也得到聯合國許可）。在1999年，北大西洋公約組織這個「民

團」沒有得到聯合國安理會許可，就在科索沃展開行動（不過聯合國安理會也沒有反對）。2003年，一個規模小得多的「民團」攻打伊拉克，這次是完全違反聯合國的多數意見。

　　在安全議題的領域，全球機構現在能發揮的最重要功能，不是解決問題，而是祝福或不祝福那些有能力行動，也確實有所行動的人。聯合國的角色很類似中世紀的教皇，會針對某些行動給予祝福。掌權者不見得需要聯合國的祝福，但能得到祝福也很高興。強國就算沒有得到聯合國的支持，只要覺得應該行動，或是牽涉到本身的重大利益，就可能還是會行動。但是從科索沃，更不用說還有2003年的伊拉克就能看出，沒有經過聯合國許可的行動，往往會引發強烈的疑慮。所有的國際行動者都需要正當性，而遇到使用武力的情況，聯合國是合法性的一大來源，甚至可以說是最大來源。這本書的第十一章會討論捍衛人權的人道干預行動，屆時會更深入探討這些議題。

延伸閱讀

　　Anne-Marie Slaughter的《新世界秩序》（*A New World Order*, 2004）詳細闡述當今世界的全球治理體系內含的全球網絡。Michael Barnett與Matha Finnemore的《世界的規則》（*Rules for the World*, 2004）駁斥主流的理性主義。J. N. Rosenau與E. O. Czempiel編寫的《沒有政府的治理：世界政治的秩序與變遷》（*Governance without Government: Order and Change in World Politics*, 1992）是一本相當實用的論文集，是這個主題的概論。這兩位先前編寫的另一本論文集《全球變遷與理論挑戰》（*Global Changes and Theoretical Challenges*, 1989）收錄了許多闡述理論的論文，包括Richard Ashley所寫的一篇精彩的評論「強制的國際目標：探討一個有問題的政府」（Imposing International Purpose: Noteson a Problematic of Government, 1989a）。Craig Murphy的《國際組織與工業變遷：1850年至今的全球治理》（*International Organization and Industrial Change: Global Governance since 1850*, 1994）從歷史角度分析。聯合國的官方觀點記載於《我們的全球社區：全球治理委員會報告》（*Our GlobalNeighborhood: Report of the Commission on Global Governance*, 1995）。國際政治經濟學（第八章）與全球化（第九章）的參考文獻也很重要。期刊《國際關係》的「重新思考規則」

（Rethinking the Rules, 2006）論壇是很好的入門教材，介紹全球治理的規則所扮演的角色。Klaus Dingwerth與Phillip Pattberg的「以全球治理探討全球政治」（Global Governance as a Perspective on World Politics, 2006）概略介紹全球治理的概念，以及全球治理在更廣泛層面的運用。

　　「功能主義」相關的文獻當中，David Mitrany的作品最為重要，見《有效的和平體系》（A Working Peace System, 1966）以及《政治學的功能理論》（The Functional Theory of Politics, 1975）。A. J. R. Groom與Paul Taylor編寫的《功能主義：全球政治的理論與實務》（Functionalism: Theory and Practice in World Politics, 1975）是非常精彩的論文集。這兩位編寫的其他論文集也很值得參考，見Taylor與Groom編寫的《國際組織：一個概念途徑》（International Organization: A Conceptual Approach, 1978）、《1980年代的大英國協》（The Commonwealth in the 1980s, 1984），以及《國際合作的架構》（Frameworks for International Cooperation, 1994）。Peter Willetts編寫的《國際體系的壓力團體》（Pressure Groups in the International System, 1983）是第一個探討這個主題的論文集。

　　在探討聯合國的功能機構的文獻當中，這一章提到的Haas與Sewell的著作非常重要。亦見Robert W. Cox與Harold K. Jacobson編寫的《解析影響力》（The Anatomy of Influence, 1973）。近年關於這些機構的研究，採用的理論範圍放寬了一些，踏入「建制」分析的領域，例如Mark W. Zacher與Brent A. Sutton的《治理全球網絡：運輸與通訊的國際建制》（Governing Global Networks: International Regimes for Transport and Communication, 1996）。想深入瞭解Burton版本的功能主義，見J. W. Burton的《全球社會》（World Society, 1972）。Paul Taylor的《現代世界的國際組織》（International Organization in the Modern World, 1993）概略介紹了國際組織的相關理論，包括近年來對於聯合國的思考。

　　關於整合理論，Michael Hodges編寫的《歐洲整合》（European Integration, 1972）摘錄早期理論家所寫的文章，非常實用。William Wallace的《區域整合：西歐經驗》（Regional Integration: The West European Experience, 1994），以及Robert O. Keohane與Stanley Hoffmann編寫的《新歐洲社會》（The New European Community, 1991）都是很好的入門書籍，雖然出版日期有點久遠。Andrew Moravcsik的《歐洲的選擇：從美西納到馬斯垂克的社會目標與國家權力》（The

Choicefor Europe: Social Purpose and State Power from Messina to Maastricht,
1998）一推出就成為經典。關於主權及當代歐洲發展的思考，見William Wallace
的「主權分享：歐洲悖論」（The Sharing of Sovereignty: The European Paradox,
1999b）以及「冷戰之後的歐洲：國際秩序或後主權區域體系」（Europe after
the Cold-War: Interstate Order or Post-Sovereign Regional System, 1999a）。近年
關於歐盟的論文集，包括Jeffrey Checkel編寫的《歐洲的國際機構與社會化》
（*International Institutions and Socialization in Europe*, 2007）、Antje Wiener與
Thomas Diez編寫的《歐洲整合理論》（*European Integration Theory*, 2004）、
Mette Eilstrup-Sangiovanni編寫的《歐洲整合的討論》（*Debates on European
Integration*），以及Charlotte Bretherton與 John Vogler的《歐盟：全球行動
者》（*The European Union as a Global Actor*, 2005）。《國際研究評論》
（*International Studies Review*）的「變動的歐洲面貌：21世紀的歐洲機構」
（The Changing Face of Europe: European Institutions in the Twenty-First Century,
2006a）論壇，以及《國際事務》（*International Affairs*）的「歐洲五十歲」特刊
（Europe at 50, 2007）簡略介紹目前的歐盟研究。

　　介紹布列頓森林機構的正規教科書，包括Robert Gilpin的《國際關係的政治
經濟學》（*The Political Economy of International Relations*, 1992）以及《全球政
治經濟學》（*Global Political Economy*, 2001），以正統的（新）現實主義角度分
析。Stephen Gill與David Law的《全球經濟學：前景、問題與政策》（*The Global
Economy: Prospects, Problems and Policies*, 1988）則是沿用新馬克思主義與葛蘭
西思想。Susan Strange的《國家與市場》（*Statesand Markets*, 1988）自成一格，
相當逗趣。另外還有風格不如這三本強烈，但也很紮實的著作，例如Joan Spero
與J. Hart的《國際經濟關係的政治學》（*The Politics of International Economic
Relations*, 2003）、David Balaam與Michael Veseth的《國際政治經濟學入門》
（*Introduction to International Political Economy*, 2004），以及Robert O'Brien
與Marc Williams的《全球政治經濟學》（二版）（*Global Political Economy*,
2nd ed., 2007）。另外還有不少很值得參考的論文集，例如G. T. Crane與A. M.
Amawi編著的《國際政治經濟學理論演進：讀本》（*The Theoretical Evolution of
International Political Economy: A Reader*, 1999）就呈現出詳盡的歷史。Jeffrey
A. Frieden與David A. Lake編寫的《國際政治經濟學：全球權力與財富觀點》

（*International Political Economy: Perspectives on Global Power and Wealth*, 1999）收錄一些文章。還有Richard Stubbs與Geoffrey Underhill編寫的《政治經濟學與變動的全球秩序》（*Political Economy and the Changing Global Order*, 1999）收錄原創文章。這兩本都是探索近代理論的最佳參考書。Craig Murphy與Roger Tooze編寫的《新國際政治經濟學》（*The New International Political Economy*, 1991）特別探討批判理論與認識論的詭辯。以上作品多半都出過幾個版本，建議參考最新版。Richard N. Gardner的《以當今觀點探討英鎊─美元外交：我們的國際經濟秩序的起源與展望》（*Sterling–Dollar Diplomacy in Current Perspective: The Origins and Prospects of our International Economic Order*, 1980）聚焦在布列頓森林體系的興衰。這本書是同一位作者的經典著作《英鎊─美元外交》（*Sterling–Dollar Diplomacy*, 1969）的增訂版，也是布列頓森林體系的起源的權威研究。Andrew Shonfield編著的《1959至1971年西方世界的國際經濟關係》（*International Economic Relations of the Western World 1959–1971*, 1976）的《第一卷：政治與貿易》（*Vol. I, Politics and Trade*，Shonfield et al.著），以及《第二卷：國際金融關係》（*Vol. II, International Monetary Relations*，Susan Strange著）是布列頓森林體系的正史。Strange的《英鎊與英國政策》（*Sterlingand British Policy*, 1971）以倫敦的觀點，分析1960年代的幾場危機。Fred Block的《國際經濟失序的起源》（*The Origins of International Economic Disorder*, 1977），以及E. A. Brett的《大戰至今的全球經濟》（*The World Economy since the War*, 1985），都是從馬克思主義的觀點分析。也可參考探討1971年的危機的教科書，另外Joanna Gowa的《關上黃金之窗：國內政治與布列頓森林體系的消亡》（*Closing the Gold Window: Domestic Politics and the End of Bretton Woods*, 1983）也值得一讀。

　　近年探討布列頓森林機構的影響的研究，包括Elizabeth Smythe與Peter J. Smith的「正當性、透明度與資訊科技：貿易抗爭政治年代中的世界貿易組織」（Legitimacy, Transparency, and Information Technology: The World Trade Organization in an Era of Contentious Trade Politics, 2006），探討關於世界貿易組織的正當性的各種討論。《全球治理》期刊（*Global Governance*, 2006/2007）也很值得參考。最近幾期探討國際貨幣基金與世界銀行的特刊，提供了一些很不錯的研究主題。

　　在探討建制的文獻當中，有兩個論文集特別重要，一個是Stephen D. Krasner

編著的《國際建制》（*International Regimes*, 1983），另一個是Volker Rittberger編著的《建制理論與國際關係》（*Regime Theory andInternational Relations*, 1993）。Rittberger編著的論文集不僅比較新，也集結了美國與歐洲學者的論文，但Krasner的論文集收錄了許多經典的論文，至今仍然頗為重要。另外一篇值得參考的論文，是Marc A. Levy、Oran R. Young以及Michael Zurn的「國際建制研究」（The Study of International Regimes, 1995）。從「歐洲」角度探討體系的論著包括Andreas Hasenclever、Peter Mayer以及Volker Rittberger的《國際建制理論》（*Theories of International Regimes*, 1997），以及這三位作者的另一篇論文「整合國際建制理論」（Integrating Theories of International Regimes, 2000）。關於戰後建制與「霸權穩定」理論，見J. G. Ruggie的「國際建制、交易與變遷：戰後經濟秩序中鑲嵌的自由主義」（International Regimes, Transactions and Change: Embedded Liberalism in the Postwar Economic Order, 1982）、Robert O. Keohane的《霸權過後》（*After Hegemony*, 1984）與「1967至1977年的霸權穩定理論及國際經濟建制變遷」一文（The Theory of Hegemonic Stability and Changes in International Economic Regimes, 1967-1977, 1980）都是重要的參考文獻。關於霸權穩定理論，還有兩篇重要論文值得一讀：David Lake的「領導、霸權與國際經濟：沒穿衣服的皇帝，還是衣衫襤褸卻終將偉大的帝王？」（Leadership, Hegemony and the International Economy: Naked Emperor or Tattered Monarch with Potential, 1993），以及Jarrod Wiener的「霸權領導：是沒穿衣服的皇帝，還是偽神崇拜？」（Hegemonic Leadership: Naked Emperor or the Worship of False Gods, 1995）。Paul Kennedy的《霸權興衰史》（*The Rise and Fall of the Great Powers*, 1988）是探討「衰落主義」（declinism）的經典作品。Joseph S. Nye的《注定領導：美國權力的變動本質》（*Bound to Lead: The Changing Nature of American Power*, 1990）強烈駁斥衰落主義。當然還有Susan Strange的「失落霸權的不滅神話」（The Persistent Myth of Lost Hegemony, 1987）。亦見Strange的最後著作《瘋狂的金錢》（*Mad Money*, 1998b）。Thomas Pederson的「合作性質的霸權：區域整合的權力、理念與制度」（Co-operative Hegemony: Power, Ideas and Institutions in Regional Integration, 2002）將霸權的討論延伸到區域政治。Michael Cox在「西方之外：大西洋兩岸的恐怖」（Beyond the West: Terrors in Transatlantia, 2005）一文繼續討論美國霸權的墮落，以及大西洋兩岸的衝突。

如果想多看一些歡慶美國帝國沒落的論述，可以看看《歐洲國際關係期刊》（*European Journal of International Relations*）裡面Vincent Pouliot（2006）所寫的回應，以及Cox（2006）的答覆。

G. John Ikenberry的「國際關係的憲法政治」（Constitutional Politics in International Relations, 1998）、「戰後美國秩序的制度、戰略克制及持續」（Institutions, Strategic Restraint and the Persistence of American Post-War Order, 1998/1999），以及《勝利之後》（*After Victory*, 2001）呼應了傳統美國建制理論家的許多觀點，但也丟棄了這些理論家的某些思想包袱。比較近期的全球治理研究，則有Richard Haass的「無極性時代」（The Age of Nonpolarity, 2008），探討沒有單極獨霸情況下的全球治理。Helen Thompson在「外部主權的優點」（The Case for External Sovereignty）回歸不干預與主權實用主義。Alex Warleigh的「向歐洲學習？歐盟研究與『國際關係』的重新思考」（Learning from Europe? EU Studies and the Re-thinking of "International Relations", 2006）主張後國家關係與跨國關係都能從歐盟研究借鏡。Ole Jacob Sending與Iver Neumann的「從治理到治理性：非政府組織、國家與權力分析」（Governance to Governmentality: Analyzing NGOs, States, and Power, 2006）介紹用傅柯（Foucault）的理論分析全球治理的最新研究。

關於聯合國的過往，和平計畫相關的研究有F. H. Hinsley的《權力與追求和平》（*Power and the Pursuit of Peace*, 1963）。歐洲協調的相關研究可以參考Carsten Holbraad的《歐洲協調》（*Concert of Europe*, 1970）。聯合國現況的相關研究則有Taylor與Groom編著的《千禧年的聯合國》（*The United Nations at the Millennium*, 2000），以及年代稍微有點久遠的Adam Roberts與Benedict Kingsbury編著的《聯合國，分裂的世界：聯合國在國際關係扮演的角色》（*United Nations, Divided World: The UN's Role in International Relations*, 1993）。關於聯合國的歷史，經典作品包括I. L. Claude的《插入犁頭的劍》（*Swords into Plowshares*, 1971），以及H. G. Nicholas的《作為一種政治體系的聯合國》（*The United Nations as a Political System*, 1985），至今仍然很實用。關於聯合國近年的政治，Mats Berdal的「聯合國安理會：效能不彰卻不可或缺」（The UN Security Council: Ineffective but Indispensable, 2003）篇幅雖短但內容實用。《布拉希米報告》（Brahimi Report, 2000）是聯合國內部對於維和行動的觀點。想

瞭解聯合國近期的干預行動，絕對不能錯過James Mayall編著的《新干預主義：1991至1994年》（*The New Interventionism: 1991–1994*, 1996）。還有一個同樣可靠，只是讀起來很像新聞報導的著作，是William Shawcross的《帶領我們遠離邪惡》（*Deliver us from Evil*, 2000）。David Rieff的《有一張床好過夜：面臨危機的人道主義》（*A Bed for the Night: Humanitarianism in Crisis*, 2002），對聯合國的干預行動抱持懷疑的態度。Michael Doyle與Nicholas Sambanis的《發動戰爭與建立和平：聯合國維和行動》（*Making War and Building Peace: United Nations Peace Operations*, 2006）是近期發表的優質研究。Kurt Mills的「新人道主義：國際人道主義規範與組織在當代衝突扮演的角色」（Neo-Humanitarianism: The Role of International Humanitarianism Norms and Organizations in Contemporary Conflict, 2005）探討政府間組織與非政府組織在人道救援與人道干預的立場轉變。

關於第一次波斯灣戰爭的研究，見Paul Taylor與A. J. R. Groom的《1990至1991年的聯合國與波斯灣戰爭：回到未來》（*The UN and the Gulf War, 1990–1991: Back to the Future*, 1992）。關於盧安達與聯合國的相關研究，見Michael Barnett的《種族屠殺的目擊證人》（*Eyewitness to Genocide*, 2003），以及Romeo Dallaire的《與惡魔握手》（*Shake Hands with the Devil*, 2003）。關於科索沃，見Lawrence Freedman的「受害者與勝利者：科索沃戰爭的反思」（Victimsand victors: Reflections on the Kosovo war, 2000），以及Ivo Daalder與Michael Hanlon的《贏得難看》（*Winning Ugly*, 2001）。更多關於人道干預的研究見第十一章，更多關於2003年伊拉克戰爭的研究見第十二章。

有關全球治理的結論（目前的結論），見Alexander Wendt的「爲何全球國家必將到來」（Why a World State is Inevitable, 2003）。這是全球最著名的建構主義理論家，所寫的一篇企圖重振「世界國家」概念的精彩論文。類似的論述見第三章的「延伸閱讀」。

第八章　全球經濟

前言

　　以國家為中心的國際關係最明顯的特徵，是「國內」政治與「國際」政治的分際相當清楚。隨著多國籍交易量在1960與1970年代逐漸增加，又出現一種常見的劃分法，細分為「高階政治」（high politics），也就是戰爭與和平這些傳統的國際議題，以及「低階政治」（low politics），也就是以國內的問題推估國際的問題。現實主義的思想，尤其是新現實主義的思想，認為無論是什麼形式的「全球治理」，都會落在低階政治的領域，而不是高階政治，而且「高階」政治的無政府特質也會永遠不變。從某種意義上看，這個假設是正確的。我們在第七章提到，以集體管理的方式處理安全問題的效果有限。國際機構的數量之所以大增，是因為其他的需求，其他的問題不斷浮現。但是現實主義的立場從一開始就不成立，也就是「高階政治」與「低階政治」的劃分在面對國際經濟關係時難以成立。國際經濟關係曾經是「低階政治」的典型活動，卻有著「高階政治」的重要性。世界經濟以及相關的管理規範努力，如今是國際關係的核心議題。這在一百年前簡直無法想像，即使在離現在不遠的1970年代，也令人感到訝異。

　　世界經濟不斷變動的特色，顯然與許多因素有關，不過我們暫時只需要一個很基本的世界經濟的重要性的定義。今天，世上大多數政府不需要藉由直接人身脅迫以維繫權力（當然還是有些國家需如此），但他們都瞭解其福祉與政權，多少直接取決於他們的經濟管理上的表現，而這一點必須與國際經濟放在一起看，才能理解。要知道這相對來說是全新的情況。換在一百年前，大多數的政府都不會認為需要對國家的經濟情況負責，當時所謂的選民也是這麼想。不過自由貿易、保護主義之類的議題有時候還是很重要。即使是經濟管理很重要的時候，也不見自動出現政治邏輯驅使各國政府集體管理世界經濟。有時候經濟管理是以孤立為目的，有時候各國將世界經濟視為一種自動調節的機制，不需要政治管理，或者是很排斥政治管理。

　　第七章概略介紹了以國家為中心的全球經濟機構的基本結構，也就是國際

貨幣基金、世界貿易組織、世界銀行、聯合國貿易和發展會議等等。這些機構本身就很有意思，但是全球經濟的本質複雜得多，有太多非國家行動者牽涉其中，單從制度的角度很難概括。全球經濟的無政府性質也很強烈，研究國際政治經濟學或全球政治經濟學，或許會認為現實主義的世界觀是錯誤的，過於強調主權國家的重要性。但現實主義對於權力的重視，卻絕對符合世界經濟的運作方式。企業與國家都會追求權力，而商品市場與資本市場的運作對權力關係所造成的影響，都是國際政治經濟學一再出現的主題。我們在此是刻意使用政治經濟學一詞，因為當代經濟學的缺點之一，就是很難建立關於政治過程及權力重要性的模型。就如同當代政治學家往往低估市場的重要性，當代經濟學家往往也會以片面的政治現象著手研究。結果就是國際關係學門一個重要的次領域，國際政治經濟學（International Political Economy），從1970年代開始發展至今，此一次領域的基本主張是要想瞭解現代全球經濟，就必須瞭解國家與市場（Strange, 1988）。現代經濟學的創始人，例如亞當‧斯密（Adam Smith）、大衛‧李嘉圖（David Ricardo），以及約翰‧史都華‧彌爾（John Stuart Mill）這幾位大師，一定會認同這句話。

　　這一章以及下一章的主題是非常廣義的國際政治經濟學。第八章會短暫回顧過去五百年來全球經濟的發展，再探討與這個發展過程相關的理論與觀點，從古典自由主義、重商主義（mercantilism）、馬克思主義，以及結構主義開始。這一章的最後一節，要介紹全球經濟在近來發生的巨變。第九章會從這些變遷，歸納出全球化的概念，一開始會先聚焦在全球經濟，探討當代的新自由主義與新葛蘭西思想，但討論的範圍一定會擴大到全球的社會與政治議題。

全球經濟的成長

　　貿易與戰爭一樣，在過去一千年來是「國際」關係的特色。對於古代與更早之前的希臘人來說，戰爭與貿易的界線確實很模糊。船隊在沿岸航行，遇到強者就做交易，遇到弱者就當起海盜搶劫。維京人也有類似的習慣。但是光有商品交易，並不構成經濟，更不用說全球經濟。沃勒斯坦（Immanuel Wallerstein）關於現代世界體系起源的重大研究中，所提出的某些定義很值得介紹（Wallerstein, 1974/1980/1989）。沃勒斯坦一開始對於「世界」的定義，是一種社會概念，而

不是地理概念。世界包含彼此經常接觸的一群人，形成一個廣義的社會體系。世界體系最大的規模，是以當時的運輸科技的效力而定。直到20世紀，社會概念上的世界才與地理概念上的世界疊合。沃勒斯坦也將「微體系」（microsystem）定義為一群自給自足的社會，是一個個小型的「世界」，完全自給自足，或是與其他世界只有極少的交易，僅限於奢侈品，而且往往是商隊之間進行的交易。這種微體系至今還存在於新幾內亞（New Guinea）與亞馬遜河流域一帶，也是社會人類學家很感興趣的主題，不過我們現在不太需要研究這個。

我們要研究的，是有大量交易的世界，也就是大量必需品長途移動的世界。沃勒斯坦認為這種情況會出現在兩種世界，一種是帝國，另一種是世界體系（這是沃勒斯坦發明的名詞，我們在這裡用世界經濟一詞比較適合）。在帝國，交易出現在同一個政治結構，通常是以納貢的形式出現。羅馬先後征服了西西里與埃及，是為了取得這兩地的穀物，才能餵飽羅馬城大量的人口。這些穀物就是被征服者付給征服者的貢品。在另一方面，在全球經濟體系之中，不同的政權所控制的地區也會互相交易。這就不是納貢，而是一種貿易。沃勒斯坦認為這種全球經濟體系經常出現，但往往壽命不長，是填補帝國之間的空白。《現代全球體系》（*The Modern World System*）的第一卷，探討這種經濟體系在「漫長的16世紀」（1492至1648年）在歐洲的形成經過。接下來的幾卷則是主張這種經濟體系不但沒有消失，反而還擴張，現在不僅在社會層面，也在地理層面稱霸全世界。

沃勒斯坦提出一種理論，將這種全球經濟結構區分為核心、邊陲與半邊陲。這種理論過於呆板，又很有爭議，不過我們在後面會發現，在「南方」確實很有影響力。而且他所提出的體系的早期形成經過很有道理，也能與他的模型的其他層面分隔開來。一開始進行的是兩種交易，一種是大規模的糖與香料的轉移，主要是以納貢的形式，在西班牙帝國的範圍之內進行。另一種是以來自歐洲「先進」地區（低地國、英格蘭以及法國北部）的手工藝品與早期製品，交易東歐的穀物，以及西班牙帝國的糖。這種基本的交易一開始會出現，是因為歐洲西北部與歐洲其他地區生產力差異極小，但這種交易逐漸擴大了生產力的差異。歐洲西北部的「核心」發展出較為有效，也較為強大的幾個國家，在政治與經濟方面主宰了東歐的「封建」體系，以及哈布斯堡（Habsburg）與西班牙在南方所控制的廣大領域。這個理論的優勢，在於強調全球經濟與全球政治體系從一開始就緊密相連，也凸顯出通訊與運輸科技，比領土大小更能決定國家的權力。16世紀的人

相當佩服哈布斯堡與西班牙的勢力的深度與廣度，但倘若有現在的科技，像英格蘭、荷蘭這些較爲小巧的國家，優勢就會遠勝於如此笨重又無法管理的大國。

這個經濟體系在接下來的兩百年間有所擴張。英格蘭的「農業革命」尤其是大幅提升了生產力。帝國的擴張也創造了幾種重要的新商品，尤其是茶葉與奴隸。世界上越來越多地方整合成一個經濟體，歐洲西北部的國家仍然占據核心地位，不過英格蘭，也就是現在的英國，逐漸成爲「核心中的核心」。大西洋上的「金三角」（Golden Triangle）集結了英國的製造產品、西非的奴隸，以及加勒比海地區的糖。後來在19世紀初的東方，對於中國茶葉的需求興起，卻沒有中國人想要的產品，（當時）也無法直接強迫中國帝國，於是形成了另一個金三角，這次是由英國棉製品、印度鴉片，以及中國茶葉所組成。這種活動雖然很重要，但一直到18世紀末，幾乎所有的國家仍然是自給自足。某些國家需要對外貿易，尤其是荷蘭與英國，但對外貿易所占的比重仍然很微小。英國身爲最主要的貿易國，也多半是自給自足。要不是英國農業生產力極高，既能餵飽整個國家，又能釋出勞動力給新興的製造業，光憑穀物法（Corn Laws）也無法有效排除外國競爭。

19世紀出現的工業社會改變了這一切。到了19世紀後半，史上第一次出現了眞正的全球大規模分工，英國是這個變遷的核心。英國的都市化程度是全球最高，務農人口又是最少，所以必須成爲複雜交易網路的一分子，才能繼續生存。英國輸出紡織品、機床，以及機械，向美國換取棉花，後來也換取穀物，也向阿根廷換取牛肉，從地球的另一端（譯註：指澳洲與紐西蘭）換取羊肉與羊毛。這些交易能實現，是因爲通訊與運輸科技的變遷。有了鐵路、輪船與冷藏設備，容易腐壞的商品才能長途運送。電報的發明更是創造出眞正的市場。這些創新多半也取決於資本的輸出，美國與阿根廷的鐵路大部分是以英國資金興建，英國的造船業與船隊直接滿足海運的需求。隨著20世紀到來，英國也面臨德國、美國這兩個新興工業國的競爭。這些新興工業國家在某些產業稱霸，例如在化學業，但一直到1914年，英國仍是整個體系的核心，但包括英國的政治人物在內的有遠見的人都很清楚，英國稱霸的日子已經不長了。20世紀的兩場世界大戰，終結了英國稱霸的歲月。全球體系的地理核心在英國資金的默許之下，轉移到了美國。舊核心國與新核心國維持密切的關係，藉此維護自身的利益。這種新舊核心的密切來往是一種常見的模式，先前的英國與荷蘭的關係就是一個例子，一開始不太順

利，後來卻變得相當密切。

這個複雜的金錢、商品、服務與人的多國籍交換結構出現，最驚人之處在於完全出乎意料，就這樣突然冒出來。某些問題，例如在一個以領土劃分國家的世界，大規模分工要如何運作，跨越政治邊界對經濟活動會產生怎樣的影響，以及這種全球經濟如何改變了國際關係，全都沒有回答，因為沒有人提出這些問題。體系似乎會自動調節，明明完全沒有規劃，卻仍然飛快成長，應該說很多人都認為正因為沒有規劃，才得以飛快成長。但是在1914年第一次世界大戰爆發之後，舊體系的重建以失敗告終，世人發現這些問題其實是無可迴避的。我們在第七章討論過這些問題的制度性解決方案，但現在必須深入研究比較偏重理論的解決方案，因為我們對於國際經濟關係的看法，始終與我們創造的制度結構一樣重要。

問題與觀點

跨越政治邊界對於經濟活動會有怎樣的影響？想想一個很基本的情況，我們在後面會發現，這個情況基本到已經被取代了。甲國的企業生產商品，賣給乙國的消費者。相較於生產跟消費都發生在同一個國家，這種情況有什麼不同？

第一個問題與金錢有關。企業賣出商品，希望能收到甲國的貨幣，消費者卻希望能以乙國的貨幣支付。在1914年之前，這種技術上的問題相對較少，因為幾乎所有的貨幣都能兌換成貴金屬，多半是黃金，但有時候也包括銀。維多利亞時代的倫敦人前往巴黎也能放心，手上的一鎊金幣絕對能兌換成法郎金幣，是真的能兌換，因為每一枚硬幣都含有相當比重的黃金。而且英格蘭銀行發行的紙鈔也能兌換成黃金（英國的紙鈔至今仍然印有「我保證支付持有者……的金額」這種無意義的字樣），所以在國外也不會遇到什麼阻礙，不過地位較低的銀行發行的紙鈔就可能被拒收。就大規模交易而言，大型商業銀行所發行的匯票無論是在歐洲，還是在其他地方都能流通。

金本位制度很容易懂，不需要特別的機制就能運作，但金本位制度有一個特色可能會造成政治問題。如果一個國家的企業比較擅長外銷，或是消費者比較想買外國商品，可能會導致黃金流入或流出國內。這需要煩惱嗎？在17世紀，人類首次得以計算黃金流量，就算不是完全準確，至少也很接近，那些推崇「政治算術」（political arithmetic）的新「重商主義者」認為，黃金的正流入是好現象，

負流出則是壞現象。休謨在18世紀發表了一篇簡潔有力的論文，主張正流量與負流量原則上都會自動修正。黃金流入會推升價格，導致出口更昂貴，進口更便宜，整個流向也會顛倒過來，黃金的流出也一樣。但這個理論也有一個問題：各國政府會不會允許這種機制出現（Hume, 1987）。

總而言之，1914年之後又冒出另一個問題。在1914年之後，大多數的貨幣無法直接轉換成黃金，因此貴金屬的流量不會直接影響國內的價格，但這只會引發更持久的國際收支危機。依據布列頓森林制度，國際收支仍然與金價間接相關，但從1973年開始，情況已經不同。總之自動調節的舊體系不需要管理，間接的關係則是需要。一旦黃金不再重要，每一個國家都必須建立匯率政策，也必須面對一個政治問題，那就是建立一個可靠的國際交易媒介。

倘若這個問題能解決，以大規模分工為基礎的國際經濟就能出現。自由交易的體系會發展出專業化的模式，某些國家生產某些商品，另一些國家生產另一些產品。有些國家專精農產品，也有一些國家專精工業產品。這很重要嗎？國家應該推出積極的政策，鼓勵生產某些商品，還是應該由市場力量決定？每一個國家無論喜歡不喜歡，在貿易政策、國際收支政策，以及匯率政策都必須有立場。而且在這個情況，沒有立場本身就是一種立場，而且影響甚鉅。

有兩種南轅北轍的方式可以解決這些問題，也就是自由主義與民族主義。但是我們在後面會發現，民族主義的政治經濟學有各種截然不同的政治形式與社會形式。在歷史上，國際經濟關係的民族主義理論先誕生。如同先前所述，依據休謨的理論，「各國應該追求黃金的正流入」的重商主義思想，顯然是一種弄巧成拙的政策，因為這樣一來會導致價格變動，影響貿易平衡，貿易流量也會顛倒過來。但大家衡量經濟，主要還是看經濟對國家在國際上的地位的影響，而不是從其他比較客觀的角度判斷。這種習慣根深蒂固，很難改變。經濟民族主義仍然是大多數國家在政治領域的共通語言，這一點從各國一致追求貿易順差就可看出。但當然不可能所有國家都達成目標，因為一個國家的順差，就是另一個國家的逆差。同樣地道理，沒有一個政府的部長會在結束貿易談判之後，得意洋洋對著人民宣布，某項協議雖然會傷害自己國家的利益，卻能提升全世界的福祉。大家普遍還是認為，每一個國家在貿易談判中，重視的還是自身的利益，所以經濟民族主義得以長盛不衰。

如果說經濟民族主義在歷史上率先誕生，而且在某些方面仍然是政治主流

論述,那經濟自由主義在過去兩百年來的大多數時間裡,便是學理上的主流思想。經濟自由主義的基本命題,是某種程度的管制在某些領域是必要之惡,但一般而言,以自由市場的機制解決經濟問題,能將整個體系的福祉最大化,所以應該採用。這個結論是以三個重要的步驟循序演進,從18世紀中期到19世紀初期的將近一百年間逐漸發展。第一步是休謨斬斷了重商主義與黃金的浪漫關係,我們先前已經討論過。第二步是亞當‧斯密在《國富論》(*The Wealth of Nations*)提到,擴大的分工會帶來哪些利益,這些利益的大小會與市場的規模成正比,所以原則上會因為對外貿易而增加。最關鍵的第三步,是大衛‧李嘉圖的「比較優勢理論」(theory of comparative advantage)。雖然是發表於1817年,但改良後的版本,至今仍是自由主義貿易理論,以及自由主義的國際經濟秩序的基礎(Ricardo, 1971)。

　　李嘉圖的成就,在於提出一個雖然違反直覺,卻很符合邏輯的方案,解決了國際貿易的一個基本的問題。兩個國家擁有不同的資源,因此生產不同的產品,我們光憑直覺,就很容易看出這兩個國家之間為何會有貿易活動。歐洲可以栽種溫室香蕉,美洲的向風群島(Windward Islands)也可以設立小規模的工廠,生產手工視聽產品,以及「白色家電」(white goods)。但我們不難理解為何現實並非如此,現實是向風群島栽種香蕉,從工業國家進口電視與冰箱。就更廣泛的例子來看,我們不難理解兩個非常類似,但生產不同產品的國家之間,為何會有貿易行為(不過這兩個國家倘若真的很類似,又為何會專精不同的領域,則是另一個問題)。然而當兩個國家生產相同的產品,其中一個國家生產每一種產品的效率,都優於另一個國家時,很難想像這樣的兩個國家會追求互相貿易,貿易又怎麼會創造利益。李嘉圖提供了答案,也就是雖然一個國家生產所有的產品的效率比較好,但是生產不同的產品的相對成本,幾乎總是會不一樣,因此即使是效率最差的國家,生產某些產品還是會有相對優勢。

　　李嘉圖所提出的這種命題,是一個兩國,兩種商品的經濟,生產成本是以勞動時間(labour-time)計算。這樣的經濟模型放到現在當然是太過簡單。一般的經濟學教科書,會以一章或更多的篇幅闡述李嘉圖的原則在現代的應用,不過這個基本觀念相當重要,至今仍然是自由主義經濟思想的基礎。李嘉圖證明了幾乎在所有的情況,貿易對雙方都有好處。這與18世紀的思想背道而馳。18世紀的思想的代表有盧梭(Rousseau),甚至是康德,當然還有重商主義者的著作,主張

貿易是一種會製造贏家與輸家的活動。李嘉圖之後的經濟自由主義者則是認為，去除貿易限制對所有人都有好處，因為減少區域之間與國家之間的障礙，全球的利益就能最大化。每個國家專注生產具有相對優勢的產品，再參與貿易，不僅對全世界有益，對自己也有益。這種思想仍然是現代貿易體系「鑲嵌的自由主義」的核心。

　　李嘉圖提出了強而有力的自由主義觀點，但並沒有壓倒所有的反對勢力。反對勢力最質疑的是自由貿易所建立的專業化模式（至今仍然質疑，只是換一種形式）。如果一個國家在工業產品有相對優勢，另一個國家在農產品有相對優勢，那麼專業化的存在，能將整個體系的獲益最大化。但這會不會牽涉到其他考量？國際關係的結構主義理論的一個重點，我們稍後會談到，是產品貿易的條件，以及是不是有對於初級產品不利的趨勢。目前比較重要的問題，是權力政治反對「每一種專業化模式，原則上都是一樣好」的思想。

　　美國政治家漢密爾頓（Alexander Hamilton）1790年代向美國國會發表「製造業報告」，就曾提出這個觀點，不過代表人物還是德國政治經濟學家、自由民族主義者李斯特（Friedrich List）。他在1841年發表的《政治經濟學的國家體系》（*The National System of Political Economy*，1966年再版），是19世紀針對自由主義國際政治經濟學最漂亮的攻擊。李斯特的基本思想，是在1840年代的環境，自由貿易政策能鞏固英國作為世界工廠的工業龍頭地位。德國以及其他的國家則是淪為次級的角色，為英吉利海峽對岸那個精密產品的生產國伐木、打水。英國是第一個發展重工業的國家，所以在重工業方面具有相對優勢。所以像德國這樣的國家，向英國購買機床及其他先進科技會比較便宜。但是這樣一來德國就會依賴英國，自己也會淪為二流國家。況且英國能取得優勢地位，並不是憑藉遵循自由貿易的規則。英國的經濟實力其實是來自很多保護機制，例如航海法（Navigation Acts）規定英國的貿易必須在英國的船隻進行。穀物法也保障了英國農業的獲利能力。李斯特提出一種很傳神的比喻，說英國人爬到現在的地位，就一腳把梯子踢開，不讓別人享有他們一路走來利用的優勢。

　　李斯特所提出的解決方案，是建築一道關稅防火牆，以發展德國的產業。這就是所謂的「幼稚產業論」（infant industry argument），意思是說本地的產業必須受到保護，不必面對國際競爭，產業發展的早期階段才有可能實現。等到這些產業成長之後，也許就不再需要保護，不過李斯特以及後來的許多新重商主義

者，都主張產業成熟之後，仍然需要保護，因為這些產業仍然是德國國力的關鍵，不能承受競爭的風險。李斯特要表達的重點，是那些對於現有的專業化模式感到滿意的人，會主張自由貿易與經濟自由主義符合全球共同的利益。對現有的專業化模式感到不滿的人，就會對自由貿易與經濟自由主義抱持懷疑態度。

李斯特認為專業化的模式不會快速變遷，但反對經濟自由主義的另一個理論，則是闡述了完全相反的觀念，也就是開放的市場會造就飛快的變遷。這種觀念在20世紀末看似有理，因為「新興工業國」帶來的競爭，很快就摧毀了舊工業國的許多產業。自由主義的經濟關係，需要參與的國家願意不計代價適應改變，但社會解組的成本可能相當高昂。1980年代英國煤炭工業的衰頹就是一個例子，在不到二十年間，就因為不敵外國競爭，而流失了超過20萬個工作機會。在已開發工業國家，類似的例子隨處可見。美國「鏽帶」（rust-belt）地區的重工業衰亡，就曾引發大規模的社會動盪，以及據說會「輸出美國的工作機會」的北美自由貿易區之類的協定所遇到的反對聲浪。這些變遷引發了嚴重的社會動盪，我們也無從得知，究竟應不應該採取行動，減緩變遷的速度。任由市場依據無法精確計算的普世利益而決定結果，會造成嚴重的政治與社會問題。現代「保護主義者」追求的不見得是維護國家的實力，而是想要保護社會價值，但要特別注意的是，無論是哪一種保護主義，包括這種社會民主模式的保護主義在內，都是將適應的成本轉嫁他人，因此無法擺脫民族主義的影響。所以馬克思主義學者向來非常懷疑那些反對自由貿易的立場，直到晚近才有所改變。

馬克思自己並沒有反對李嘉圖的理論的基本原則，他的主張是強調自由主義經濟關係是近代的產物，不是「自然」作法的一部分。他強烈抨擊「自由主義的經濟關係是由一種簡單的常識自然發展出來」的這種「魯賓遜」論調。他認為自由主義的經濟關係，是某一種生活方式，某一種生產模式的產物。這種生活方式或生產模式源自階級鬥爭，也是資產階級戰勝封建主義的結果。但馬克思提出這一點之後，似乎也很認同政治經濟學家的成就，尤其推崇李嘉圖。馬克思並不反對貿易能帶來利益，但他認為這些利益都落入統治階級的手裡，而不是由所有人民共享。20世紀早期的馬克思主義政治經濟學家也認為，貿易顯然已經不再遵守自由主義的規矩。「金融資本」主宰了國家，並讓國家依循明確的外交政策，運用關稅擴張經濟版圖，國內的企業集團也因此能享有獨占利益。社會主義者之所以反對這種政策，原因之一是這種政策違反了國際主義的必要條件，包括自由貿

易。

　　20世紀的後半，在西方存活下來的少數托洛斯基（Trotskyite）派馬克思主義者，多半仍然堅守自由貿易，但其他的馬克思主義者（以及更廣泛的社會民主主義者）多半能接受民族主義。在北半球的工業國家，「勞工」與「社會民主」政黨（常常也包括美國的民主黨）發現要想延續政治生命，就必須提倡限制貿易自由的政治措施。這種觀念的基本政治邏輯，是保護主義所獲得的利益，總是集中在某些人手上，而自由貿易所獲得的利益，則會分散給眾人。反過來說，保護主義的成本由全體人民承擔，自由貿易的成本則是多半由弱勢族群承擔，而不是由全民負擔。在其他條件不變的情況下（當然往往是不可能的），保護主義在政治上會比自由貿易更受歡迎。尤其是在第三世界，新馬克思主義的依賴或「結構主義」理論，是擺明了義無反顧反對自由貿易。這幾種都是重要的政治理論，需要花一些篇幅討論。

結構主義

　　「南方國家」或「第三世界」的概念，如今受到強烈質疑，因為有些人認為所謂的「南方國家」範圍很廣，少有交集。例如巴西與印度都是大型工業國，但在其他方面卻沒有交集；馬爾地夫與汶萊都是小國，但一個是石油儲量豐富的穆斯林國家，另一個並不是。其他大約130個或可歸類為南方的國家，也是南轅北轍。這些國家的共同點，在於都不是富國俱樂部「經濟合作暨發展組織」（OECD）的會員國，不過經濟合作暨發展組織的某些會員國（新加坡與南韓）也曾經被歸類為南方國家。中國到底算不算是南方國家，也是眾說紛紜。不過在1960年代，南方國家的定義倒是十分明確，是一群多半很貧窮，人口多半不是歐洲人，而且多半在近代去殖民化，也沒有結盟的國家，自稱「第三世界」（另外兩個「世界」分別是西方資本主義與蘇聯集團），發展出一種獨特的國際經濟學理論。結構主義一詞在社會理論有很多種涵義，但在國際關係學門是一個很好用的名詞，代表這種獨特的理論。結構主義是在1950、1960以及1970年代出現的一群理論，目的在於解釋南方國家對於北方國家在政治與經濟上的臣屬狀態。這些理論包括依賴理論、核心邊陲分析（center-periphery/core-periphery analysis），以及世界體系分析（world-systems analysis），共同點在於主張北方國家與南方

國家有一種結構關係。也就是說北方國家與南方國家身在同一個結構，而這個結構決定了關係的模式。結構主義是國際關係學門的一種一般性的理論，因爲其號稱能解釋整個世界是如何運作的。但結構主義也是一種南方國家理論，這有雙重意義。在現代國際關係理論當中，結構主義是唯一源自南方國家的理論，此外也明顯傾向南方國家的問題與利益，企圖要解決這些問題，替南方利益服務。結構主義因爲具有這種「南方屬性」，所以雖然具有嚴重的理論缺陷，仍然長期深受歡迎。

結構主義發展的最大推手，是阿根廷經濟學家普雷維什（Raul Prebisch）。他在1950年代，也是聯合國拉丁美洲經濟委員會（Economic Commission for Latin America）的領袖，雖然他的立場並不如後來的結構主義者激進。他受到馬克思主義與列寧主義的政治經濟學理論影響，但反對馬克思、列寧，以及拉丁美洲的正統共產黨的假設，也就是帝國主義會在南方引發資本主義工業化。在這方面，他支持修正主義的馬克思政治經濟學家巴蘭（Paul Baran）的主張。巴蘭在他的著作《成長的政治經濟學》（*The Political Economy of Growth*）提到，20世紀中期的壟斷資本主義（monopoly capitalism）不再扮演進步的角色，資本主義的核心爲了繼續壟斷利益，阻礙了其他國家的工業化之路（Baran, 1957）。普雷維什的創新之處，在於找出資本主義核心阻礙邊陲國家的機制。他認爲所謂的「自由貿易」就是透過專業化的模式，才能立足於世界經濟。按照專業化的模式，南方國家生產初級產品（食物、原料），換取北方國家的製成品。這樣的模式爲何不理想？普雷維什認爲，因爲出現了一個長期的趨勢，在其中貿易的條件變得不利於初級產品。用比較淺顯的說法解釋，長期下來，「一籮筐」的一種典型初級產品，能買到越來越少籮筐的製成品。X蒲式耳的穀物在1950年能買到一台牽引機，但到了2009年，需要X＋Y蒲式耳的穀物，才能買到一台牽引機。

這種論點根本性的挑戰了自由主義的經濟思想。我們先前說過，自由主義的經濟思想認爲所有的經濟體，在某些產品的生產會有比較利益，而且因爲貿易與全球利益的緣故，哪一種產品並不重要。所以在前面提到的香蕉與製成品的例子，普雷維什要表達的是，向風群島爲了要繼續進口相同價值的製成品，必須不斷提高香蕉出口的價值。這並不容易，因爲要面臨其他香蕉生產國的競爭，而且相較於製成品的需求，香蕉的需求較爲有限。製造業不斷製造新產品，科技的進步與行銷的力量也不斷推升新「需求」。農業的生產力增加沒那麼劇烈，即使是

香蕉這麼受歡迎的產品，市場規模也有限。專門生產農產品與其他初級產品的國家必須繼續拚命生產，才能維持現有的生活品質，更不用說提升生活品質。這種論點能成立嗎？簡單的答案是至今仍然沒有定論。自由派經濟學家多半認為普雷維什所說的趨勢並不存在。他們認為商品價格會因為一般因素與特別因素而有所波動，並沒有明顯的趨勢。何況一蒲式耳的穀物或許在2009年與在1950年的價值差不多，但牽引機在2009年可能性能更好，所以價格較高。凱因斯學派以及（某些）馬克思主義的經濟學家，比較能接受普遍的理論。我們接下來會發現，這種理論或多或少被一連串的事件挑戰。工業生產已經移轉至南方，而且很多初級產品向來都是在北方生產。美國、加拿大、澳洲以及俄羅斯的西伯利亞，始終是原料主要產區。不過這些都不重要，因為普雷維什的論點在政治上大獲全勝。直到最近幾年，幾乎所有的南方國家政府，以及南方的知識分子，都相信普雷維什的理論是正確的，也就是說自由主義的國際經濟秩序偏袒北方的利益，而自由貿易會損及南方的利益。

這種立場對政策有什麼樣的影響？在1950年代，聯合國拉丁美洲經濟委員會的思想是偏向國家主義與民族主義，以進口替代工業化（Import Substitution Industrialization）政策為代表。這個政策的重點，是要保護並發展本地產業，讓當地供應者能滿足當地的需求，要進口資本財與科技，但製成品則是越少進口越好。到了1960年代中期，這個政策並沒有奏效的跡象，於是出現了一種更為激進的政策，代表人物包括弗蘭克（Andre Gunder Frank）、卡多索（Fernando Cardoso）、多斯桑托斯（Thestonio dos Santos），以及後來將非洲經驗套用在拉丁美洲的艾曼紐（Arghiri Emmanuel）、沃勒斯坦，以及阿明（Samir Amin）。這些「結構主義者」學者，與進口替代工業化的支持者的差異，就是改革與革命的差異。進口替代工業化的目的是要提升南方在資本主義世界經濟的地位。包括普雷維什在內的許多進口替代工業化的支持者，希望總有一天能推翻這個體系。但他們身為正統的馬克思主義者，也認為除非生產的力量發展完備，否則無法推翻體系，也就是要等到「時機成熟」。拉丁美洲的親蘇正統共產政黨也認同本地的資本家，也認為必須先有資產階級革命，社會主義革命才會到來。結構主義者認為，全球經濟的每一個部分都要生產產品給全球市場，所以都已經是依循資本主義，因此不需要等待資本主義成形，再來發動革命。所以他們反對正式的共產主義（毛澤東的中國以及卡斯楚的古巴除外），轉而支持農村的游擊行動。結構

主義者的目標，是要打破那一條將全球體系中的都會核心，與邊陲衛星地帶綑綁在一起的剝削鏈。全球的貿易體系是把資源從窮人移轉給富人，從南方移轉給北方。這種體系完全無法改革，不可能爲南方人民的利益服務。

從結構主義的觀點來看，進口替代工業化策略的國家主義與民族主義，掩蓋了全球政治經濟學的眞面目。全球政治經濟學終究不是以國家爲重，而是以階級與生產關係爲重。全世界的資本主義者都在剝削全世界的勞工。南方的資本家，是北方核心資本家的小伙伴。全世界的勞工原則上都有共同的利益，不過北方的無產階級有與資本組成伙伴關係的傾向，所以情況比較混亂。北方無產階級被帝國主義的利益收買，成爲列寧所稱的勞工貴族（labour aristocracy），或以1960年代盛行的觀點，特別是馬庫色（Herbert Marcuse）所稱的「單向度」（one-dimensionality）無產者，結構主義者因而鄙視北方的勞工階級。總而言之，結構主義堅決反對國家主義式的世界觀，世界各地的資本家都是敵人。

結構主義思想的理論依據，多半來自對於體系歷史的論述。弗蘭克的經典著作《拉丁美洲的資本主義與低度開發》（*Capitalism and Underdevelopment in Latin America*, 1971）以一系列的個案研究，詳細闡述拉丁美洲與全球經濟的密切接觸爲何會導致拉丁美洲的「低度開發」，而體系的暫時崩潰（例如在兩次世界大戰期間）則是唯一的成功發展階段。沃勒斯坦發表的那些發人深省的論文與演說，是以他的大部頭經典套書《現代世界體系》（*The Modern World System*, 1974/1980/1989）爲基礎。這套作品闡述16世紀以來體系的出現與發展。這幾項研究的長處，在於解析體系的「政治」與「經濟」層面，不同於國際關係學，以及自由主義政治經濟學慣於採用的更傳統的歷史論述。

然而結構主義的政治力量，卻是建築在更不可靠的基礎之上。正如華倫所言，這裡的重點是「浪漫」的反資本主義與民族主義神話之混合。不過華倫說創造這個模型的人也是這麼想，就未免有失客觀（Warren, 1980）。結構主義者信奉的顯然是不正統的馬克思主義。結構主義者過於重視貿易，忽視生產的重要性，也不瞭解資本主義發展出生產力量，進而改變世界的成就（所以才有「浪漫」的標籤）。況且雖然結構主義在原則上反對國家主義，但還是不難想像結構主義會成爲捍衛南方國家的利益的工具。畢竟世界上絕大多數被剝奪資產的人都生活在南方國家，況且北方國家的勞工又背叛革命，所以反資本主義鬥爭會演變成南北之爭，也就不足爲奇。這裡反常的人是南方的資本家，以及更廣泛來說的

南方菁英。這些團體顯然很喜歡把南方的發展失敗，怪罪在外人頭上，以最快速度迴避他們自己對於發展失敗要負的責任。南方國家在1970年代在聯合國要求建立新國際經濟秩序（New International Economic Order），就展現出這種態度。

　　新國際經濟秩序分為許多部分。在貿易領域，是呼籲為南方的工業產品建立普遍化優惠關稅制度（Generalized System of Preferences），要在2000年以前，將南方的製造業生產占全球生產比重，增加至25%。同時也要推出商品整合計畫（Integrated Programme for Commodities），讓商品價格的波動趨於穩定。在援助領域設定的目標，是要增至工業國家GDP的1%，其中三分之二是官方援助。債務則是應該減免，世界銀行以及附屬機構應該提供弱勢貨幣貸款（soft loans）。在生產領域，科技與研發必須大量移轉到南方，投資也要增加，但多國籍企業必須遵守嚴格的規範。當時所有的南方計畫，確實都在主打「控制多國籍企業」。

　　要注意的是這些改革雖然激進，但仍是自由主義國際經濟秩序（liberal international economic order）的改革。結構主義者批評新國際經濟秩序，後來也抨擊新國際經濟秩序政策，例如兩份布蘭特報告（Brandt reports），認為這些政策並不瞭解全球革命的起因。這種批評顯然很正確，新國際經濟秩序是一種國家主義的計畫，目的是要延續資本主義的世界經濟。但是其追求的改革不僅非常激進，在某些方面也與結構主義立場一致。尤其是基本的思想為南方國家之所以發展失利，是因為體系運作的緣故，而不是因為其他的原因，例如南方國家自身的失敗。發展的阻礙來自結構層面必須去除，而且還不能透過一視同仁的自由貿易體系。對於貿易的質疑，是新國際經濟秩序思想的核心。新國際經濟秩序的一大重點是管理，也就是需要以主動管理，取代被動管制。最好把這個當成是一種對於脆弱的回應。南方國家相當脆弱，無力應付市場的曲折起伏，所以才想要管制。

　　在1970年代，新國際經濟秩序的前景還算不錯。雖然主要工業強國在投票中棄權或否決，反對新國際經濟秩序計畫，但也有跡象顯示北方國家很樂意接受新國際經濟秩序計畫的許多思想，而且聯合國的南方國家聯盟似乎讓北方國家處於守勢。南方國家聯盟也能與蘇聯集團有效結盟。蘇聯集團雖然不認同新國際經濟秩序計畫，卻很樂意跟南方國家聯盟一同批評西方國家。然而在1980年代與1990年代，新國際經濟秩序卻喪失了前進的動力，「新國際經濟秩序」一詞偶爾還會出現在聯合國，但影響力十分有限。原因之一在於南方國家所犯的政治錯誤，顯

然在1970年代高估了自己的實力，錯把聯合國大會與聯合國貿易和發展會議的選票，當成眞正的政治實力，因此誤以爲集團內的強國會運用自身的實力，爲南方國家謀福利。現實的情況可想而知，沙烏地阿拉伯在內的盛產石油的國家，對西方的經濟繁榮非常感興趣，坐上了國際貨幣基金的董事會席位，行事作風也就跟富有的同僚並無二致。同樣在1980年代，所謂的「債務危機」也導致其他南北經濟談判陷入混亂。不過新國際經濟秩序目前被擱置一旁的眞正原因涉及更爲複雜的問題，且多少是因爲世界經濟出現變化，推翻了許多新國際經濟秩序以及國際政治經濟學的傳統理論基礎。

新全球經濟

先前討論過的國際政治經濟學理論，除了與馬克思主義相關的幾種之外，多半依循某些核心思想，也就是國家涵蓋國家經濟，國際經濟活動發生在國家經濟之間，國際貿易發生在各國企業之間，國際金融交易的主要功能在於促進貿易。這幾種思想如今全都面臨威脅。

這些變化當中最重要的，是國際企業，又稱多國籍企業的地位崛起（「多國籍」其實並不恰當，因爲這裡所謂的多國籍企業很多在所有權與經營上都只涉及一個國家，但是大家還是習慣統稱多國籍企業，硬要更換會顯得迂腐）。目前全球約有6萬家多國籍企業，占全球貿易量約三分之一。當代多國籍企業的規模與力量是前所未有的巨大。大約估算一下這些多國籍企業的規模，2007年全球前十大企業每一家的市值，都超過聯合國192個會員國當中156個國家的國內生產毛額。全球前兩大企業分別是埃克森美孚（Exxon Mobil）與中國石油（Petro China），市值分別爲4,525億美元及4,240億美元，僅次於聯合國19個會員國。這些多國籍企業的跨國影響力與利益相當巨大。埃克森美孚61%的員工，以及奇異公司（全球第三大企業）將近半數的員工，都是在美國境外僱用，而這兩家企業的總部都設在美國。越來越多企業成爲多國籍企業，很大比例的資產、銷售與員工都在國外。這些多國籍企業的規模龐大，價值高昂，所做的決策都能發揮極大的全球影響力，例如到哪裡投資，到哪裡製造或僱用服務人力，以及販售商品與服務的地點與價格。各國發現多國籍企業的活動越來越難以控制、規範，因爲各國都相當依賴多國籍企業創造出來的就業機會與稅收。各國甚至開始將最重要的

功能，外包給私營企業。私營的軍事產業目前每年的產值超過1,000億美元。

不難看出為何很多人將多國籍企業視為所有國際問題的淵藪。但評估多國籍企業的影響力，也不能太過誇大。首先要明白多國籍企業分為很多類型，共同點在於經營的範圍都會跨越國界，也會進行直接對外投資（持有並控制海外的資產），而不是間接或資產組合投資（為了財務報酬而購買資產，而不是為了取得控制權而購買資產），也不是純粹跨境交易。

有些多國籍企業從事原料的開採，這種活動的地點取決於地理與地質的偶然因素。銅礦公司到產銅的地方，石油公司到生產石油的地方，以此類推，也就是說這些公司往往很難變更地點，所以必須與當地的政治菁英保持良好的關係。因此也就不難想像，多國籍企業最令人髮指的政治干預行動，大多涉及這些開採原料的公司。也有一些多國籍企業從事製造，製造的地點往往就是會購買這些商品的市場，也就是工業化國家。這些多國籍企業比較少進行直接政治干預，不過間接干預倒是相當嚴重。有些多國籍企業有全球整合生產策略，但普遍程度則是眾說紛紜。多國籍企業的第三個重要類型，是在全球進行符號操縱的企業，也就是大型的多媒體與娛樂公司。另外還有國際銀行。國際銀行的活動相當的去疆界化，不過至少在目前，這些銀行的總裁還是必須在某一個國家上班，所以與所在地還是會有互動。最後為了完整介紹起見，也不能不提國際控股公司。所謂國際控股公司，就是一個公司旗下的許多公司，在不同的國家生產不同的產品，但母公司並沒有制定一個通用的商業策略。相較於其他類型的多國籍企業，這種控股公司的政治影響力相當有限。

關於這些企業的重要性，各界說法不一，但還是有幾點共識。第一，現在的多國籍企業數量，遠超過1960年代及1970年代，而且新的多國籍企業很多都從事「尖端」經濟活動，生產高科技產品，或是從事全球金融業、資訊業或娛樂業，而不是從事採礦業，或是傳統的「土法煉鋼」製造業。第二，新的多國籍企業由於所從事的行業的關係，活動的範圍多半在先進工業國家及新興工業國家（Newly Industrializing Countries），而不是在開發程度較低的國家，尤其不是在開發程度最低的國家。第三，在1960年代之前，幾乎所有的大型多國籍企業建立在美國海外資本的基礎上，現在的情形則是截然不同。現在的美國仍然是海外資本存量最大的國家，但近年來資本的淨流動，是從歐洲與日本流入美國。外國人所持有的美國資本總存量，大於美國人所持有的外國資本總存量。

再次強調，多國籍企業崛起的重點，是許多過往的假設必須被拋棄。現在有很大比例的國際貿易，是所謂的企業內貿易，也就是同一家企業的不同單位之間的貿易。不過這個比例究竟有多大，則是很難判斷，因為官方統計數據不盡然可靠，可能是占先進工業國家貿易額的四分之一至三分之一。這個現象帶來了大量操縱市場的機會。原則上企業透過「移轉訂價」（transfer pricing），可以任意將獲利與損失從一個營運地點，移到另一個營運地點。這會嚴重打擊各國關稅與稅收政策，也會嚴重阻礙國際貿易管制。

移轉訂價是只有多國籍企業才能做的事情，而且在實務上，稅務單位其實不難控制，只是這裡的說明比較簡略，所以顯得困難。但在其他方面，過於強調多國籍企業，也容易造成誤解，因為現在所有的大型企業的行為都是「多國籍」，也就是說這些企業即使沒有持有外國資產，思考與規劃也是以全球為依據。多國籍公司與其他公司的傳統區分法，是經濟活動的國別劃分，而多國籍公司是個例外，但這種區分法已經不再適用。新的生產科技已經打破了任何的區隔化。

另一種變遷也是同樣的情形。這種變遷所造成的影響，比多國籍企業崛起的影響更為重大。這個變遷就是全球金融市場的出現。國際貨幣基金的匯率制度在1960年代與1970年代瓦解，原因之一在於「歐洲美元」（Eurodollar）市場的存在。布列頓森林會議允許資本私下流動。再加上1951年管制結束，倫敦金融城（City of London）得以回歸傳統角色，新資本市場就難免會出現。「歐洲美元」是各銀行持有的外國貨幣，不受發行這些貨幣的國家的管轄。之所以會用「歐洲美元」這個名稱，是因為這些貨幣原本是歐洲（主要是英國）銀行持有的美元。歐洲美元市場與各國的國內資本市場同時存在。歐洲美元市場起初是因為政治因素而建立，一開始的規模很小，後來飛快成長，多半是因為美國的金融法規鼓勵美國的多國籍企業繼續在海外經營。到了1960年代中期，貨幣從一個市場移轉到另一個市場的「歐洲美元溢出」現象，是擾亂匯率管理的主因。

歐洲美元市場依然存在，但所處的環境已然改變。在1960年代，歐洲美元市場雖然與各國的國內資本市場各自獨立，但仍有關連。現在所有的貨幣持有部位，可能全都是「歐洲」部位。隨著大多數國家終結管制，各國的資本市場與證券市場，都只是全球市場的國內版。信用的問世也非各國政府所能控制。交易一天24小時都在進行，跟隨太陽的腳步，從東京到香港，再到法蘭克福、倫敦、紐約，最後回到東京。這個市場的某些交易很明顯是「國際」交易，例如外幣貸

款、購買歐洲債券（Eurobonds）等等，其他的交易則是「國內」交易。但是過往的那種將國際交易與國內交易一分為二，將國際交易視為有限的專門行為的區隔法已不復見。多國籍企業與國內企業的區別已經不再重要，國際資本市場與國內資本市場的區別也顯得不真實。1980年代出現一波創造新金融商品的熱潮，導致幾乎每一種經濟或金融活動都能「證券化」，也能在國際交易。買進的資產的價值，可能是依照美國償還買車貸款，所產生的現金流量計算。外國銀行家可以用美元債務，換取巴西足球隊的股權。這些操作都是假設整個體系運作順利，但同樣的道理，一旦出了差錯，全球金融體系絕對會將主要市場的危機，擴散到其他每一個市場。2007至2008年發生的「信用緊縮」（credit crunch）就是最好的證明（第十二章會概略討論）。

南方的末日？

下一章會討論這些變遷帶來的影響，但在這一章的最後，還是要將南方的故事，結構主義，以及新國際經濟秩序做個結論。這些變遷的影響可以歸納成簡單的幾點。從普雷維什開始的古典南方結構主義思想，是認為南方提供初級產品給世界經濟，也因此引發一些問題。但從1980年代開始，南方或者至少是南方的一部分，成為製造業生產的重鎮，在製造業生產方面不需要北方國家的協助，也能輕易達成新國際經濟秩序的目標。南方的擴張也確實造成北方的就業機會減少。結構主義者探討南方的工業化的經典著作，就強調這種情況的重要性，但也主張這種變遷在南方不可能發生。有些人想淡化這些變遷的重要性，採取的方法是將南方的工業化描寫成一種依賴的發展，但這些人並沒有說清楚，獨立的發展又會是何等面貌。

再次強調，多國籍企業在1980年代被視為南方發展的絆腳石，利用南方的原料及廉價勞力，將獲利匯回自己的國家。墨西哥為了不讓幾家石油業的巨擘分享新開發的油田的利潤，不惜向銀行借貸以資助開發計畫。但是墨西哥政府忘了無論投資計畫獲利與否，都要支付貸款本息給銀行，而且多國籍企業其實必須分擔這一類的新投資計畫的相關風險。總而言之，多國籍企業雖然繼續利用他們的優勢，卻也利用先進生產技術，減少生產過程所用的原料，也大幅降低人工成本在產品價值所占的比例。如今的多國籍製造公司要先找到政治穩定性、技術勞力，

以及通往全球市場的管道，才願意投資或給予特許經營權。利潤如果沒有用於研發，就等於浪費。換句話說，在我寫下這些文字之時，南方國家必須展開某種三角外交關係，也就是國家資本、國際資本，以及國家三者之間的關係。這種三角外交關係在北方國家經常出現。只是南方與北方的談判實力終究還是有差距，不過這個差距相當微小。某些南方國家在這種三角外交關係當中如魚得水，有些則是被巨擘企業完全忽視。

顯然過去二十年的特色，是南方內部的階級形成。有些國家的表現很好，例如環太平洋地區（Pacific Rim）的新興工業化國家。拉丁美洲的新興工業化國家也還不錯，其他國家則是非常悽慘，尤其是撒哈拉沙漠以南的非洲國家。還有一些國家也有進步，但進步的起點非常低，而且國內的極度貧窮也始終存在，印度與菲律賓就是如此。中國迅速成為全球工業大國，新加坡則是比許多北方工業國更為富有。在此同時，孟加拉與巴基斯坦的生活水準卻在下降。現在已經沒有標準的南方經濟體，所以這一節的標題才會暗指「第三世界的末日」，是從1980年代開始（Harris, 1986）。

很顯然這裡要表達的並不是南方天下太平，也不代表當地的壓迫與不公平即將終結。事實顯然並非如此。南方仍然深陷貧窮、營養不良與飢餓的泥沼，也許還越演越烈，從克李爾（Paul Collier）所謂的「底層10億人口」（bottom billion）的眼中看來絕對是這樣。即使在工業化起飛的地區，剝削行為依然猖獗。隨處可見勞工（多半是年輕女性）賺取肚子都填不飽的收入，為先進工業國家的消費者組裝奢侈商品。南方到處都是高污染產業，往往還是北方故意輸出的產業。重點是這種剝削不同於1970年代的結構主義學者所預期的那種剝削。當時的想法是南方會淪為持續崛起的北方的附屬品，也就是將世界經濟看成一場零和賽局，北方的「獲利」正好就是南方的「損失」。現在的情況則是相當不同。北方當然還是持續成長（只是不均等），也繼續開發新產品與新產業，但南方也有成長（同樣不均等）。資本移轉到（某些）南方國家，出乎眾人的意料。依據出生時預期壽命，以及GDP成長率這兩種指標判斷，南方的實質生活水準也普遍有所提升。從1960年至1990年代中期，南方的平均預期壽命增加了十七年，但還是比北方的平均預期壽命少了大約十年。

該如何理解這種階層化？最合理的方式，是重提1950年代或更早的時候，自由主義與正統馬克思主義的著作經常出現的，關於開發中國家的觀念。也就是資

本主義生產模式（你喜歡的話也可以稱為「自由企業」）有向全世界擴散的自然傾向。當地政策是阻礙這種擴散的一大因素。資本家只要有機會，就想透過工業化與發展，「剝削」整個世界（但他們會換一種方式形容他們想做的事），而且除非當地環境不允許，否則就會這樣做。有時候當地環境並非社會所能控制，例如克李爾就曾寫道，被貧窮的鄰國環繞的內陸國家所面臨的問題。這種內陸國家無論實施哪些政策，就是無法將本國的產品出口外銷。但一般而言，政策還是很重要。我們觀察南方1980年代初期至今的演變，會發現實施正確的政策的國家，都享有外國投資帶來的好處。那些沒有發展出一致性政策的國家，境況則是非常悽慘。這裡所謂的採用正確的政策，並不僅僅是走向自由市場，採取自由主義經濟政策而已。有些人不時會提出這兩項建議。支持「華盛頓共識」（Washington Consensus）的新自由主義者也在1980年代與1990年代初之間，將這兩項列為國際貨幣基金與世界銀行提供援助的條件（下一章會詳細介紹）。這裡所謂的採用正確的政策，通常需要政府大規模干預自由市場，將發展導向正確的方向，此外往往還需要公然帶有保護主義、民族主義色彩的政策措施。總而言之，新全球經濟仍舊帶有民族主義的色彩，但大致上已經脫離某一種民族主義，也就是「結構主義」的模式，不過正如先前所提到的，結構主義在政治上還是很重要。

延伸閱讀

　　有關國際政治經濟學，以及布列頓森林體系的興衰的相關文獻，見本書第七章「延伸閱讀」。

　　Karl Polanyi的《鉅變：當代政治，經濟的起源》（*The Great Transformation*, 1975）詳細探討過去兩百年來，工業化所引發的變遷，以及工業化所創造的自由派社會的本質。《鵜鶘20世紀世界經濟史》（*Pelican History of the World Economy in the 20th Century*）套書向來很值得參考，其中Derek H. Aldcroft的《從凡爾賽到華爾街，1919至1929年》（*From Versailles to Wall Street 1919–1929*, 1977）、C. K. Kindleberger的《大蕭條的世界，1929至1939年》（*The World in Depression 1929–1939*, 1973），以及Herman Van der Wee的《繁榮與動盪，1945至1980年》（*Prosperity and Upheaval 1945–1980*, 1986）特別實用。Kari Levit的「凱因斯與波蘭尼：1920年代與1990年代」（Keynes and Polanyi: The 1920s and the 1990s, 2005）簡短介紹了歷史，也精闢分析這些早期思想家對當代的影響。

　　Chris Brown、Terry Nardin，以及N. J. Rengger編著的《政治思想中的國際關係》（*International Relations in Political Thought*, 2002）收錄了Ricardo、List，以及Rudolf Hilferding的經典作品，並附有長篇評論。關於List，亦見David Levi-Faur的「經濟民族主義：從李斯特到雷克」（Economic Nationalism: From Friedrich List to Robert Reich, 1997）。

　　Paul Krugman與Maurice Obstfeld合著的《國際經濟學：理論與政策》（*International Economics: Theory and Policy*, 2002）是國際經濟學的標準教材，不過任何一本經濟學入門書，都會說明貿易的相對優勢，以及貿易所能帶來的好處的基本概念。Paul Krugman是正統自由主義貿易的捍衛者，文字鏗鏘有力、淺顯易懂，又幽默風趣，不妨看看他的《重新思考國際貿易》（*Rethinking International Trade*, 1994）、《流行國際主義》（*Pop Internationalism*, 1996），以及《經濟學意外成就的理論家與其他調遣》（*The Accidental Theorist and Other Despatches from the Dismal Science*, 1998）。近年來他將砲火對準小布希政府，見《大揭露》（*The Great Unravelling*, 2004）。Susan Strange的「保護主義與世界政治」（Protectionism and World Politics, 1985）主張某些環境應當採用保護主義。Benjamin Cohen的評論文「國際貿易的政治經濟學」（The Political Economy of International Trade, 1990）也很值得參考。Cohen最近在《國際政治經濟學評論》（*Review of International Political Economy*）發表的文章「大西洋兩岸的分歧：美國與英國的國際政治經濟學為何如此不同？」（The Transatlantic Divide: Why Are American and British IPE so Different?, 2007），乍看之下有點像是學術界的紙上談兵，卻是很好的入門教材，帶領讀者瞭解國際政治經濟學與全球經濟目前的主要議題。Richard Higgot、Mathew Watson以及John Ravenhill所寫的回應，也增廣了討論的範圍。

　　除了以上提到的Frank與Wallerstein的著作之外，大致屬於「結構主義」的經典作品還包括Samir Amin的《全球的積累》第一卷與第二卷（*Accumulation on a World Scale*, Vols. 1 and 2, 1974）以及《帝國主義與不平等發展》（*Imperialism and Unequal Development*, 1977）、Fernando Cardoso與Enzo Faletto合著的《拉丁美洲的依賴與發展》（*Dependency and Development in Latin America*, 1979）、Arghiri Emmanuel的《不平等交易》（*Unequal Exchange*, 1972）、Johan Galtung

的「帝國主義的結構理論」（A Structural Theory of Imperialism, 1971）、Raul Prebisch的《拉丁美洲的經濟發展與主要問題》（*The Economic Development of Latin America and its Principal Problems*, 1950）、Walter Rodney的《歐洲如何讓非洲發展不足》（*How Europe Underdeveloped Africa*, 1983）、Immanuel Wallerstein的《地緣政治與地緣文化：世界體系變遷論文集》（*Geopolitics and Geoculture: Essays on the Changing World System*, 1991a），最近則有Andre Gunder Frank與Barry Gills共同編著的《世界體系：500年或5,000年？》（*The World System: Five Hundred Years or Five Thousand Years?*, 1993）。亦見James Caporaso（1978）編著的《國際組織》（*International Organization*）「全球體系的依賴與依靠」（Dependence and Dependency in the Global System）特刊。左派對於結構主義的經典評論則有Robert Brenner的「資本主義發展的起源」（The Origins of Capitalist Development, 1977）、Ernesto Laclau的《馬克思理論的政治與意識型態》（*Politics and Ideology in Marxist Theory*, 1976），以及Bill Warren的《帝國主義：資本主義的先驅》（*Imperialism: Pioneer of Capitalism*, 1980）。Erik Wibbels的「再探依賴：開發中國家的國際市場、景氣循環，以及社會支出」（Dependency Revisited: International Markets, Business Cycles, and Social Spending in the Developing World, 2006）再度指出全球經濟的結構完全不公平，證明了沒有一種思想會完全過氣。Ray Kiely的「用自由化減少貧窮？新自由主義與全球匯聚的迷思」（Poverty Reduction through Liberalisation? Neoliberalism and the Myth of Global Convergence, 2007），駁斥了自鳴得意的新自由主義全球經濟理論。Kiely在他的著作《新發展政治經濟學》（*The New Political Economy of Development*, 2007）擴大討論這個主題。Phil Cerny、 Susanne Soederberg以及Georg Menz編著的《內化全球化：新自由主義的崛起與資本主義國家模型的崩壞》（*Internalizing Globalization: The Rise of Neoliberalism and the Erosion of National Models of Capitalism*, 2005）同樣與主流意見相反。Brendan Donegan的「政府區域主義：亞洲與拉丁美洲的權力或知識與新自由主義區域整合」（Governmental Regionalism: Power/Knowledge and Neoliberal Regional Integration in Asia and Latin America, 2006）將傅柯的國際政治經濟學思想應用得比較好。

探討較為正統的發展理論的文獻，則有Ian M. D. Little的《經濟發展：理論、政策與國際關係》（*Economic Development: Theory, Policy and International*

Relations, 1982）。從新古典經濟學的角度出發，強力批評結構主義的文獻，包括Peter Bauer的《平等、第三世界與經濟錯覺》（*Equality, The Third World and Economic Delusion*, 1981），以及Deepak Lal的《發展經濟學的貧困》（*The Poverty of Development Economics*, 1983）。Stephen Krasner的《結構衝突：第三世界與全球自由主義之爭》（*Structural Conflict: The Third World Against Global Liberalism*, 1985）是美國最傑出的國際關係理論家的精彩作品。有關「債務危機」的相關討論，見Miles Kaher編著的《國際債務的政治經濟學》（*The Political Economy of International Debt*, 1986）。想看另一種觀點，不妨看看Susan George的《比債務更悲慘的命運》（*A Fate Worse than Debt*, 1988）。《國際組織》（*International Organization*）收錄了一些從制度的角度，探討全球經濟學的主流論文，內容相當可靠。對於正統新自由主義的重新思考，見Richard Doner等人的「體系的弱點與發展國家的起源：東北亞與東南亞的比較」（Systemic Vulnerability and the Origins of Development States: Northeast and Southeast Asia in Comparative Perspective, 2005）、Helen Milner與Kubota Keiko的「為何走向自由貿易？開發中國家的民主政治與貿易政策」（Why the Move to Free Trade? Democracy and Trade Policy in Developing Countries, 2005），以及Marc Busch的「國際貿易的重疊機構、挑選論壇與紛爭仲裁」（Overlapping Institutions, Forum Shopping, and Dispute Settlement in International Trade, 2007）。《國際研究評論》（*International Studies Review*）的「南北分歧與國際研究」（The North-South Divide and International Studies, 2007）論壇，是很實用的入門教材。

　　關於國際政治經濟學的新勢力，兩方的「辯論」特別有深度又有趣。一方是Stephen Krasner的「國際政治經濟學：永恆的不和」（International Political Economy: Abiding Discord），另一方是Susan Strange的「克拉斯納醒一醒！世界已經不一樣了」（Wake up Krasner! The World *Has* Changed, 1994）。Robert Gilpin的《全球資本主義的挑戰：21世紀的世界經濟》（*The Challenge of Global Capitalism: The World Economy in the 21st Century*, 2000）內容廣博，以較為正統，但也很辛辣的角度，探討這一章討論過的力量與思想，從另一個角度思考這一章的內容。聚焦在多國籍企業的研究，則有Kenichi Ohmae的《沒有邊界的世界》（*The Borderless World*, 1990），以及Robert Reich的《各國的傑作》（*The Work of Nations*, 1992），都提倡全球主義的多國籍企業分析，Richard Barnet與John

Cavanagh的《全球夢想：帝國企業與新世界秩序》（*Global Dreams: Imperial Corporations and the New World Order*, 1994）也一樣。Andrew Baker等人編寫的《治理金融全球化》（*Governing Financial Globalization*, 2005）強調金融對於全球經濟的重要性。比較傳統的多國籍企業分析，則有Raymond Vernon的《主權被逼到牆角》（*Sovereignty at Bay*, 1971），亦見《千禧年》（*Millennium*）特刊「主權被逼到牆角，二十年之後」（Sovereignty at Bay, 20 Years After, 1991），以及Robert Gilpin的《美國權力與多國籍企業》（*US Power and the Multinational Corporation*, 1975）。本書所採用的分析法，是沿用John Stopford與Susan Strange的著作《敵對的國家，敵對的企業：全球市占率的競爭》（*Rival States, Rival Firms: Competition for World Market Shares*, 1991），亦見Strange的「國家、企業與外交」（States, Firms and Diplomacy, 1992），以及Louis Turner與Michael Hodges的《全球崩跌》（*Global Shakeout*, 1992）。Philip Cerny的《變動的政治結構》（*The Changing Architecture of Politics*, 1990）精闢分析在多國籍經濟行動者的時代，國家所扮演的角色。

有關全球化所涵蓋的全球經濟變化的總體研究，見本書第九章的「參考文獻」。

有幾本學術著作或多或少填補了「結構主義」，以及研究南方貧窮的新理論之間的空白，例如Immanuel Wallerstein的《有欠考慮的社會科學：19世紀典範的侷限》（*Unthinking Social Science: The Limits of Nineteenth Century Paradigms*, 1991b），以及Caroline Thomas的《尋找安全：國際關係當中的第三世界》（*In Search of Security: The Third World in International Relations*, 1987）。其他研究包括Paul Ekins的《一個新世界秩序：引發全球變遷的草根運動》（*A New World Order: Grassroots Movements for Global Change*, 1992）、Amartya Sen的《貧窮與飢荒》（*Poverty and Famine*, 1982）、John Cavanagh、Daphne Wysham與Marcos Arruda的《布列頓森林之後：全球經濟秩序的替代方案》（*Beyond Bretton Woods: Alternatives to the Global Economic Order*, 1994），以及Barry Gills等人的《低強度民主：新世界秩序中的政治權力》（*Low Intensity Democracy: Political Power in the New World Order*, 1993）。Neil Harvey的《恰帕斯起義》（*The Chiapas Rebellion*, 1998）是這一場反體系運動的最佳註解。Caroline Thomas與Peter Wilkin編著的《全球化與南方》（*Globalization and the South*, 1999）是相

當實用的論文集。《國際政治經濟學評論》（*Review of International Political Economy*）集結了探討南方貧窮的非正統論述。近來研究全球貧窮的書籍中，擁有學術書籍少有的知名度者，不過近來最知名的著作，還是Paul Collier的《底層10億人口：最貧窮的國家為何失敗以及因應對策》（*The Bottom Billion: Why the Poorest Countries are Failing and What Can Be Done About It*, 2007）。William Easterly的《白人的負擔：西方對其他國家的援助為何製造少少的好處，大大的災禍》（*The White Man's Burden: Why the West's Efforts to Aid the Rest Have Done So Much Ill and So Little Good*, 2007），以及Robert Calderisi的《非洲的麻煩：外援為何無效》（*The Trouble with Africa: Why Foreign Aid Isn't Working*, 2007）同樣對外援感到失望。Ha-Joon Chang的《壞撒馬利亞人：自由貿易的迷思與資本主義的祕史》（*Bad Samaritans: The Myth of Free Trade and the Secret History of Capitalism*, 2007）則是抱持不同意見，認為國家管制與干預，才是西方以及南韓之類的發展成功國家的經濟成長的關鍵。

第九章　全球化

前言

　　在當代國際關係的主題當中，就屬全球化引發最多無稽之談。這些無稽之談多半出自「超級全球化」（hyperglobalization）理論家的筆下。這群理論家多半在商學院工作，文章是專門寫給金字塔頂端的企業總裁看（Held et al., 1999）。例如所謂的「無國界世界」，就是這種人才能寫出來的東西（Ohmae, 1990）。對於那些一坐上飛機就往左看的人來說，世界或許沒有國界，但是應該不會有人想要對著數以百萬計的輾轉各地收容機構，等待命運宣判的難民、流離失所的人，還有尋求政治庇護的人解釋「無疆界世界」的概念，更不用說推銷這種概念。事實是911之後出現了不少新安全措施，所以即使是頂尖企業的總裁，要跨越國境都得忍受些許不便。不過那些搭乘私人飛機前往英國，降落在諾斯霍爾特皇家空軍基地（Northolt Airport）的人，還是會比我們這些降落在鄰近的希斯羅機場（Heathrow）輕鬆方便。這種「全球化謬論」非常惱人，但同樣荒謬的是國際關係學者在專業上特有的畸變，那就是以為什麼都不會改變，世界末日的這一面更是不會改變。也許人類有某些地方確實不會改變，所以修昔底德（Thucydides）與霍布斯（Hobbes）的思想，仍然是社會生活黑暗面的最佳寫照。但如果說全球各地的尋常百姓生活上的重大改變，不會對國際關係與國際關係理論造成任何影響，那也未免太離譜。所以我們該做的就是保持冷靜沉著，也就是承認改變確實會發生，也承認有些事情永遠不會變，同時也記得我們生活在一個不平等又分裂的世界。有錢有勢的人很在意的事情，沒錢沒勢的人不可能也同樣在意。全球化理論要是沒有顧及這一點，就形同無稽之談。

　　這一章會以此為依據，總共分為四個部分。首先要分析全球化的政治經濟學。但凡是合理的全球化理論，都會以世界經濟的發展為重點。超級全球化理論家雖然搞錯不少事情，在這一點上面倒還正確。第二，上一章提到的世界經濟的發展對於政治經濟學理論的影響，在這一章也要分析。第三，也要探討全球變遷的過程所產生的問題，也就是古老的西發里亞體系無法解決的問題。國際環境退

化是這一章的重點，但不是唯一的重點。最後也要討論想像中的全球公民社會。全球媒體與共同的消費模式，是否眞的聯手製造出一個眞正全球化的新社會秩序？

新的經濟？

在上一章的結尾，我們談到了1980年代早期至今，世界經濟的幾個重大變遷，尤其是越來越多企業巨擘以「多國籍企業」的面貌出現，整合了全球的生產。各國資本市場的融合，也造就了一個24小時不打烊的全球資本市場。這些變遷說穿了，就等於一個整合的全球經濟體出現，也是所有的全球化理論的重點，但眞正關鍵的是推動這些變遷的力量，也就是資訊科技產業突飛猛進的成長。資訊科技變異的速度相當驚人。英特爾（Intel）的創辦人摩爾（Gordon Moore）發明了「摩爾定律」（Moore's Law），認爲處理器的性能每18至24個月就會成長一倍。然而矽的物理應用畢竟有其侷限，所以這種成長可能在下一個十年之內就會結束，但是「分子電子學」（molecular electronics）帶來的飛速成長，卻有可能一路延續到2050年代（Overton, 2000）。個人電腦與行動電話的數量，以及電子郵件與網路的使用急遽成長。一種科技發展到極限，就會有另一種科技取而代之。用「失控的世界」形容這種變遷的速度，似乎相當合理（Giddens, 1999）。

要注意的是這種進步多半並非由需求所帶動。文字處理、電子郵件、網路存取，以及試算表的使用，也就是許多人，甚至大多數人購買個人電腦的原因，其實他們不見得需要很快的處理速度。之所以需要大型記憶體，也只是因爲有複雜軟體，而大多數的人都不需要這些複雜軟體的功能。此外作業系統不斷更新，也需要大型記憶體，可是一般的使用者也不見得能體會更新的好處。有趣的是這種情形造就了一種新趨勢，那就是輕盈、固態的Linus作業系統電腦的市場不斷成長。這種迷你筆記型電腦剛推出的時候只是玩具，後來卻有不少商務人士與學生使用。無論如何，重要的是新科技最強而有力的代表人物，也就是微軟（Microsoft）的比爾蓋茲（Bill Gates），基本上是一個商人，而不是科學家或技術人員。推動這個科技的力量，是國際商業，不過也許科技已經成爲一股自立自強的力量。

新科技已經全面改變了先進工業國家的生活方式。這本書的讀者多半涉及

教育，無論是教書還是就學，大多數也會親身體驗如何運用網路傳播知識。研究人員以電子郵件與網路交流研究結果，國際合作是前所未有的容易。維基百科是大家常用的參考資料（只是內容往往不盡然正確）。想知道時事，可以透過YouTube，還有網路上的期刊、報紙以及部落格。不過新科技改變的並不只是無產階級知識分子的人生。抄你家的瓦斯表度數的人，還有修理你家冰箱的人，會用筆記型電腦、數據機與手機下載數據，也會以同樣的方式訂購備用零件。許多職業與行業都出現去技術化（de-skilling）與再技術化（re-skilling）的現象。有些事情變得較為簡單，需要的技術變少，例如店員再也不用操作收銀機，銀行行員結束一天的營業，也不必再以人工算帳。有些事情則是變得更困難，好比說1990年代的冰箱維修人員，根本不需要具備基本的資訊科技能力。而且這些都是過去十年才出現的事情，即使是影印機、傳真機、文字處理機這些基本的科技，也是在1970年代才開始普及。要把1970年代的油印機的「印刷」過程，形容給現在的學生聽，大概只會得到無法理解，目瞪口呆的表情。同樣的道理，1970年代的爵士樂迷，也不可能會理解我在寫下這段文字的同時，還在網路上收聽KJazz 88 Los Angeles電台的爵士樂。

　　這些現象全都發生在富有的國家。資訊科技的地位水漲船高，也嚴重衝擊窮國與富國之間的關係，整體來說是加深了國與國之間，以及大洲與大洲之間的差異。但這股趨勢並不是很有組織，不足以證成「南方國家是一致的實體」這種論述。富國仍然擁有全球將近四分之三的電話線，擁有電話線是使用新科技能力的首要指標。大多數的網路使用者也都集中在富國，不過中國的網站與網路使用者正在激增，只是目前還受困於「網路長城」。泰國還沒加入富國的行列，但行動電話的使用數量，據說比整個撒哈拉沙漠以南的非洲地區還多。即使是相對來說較為富有的非洲城市居民，也因為電話系統不甚可靠，所以網路時有時無，幸好將來會有便宜的衛星電話可用。在另一方面，世界經濟的邊陲國家顯然也有人受益。印度位於班加羅爾一帶的「矽谷」，就大大受惠於一群會說英語的高學歷人口，以及所處時區與美國的差距的有利機會。在美國，軟體的問題在一個工作天結束之後，可以從紐約與洛杉磯，轉交給印度的程式設計師處理，希望能在一個晚上解決。很多印度程式設計師在美國是很有貢獻的移民，事業發展相當成功。你在英國購買的電腦出了問題，撥打服務專線，接電話的人應該是在印度南部，因為這通電話經由網路轉接。而且說到邊陲國家，紐西蘭的網路使用率大概是全

球最高。

　　將資訊科技的影響，與全球經濟邁向整合的趨勢放在一起看，就能看出全球化的政治經濟學的核心特質，也就是生產的去實體化（dematerialization）與抽離化（disembedding）。去實體化的意思是說，當代資本主義的最大優勢並不是實體商品的生產，實體商品的生產越來越集中在政治較為穩定的舊南方地區，當代資本主義的優勢在於對符號的操控。美國的全球優勢，在以往是以美國鋼鐵（US Steel）與通用汽車（General Motors）這兩家公司作為象徵，現在則是微軟、英特爾、時代華納（Time-Warner）與迪士尼。這些公司還在生產的實體產品，例如英特爾的奔騰（Pentium）處理器，多半是在美國境外製造。1980年代初期，比爾蓋茲發現生產電腦所用的作業系統，會比生產電腦還賺錢，也因此將微軟推升至世界第一。昔日的巨擘IBM任由比爾蓋茲稱霸軟體市場，害得自己差點垮台。到了1990年代，蓋茲自己也差點犯了同樣的錯誤，任由一個獨立的網路瀏覽器出現。微軟後來努力消滅網景瀏覽器（Netscape），導致自己面臨反托拉斯訴訟，險些倒閉。2004年8月，能使用網景、Safari（蘋果的Mac電腦的瀏覽器），以及Internet Explorer的搜尋引擎谷歌（Google）公開上市，當時的市值約為250億美元。

　　伴隨去實體化而來的是抽離化。以前生產的是實物，生產的地點很重要，國家經濟體的概念也還有些道理，但現在還是這樣嗎？國家經濟體其實並沒有消失。先進工業國家仍然生產許多實體產品，不過多半是最頂級的利基產品，而不是真正的大眾市場商品。即使是你的新BMW、賓士與紳寶（Saab）汽車，也是用很多從低薪經濟體進口而來的零件製成。正如赫斯特（Paul Hirst）與湯姆森（Grahame Thompson, 1999）的精彩論證所顯示，資本創造的統計數據證明，國家經濟體的重要性遠超過大多數人的想像。然而全球生產的整合，全球資本市場的出現，再加上新科技帶來的影響，確實代表國家經濟體的概念比以往更難想像。下一個問題是，這些趨勢對於前一章談到的政治經濟學理論，會產生怎樣的影響？

新自由主義與反對者

　　從1980年代開始，對於這些趨勢最有力的回應，是自由主義政治經濟學的

再度崛起，現在又稱「新自由主義」〔不要與本書第三章提到的自由制度主義（liberal institutionalism）混淆，常有人分不清這兩者〕。新自由主義認為，各國在1945年之後似乎擁有的選項，如今已不復存在。在1945年之後的那段期間，各種經濟模式同時並存，除了共產主義計畫經濟模式之外，就連資本主義也分成好幾種模式，每個國家或是每一群國家各有不同等級的規劃與福利條款。各國或多或少接受了凱因斯的需求管理（demand management）思想。社會民主政治以及準統合主義政治主導了許多歐洲政體。絕大多數的開發中國家採取某種社會主義模式，只是民營部門往往也會扮演重要角色。

　　從1970年代末開始，先前提到的整合全球經濟崛起，經濟體系的類型似乎大幅減少。最大的改變是1989年之後共產模式全面瓦解，原因之一是無法跟上西方的腳步，不過更重要的是社會民主以及福利國家經濟體也受到極大的壓力。社會民主政治的一大重點，就是要藉助國家的力量，控制經濟的主要變數，例如利率、失業率，也就是要有能力將某些國家隔絕在全球趨勢之外，但是這種能力卻受到前面提到的種種力量摧毀。各國的資本市場整合在一起，大型企業又控制了生產的重要領域，導致社會民主體系僅需的一點點自治都很難達成。國家確實可以排除外國競爭，也有能力限制外國人擁有國內企業，但要付出的代價相當巨大。在深受科技影響的領域，本地的國家企業必須與外國公司在研發方面合作，才能繼續生存，否則產品即使看在本國消費者的眼裡也會覺得越來越過時，不討喜。英國與美國的汽車製造商就面臨這樣的命運。在另一方面，開放外來投資則會得到就業機會、稅收與出口，日本與英國汽車業的復甦就是明證。但是各國為了要繼續吸引外資，可能必須在國內進行一些痛苦的改革。

　　英語世界與北歐的福利國家，也因為這些原因飽受壓力，凱因斯的需求管理策略幾乎完全被拋棄。新古典經濟自由主義左右了經濟學，在政治上的表述以英國的柴契爾主義（Thatcherism），以及美國的「雷根經濟學」（Reagonomics）為代表，站穩了腳跟。英國的新工黨政府（1997年至今）以及美國的新民主黨政府（1993至2000年）實際上承襲了保守黨與共和黨前輩的許多經濟思想，大多數的社會民主政府也是如此。只有法國、比利時以及德國在政府層級強烈抗拒新自由主義，只是德國抗拒的力道遠不如法國及比利時。即使這些國家，也很難說成本高昂的福利國家在政治上還能負擔多久。薩科吉總統與梅克爾總理當然也想改革法國與德國，但是那些藉由犧牲人數眾多，被排擠的下層階級，從現有體系賺

取大量利益的既得利益者，會不會任由他們推動改革，可就不一定了。

　　總而言之，當時的人普遍認為市場應該儘量自由，實體控制、價格管制與規劃是沒有用的，將來也不會有任何作用，經濟體也應該儘量對外開放。這種「新自由」思想，是各大國際經濟組織在1990年代前半的主流思想，也就是後來的「華盛頓共識」（Washington Consensus）。國際貨幣基金與世界銀行為前來求援的開發中國家設計的各種計畫，便是以華盛頓共識為基礎，要求優先考慮低通膨、終結價格管制、削減政府支出，以及向世界經濟全面開放。另外還有一個存在已久的附帶條件，那就是「良性治理」，也就是要求這些開發中國家建立西式的政府，才能吸引外資。在某些方面來看，這是一種進步，畢竟不貪腐的民主政府以及法律不只是跨國企業喜歡，大多數的本地人民也喜歡，比較不喜歡的是要遵守美國的會計準則與專利法規。總之，重點是即使是當初發明這一套政策的國際貨幣基金、世界銀行，以及美國財政部官員，也多半認為這些政策是失敗的。華盛頓共識成功的例子極少，導致尋常百姓日子更難過的失敗案例卻很多。削減政府支出通常是針對窮人，終結基本食品的價格管制，也只是讓窮人的日子雪上加霜。包括1999年之前擔任世界銀行首席經濟學家的史迪格里茲（Joseph Stiglitz）在內的幾位人士，也承認這些政策失敗，並且強烈抨擊新自由主義思想（Stiglitz, 2004）。但是目前仍未出現回歸社會主義，或是社會民主經濟政策的跡象。新自由主義仍然強勢主導全球化的政治經濟學，不過解除管制（de-regulation）的趨勢能否挺過信用緊縮，目前仍是未知數。至少現在已經出現金融市場再管制（re-regulation）的跡象。

　　新葛蘭西主義的批評者認為，這代表一種新的霸權成立。這種霸權與第七章討論的「霸權穩定理論」的那種霸權不一樣。那種霸權是某一個行動者在其他人的默許之下，所進行的控制。這種霸權則是指一些觀念已經完全融入社會的常識，再也不是「觀念」，而是「現實情況」的一部分。這種霸權理論是由葛蘭西於1920年代提出，是從馬克思的意識型態概念衍生而來，但不見得與馬克思主義的世界理論有關，立場並不激進。

　　新自由主義只要真正控制了一個時代的經濟事務的常識，就算是一種全球等級的霸權。這種霸權從新自由主義的反對者的行為即可看出。說來真令人驚訝，那麼多團體大肆抨擊經濟全球化，卻鮮少有團體提出正面的替代方案。所以我們看到一個例子，世界貿易組織在1999年11月召開大型會議，當時在街頭上演「西

雅圖風暴」的抗議團體，以及後來多次登場的抗議活動的成員，都宣示反對世界貿易組織，反對「世界資本主義」，但始終也說不清楚他們究竟想要什麼，就算提出替代方案，也是互相矛盾。這些反對新自由主義的人士包括經濟民族主義者、社會主義者、反對工業社會的「深綠」（deep-green）分子，以及立場較為溫和的環境保護主義者與人權運動人士。他們連一個共同綱領都拼湊不出來，這嚴重削弱了他們作為壓力團體所能發揮的力量。2001年在倫敦登場的五一勞動節示威，有一位抗議人士高舉橫幅，上面寫著「拿比較好的取代資本主義」。就算是開玩笑，這個橫幅也等於昭告天下，反對陣營拿不出一個合理的方案取代新自由主義，也凸顯出新自由主義的霸權地位。

我們在之前的討論，將新自由主義當成一套思想，但新自由主義當然不僅僅是一套思想而已。就算不是馬克思主義者，也會認為新自由主義的勝利，代表某些利益的勝利。不過馬克思主義者當然會將這些構成思想體系的利益一一點名。推動新自由主義的力量之一，是巨型企業的出現，新自由主義的許多原則，也是為巨型企業的利益服務。巨型企業之所以能崛起，或多或少也是源自新自由主義的崛起。這裡出現一種辯證關係，我們難以界定是哪一種力量造就了另一種。可以說世界生產體系從1980年代開始重整，加速了新自由主義思想的普及，反之亦然。

不過在接受新自由主義的霸權地位之前，不妨先看看國家所擁有的選項，是否真如新自由主義者，以及反對新自由主義的葛蘭西主義者所說得那麼少。國家的角色或許有所改變，但並沒有消失。全球化確實導致某些國家干預的手段失靈，但全球化所帶來的政治挑戰，也鼓勵各國發展新技術，也許最重要的是新態度。我們在未來也許會看見，企業與國家之間出現一種新的外交關係（Strange, 1992/1996）。科技支配了生產流程，先進部門的企業發現，要想長期生存下去，就必須具備領先業界的研發能力。絕對規模是關鍵，也就是說進入市場的能力是關鍵，無論是直接進入市場，或是藉由與其他企業合作進入市場。國家在必要時能夠限制進入市場的管道，也能批准或禁止經營特許權與收購行為。企業想要擴張的渴望使國家有能力影響其活動。在另一方面，國家也希望成功的先進科技企業能到國內設點，有投資流入，就會帶來就業機會，支援區域政策，提供稅基，也會增強一個國家的出口能力。這就代表企業能給國家帶來好處，所以擁有很好的談判籌碼。

　　換句話說，國家與企業都在意「市場占有率」。企業想追求最大的市占率，國家希望市占率最大的企業能進來設點。這種新的外交關係，就是企業與國家達成其各自目的的方式，這是一種三角外交關係。國家與其他國家談判，談判的內容包括互相開放市場，還有其他的事項，例如在歐盟的範圍之內，有關「當地自製」要求的重大規定，比方說在英國製造的豐田卡羅拉（Toyota Corolla）要符合什麼樣的條件，才能稱為英國車，而不是日本車。國家也會與企業談判，商量企業必須符合哪些條件，才能在這個國家境內經營，以及新的投資能換取多少賦稅減免、新投資的地點，新投資會創造的就業機會，還有以目前的英國為例，加入或不加入單一歐洲貨幣的影響。企業之間也會互相協商，關於共同製造、共同研發、經營特許權，有時候也協商共同持有。這個三角外交關係的任何一方，都會影響到另外兩方。新投資所偏好的國家（國家與企業之間的外交關係），往往是取決於這個國家能不能保證讓企業進入其他國家的市場（國家與國家之間的外交關係），以及即將進入一個國家的企業，能否至少與已經在這個市場的某些企業達成協議（企業與企業之間的外交關係）。

　　這種新外交關係，也改變了各界對於跨國企業的看法。過往對於跨國企業的研究，多半聚焦在跨國企業將多少獲利送回本國，言下之意是說外國企業剝削本地經濟，以供養自己國家的投資人。現在無論是本地企業還是全球企業，都必須將大多數的獲利用於研發，否則馬上就要面臨生存危機，無法繼續支付股息給股東。也許最重要的是，「被圍困的主權」（sovereignty at bay）的概念是嚴重錯誤（Vernon, 1971）。我們已經知道，過往的主權概念，也就是完全控制領土的那種主權，也許從來不曾存在，即使以前存在，也早已消失。在另一方面，一個國家如今要想有效行使主權，也就是滿足人民的福利需求、提升經濟成長，關鍵在於與國際企業建立健康的關係。一個強大的國家能利用跨國企業達成自己的目的，而不是排斥跨國企業，阻礙跨國企業獲利。這就是先前提到開發中國家要有「良性治理」的原因。貪腐、不民主、不負責任的本地菁英無法運用跨國企業為國家牟利，雖然他們可能藉機大大充實海外的銀行帳戶。

新全球問題：「西發里亞失敗」與環境

　　這個主題可以討論到天荒地老，但總要適時打住，探討全球化帶來的某些

具體問題。這裡的重點是目前的全球政治體系，顯然沒有能力處理全球化帶來的問題。英國學者蘇珊‧史特朗（Susan Strange）雖然很討厭「全球化」一詞，但還是在她的最後一篇文章，也就是她死後發表的「西發里亞失敗制度」（The Westfailure System, 1999），將這種兩難局面分析得很透徹。她在文章開頭提出一個沒有爭議的觀點，也就是主權國家在領土範圍內獨占合法的暴力，會與資本主義市場經濟共同成長。但她又說資本主義市場經濟所製造的問題，無法透過國家所設定的條件解決。意思是說這些問題牽涉到全球信用或金融體系，而這個體系會不斷製造無法解決的危機。之所以無法解決，是因為國家不願意授權給一個國際中央銀行。主權體系沒有能力解決環境退化，因為既沒有權威的決策，也缺乏有效的執行，所以無法採取集體行動。全球的不平等越來越嚴重，越來越失控，加上國家又無力防止人民受到全球經濟力量的衝擊，進而引發一連串的人道危機。總而言之，她認為這個體系無法滿足長期的永續需求，也就是說西發里亞和約是「西發里亞失敗」。

　　這是一個強而有力的論證，也是很悲觀的論證，因為史特朗並沒有提出解決方案。我們先前已經概略討論過人道危機，在第十一章「人道干預」會繼續討論。史特朗特別感興趣的全球央行的問題，因為牽涉到深層的專業，所以我們還是將討論的重點放在環境。環境是一個很嚴肅的議題，也能帶領我們深入瞭解當代的國際關係。傳統國際法的首要原則之一，是國家主權也包括控制自然資源與本地的經濟活動。這種原則是從現代國家的本質衍生而來，當代的政體與中世紀的機構不同，至少從17世紀開始就有領土，而擁有領土就等於擁有領土範圍內的自然資源。有鑑於在同一時期發展的資本主義經濟體的特性，可以想像在先進工業國家，「擁有」代表的不是「管理」，而是「支配」。自然資源是要給地主、國家，也許還有（至少在現代福利資本主義社會），人民牟利之用。但是這裡所謂的「人民」，指的是「這個國家的人民」，而不是泛指所有人。「國家必須為了領土範圍內所發生的經濟活動，向全世界負責」的觀念，在以往與這種首要原則並不相容，直到近代才有所改變。

　　這種態度在1960年代末，1970年代初開始改變。首先大家發現，某些類型的經濟活動，會在所牽涉到的國家的領土之外的地方，發揮重大的影響。「酸雨」的現象就是一種典型。英國、德國與美國的工業污染，造成北歐與加拿大的森林毀壞。這些問題雖然很嚴重，卻並不是特別有意思的理論問題。在原則上，跨國

污染與國內污染差不多，但清理萊茵河（流經幾個國家）比清理泰晤士河更形複雜，儘管牽涉到的問題其實差不多，尤其是如何計算經濟學家所謂的「外部性」（externalities）的成本，應該將污染控制視爲由全體納稅人買單，還是應該以污染者付費的原則處理等等。一旦認清問題，資本主義經濟體要處理這種問題，其實比想像中容易。私有制有利也有弊，它會妨礙集體行動，但原則上也能找出環境退化的元兇，並追究責任。相較之下，共產工業強國在控制直接污染所面對的困難就形成有趣的對比。「公有制」成了一種不處理類似問題的藉口。那些繼承了死亡的河流以及市區的嚴重工業污染的後共國家，對此應該頗有體會。

　　長遠來說更爲重要的，是環境議題在1970年代初更爲突出的第二個原因，也就是越來越多人發現「成長是有極限的」（Meadows et al., 1974）。有人認爲工業文明要想延續下去，必須以越來越快的速度消費原料，問題是原料的供給顯然是有限的。幾百萬年才能形成的碳氫化合物燃料，在區區幾十年間就消耗殆盡。木材、農產品這些原則上可再生的資源的需求成長太快，供給的速度跟不上，長遠來看就有可能形成匱乏。這些預測不容樂觀，重點在於這些預測與酸雨之類的現象不同，會導致長期的經濟成長無法持續，而長期持續的經濟成長，又是當代工業社會最主要的原動力，以及正當性的來源。這些預測倘若成立，先進工業國家的政治會被全面改造，但是「開發中」國家遭受的打擊嚴重得多，因爲這些國家其實比富有的國家更依賴總體經濟成長所帶來的好處。

　　其實這些問題已經被擱置了幾年。1970年代經濟下修，導致原料需求下降，微晶片革命之類的新科技，不像舊科技那樣依賴原料。所以總而言之，「成長有極限」的預測也許太過悲觀，而且最棒的是還會創造相反的結果，因爲大家會多加關注節約能源、資源回收，以及新資源的開發。以當時的定義來看，顯然我們距離成長的極限還是很遙遠。儘管如此，1970年代的辯論，確實預見了1980年代及1990年代浮現的問題，2000年代就更不用說了。諸如臭氧層損耗、全球暖化、海平面上升、砍伐森林、生物多樣性流失，以及非洲的大規模沙漠化這些氣候變遷現象，帶給生產力文明的挑戰，與「成長有極限」的觀念所帶來的挑戰差不多。主要的差異在於氣候變遷所帶來的挑戰具有科學根據，光憑零星的回應無法解決。感覺這一次「我們」，也就是所有的人類，眞的要改變我們的生活方式，如果我們，或是說「我們」的國家，能拿出意志力的話。

　　攻擊臭氧層的氟氯碳化物（chlorofluorocarbons, CFC）就是一個很好的例

子。1985年的保護臭氧層維也納公約（The Vienna Convention for the Protection of the Ozone Layer），以及1987年在蒙特婁，還有1990年在倫敦的臭氧層相關的議定書，聯合國環境與發展會議1992年在里約熱內盧的討論，以及後續舉行的許多論壇，尤其是1998年在京都的論壇，都凸顯出世人普遍意識到臭氧層損耗的嚴重性，也認爲有必要降低氟氯碳化物的排放量。這就帶出一個很有意思的問題：這種觀念爲何會出現？各國不想提及這個議題，顯然有很好，卻也很短視的理由。氟氯碳化物是使用科技製造出來的產物，這些科技雖然會造成污染，卻絕對比其他的選項便宜。希望推廣冷藏科技的開發中國家，想要使用最便宜的科技，因而製造出氟氯碳化物。已開發國家也不想放棄習慣使用的科技。每一個人的長遠考量，都要防止地球的保護層損耗，但是每一個人的短期考量，都是不要走在最前面。這是集體行動的典型問題，是出了名的難處理。雖然很少人會認爲國際社會的回應完全恰當，但至少這個議題已經浮上檯面。這又是爲什麼呢？這個議題是如何進入議程的？

答案應該是科學家一致認爲，這個問題再也不能迴避。政府禁不起各方以此共識爲由一再遊說，只好勉強同意付諸行動。這是國際關係的一種很有意思的新現象，也就是國際「壓力」團體的出現。這些團體的影響力來自高度專業的知識，而不是較爲傳統的政治資源。彼得・哈斯（Peter Haas, 1989）發明了知識社群（epistemic communities）一詞，形容這一類的團體。顯然知識社群在適當的環境能發揮很大的作用，能讓政府覺得別無選擇，非得遵照科學家的共識不可。這往往是一種幾乎是明目張膽的政治威脅，也就是「照我們的話做，不然我們就告訴全民，你不顧他們的生命安全」。不過知識社群之所以能發揮影響力，歸根究底還是因爲他們有能力，至少是社會大眾相信他們有能力，對於問題的本質提出主流詮釋。

但也不應太誇大知識社群的重要性，畢竟知識社群需要適當的條件才能發揮作用。所謂適當的條件，就是握有相關知識的人必須達成一定的共識，而且爭取的議題不能涉及各國的核心利益。知識社群有一個很有趣的特色，就是缺乏民主正當性。綠色和平（Greenpeace International）就是一個很明顯的例子，在世人眼中往往是壓力團體的典範，運用科學專業，在全球公民社會爲理念而奮鬥。綠色和平的科學家相當受到尊崇，提出的意見也很受西方輿論重視，在政治上也有不少重大斬獲，例如1995年的布蘭特史帕爾儲油平台（Brent Spar）事件。綠色

和平發動大型公關戰與消費者抵制活動，導致殼牌石油公司（Shell）與英國政府不得不推翻先前的決定，不將多餘的布蘭特史帕爾儲油平台丟棄在大西洋。後來大家才發現，綠色和平的計算有誤，至今仍有人認為，丟棄儲油平台也許是最環保的選擇。但是很有意思，在某些情況也許應該說很邪惡的一點，就是綠色和平的科學家並非選舉出身，也不必負責任，竟然能操縱輿論，凌駕於民主程序選出的政府，以及政府的科學顧問的意志之上。還有一個諷刺之處，在於綠色和平的許多支持者，其實相當懷疑科學的權威，但綠色和平在這起事件能達成目標，正是因為民眾沒有質疑。

談完了知識社群，環境政治（environmental politics）對於全球正義的規範議題影響甚鉅，最重要的是凸顯出兩種追求正義的方式之間的對立。一種方式是著重於社群的權利，另一種則是著重於全球關切。大概在一個世代以前，全球不平等的議題相對來說容易理解，要解決全球貧窮似乎也不成問題，當然有沒有付諸實行是另外一回事。窮國是「低度開發」，所以需要「開發」。各界激烈爭論的核心，在於如今的全球經濟體系是否真能推動開發，不過對於目標倒是沒有什麼爭議，因為無論是鼓吹自由市場的自由主義者，還是支持傳統馬克思主義的依賴理論家，都一致認同「開發」。華盛頓共識只是這種開發主義的最新表述。但華盛頓共識顯然有一個基本的重大錯誤：我們對於未來所能確定的，就是不會出現一個全球工業文明，開發中國家不會變成已開發國家，也不會擁有類似1950年代與1960年代的西方先進工業經濟體。至少可以說如果全球工業文明當真出現，全世界將付出難以承受的代價，除非有非比尋常的科技進展出現，徹底推翻原先的計算。如果開發的美夢變成惡夢，那麼那些現況惡劣，即使環境被糟蹋破壞都能算是「進步」的國家，又該怎麼辦？

世界整體的需求與利益，與某些國家的需求與利益之間的差異似乎很尖銳。在一方面，西方的工業發展模式如果套用在中國、印度次大陸、非洲，以及拉丁美洲，對全世界來說都會是一場災難，連這些地區的民族都會遭殃。但南方各國的政府會希望走上這條路，除非有足夠的誘因能打消這個念頭。可是如果最終結果是北方的民族與政府能繼續掌握工業文明帶來的好處，南方國家卻被排除在外，那無論什麼誘因都無法打動南方國家。在另一方面，顯然必須想個辦法減少美國的碳排放。美國不肯簽署，也不肯批准《京都議定書》，又始終不願意加收發電與運輸所用的汽油的稅金，以減少浪費，甚至還放任無所不在的休旅車公然

違抗汽車廢氣排放的限令（歐洲的表現也好不到哪裡去，不過人家話說得比較漂亮）。這兩個例子的特別之處，在於問題並不是特殊利益團體或政治菁英製造出來的，而是應該怪罪想要中國製便宜冷藏裝置，以及想要便宜的汽油、中央空調的美國人。在美國，還有幾家石油公司遊說政府反對《京都議定書》，不過美國政府之所以沒有批准《京都議定書》，主要還是因為沒有一個參議員想在大幅調漲油價之後，面對自己的選民。

這裡似乎出現了一種僵局。美國不願意大幅調整二氧化碳排放的相關政策，中國則是每個禮拜新建兩座燃煤發電廠。中國不想放慢經濟成長的速度，也想拉近國家之間不平等的差距，這可以理解。不過僵局出現了鬆動的跡象。美國的小布希政府終於承認氣候變遷是個嚴重的問題，這雖然談不上是很大的慰藉，但至少態度明顯轉變，等到歐巴馬總統就任，態度還會轉變得更多。2008年北京奧運為了運動員的安全，所採取的種種不尋常的措施，等於告訴中國領導階層在內的所有人，中國城市的空氣污染有多嚴重。

總而言之，這個問題衝擊了目前國際秩序的既有規範。現有國際秩序的核心思想，是每一個國家有權追求自己眼中的幸福，不受外部干涉。體系的規範是要提倡共存，而不是解決問題。環境毀壞所帶來的挑戰，也衝擊這個核心思想。這代表全球工業文明顯然已經凌駕現有的政治體系，也就是「西發里亞失敗」的經典例子。

說來也許有些諷刺，各國面對這種情形的回應，竟然是把舊的西發里亞制度的一個核心概念予以擴大：安全。在後冷戰時期，軍事安全的疑慮趨緩，一種更廣義的安全概念浮上檯面。這種廣義的安全概念分別由布贊（Barry Buzan）與韋弗（Ole Waever）領軍的「哥本哈根學派」（Copenhagen School），以及領導人物多半集中在威爾斯大學（University of Wales, Aberystwyth）的批判安全研究（critical security studies）提出。這兩個團體的基本主張，是無論其指涉的客體是個人、團體、國家或民族，「安全」是一種本體論的狀態，是覺得安全的一種感覺，隨時會受到各種因素的威脅。外部軍事威脅就是其中之一，不過臭氧層的損耗、大規模失業、大規模非法毒品交易、犯罪，以及難民大舉湧入邊界，也都會威脅一個國家的安全。個人的安全也與這些威脅息息相關，因為個人是社會的一分子，而且也許更重要的是，個人的安全在某些情況會受到國家的威脅。比方說以性別或性傾向為由的違反人權、虐待與迫害，飢荒與貧窮造成的剝奪，這些

都會威脅到個人的安全，也屬於新安全研究的範圍。

　　哥本哈根學派與威爾斯學派都很清楚，這裡有一個很明顯的問題，就是將這些議題「安全化」是否適當。也可以說安全化會引發某些非常不適當的回應，例如英國最近有不少政治論述，將尋求政治庇護的人妖魔化為「木馬屠城」，就反映出在不少英國人眼裡，這些無害的人會威脅英國的國家安全。就這一節的主題而言，也可以說將環境議題安全化，會導致環境退化的問題更難解決。因為不但沒有把這個問題當成所有人類共同的問題，還很容易將其他人的行為視為一種威脅，因此會在心理上，也許也在實際行為上，將改變的成本轉嫁他人。也許還可以說，在我們現代的「風險社會」（risk society），過於強調安全並不恰當。與其過度在意無以為繼的穩定認同，還不如學會與不安全感和平共處（Beck, 1999）。這一有趣的觀點可以作為有關全球化的廣義社會衝擊討論的起點。

全球公民社會？

　　有些社會學家依據貝克（Beck）的風險社會理論，研究全球化改變了多少我們對於社會的觀念，但這本書要探討一個更重要的問題，真正的全球社會是否正在出現？如果是，那又是個什麼樣的社會？許多作者與學派對於第一個問題的回答是「是」。探討「全球公民社會」的文獻也因此大量出現，包括非常實用的《全球公民社會年鑑》（*Global Civil Society Yearbook*）。

　　「公民社會」的思想源自18世紀的思潮，意思是一個社會空間，組織獨立於國家與大家庭這兩種主宰人類生活的社會制度之外，並可能還會與國家及大家庭對立。亞當・福格森（Adam Ferguson）及亞當・斯密提出了這個思想，黑格爾也提出了同一個思想的不同版本。這個思想在1980年代，以及1990年代初共產主義垮台之後，再度崛起。很多人認為共產主義否決了這種空間存在的可能性，所以具有缺陷。第七章探討過與全球治理機構同時發展成形的「全球公民社會」概念。全球治理機構是國家的替代品，非正式、非國家的跨國壓力團體（往往是以環境議題為主，但也包括人權、動物權、反全球資本主義運動、達弗斯及畢德堡俱樂部之類的支持資本主義的團體、宗教運動、跨國政黨等等）或多或少代表了全球公民社會。消費、娛樂及「資訊娛樂」（infotainment）這些跨文化全球趨勢，也強化了全球公民社會的全球現象。後面這一點非常重要。我們的世界最顯

著的特徵，是全球品牌與全球媒體的存在。麥當勞的拱門已經是一個世界品牌的象徵，不過近來星巴克已經取代麥當勞，成爲一種比較精緻的全球品牌。耐吉的「勾勾」商標也同樣知名，耐吉的籃球巨星代言人麥可喬丹（Michael Jordan）也許是地球上辨識度最高的人，只是在英國碰巧除外，因爲籃球在英國還不是電視轉播的主要運動項目（LaFeber, 1999）。

　　這個全球公民社會理論，有幾個特色值得注意。第一，幾乎所有的全球品牌，以及大多數的跨國壓力團體，都是來自先進工業世界的極少數國家。印度與中國在未來也許會製造出全球品牌，但目前的情況還是如此。以全球品牌而言，世界文化全球化的概念，已經與世界逐漸「美國化」的觀念融合在一起。大多數的全球品牌確實來自美國，大多數的資訊娛樂企業也是（不過在阿拉伯世界，半島電視台的影響力超越了CNN與BBC）。反對全球化的人向來將這些力量，看成美國文化帝國主義的工具。在21世紀，搗毀一家麥當勞或星巴克的意義，就跟以往攻擊美國大使館的抗議舉動差不多。在另一方面，全球化對美國文化的威脅，其實更甚於對其他國家文化的威脅。法國小酒館與小餐館還會繼續存在，但美國的路邊餐廳消失的速度很快。而且順帶一提，我們也不應忘記，全球品牌確實能提供更多的選擇，也能提升品質。麥當勞之所以能在那麼多國家成功，正是因爲美食家無法認同的品質標準化。對於某些國家的許多消費者而言，吃到的漢堡所用的原料都通過嚴格的健康測試，是很大的賣點，因爲這些國家的食品安全不見得有保障。同樣的道理，喝到好咖啡的英國人與美國人，也應該感謝星巴克與西雅圖咖啡這些連鎖店，雖說現在我們也常去本地的咖啡店。這裡有一個更廣泛的重點，全球品牌的成功終究要取決於消費者，即使消費者的行爲不如英國的咖啡愛好者那樣理性，也還是應該尊重他們的選擇。

　　長期來說比較重要的，也許是位於全球公民社會理論核心的跨國團體，多半是來自西方。這些團體經常標榜是窮苦無靠的人民的代言人，也做了不少重要且必要的事情，但表現出來的態度總有些居高臨下，像個貴婦在施捨農民。這些團體又與他們的前輩不同，所以更顯得高高在上。紅十字會之類的跨國團體，強調對衝突採取中立不批判的立場，有時甚至將這種態度發揮到極致，比方說紅十字會就不肯針對二次世界大戰的納粹死亡集中營發表評論，而是關注一般戰俘的生活環境。新出現的團體，例如在1960年代末的比亞法拉共和國（Biafra）的衝突當中，一群法國醫師脫離紅十字會，所成立的無國界醫師組織（MedecinsSans

Frontieres），政治色彩就相當濃厚，也立志要替全世界的困苦人民發聲，所以難免會涉入地方的政治。

這就引出了關於全球公民社會的第二批問題。組成公民社會的團體是不負責的，這並不是說他們的行為不負責任，而是說他們不需對誰負責。公民社會的原始概念的特色之一，是假設一個有效的國家存在，能防止公民社會的任何一個團體握有太多權力。但在全球層面，這種約束就模糊得多。無國界醫師與綠色和平之類的團體，是直接訴諸（西方）的輿論，往往還會越過民選的政府首長，所以能發揮的影響力不小。心懷好意，思想進步的人，可能不會太擔心這些團體所做的事情。不過我們也看到，綠色和平就跟普通人一樣，也會弄錯科學事實。不過話又說回來，全球公民社會當然不是只有進步的團體而已，法西斯主義者、戀童癖者、毒販，以及宗教極端分子也會成立跨國團體，也比較不和善。而且不是只有綠色和平才能用「直接行動」推動政策。法國農民為了保有農業補貼，不顧開發中國家的利益，封堵法國境內所有道路，本身也成為全球公民社會的一部分，正如英國的卡車司機為了抗議使用汽油必須繳交的環保稅，在2000年秋季占領發電廠。這一套誰都能用。抗議人士基於好意，洋洋得意犯了法，自以為是爭取更廣大的福祉，那麼看見其他人用相同的手法追求不同的目標，也不該覺得驚訝。

全球公民社會非常反民主，對待窮人的態度又像在施捨，偏偏主事者大多偏向進步主義。這一點雖然很有意思，但並沒有接觸到最重要的問題，也就是這個現象究竟有多重要。全球公民社會的觀念真的具有解釋的能力嗎？「史丹福學派」的社會學家認為，民族國家的認同、結構與行為，越來越受到全球社會的影響，而且「全球文化鼓勵了、擴張了，也標準化了強大但在文化上較為溫馴的國家行動者」（Meyer et al., 1997: 173）。這個說法措辭很強烈，但我們也應該記住，英國學派（English School）在探討國際社會的理念時，也曾提到國家行動者的「馴化」。在19世紀，這就叫做將「文明的標準」強加在一些政權上面。這些政權並不如當時（多半是歐洲國家）國際社會的成員那樣實行法治，也不尊重財產權。用「文化馴服」形容這個過程很貼切，只是有點委婉（Gong, 1984）。

但全球公民社會在發揮作用之前，必須要考量目前的世界秩序的三個特色，也就是接下來三章的主題。第一，全球化會製造一致性，但也會引發抗拒一致性的心態。於是一種新的國際認同政治正在浮現，第十章會探討這個主題。第二，如果全球公民社會即將出現，也勢必以某種規範為基礎，也許是國際法與國際人

權建制，第十一章便是以此為主題。最後，全球公民社會一定要放在國際體系的整個架構看，這也是這本書最後一章要探討的主題。不過我們在展開下一章之前，不能再迴避這一章一直迴避的一個問題，也就是全球化究竟是什麼？斯科爾特（Jan Aart Scholte）針對這個主題提出幾個重點，首先「全球化是社會地理的變遷，特色是超領域的空間的成長，但是全球化並不會帶來領域地理（territorial geography）的結束。領域性與超領域性會在複雜的相互關係中共存」（Scholte, 2000: 8）。正如我們所見，原始的定義與修飾語都切中主題的核心。

延伸閱讀

有關全球化經濟層面的研究，見David Held等人的《全球化衝擊》（*Global Transformations*, 1999），以及《全球變遷讀本》（第二版）（*The Global Transformations Reader*, 2nd ed., 2003），亦見Jan Aart Scholte的《全球化》第二版（*Globalization*, 2nd ed., 2005）。David Held與Andrew McGrew又發表一本《全球化理論：途徑與爭議》（*Globalization Theories: approaches and controversies*, 2007）。還有一些立場不同的早期著作也值得參考，例如Anthony McGrew等人的《全球政治：全球化與民族國家》（*Global Politics: Globalization and the Nation State*, 1992）、Christopher Chase-Dunn的《全球架構：世界經濟的結構》（*Global Formation: Structures of the World Economy*, 1989）、P. Dicken的《全球變遷：經濟活動的國際化》（*Global Shift: The Internationalization of Economic Activity*, 2004）、Paul Kennedy的《為21世紀做準備》（*Preparing for the Twenty-first Century*, 1993）、Kenichi Ohmae的《無國界世界》（*The Borderless World*, 1990），以及Michael Veseth的《販賣全球化：全球經濟的迷思》（*Selling Globalization: The Myth of the Global Economy*, 1998）。Paul Hirst與Grahame Thompson合著的《質疑全球化：國際經濟與治理的可能性》（*Globalization in Question: The International Economy and the Possibilities of Governance*, 2000）的研究相當透徹，強力反駁了至少是某些比較極端的全球化理論。《千禧年》（*Millennium*）的特刊「自由主義的全球化」（The Globalization of Liberalism, 1995）探討自由主義與全球化之間的關係。有關全球化的總體討論，已故的Susan Strange發表過兩篇很有特色又詳盡的論文。一篇是名為「全球化謬論」

（Globaloney, 1998a）的評論，闡述了一種觀點。但她死後發表的「西發里亞失敗制度」（The Westfailure System, 1999）卻提出相反的主張。

　　不少文獻將全球化當成一種社會與文化現象探討。Manuel Castells的《資訊時代：經濟、社會與文化》（第三卷）（*The Information Age: Economy, Society and Culture*, Vol. 3, 1996/1997）是一部重量級鉅作。Martin Albrow的《全球時代：現代之外的國家與社會》（*The Global Age: State and Society Beyond Modernity*, 1996）雖然規模較小，卻也是經典之作。Zygmund Bauman的《全球化：人類的下場》（*Globalization: The Human Consequences*, 1998）、Ulrich Beck的《世界風險社會》（*World Risk Society*, 1999）、Saskia Sassen的《全球化與對全球化的不滿》（*Globalization and its Discontents*, 1998），以及Leslie Sklair的《全球體系的社會學》（*The Sociology of the Global System*, 1995）都是從社會學的角度分析。Anthony Giddens將他的Reith講座內容集結成《失控的世界》（*The Runaway World*, 1999），主要是針對更廣大的非學術市場，不過內容相當發人深省。John Tomlinson的《全球化與文化》（*Globalization and Culture*, 1999)）集結了這個主題的大量資料。Justin Rosenberg的《全球化理論的謬誤》（*Follies of Globalization Theory*, 2001）則是提出質疑。

　　有不少從不同角度分析國際關係理論的精彩論著。J. N. Rosenau的《國內外的邊境：探索動盪世界的治理》（*Along the Domestic-Foreign Frontier: Exploring Governance in a Turbulent World,* 1997）沒有提到「全球化」一詞，卻是不可多得的好書。Richard Falk的《掠奪性全球化：一個評論》（*Predatory Globalization: A Critique*, 1999）是一個世界秩序模式的專家，匡正對於超級全球化過於熱中的思想，相當實用。Ian Clark的《全球化與國際關係理論》（*Globalization and International Relations Theory*, 1999）是古典理論的傑作，Martin Shaw編著的《政治與全球化：知識、倫理與能動者》（*Politics and Globalization: Knowledge, Ethics and Agency*, 1999）是一本相當實用的論文集，衍生出後來的「薩塞克斯學派」（Sussex School）。這些參考文獻只是現有文獻的一小部分而已。David Held等人（2003）以及Jan Aart Scholte（2000）都發表過經典之作。Niall Ferguson的「每況愈下的全球化」（Sinking Globalization, 2005），以及Mathias Albert的「『全球化理論』：過氣熱潮還是方興未艾？」（"Globalization Theory": Yesterday's Fad or More Lively than Ever?, 2007）都是很實用的入門文

章。

　　國際關係與新科技的文獻（依舊）稀少得嚇人。Thomas Friedman的《凌志與橄欖樹》（*The Lexus and the Olive Tree*, 1999）是樂觀的未來預測。Bill Joy的「未來為何不需要我們」（Why the Future Doesn't Need Us, 2000）則是認為新科技會帶來令人不安的影響。「未來為何不需要我們」刊登於專門介紹逐漸出現的新世界的思想的Wired雜誌。這篇文章格外令人不安，因為Joy是昇陽電腦（Sun Microsystems）的創辦人之一兼首席科學家，也是探討資訊科技研究的未來的總統委員會的主席之一。聯合國開發計畫署1999年的《人類發展報告》用了不少篇幅討論全球在使用資訊科技方面的不平等。《千禧年》（*Millennium*）雜誌的「數位時代的國際關係」特刊（International Relations in the Digital Age, 2003）有不少值得一讀的文章，尤其是James Der Derian與Ronald Deibert的作品。

　　「華盛頓共識」是國際貨幣基金及美國財政部所宣示的新自由立場。這個名詞由John Williamson創建，見「華盛頓所言之政策改革是什麼意思」（What Washington Means by Policy Reform, 1990）。相關討論包括Richard Higgott的「經濟全球化與全球治理：邁向後華盛頓共識」（Economic Globalization and Global Governance: Towards a Post Washington Consensus, 2000）。官方思維的演變，可以從各機構發表的準官方刊物略窺一二，例如國際貨幣基金的立場演進，見Jahangir Aziz與Robert F. Wescott的《政策互補與華盛頓共識》（*Policy Complementarities and the Washington Consensus*, 1997），關於世界銀行，見Shih Javed Burki與Guillermo E. Perry的《華盛頓共識之外：制度很重要》（*Beyond the Washington Consensus: Institutions Matter*, 1998）。

　　Joseph Stiglitz的《全球化及其不滿》（*Globalization and its Discontents*, 2004）是一個首屈一指的自由主義者所提出的質疑。Jagdish Bhagwati的《為全球化辯護》（*In Defence of Globalization*, 2004）證明了不是所有的自由主義者都畏懼膽寒。Meghnad Desai的《馬克思的復仇》（*Marx's Revenge*, 2002）闡述了古典馬克思主義與自由主義之間的關係。

　　《國際政治經濟學評論》（*Review of International Political Economy*）詳細分析新葛蘭西的國際政治經濟學理論。相關的論文包括Gill與Law（1988）的文章。Robert W. Cox是最傑出的新葛蘭西理論家，參考他的《生產、權力與世界秩序：塑造歷史的社會力量》（*Production, Power and World Order: Social Forces in* the Making of History, 1987）以及他的論文集《世界秩序理論》（Approaches to World Order, 1996）（與Timothy Sinclair合著）。Stephen Gill編著的《葛蘭西、歷史唯物主義與國際關係》（Gramsci, Historical Materialism and International Relations, 1993）仍然是探討葛蘭西與國際關係的最佳論文集。其他重要研究包括Kees Van der Pijl的《跨國階級與國際關係》（Transnational Classes and International Relations, 1998），以及Ronen Palan與Jason Abbott的《全球政治經濟學的國家策略》（State Strategies in the Global Political Economy, 1996）。

關於良性治理與華盛頓共識，G. C. Gong的《國際社會的「文明」標準》（The Standard of "Civilisation" in International Society, 1984），是19世紀「文明標準」的理論與實務的經典研究。Robert Jackson的《準國家：主權、國際關係與第三世界》（Quasi-States: Sovereignty, International Relations and the Third World, 1990）是一本現代的經典，將良性治理的觀念帶到20世紀末。

Andrew Hurrell與Benedict Kingsbury編寫的《環境的國際政治》（The International Politics of the Environment, 1992）是很有參考價值的論文集，主題包括制度、標準的建立，以及利益衝突。Wolfgang Sachs編寫的《全球生態：政治衝突的新競技場》（Global Ecology: A New Arena of Political Conflict, 1993），以及John Vogler與Mark Imber編寫的《環境與國際關係》（The Environment and International Relations, 1995）也同樣實用。也不妨參考Garth Porter與Janet Welsh Brown的《全球環境政治》（Global Environmental Politics, 1991），以及Caroline Thomas的《國際關係中的環境》（The Environment in International Relations, 1992）。Thomas編寫的「里約熱內盧：揭開後果」（Rio: Unravelling the Consequences）是《環境政治》（Environmental Politics, 1994）的特刊，是認識地球高峰會的最佳教材。Richard Falk的《瀕危的行星》（This Endangered Planet, 1971）提出了環境問題的預警。Peter Haas編寫的「知識、權力與國際政策協調」（Knowledge, Power and International Policy Coordination）是《國際組織》（International Organization, 1992）的特刊，是想瞭解知識社群的最佳教材。Oran Young等人編寫的《全球環境變遷與國際治理》（Global Environmental Change and International Governance, 1996）是很重要的研究。John Vogler的《全球共有：環境與科技治理》（The Global Commons: Environmental and Technological Governance, 2000）是很實用的概論。Lorraine Elliot的佳作《環境

的全球政治》（*The Global Politics of the Environment*, 2004）現在有了新版。Robyn Eckersley的《綠色國家》（*The Green State*, 2004）提出綠色國家制度的理論。Andrew Dobson與Robyn Eckersley編寫的《政治理論與生態挑戰》（*Political Theory and the Ecological Challenge*, 2006）以不同的理論探討環境的角色。Eva Lövbrand與Johannes Stripple的「氣候作爲一種政治空間：全球碳循環的領域化」（The Climate as Political Space: On the Territorialisation of the Global Carbon Cycle, 2006）、Peter Newell的「全球環境治理的政治經濟學」（The Political Economy of Global Environmental Governance, 2008），以及Karen Backstrand的「全球環境治理民主化？世界永續發展高峰會之後的利害關係人民主」（Democratizing Global Environmental Governance? Stakeholder Democracy after the World Summit on Sustainable Development, 2006）都評估環境問題在全球政治所造成的影響。

　　探討安全與安全化這些新觀念的文獻當中，哥本哈根學派的論著包括Barry Buzan的《人民、國家與恐懼》（*People, States and Fear*, 1990）、Buzan等人的《重新打造歐洲安全秩序：後冷戰時代的局勢》（*The European Security Order Recast: Scenarios for the Post-Cold War Era*, 1990），尤其是Buzan、Waever，及de Wilde的《安全：新的分析架構》（*Security: A New Framework for Analysis*, 1998）。《國際研究評論》（*Review of International Studies*）收錄了關於哥本哈根學派的紮實辯論，包括Bill McSweeney的「認同與安全：布贊與哥本哈根學派」（Identity and Security: Buzan and the Copenhagen School, 1996）、Barry Buzan與Ole Waever的「棘手？矛盾？社會學上站不住腳？哥本哈根學派的回答」（Slippery? Contradictory? Sociologically Untenable? The Copenhagen School Replies, 1997），以及McSweeney的「涂爾幹與哥本哈根學派」（Durkheim and the Copenhagen School, 1998）。有關批判安全研究，見Ken Booth編著的《關於戰略與國際安全的新思維》（*New Thinking about Strategy and International Security*, 1991a），還有他的「安全與解放」（Security and Emancipation, 1991c)），尤其是他的《世界社會理論》（*Theory of World Society*, 2007），以及Keith Krause與Michael C. Williams編著的《批判安全研究：概念與個案》（*Critical Security Studies: Concepts and Cases*, 1997）。Steven Walt的「安全研究的復興」（The Renaissance of Security Studies, 1991）顯然不接受重新定義。Sean M. Lynn-Jones與Steven Miller編著的《全球危機：變動的國際安全》（*Global*

Dangers: Changing Dimensions of International Security, 1995）透過《國際安全》（*International Security*）期刊發聲。Mikkel Rasmussen的《交戰中的風險社會：21世紀的恐怖、科技與戰略》（*The Risk Society At War: Terror, Technology and Strategy in the Twenty-First Century*, 2006）探討風險社會與目前的全球政治。Mohammed Nuruzzaman的「衝突的典範：人類安全、批判理論與女性主義互相衝突的主張」（Paradigms in Conflict: The Contested Claims of Human Security, Critical Theory and Feminism, 2006）是近來安全理論的精彩批判。不少作品探討近來出現的安全力量的私有化趨勢，例如Sarah Percy的《傭兵：一種規範在國際關係的歷史》（*Mercenaries: The History of a Norm in International Relations*, 2007）及「傭兵：強規範，弱法律」（Mercenaries: Strong Norm, Weak Law, 2007）、Deborah Avant的《力量的市場：安全私有化的下場》（*The Markets for Force: The Consequences of Privatizing Security*, 2005），以及Rita Abrahamsen與Michael C. Williams編著的《國際關係》（*International Relations*）特刊「非洲安全的私有化與全球化」（The Privatization and Globalisation of Security in Africa, 2007）。

　　關於全球公民社會，每年出刊的《全球公民社會年鑑》（*Global Civil Society Yearbook*）有資訊也有評論，內容相當充實。成員大致雷同的編輯團隊，最近發表了Marlies Glasius等人的《國際公民社會》（*International Civil Society*）。Michael Walzer編寫的《邁向全球公民社會》（*Toward a Global Civil Society*, 1997）的幾位文章作者，並不相信全球公民社會即將成形。Mary Kaldor則在《全球公民社會：對戰爭的回應》（*Global Civil Society: An Answer to War*, 2003）提出相反意見。John Keane的《全球公民社會？》（*Global Civil Society?*, 2003）書名的問號相當合理。David Chandler的《建構全球公民社會》（*Constructing Global Civil Society*, 2004）的書名也許也該有一個問號。Chris Brown在「普世主義、世界公民與全球公民社會」（Cosmopolitanism,World Citizenship and Global Civil Society, 2001）強力批評全球公民社會的概念。Mathias Albert等人編寫的《開化世界政治：超越國家的社會與社群》（*Civilising World Politics: Society and Community Beyond the State*, 2000）是很值得參考的論文集，論文多半由德國作者發表。Albert等人編寫的《認同、邊界、秩序：重新思考國際關係理論》（*Identities, Borders, Orders: Rethinking International*

Relations Theory, 2001）也是很實用的論文集。Donatella Della Porta編寫的《社會運動概論》（*Social Movements: An Introduction*, 2006）是近期出版的優質入門書。Della Porta與Sidney Tarrow編寫的《跨國抗議與全球行動主義》（*Transnational Protest and Global Activism*, 2005）也很值得參考。有關全球公民社會的定義的討論，亦見Jens Bartelson的「搞懂全球公民社會」（Making Sense of Global Civil Society, 2006），以及Vivien Collingwood的「國際社會的非政府組織、權力與合法性」（Non-governmental Organisations, Power and Legitimacy in International Society, 2006）。《千禧年》（*Millennium*）的「國際關係中的權力」（Power in International Relations）特刊收錄了Ronnie Lipschutz的「權力、政治與全球公民社會」（Power, Politics and Global Civil Society, 2005），以及Doris Fuchs的「制高點？全球政治中商業力量的強項與弱點」（Commanding Heights? The Strength and Fragility of Business Power in Global Politics, 2005）。Noret Gotz的「重塑非政府組織：一種國際關係失敗者的認同」（Reframing NGOs: The Identity of an International Relations Non-Starter, 2008）釐清現行的非政府組織的定義。

　　反全球化運動的知名研究包括Naomi Klein的《沒有商標》（*No Logo*, 2001），以及Thomas Frank的《上帝之下的單一市場》（*One Market under God*, 2001）。《千禧年》（*Millennium*）出版了一套非常實用的短文（2000），探討1999年11月世界貿易組織會議上演的「西雅圖風暴」，作者包括Steven Gill、Fred Halliday、Mary Kaldor，以及Jan Aart Scholte（2000）。Chris Brown的《主權、權利與正義》（*Sovereignty, Rights and Justice*, 2002）也在第十二章探討西雅圖風暴。

第十章 認同的國際政治

前言

　　相較於先前的九章，接下來的兩章要以不同的方法研究國際關係理論。理論仍然會是重點，也就是對於主題建立概念性理解，但行文不會像先前的幾章那樣著重於理論敘述的發展。從這一章開始，討論會由世界的事件推動，而不是由學院推動，國際關係理論向來應該也是如此，但這裡的理論與實務之間的關係明確得多。接下來的兩章討論的內容，是1980年代至今的國際政治事件。無論是學界還是實務界，知識分子還是社會科學的研究者，都會覺得很熟悉。

　　這兩章的討論重點，是當代國際政治的兩個層面，乍看之下似乎正好相反，互相矛盾。這種第一印象是正確的。早期的電視機收訊不好，衍生出一個古老的笑話，套用在這裡很貼切：「錯的是現實，不用修理你家的電視機。」當代國際關係最明顯的特徵並不見得連貫。一方面來說，我們所處的世界正以前所未有的速度改變，在另一方面，我們的基本制度卻是另一個時代的產物，所以難免會有些不協調。這兩章要探討的當代國際關係的不協調之處，包括認同政治的崛起，也就是國家地位、族群屬性，以及宗教信仰越來越重要，以及個人作為國際行動者的地位越來越重要，例如國際人權體系的興起，以及國際法觀念的變化。團體與個人不見得會輕易融合成一個包裝得很漂亮的世界觀，但團體與個人顯然互有關連。既然不時要委屈自己以滿足團體忠誠的要求，又得留心不受制衡的權力所創造的危機，難怪某些個人會藉助普世人權的概念，強化自己的立場。有些人則是將日漸高漲的權利意識，視為一種外來挑戰，需要更強大的團體忠誠加以抵抗。這牽涉到複雜的辯證，也很難從各種矛盾中，理出一個明確的道路。

　　第十一章會探討個人成為國際行動者的現象，這一章則是將重點放在新出現的國際認同政治。要定義國際認同政治，就要問當今是否有一個政治模式與政治程序能稱得上「普世」，至少是廣義上的普世，也就是說大多數國家長期來說會採用這個政治模式或政治程序。現在問這個問題，等於是存心要馬上聽見「不是」。雖然，或者應該說，正因為全球化的普及，以及「人權文化」的出現，所

以在我寫下這段文字之時，顯然民族主義、族群屬性，以及宗教帶動的政治力量強大到不可思議，與這些普世政治模式與政治程序形成強大的對比。然而在一個世代以前，很容易以爲21世紀的政治基調是一致的，而不是多元的。要探討這一章的主題，可以研究從一致性假設，到多元性假設的思想變遷，以及這個變遷對國際政治的影響。在開始探討之前，要先明白這個問題不只是與未來有關，也涉及當代國際秩序的起源。現在的世界有將近200個國家是聯合國的會員國。21世紀的國際社會必須包容基督徒、回教徒、佛教徒、印度教徒與猶太教徒，還有數以百萬計的沒有宗教信仰的人。所有的種族與族群，都是這個國際社會的一分子。但是這個國際社會的重要制度與實務，也就是主權國家、外交、國際法，都是世界某一個地區，某一個文化遺產的產物，也就是歐洲，說得更精確一點，是文化遺產深受天主教以及西羅馬帝國（Western Roman Empire）影響的歐洲地區。現在的國際秩序的文化專一性，以及現在的國際秩序的成員所展現出來的文化多樣性的對比，是接下來討論的背景。

工業社會的政治

　　當然這種多樣性可能逐漸減退，在1970年代，先進工業資本主義國家確實逐漸落入一種共同的模式，塑造這個模式的，正是工業化的流程。工業社會多半已經經歷過民族主義的階段，也就是建設國家的階段。但在這些國家，民族主義多半已經不是國內政治最大的一股力量，不過民族主義在某些地區影響力仍然很大。在很多歐洲國家，政治認同在以往是與宗教相關，但正如方才所言，這種關係也多半有弱化的趨勢。因此舉例來說，歐洲的基督教民主政黨在1945年之後都變成溫和保守政黨，不再依循天主教教會的領導。而在英國，雖然多數人將信奉英國國教與保守主義劃上等號，將不信奉英國國教與激進主義劃上等號，但這種觀念絕對不如以往強烈。少數像北愛爾蘭之類的民族認同與宗教認同互相強化的地方，也只能算是特例，並不是常態。政治是圍繞著「左派」與「右派」，進步與保守的觀念打轉，主要是與經濟議題相關，尤其是財產的關係。大多數的先進工業國，都有政黨自稱是代表工業、商業及中產階級的利益，也有政黨自稱是代表勞工組織的利益。這些政黨一起存在於互相串連的社會多元主義世界，彼此的差異不會變得太極端。依據投票制度與社會結構的差異，分爲多黨體系與兩黨

體系。多黨體系是由不同的政黨代表不同的利益。兩黨體系當中的兩個政黨本身就是利益聯盟。但無論如何，先進工業國家的政治已經變成妥協、調整與包容。相較於近代，現在只有極少數大型政治運動或政黨，是鼓吹大規模社會與經濟改革。即使是法國與義大利的大型共產主義政黨，雖然存續至今，對於革命也已經是興趣缺缺。

　　這是先進工業國家的政治縮影，不過大家普遍的想法，是開發中國家總有一天會走上相同的道路。這些新國家一出生就面對的國際體系，或者是那些還沒有經歷過直接帝國統治的古老政體如今所身處的國際體系，都很明顯是歐洲的產物。而且普遍的期待是這些國家至少在政治方面，會更向歐洲靠攏，進而適應整個體系。無論是國家打造與民主塑造的概念，還是發展的模式，都假設最終的目的在於要讓非工業世界看起來很像工業世界。這個願景能不能在資本主義體系之內實現，是個嚴肅的問題。第八章討論過的「結構主義者」認為不能，但資本主義之外的其他選項，看起來越來越不切實際。那些批評資本主義發展模型的人，通常比較喜歡某種馬克思主義的模型，但現有的馬克思主義政權與資本主義的西方國家相比，顯得越來越不可行。在1940與1950年代，有不少旁觀者真的相信，共產主義的規劃方法，確實解決了資本主義經常出現的景氣循環所引發的問題。但是到了1970年代，感覺越來越難相信確實如此。「發達社會主義」政權很顯然無法創造資本主義的西方國家所能創造的物質成功。而且也無法斷言這些社會中社會正義的實現，確實超越了西方的競爭者。到了1970與1980年代，東歐或許已經告別了史達林主義的極權時代的恐怖鎮壓，但個人能享有的自由仍然非常有限，這些政權所治理的人民，也普遍認為這些政權缺乏正當性。

　　總而言之，在1980與1990年代，歐洲的共產政權紛紛瓦解，被想要仿效先進資本主義國家的政治體系取代。共產政權瓦解的原因很複雜，也難免眾說紛紜。西方的壓力，尤其是美國的壓力所造成的影響，一個失控的改變流程的內部動態，某些個人所扮演的角色（戈巴契夫、教宗若望保祿二世、雷根），以及思想所扮演的角色，這種種的因素都有可能是引發改變的主因，相關的討論也不會終結，但重點在於共產主義作為一個統治體系，確實已是土崩瓦解。很多人以為冷戰過後，東方與西方大概會匯流，結果並沒有發生。東方反而是採納了西方的思想。當時比較敏銳的思想家，立刻就察覺這個現象的意義。這裡的關鍵文件是「歷史的終結」，是美國政治哲學家兼政策分析師法蘭西斯・福山（Francis

Fukuyama, 1989）提出，但是備受誤解的作品。

　　這是一種關於冷戰結束後果的黑格爾式（Hegelian）分析，曾經短暫成為時代精神，也引發媒體大幅關注，還成就了一本鉅作《歷史之終結與最後之人》（The End of History and the Last Man, 1992）。福山在這本書提出的核心思想，是自由主義民主政治擊敗了蘇聯共產主義，就等於解決了最後一個強勁的競爭對手，成為先進工業國家的理想統治方式。在19世紀初，自由主義民主政治剛出現的型態，是市場經濟、代議制度、法治，以及立憲政府的綜合體。後來有不少人想衍生出另類的組合，但都以失敗收場。傳統獨裁政治、威權資本主義、國家社會主義，以及法西斯主義全都不敵自由主義社會。自由主義最強大的敵人（也是最古老的敵人）是馬克思社會主義。馬克思社會主義認為，自由主義所帶來的自由是不夠的，是可以被超越的，尤其是政治自由受限於經濟不平等，而且，即使沒有市場機制，以共產黨統治取代代議政府，也能照樣發展工業社會。

　　1980年代的事件，證明了馬克思社會主義的思想錯誤。事實證明「發達社會主義」國家，生產消費品的速度無法跟上自由資本主義國家，人民也越來越不認為黨的統治能取代真正的代議政府。這些政權最終瓦解，被至少在原則上是自由民主的政治體系取代。福山將這些原則的勝利稱為「歷史的終結」，呼應了黑格爾的思想，也就是「自由主義」的勝利，也就是牢牢建立了唯一可能的那種人類自由。既然「歷史」就等於創造與發展人類的自由，而且也已經達成目標，所以歷史也就已經結束了（黑格爾確實認為歷史已經在1807年結束，所以我們兩百多年來都是生活在後歷史時代）。這種黑格爾式的思想可能並不正確，還很讓人倒胃口。重點是福山認為目前並未出現（更重要的是未來也不會出現）有系統的體系，能取代自由主義。非自由政權偶爾還是會以特例的型態出現，但無法長期挑戰自由主義。要注意這並不是很多人誤以為的洋洋得意的炫耀，福山其實不想看到一種能解決所有大問題的政治。

　　福山認為歷史已經結束，但這並不代表未來不會有事件。國際關係會持續，但再也不會牽涉重大問題，因為重大問題均已解決。其他人則是認為國際關係雖然會持續，但持續的方式會有所不同。「民主和平」（democratic peace）理論認為，民主國家一般來說雖然跟其他類型的國家一樣有戰爭傾向，但不會彼此交戰。我們在第四章探討國內結構與國際結構之間的關係，也曾遇到這個理論，但這個理論在後冷戰時代似乎又有崛起之勢。1980年代與1990年代的大型研究計

畫，發現這個基本假說相當「結實」，也就是說無論採用哪一種民主政治的定義，以及哪一種戰爭的定義，結果都差不多。憲政穩定的民主國家不會互相交戰，但參與戰爭的頻率也跟其他國家差不多，只是交戰的對象是非民主國家。而且令人擔憂的是，在民主化的過程當中，核心的通則化可能不成立。顯然指標越複雜、越敏感，命題就越容易出現些微的例外，或是魯塞特（Russett, 1993）所形容的「差點命中」（near-miss），「民主國家絕對不會彼此交戰」的金科玉律可能就不會成立。雖然如此，研究結果還是顯示，民主和平論的一般命題也許是當代國際關係所能提供的最有力的實證假設。

一個在統計上成立的假設，與一種解釋並不相同。民主和平從何而來？魯塞特提出兩種可能的解釋。第一種解釋是文化規範模式（cultural-normative model）。在穩定的民主政治國家，決策者必須以妥協非暴力的方式，解決內部衝突，而且與其他使用類似的非暴力解決衝突機制的穩定民主國家的決策者打交道，也應該會展現相同的態度。反過來說，非民主國家的決策者解決國內衝突，比較有可能動用武力，或是揚言動用武力。這種態度也有可能擴散到國際。民主國家很清楚這一點，爲了避免吃虧，與非民主國家打交道，就採取非民主國家的方式。第二種模式強調結構制度因素（structural-institutional factors）。有制衡的制度，再加上需要尋求人民同意，會導致使用大規模暴力的決策遭到延緩，也降低了這些決策得以執行的可能性。其他民主國家的領袖瞭解這一點，就不會擔心會遭到突襲攻擊，也樂意接受和平的衝突解決方案。在另一方面，非民主國家的領袖受到的限制較少，要發動大規模暴力比較容易。他們知道民主國家的領袖無法發動大規模暴力，可能會想利用這個「弱點」。但民主國家的領袖有心理準備，爲了不被非民主國家占便宜，與非民主國家來往，也許會暫且不顧制度的限制。這兩種模式並不是民主和平的唯二成因，不過其他的成因，例如雷克（David Lake, 1992）所提出的，就可以納入這兩種的其中一種，而且這兩種也無法完全分割。正如魯塞特所言，規範是制度的基礎，制度也支撐了規範。也許以後會出現結合兩者的理論。

總而言之，這種理論的特別之處，在於呼應了（也許應該說曾經呼應）「普世的自由國際主義世界秩序可能會出現」的觀念。從1989年的有利位置觀察，會覺得意識型態衝突的歷史即將結束。如果說現在占有優勢的自由資本主義國家彼此之間不可能發生暴力衝突，那相對和平安全的時代應該會到來。事實當然並非

如此。1989年之後的日子見證了族群屬性與宗教信仰爲主的政治認同全面再起，
且不僅止於開發中國家，1989年之後對於新型態的國際關係的期待已經大致落
空。發生了什麼事？爲何會如此？

1989年之後的認同政治

　　前蘇聯與前南斯拉夫的後共產主義政權，多半宣示要成爲他們人民常說的
「正常」政體，在他們的心目中，就等於西歐的多元政治體系。有些國家或多或
少算是成功，波蘭、捷克、斯洛伐克、匈牙利、斯洛維尼亞，以及波羅的海的幾
個共和國，全都於2004年成爲歐盟正式會員國，也就是說這些國家的政治體系都
通過了考驗。雖然有點讓人跌破眼鏡，但保加利亞與羅馬尼亞也於2007年加入歐
盟。烏克蘭相對來說也是一個成功的例子，其他地方就沒那麼樂觀。俄羅斯以準
民主總統政體的形式延續下來，但南方的幾個共和國卻多次爆發族群暴力衝突。
俄羅斯以南的幾個在蘇聯瓦解之時成立的新國家，也是被民族衝突、族群衝突，
以及宗教衝突撕裂。在巴爾幹半島，從前南斯拉夫分裂出來的共和國當中，只有
斯洛維尼亞相對來說較爲和平。克羅埃西亞、波士尼亞與赫塞哥維納（Bosnia–
Herzegovina），以及科索沃都是重大衝突的戰場，也曾驚動聯合國、歐盟及北
大西洋公約組織。即使在中華人民共和國，實施的是由黨牢牢控制的資本主義經
濟體系爲基礎的「市場史達林主義」，但在中國的「大西部」，民族主義始終
是個嚴重的問題，例如新疆的穆斯林維吾爾族群以及西藏。宗教運動雖然飽受迫
害，但法輪功之類的宗教團體仍然對中央政府形成潛在的威脅。

　　這些族群衝突與民族衝突，多半是上一個時代的遺毒，是藉由共產主義延
續下來。在歐洲其他地方，以多元政治解決的民族衝突，又被共產主義獨裁統治
予以保留。借用一個常見卻很難聽的比喻，西方的族群分裂之所以能癒合，是因
爲各族群在政治過程中需要合作。東方的族群分裂，則是直接被威權共產統治的
繃帶遮蓋。一旦將繃帶扯掉，那些沒有癒合，還在化膿的痛瘡就會再出現。何況
共產主義領袖可以運用共產主義與民族主義的某些特質，將自己輕鬆轉化爲民族
主義領袖（這種情況在巴爾幹半島經常上演，最驚人的例子大概是克羅埃西亞。
戰爭時期的共產黨人圖季曼（Franjo Tudjman）運用二戰時期法西斯主義的克羅
埃西亞獨立運動烏斯塔沙（Ustache）的符號，逐步奪取政權。這簡直就像猶太

復國主義的支持者用納粹黨徽當作號召）。共產主義與民族主義都牽涉到一體性思考（無論是階級還是民族），破壞了多元主義運作所需的串連各團體的中間團體的正當性。共產主義與民族主義也能拿出看似很有說服力的理由，以集體的名義，無視個人的權利（Puhovski, 1994）。

　　這些也許是事實，卻沒有解釋爲何在1990年代，這種政治無論是在西歐還是在東歐都重新崛起。除了北愛爾蘭的衝突的暴力程度略有下降之外，其他發生在西方國家的認同衝突仍在持續，次數也有所增加，例如義大利的北方聯盟（Northern League）崛起，等於出現一種更劇烈的區域主義。整體而言，這些國家多半爆發衝突，圍繞著移民、難民、尋求庇護這些議題，而且這些衝突越來越常跟宗教及族群扯上關係，還會特別提到大批穆斯林湧入西方社會所帶來的問題。隨著衝突不斷爆發，在許多先進工業國家，出現了一種以多元文化主義及群體權利政治爲基礎的衝突迴避策略。這一章第一節討論過的工業社會政治，是以製造出重疊的團體化解衝突。這種新政治認爲一個社會之內本來就有多樣的團體，這些團體的認同並不會隨著時間而減弱。這種政治的中心思想，就是只要承認每一個團體對於整體社會都有獨特的貢獻，就能避免衝突（Kymlicka, 1995），老派的平等主義者與社會主義者並不樂見這個趨勢（Barry, 2000）。

　　我們回到主題，認同政治之所以能再度崛起，並不是完全歸功於族群屬性或民族主義，也不是僅限於歐洲或歐亞大陸。1980年代以後的政治的一大特色，在於越來越多人接受與宗教信仰相關的政治認同，尤其是與「基本教義派」宗教運動相關的政治認同。「基本教義派」一詞很好用，帶有的基督教含意卻容易讓人誤解，但激進宗教運動的現象相當普遍。激進伊斯蘭的興起就是一個明顯的例子。從1990年代中期至今，伊斯蘭主義政治衝擊了大部分以穆斯林爲多數人口的政治體系，伊斯蘭恐怖主義也成爲全世界的一大威脅，美國的911事件只是這個問題的最極端的展現。激進印度教運動也同樣深具影響力，重新塑造了印度大約六分之一人口的政治，而且也要記得，美國的基督教基本教義派的崛起，也深深影響了美國的政治體系。在美國，基督教基本教義派更是直接影響外交政策。福音教派的基督徒相信，猶太國的建立是耶穌再臨（Second Coming）的徵兆，所以支持以色列，也因此在美國、阿拉伯、以色列之間的關係增添了新元素，導致這三國之間的關係變得前所未有的難以控制。拉丁美洲的情況也是如此，福音教派崛起，進而與羅馬天主教教會分庭抗禮，是1980年代至今的一大特色。在非

洲，基督教傳教士與伊斯蘭傳教士之間的競爭仍在持續，但從1990年代開始出現一種顯著的趨勢，巫術及其他傳統萬物有靈論（animist）的宗教信仰，由於很能迎合選民的變遷，所以擁有越來越高的政治地位。

　　要知道我們研究諸如此類的宗教活動的崛起，就等於觀察一個既是國內，又是國際的現象。舉個例子，思考一下前面提到的，基督教福音教派在拉丁美洲的崛起。這顯然是北美的福音教派傳教士得到大力金援，所創造的結果，但也牽涉到拉丁美洲國家的國內社會特色。例如有人發現這些國家的女性特別受到新教吸引，有一種解釋是比起傳統天主教，新教比較不容忍男性家暴與酗酒。而且天主教在這些國家確實也變得較為偏向左派，於是右派便向福音教派靠攏。重點在於國際與國內會有所互動，無法輕易分割。這種情況在激進伊斯蘭的崛起更為明顯。沙烏地阿拉伯對伊斯蘭教育的資助眾所皆知，而這是基於其所主張的某種相當嚴格的伊斯蘭教義下的作為。另一方面，蓋達組織之類的激進組織，顯然是以國際非政府機構的型態運作，但比較接近一種後現代式的奇特型態，是沒有正規的分層指揮結構的組織。這些國際運動能否發揮作用，也要取決於當地的環境。激進伊斯蘭在英國與法國之所以受歡迎，多半是因為這些國家的年輕穆斯林覺得被排擠。蓋達組織以及其他比較不激進的國際團體所做的，是帶領這些年輕人解讀自身的處境，比主流社會或是較為古老的穆斯林組織所能提供的教育更好。同樣的道理，激進伊斯蘭之所以能在印尼這樣的國家興起，是因為印尼人民受不了當地菁英的貪腐，想要另一種選擇。在這些情況，國際與國內互動之間總存在著辯證關係。

　　總而言之，福山認為目前並沒有一個有系統的體系，能取代自由民主政治，而且前面提到的這些運動，也都無法創造共產主義意識型態特有的一套有系統的、全球的社會概念。他這樣想或許正確，但具有排他主義的非系統性本地體系的數量多到驚人，也並非能以共產主義垮台的短暫影響解釋。似乎真的有一種新的政治正在浮現，對國際關係形成了重大的影響。

全球化與後工業社會

　　民族主義者與宗教狂熱分子以簡單的語言表達他們的信仰。民族主義者認為民族（或是種族）是一種早已存在的現象，也就是說這個世界本來就是由民族構

成，每一個人的政治認同，都是由所屬民族所創造。確定了這一點，（民族主義者）就認為，我們的政治行動，當然都會傾向「我們」的民族或族群。根據這種觀點，所謂的民族主義政治的復辟，其實就是重新主張那些被共產主義、自由主義之類的意識型態壓抑的事實。宗教狂熱分子也抱持同樣的觀點，認為世界的真相就在《古蘭經》與《聖經》之中（或者是印度教或其他宗教的經文）。這些經文告訴我們應該如何對待具有相同宗教信仰的人，如何對待其他人，還說真正應該解釋的是為何大多數人不依循上帝的指示，而不是為何有些人會依循上帝的指示。再次強調，宗教的地位之所以升高，其中的原因並不能用社會因素解釋，而是要從宗教本身的因素尋找答案。宗教本身的因素被過去兩百年來的啟蒙時代與後啟蒙時代的世俗政治剝奪了正當性，但這些宗教的信徒就會一再重申宗教因素的重要性。作為社會科學家，國際關係學者也許會想反駁這些自我意識。畢竟民族主義者的主張並不正確，一個民族是不可能有任何客觀特質的。而且宗教基本教義派的主張也有問題，他們所倚賴的聖典顯然不會自我解讀，上帝的話語從來不是用普通文字直接傳達。不過我們還是要知道，社會科學家對於認同政治重新崛起的解讀，通常不會為牽涉其中的人所接受。我們不是一定要接受宗教信徒的解釋，但也不應該妄自尊大，將他們的信仰予以「駁斥」。不過話又說回來，只要牢記這個原則，還是可以找出認同政治得以重新崛起的明確原因，更好的是能找出一群原因。也就是先前所述的政治認同，其實是對於新的社會、經濟、政治力量的反應。這些力量統稱為「全球化」。

這個核心思想很簡單：全球化會創造出一個一致的世界，全球生產及消費模式逐漸消除各民族、各國家之間的差異。我們慢慢會走向一種必然的結局，會做著同樣的工作，穿同樣的衣服，吃同樣的食物，看同樣的電視節目等等。但是按照這個道理，人生需要意義，也需要有形的商品。我們往往就是用如今逐漸消失的差異，解讀我們的社會世界。民族的刻板印象在以往大致可以解釋這個道理（到現在偶爾還能解釋）。很少英國人戴過小禮帽；烤牛肉始終很昂貴；貝雷帽（beret）在英吉利海峽兩岸都很罕見；法國人的日常飲食也沒有青蛙腿跟蝸牛。這些諷刺的描寫大致表達出「英國人真的與法國人不同」，但這是英國社會與法國社會根深蒂固的觀念，也深深影響了英國人與法國人對自己的看法。全球品牌消除了差異，英國人與法國人都會消費T恤、牛仔服，以及漢堡，於是很多人覺得失去了某個重要的東西。這種感覺形成了一種社會氛圍，偏好一種誇大的差

異，新的認同政治應運而生，再三強調我們並不只是全球品牌的產品，還可以主張我們是基督徒、蘇格蘭人、錫克教徒（Sikh）等等，就能控制自己的命運。

巴布爾（Benjamin Barber）的著作《聖戰對上麥當勞世界》（*Jihad vs. McWorld*, 1996）的書名很有意思（但也容易造成誤解），道出了這個觀念的精髓。「麥當勞世界」一詞泛指一種無趣甚至有點乏味的相同的興起，但「聖戰」一詞有待商榷，因為帶有伊斯蘭涵義，適用的範圍可能有限。其實巴布爾是用「聖戰」一詞泛指每一種宗教信仰對麥當勞世界的反應。他所謂的聖戰士可以是美國人、印度人、沙烏地阿拉伯人、伊朗人，或者是基督徒、印度教徒、什葉派、遜尼派，重點是全球化會製造出自己的抗體。沒有人想當一台全球機器的齒輪，所以會想辦法表達自己的意見，有時是透過參加對抗全球主義的全球運動（反全球化運動為了抗爭，刻意將全球主義定義為「全球資本主義」）。但還是得面對外部的均質化力量的挑戰，某些個人與團體為了回應，便回歸他們的根源，也就是民族或宗教，或是至少回歸他們自認為擁有的淨化過後的根源。要特別強調的是，讓這些根源得以保存或普及的科技，正是在某些人眼中會威脅這些根源的科技。民族主義者與宗教團體現在也廣為使用衛星電視與網路。曾經離散的團體與祖國文化漸行漸遠，往往會誇大某些特質，低估某些特質，所以舉例來說，現在波士頓的愛爾蘭裔美國人（祖先在大飢荒時期離開祖國），跟都柏林人已經大為不同。如今新家鄉與舊家鄉要聯繫相當方便，這種鴻溝比較不容易出現。不過相較於祖國同胞，離散族群往往比較傾向激進的認同政治，大概是因為不必承擔後果。總而言之，民族主義者與反資本主義者面對麥當勞世界，有時候會出現相當類似的反應。知名人士騎牆的例子多到驚人，一個經典的例子就是法國農民博章（Jose Bove）。他反對法國的麥當勞，自己也幾乎因此變成全球品牌。但他的政治理念卻是保護法國農民的利益，問題是法國農民的利益往往與非洲、亞洲的農民的利益互相衝突。在新的認同政治，傳統的經濟利益往往被忽略。對於反全球化聯盟而言，博章只要反對麥當勞就已足夠。

認同政治之所以再度崛起，也許真的跟這種全球與地方之間的對立有關。但說不定還有更深層的原因，尤其是牽涉到後工業世界。如同先前所述，我們眼中的現代政治，是圍繞著生產過程打轉，等於是爭奪資本主義工業化所帶來的生產力增加所創造的獲利分配，也就是有產者的權利對抗窮人的需求。到了最後，就是選票的力量對抗金錢及資本的力量。後現代政治就像後工業主義，並不是以

這樣的型態出現，主要是因為塑造舊政治的反對力量，如今不再具有同樣地政治影響力。當然了，先進工業國家仍然有為數眾多的窮人，尤其是採用相對貧窮的定義的話（終究必將如此），但是這些窮人所從事的，都是不容易組成工會的職業。但他們也並沒有失業，並沒有被逼到山窮水盡，支持極端主義政黨的地步，反而是在客服中心接電話，在快餐店煎漢堡肉，收入足以維生，卻無法在社會上發揮影響力。有一點非常重要，這些人往往不具有公民身分，而是非法移民或外籍勞工。而且即使有投票權，多半也不會去投票。在每一個先進工業國家，選舉日當天的投票率都持續下降。

　　尚未認知到這種改變，堅持以舊的方式動員的左派政黨漸漸式微。那些積極改造的政黨，例如柯林頓的新民主黨、布萊爾的新工黨，以及其他「第三條路」團體，都是放下舊的意識型態分歧，轉而重視管理能力，因而得以成功。諸如此類的政策雖然能贏得選舉，卻無法提高選民的激情。舊工黨的黨員唱道：「工人旗幟最最鮮紅，常年覆蓋烈士心胸。」這種思想或許有些偏激。這首歌曲受到1886年特拉法加廣場（Trafalgar Square）暴動啓發，儘管並沒有太多工人被英國國內的反動力量殺害，但這首《紅旗》感動人心的力量，是往後取代這首歌的平淡流行歌曲（能不能稱之為麥當勞歌？）所不能及的。於是有些人從正規政黨之外的地方尋求人生的意義，也探求他們身處的瞬息萬變的社會環境的意義，所以才會興起以族群屬性或宗教信仰為基礎，而不是以意識型態為基礎的政治認同。

　　從另一個角度分析，政治本質就是對抗（oppositional），也就是分裂，誰勝利誰出局，或者依照施密特（Carl Schmitt, 1932/1996）所下的較為正式的定義，關乎「敵友」之分。即使階級地位與經濟再也不會引起對抗，別的因素也會。政治人物想要提升自己的影響力，就會尋找「別的因素」予以利用，無論是宗教因素、種族因素，還是民族認同。這並不是新現象。19世紀中期的觀念，是親資本主義的保守政黨，會被普遍選舉權的浪潮消滅。這種觀念後來證明是謬誤，正是因為很多親資本主義的保守政黨都發現，有工作的人不會只以階級利益定義自己，也會接受他人的勸說，進而支持愛國的帝國主義政黨。迪斯雷利（Benjamin Disraeli）與俾斯麥這些政治人物，將這種策略運用得很成功。現在這一套發展得更為徹底。相較於其他工業國家，美國的這種進程更為發達。美國的選舉似乎相當偏重「價值」與生活相關的議題。好萊塢明星大大得益於布希總統的富人減稅政策，卻幾乎只為民主黨助選。美國中西部鄉村的窮人飽受布希總統的政策

衝擊，卻投票支持共和黨。從經濟利益的角度來看，這些行為毫無道理可言。但從美國社會的新分歧來看，卻是完全合理。有一份外洩的布希首席策略專家羅夫（Karl Rove）所寫的文件，為這個現象下了很巧妙的註解。據說他寫道，民主黨擁有工會，但我們擁有基督徒。他不用說我們也知道，自稱是「重生」基督徒的40%的美國人，是比工會強大太多的投票集團，不過前提是要能說服他們集體投票支持。總而言之，無論在哪一種政治秩序，都會有某些原因引發分裂。就算不是經濟利益，也會有別的原因。想想這種現象發生在全球，而不只是美國，21世紀的國際政治也就更容易懂，但不見得更容易管理。

民主政治的推廣、亞洲價值，以及「文明的衝突」

認同政治從1980年代開始再度崛起，但相反的趨勢也開始出現，我們在第十一章會討論幾個相反的趨勢。受到西歐人民及自由派的北美人民的影響，全球開始積極強化國際人權體系，發展人道干預的政策，以及廣為引導個人成為國際行動者，成為國際法的主體與受體。這種趨勢當然是與先前討論過的背道而馳。在宗教的領域，伊斯蘭教與基督教原則上都是普世的運動，但在實務上，這兩種宗教都反對成熟的普世人權的觀念，因為普世人權的觀念，通常會將宗教基本教義派所厭惡的行為予以合法化，例如墮胎、性別平等，以及改變宗教信仰的權利。民族主義者所依循的觀點，是認為個人權利是團體所創造，與下一章討論的普世主義（universalism）背道而馳。這裡顯然有一種緊張關係，至於有沒有顯露出來，就是政治實務的事情。在實務上，重點已經變成西方能不能從戰勝共產主義的經驗歸納出心得，在全球提倡自身的價值。

可以說在後冷戰時代的早期，這個問題的答案是「不能」。在1980年代末以及1990年代初，某些援助機構開始要求獲得援助的國家進行改革，仿效西方提升人權與良性治理，但美國及其他西方強國不太支持這種「條件」。老布希總統當初提倡「新世界秩序」（New World Order），便是以多元主義為基礎（Bush, 1990）。所謂新世界秩序，意思是說主權國家是國際關係的重要單位，遵守不侵犯、不干預的規範，以及支持國際法與國際制度。這就是第一次世界大戰過後不久，所出現的自由國際主義，在後冷戰時期再度出現，但有一個很重大的差異。在1919年，美國總統威爾遜（Wilson）所提出的願景的重點，是所有愛好和平的

國家，都是自由民主政治國家。老布希總統所提出的新世界秩序，則是認爲所有的國家無論採用哪一種政治體系，只要願意接受不侵犯、不干預的原則，就能受到這些原則的保護。新世界秩序並沒有要求美國或任何一個國家提倡民主政治，也沒有提出複雜的人道干預原則。

　　總而言之，1990至1991年的波斯灣戰爭的結局是好壞參半。科威特是解放了，但海珊仍然掌權，繼續屠殺他的伊拉克同胞。大多數的評論者對於老布希的新世界秩序都有些反感，這或許也不難想像。最常見的譏諷是「新世界發號施令」。新世界秩序看起來也確實像一個口號，是蓄意增加美國政策的國際正當性。接下來的柯林頓政府不支持老布希的路線，而是宣示要積極「提倡民主」。柯林頓的首席外交政策顧問安東尼・雷克（Anthony Lake）似乎特別喜歡「民主國家不與民主國家交戰」的概念，也就是先前討論過的「民主和平」理論。他也似乎很期待一個美國能在世界積極提倡西方或是美國價值的新時代，尤其是支持國際人權體系的強化工作。聯合國於1993年夏季在維也納召開的大型會議，就是爲了推動國際人權體系。不過在這場會議召開之前，就已經舉辦過多場區域會議，其中一場造就了曼谷宣言，也就是許多亞洲國家的領袖共同呼籲終止這個進程，不要再朝著普世主義前進。曼谷宣言並沒有明言排斥普世價值，而是大幅限制普世價值，讓區域與宗教的差異得以浮現。這就是所謂的「亞洲價值」觀點，在維也納會議的最後宣言得到確認，也導致不少人權倡議者激烈反彈。

　　「亞洲價值」一詞其實並不正確，因爲很多亞洲人並不喜歡新加坡前總理李光耀等人所提倡的獨裁主義（很多非亞洲人則是很喜歡）。而且從1990年代中期開始，「亞洲價值」的地位隨著當代的政治變遷而有所起伏，尤其是1997年的亞洲金融風暴導致許多亞洲國家元氣大傷，無法繼續推動他們對世界的願景。柯林頓政府推動民主的決心，到頭來證明了只是搖擺不定，這也許也在意料之中。但是這起爭議所提出的問題，是美國政治學者杭亭頓（Samuel Huntington）深感興趣，也是他發表的知名論文的主題。這篇論文名爲「文明的衝突」（The Clash of Civilizations, 1993a/1996），後來寫成專書。杭亭頓所提出的理論的重點，在於冷戰結束之後，世界出現了一種新的分裂。過往的意識型態衝突，會被「文化」或文明之間的衝突所取代。杭亭頓指出的當代主要文明，包括中國、日本、印度、伊斯蘭，以及西方文明。西方文明可能會衍生出具有自己的認同的正統文明及拉丁美洲文明，（也許）還包括非洲文明。總而言之，他認爲有三個文明

會在不久的將來製造嚴重的問題，一個是日漸衰敗的西方，一個是日漸強大的中國，還有一個是不穩定的伊斯蘭。

這個觀點的意思，是第一種與第二種文明是相配的。西方在經濟、人口方面漸漸不如亞洲的文明，尤其是中國，最終在軍事方面也會處於下風（杭亭頓認為中國遲早會控制日本，日本人也會默默接受從屬的地位）。一個越來越成功且強大的中國，不可能接受一個認定中國價值不如西方價值的世界，也不可能接受會限制中國發展的全球社會經濟制度。杭亭頓也承認，現有的國際機構架構，確實是西方或美國霸權的產物，反映的是西方的價值。西方必須實行共存政策，承認中國的作法的正當性，否則無法避免與中國之間的暴力衝突。

中國文明的成功會製造問題，應該說正在製造問題（尤其是對西方而言，但也會影響到日本）。伊斯蘭世界的失敗會製造問題，同樣也應該說正在製造問題，並衝擊到所有的鄰國。伊斯蘭世界有人口壓力，卻沒有一個核心的伊斯蘭國具備類似中國，或甚至東南亞「小虎」的潛力，也因此導致失敗。何況伊斯蘭是一種勸誘改宗的宗教，伊斯蘭文明又與大多數其他文明接壤。這些邊界（「斷層線」）將會是，應該說已經是，許多文明之間的衝突的爆發地點，例如波士尼亞、車臣、喀什米爾（Kashmir），以及蘇丹。光是要促進中國文明與西方文明的共存就已經很不容易，要終結這種衝突更是難如登天。

要在杭亭頓的理論挑出骨頭並不困難，他的「文明」定義從一開始就很另類，很含糊。文明是觀念的系統，所以很難想像文明之間會發生衝突，不過自稱代表這些思想的個人與團體倒是絕對可以爆發衝突。況且這些觀念系統無論是在以前還是現在，都不是獨立且不可滲透的。杭亭頓也承認這一點，但他大概是刻意淡化。但1990年代早期對於後冷戰世界的討論始終沒有定論，杭亭頓努力解析這個主題，也是功勞匪淺。他寫了一篇文章回應外界的批評，題目為「如果不叫文明，那該叫做什麼？」（If not Civilizations, What?）。他在文章寫道，除了他感興趣的模式之外，唯一的選項便是以前的國家主義典範，以及一個由全球化所團結的世界的「不切實際」的新願景（1993b）。其實杭亭頓所提出的世界理論並非國家主義，但仍然屬於現實主義，形同在當代國際關係理論中，增添了一個很有意思的概念。而且2001年9月世貿中心的攻擊事件，在很多人看來是證實了杭亭頓悲觀有理。歐洲人民的心與紐約人民的心同在，巴勒斯坦卻是上演狂歡的場景，中東的街頭與市場也是一片歡喜之聲。杭亭頓的原始文章有不少人引用，

甚至登上倫敦的《星期日泰晤士報》（*Sunday Times*, 2001.10.14），報社稱之為
「對未來的預測準確得可怕」。在另一方面，正如先前所述，有人認為杭亭頓的
文章是想找出一個新的「其他選項」，取代蘇維埃共產主義，而且這種世界觀其
實加深了緊張關係，間接引發911事件（Connolly, 2000）。

　　學界之所以普遍反對杭亭頓的理論，原因之一是他的理論雖然不是國家主
義，也跟空間、領土有關。他所提出的最重要的比喻，是文明之間的實體「斷層
線」。這個觀念有兩個問題。第一，這種分析低估了主要的分界線是近來的人為
結果。例如在前南斯拉夫，1990年代反覆出現的危機，多半要歸咎於米洛塞維奇
（Slobodan Milosevic）集結了政治力量支持民族主義的「大塞爾維亞」（Greater
Serbia）大業，跟那些多半是假的族群與宗教衝突較為無關，與中世紀或是更早
以前的歷史分裂更是無關。這些衝突與分裂當然存在，也向來存在，但如今在政
治上的重要性是偶然出現，而不是必然的結果。其實杭亭頓太過偏向民族主義者
的自我詮釋。第二，也是更重要的一點，文明的「構造」概念並不能充分掌握文
明之間互相滲透的程度。文明之間的衝突，如果真的存在的話，可能會以認同政
治、多元文化主義，以及在全球各大城市所謂的「斷層線」所爆發的暴力衝突的
型態出現。值得慶幸的是，倫敦與洛杉磯的治安問題，比科索沃與車臣的暴力事
件更類似這種政治，雖然科索沃與車臣的暴力事件相當駭人。

多元主義與國際社會

　　最好將杭亭頓的文章，視為對於兩種當代國際關係理論的一種回應。一種
是新現實主義與古典現實主義的理論，主張無論如何，國家始終會是國際關係的
中心，也會繼續依據手段—目的的邏輯行事。另一種是全球化理論家所提出的觀
點，認為未來會出現一個無國界的世界，法律架構再也不會受到國家控制。杭亭
頓的話有道理，他說這兩種觀點都不對，但兩種觀點都掌握到了新興世界秩序的
一個層面。現實主義者說得對，群體之間的衝突仍然會是新興世界秩序的一大特
色。全球化主義者也說得對，國家在這種衝突之中，可能不會再扮演最重要的行
動者。衝突仍會持續，但會成為文明之間的衝突，除非西方不再強迫全世界接受
西方的價值，那也許就會出現一個有點勉強的暫訂協議。

　　其實有一種理論幾乎可以解決杭亭頓提出的問題，又不會偏離國家主義。這

就是英國學派以及國際社會理論家所提出的理論，我們在前面第三章討論建構主義對新現實主義的批評時曾有所提及。如同我們在第三章所言，英國學派的作者將重點放在國家，而不是放在次國家或全球層面。但與新現實主義者不同的是，他們認爲國家之間的互動可能會形成社會，也就是一種受到規範管制的關係，其中的成員認爲需要對其他的成員，以及整個社會，負起至少是有限的責任。這些責任也就是國際法與外交的傳統慣例。這些作者所形容的國際社會，至少在一開始絕對是歐洲的現象，但至少有兩個理由可以讓我們相信，這種現象也有可能出現在非歐洲的世界。第一，雖然我們知道，現代世界的社會層面確實是越來越走向多元文化，這一點毋庸置疑，但西方所發明的民族國家，對許多不同的文化深具吸引力。即使是一些對所謂的西方概念（例如人權）特別反感的社會，也強烈支持同樣來自西方的主權國家的概念。世界上的每一個地方似乎都想要民族國家，至少政治菁英想要，無論是因爲民族國家確實符合需求，還是因爲以現在的秩序來看，遲早會出現擁有主權的領土性政治單位。民族國家唯獨在全世界的一個地方受到另一種政治組織型態的嚴重威脅，這個地方就是民族國家的發源地：西歐，造成嚴重威脅的政治組織則是歐盟。

　　國際社會的概念在多元文化的世界之所以重要，有個基本的原因是有些人認爲，國際社會觀念的基本依據，正是能適應文化多樣性的能力。納爾丁（Terry Nardin）在這個主題發表重要的理論，將國際社會視爲一種「實用的聯盟」。這個理論很有影響力（Nardin, 1983）。納爾丁要強調的是，北大西洋公約組織以及世界貿易組織都屬於「具有目的的聯盟」，成立的目的是要執行某個具體的計畫（集體防禦或擴張貿易）。兩個組織的成員也追求相同的目標（每一個成員都是自願加入）。國際社會則是一種涵蓋一切的類型，其運作在每一個成員國皆具有權威性，正是因爲這些事項並未牽涉到共同的目標，也不是具體的計畫。唯一一個共同的目標，是要在正義的環境當中和平共存。這裡所謂的正義是程序上的正義，而不是實質的正義。很顯然如果這些差別成立的話，那麼在21世紀，歐洲國家體系的國際社會的實務的起源，與這些實務的權威無關。這些實務之所以有權威，正是因爲不會偏袒任何一種「良性」的觀念，因此特別適合一個充滿各種此類的實務的世界。

　　國際社會的「多元主義」論，在近年來得到許多關注，尤其是在傑克森（Robert Jackson, 2000）寫了一本重要著作之後。表面上看來，國際社會的多元

主義論似乎提出了一種適應新的認同政治的方法，在某些方面勝過杭亭頓所提倡的文明之間的暫定協議，也勝過經常有人倡議的「全世界應該進行大規模的跨文明對話，以彌平歧見」（Parekh, 2000）。多元主義論並不採用模糊不清，本質上有爭議的「文明」概念，而是以一個制度，也就是國家爲基礎，不僅很具體，也廣爲眾人所接受。不過多元主義似乎否定了國際人權建制的概念。很難讓大多數人相信，國際社會應該將尊重人權，視爲與外交豁免之類的工作同樣重要。但很多人就算知道追求普世人權很容易引發杭亭頓所形容的衝突，也還是認爲應該要有國際人權體系。這確實是兩難。國際社會的「連帶主義」（solidarist）理論家提出一種解決之道，最受矚目的是惠勒（Nicholas Wheeler）與鄧尼（Tim Dunne）（Wheeler, 2000; Dunne and Wheeler, 1996）。

　　他們認爲雖然國際社會對於全體人類來說，是一種理性的政治秩序（因爲如果出現全體人類的政治社會，規模問題就會超出全球政府能處理的範圍，隨著距離增加，法律將失去效力，而在一個合理的規模下，暴政比較不容易發生），但國際社會最終所指涉的對象應該是個人，而非國家。國際社會的終極目標，並不是作爲維護個別國家的多樣性的最後手段，而是提升人類的繁榮。因此雖然從格老秀斯（Grotius）、普芬多夫（Pufendorf）、伯克，一直到布爾與納爾丁這些國際社會理論家，都認爲一群法律上自治的主權國家所組成的社會，最能達到這個目標，但主權不能用來合理化那些明顯會妨礙人類繁榮的行爲，例如大規模違反人權。

　　要特別注意的是，這種國際社會的連帶主義理論，不能過於偏離與國際社會的思想更爲相關的多元主義，否則就會完全與整個傳統脫節。可以把嚴重違反人權當成現代版的「嚴重違反人類尊嚴」。任何有能力預防的一方，都有資格出手干預，但這與「人類生活所有領域的普世標準應該取代地方標準」的普世主義思想相去甚遠。國際社會的支持者也許會認爲，有些事情是不能容忍的。但他們思考的角度，與人權倡議人士並不相同。這兩個團體的結盟，也始終不會穩定。國際社會的連帶主義理論，等於是重新詮釋國際社會的相關內容，是補充多元主義，而不是獨立於多元主義之外。這些在第十一章會更詳細討論。

結論

　　這一章的討論相當複雜，結論是在21世紀，無論是國際還是國內層面，都出現了一種新的認同政治。在許多先進工業國家，21世紀的生活的特色，是某些群體自認為被強勢的父權異性戀白人文化邊緣化及輕視，要求尊重與自尊。「多元文化主義」是對於這種情況的一種回應，另一種回應則是將弱勢團結成「彩虹聯盟」（Rainbow Coalition）的政治，為所有受到壓迫的團體發聲，挑戰現狀。第二種回應很顯然有個問題，雖然每一個弱勢都反對強勢文化，但弱勢團體的訴求不見得彼此相容。魁北克民族主義者不斷宣稱原住民族無權脫離魁北克。非裔美國男人的大眾文化代表，例如饒舌歌手，又經常散播仇視女性、仇視同性戀的態度。學校推行「多元宗教信仰」教育，希望學生能尊重所有的宗教信仰。某些自由派基督徒也許會接受自己的信仰成為眾多選項之一，但其他宗教很少會以如此輕鬆的態度，看待自身的基本教義。

　　如果說國內的問題，是很難適應從以普世範疇為基礎的政治，到以認同為基礎的政治的變遷，那在國際層面的問題，則是從相反地方向而來。正如國際社會理論家所言，舊的國際秩序是以「共存的倫理」為基礎，會保留甚至肯定政治、社會與文化差異。這一秩序逐漸受到那些想要創造全球共同標準的運動之挑戰，最明顯的是跟人權相關的標準。這個過程的國際政治越來越將個人，而非國家，視為國際法的重點，這也是下一章的主題。

延伸閱讀

　　全球化、英國學派，以及民主和平的相關理論，分別在本書第九章、第三章以及第四章討論。

　　Raymond Garthoff的《大變遷：美蘇關係與冷戰終結》（The Great Transition: American-Soviet Relations and the End of the Cold War, 1994），以及Don Oberdorfer的《轉折：冷戰是如何結束的》（The Turn: How the Cold War Came to an End, 1991）闡述冷戰結束的那段歷史，很值得參考。關於冷戰結束的影響，見Michael Hogan編著的《冷戰終結：意義與影響》（The End of the Cold War: Its Meaning and Implications, 1992），以及Alex Danchev編著的《世紀末：

20世紀的意義》（Fin De Siecle: The Meaning of the Twentieth Century, 1995）所收錄的文章。Cynthia Enloe的《隔天早晨：冷戰終結之後的性政治》（The Morning After: Sexual Politics at the End of the Cold War, 1993）也分析這些事件。Richard Ned Lebow與Thomas Risse-Kappen編著的《國際關係理論與冷戰終結》（International Relations Theory and the End of the Cold War, 1995）的部分內容收錄在1994年春季號第48卷的《國際組織》（International Organization, Vol. 48, Spring, 1994），是這個主題最值得參考的論文集。Vaclav Havel的《關於過渡時期的政治、道德與禮節的夏日思考》（Summer Meditations on Politics, Morality and Civility in a Time of Transition, 1993）當中的「我的信念」（What I Believe）一文，以感人的文字描寫共產主義統治的結束在當時帶給某些人的感受，也許也是現在某些人的感受。

Will Kymlicka發表了許多關於多元文化主義的著作，其中《少數群體的權利：民族主義、多元文化主義和公民權》（Politics and the Vernacular: Nationalism, Multiculturalism and Citizenship, 2001）相當實用。另外一個討論範圍較爲狹窄的作品，是Kymlicka與Opalski編著的《自由多元主義能否出口？東歐的西方政治理論與種族關係》（Can Liberal Pluralism be Exported? Western Political Theory and Ethnic Relations in Eastern Europe, 2001）。有關全球化對離散族群的影響，見Arjun Appadurai的精彩著作《消失的現代性：全球化的文化向度》（Modernity at Large: Cultural Dimensions of Globalization, 1996）。Bhikhu Parekh的《新的認同政治：相互依賴的世界的政治原則》（A New Politics of Identity: Political Principles for an Interdependent World, 2008）則是延續了多元文化主義的討論。

James Mayall的《民族主義與國際社會》（Nationalism and International Society）是這個主題很好的入門教材。F. H. Hinsley的《民族主義與國際體系》（Nationalism and the International System, 1974）仍然提供可靠的歷史架構。E. H. Carr的《民族主義以及之後》（Nationalism and After, 1968）是「民族主義已然過氣」的觀點代表，現在自己也過氣了。A. D. Smith的眾多著作當中，最重要的也許是《民族主義與現代性》（Nationalism and Modernity, 1998）。Benedict Anderson的《想像的共同體》第二版（Imagined Communities, 2nd ed., 1991）是一本備受誤解的現代經典，因爲想像跟虛構是兩回事。Michael Brown等人編著

的《民族主義與種族衝突》（Nationalism and Ethnic Conflict, 1997）收錄了相關主題的美國主流論文。Yosef Lapid與Friedrich Kratochwil編著的《國際關係理論的文化與認同回歸》（The Return of Culture and Identity in International Relations Theory, 1996）的立場較為兼容並蓄。Kevin Dunn與Patricia Goff編著的《認同與全球政治》（Identity and Global Politics, 2004）是新發表的精彩論文集。最近發表的關於認同與民族主義的理論變遷的著作，則有Erik Gartzke與Kristian Skrede Gleditsch的「認同與衝突：讓人團結的關係及令人分裂的差異」（Identity and Conflict: Ties that Bind and Differences that Divide, 2006）、Fiona Adamson與Madeleine Demetriou的「重新界定『國家』與『民族認同』的界線：將離散族群納入國際關係理論」（Remapping the Boundaries of "State" and "National Identity": Incorporating Diasporas into IR Theorizing, 2007）、Brian Greenhill的「國際政治的承認與集體認同形成」（Recognition and Collective Identity Formation in International Politics, 2008），以及Susanne Buckley-Zistel的「分裂與團結：盧安達的衝突與和解所使用的公民論述」（Dividing and Uniting: The Use of Citizenship Discourses in Conflict and Reconciliation in Rwanda, 2006），分析了在政治動盪時期，認同與隸屬的重要性與複雜性。Friedrich Kratochwil的「宗教與（國際）政治：論認同、結構以及行為者的啟發」（Religion and (Inter-) National Politics: On the Heuristic of Identities, Structures, and Agents, 2005）也很實用。

關於宗教與國際關係的總論，很少有值得一看的精彩作品，但越來越多人注意到這個題目。《千禧年》（*Millennium*）「宗教與國際關係」特刊（Religion and International Relations, 2000）收錄的文章的品質參差不齊，但也可作為額外的參考。Charles Taylor的大部頭鉅作《世俗的時代》（*A Secular Age*, 2007）對於有耐心看完的人來說，會很有參考價值。其他關於宗教與世俗主義的總體討論，則有Daniel Philpott等人的《上帝的世紀》（*God's Century*）（即將推出）、Elizabeth Hurd的《國際關係的世俗主義政治》（*The Politics of Secularism in International Relations*, 2007），以及Maia Carter Hallward的「『世俗』的定位：界定宗教與政治的界線」（Situating the "Secular": Negotiating the Boundary between Religion and Politics, 2008）。Eva Bellin的「對政治的信仰：宗教與政治研究的新趨勢」（Faith in Politics: New Trends in the Study of Religion and Politics, 2008）是很精闢的總結。Timothy Byrnes與Peter Katzenstein編著的《不斷擴張的

歐洲的宗教》（*Religion in an Expanding Europe*, 2006）探討宗教給歐洲的擴張及整合所帶來的挑戰。John Micklethwait與Adrian Wooldridge的《正確的國家》（*The Right Nation*, 2004）是內容紮實，立場中立的作品，探討美國的基督徒人權。Holly Burkhalter的「愛滋病的政治」（The Politics of AIDS, 2004）闡述基督教福音教派如何影響美國政府對於非洲的愛滋病的政策。Ellis與Ter Haar在《權力的世界：非洲的宗教思想與政治實務》（*Worlds of Power: Religious Thought and Political Practice in Africa*, 2004）詳細闡述了非洲的宗教概況。Peter Geschiere的《巫術的現代性：後殖民時期的非洲的政治與神秘學》（*The Modernity of Witchcraft: Politics and the Occult in Postcolonial Africa*, 1997）是很有參考價值的人類學研究。可想而知在911事件之後，伊斯蘭的相關研究暴增。Bernard Lewis的《哪裡出了錯？伊斯蘭與現代性在中東的衝突》（*What Went Wrong? The Clash between Islam and Modernity in the Middle East*, 2002）是他最近發表的著作當中最實用的一本。Malise Ruthven的《衝冠一怒為上帝：伊斯蘭主義者對美國的攻擊》（*A Fury for God: The Islamicist Attack on America*, 2004）是一本佳作。他的《伊斯蘭：極短介紹》（*Islam: A Very Short Introduction*, 2000）書如其名。Paul Berman的《恐怖與自由主義》（*Terror and Liberalism*, 2004）探討激進伊斯蘭與法西斯主義之間的關係。Roger Scruton的《西方與其他：全球化與恐怖主義的威脅》（*The West and the Rest: Globalization and the Terrorist Threat*, 2003），以及John Gray的《蓋達組織與現代的意義》（*Al Qaeda and What it Means to be Modern*, 2004）都是很精闢的分析。

這一章引用了Fukuyama的著作。想看看自由派的強力抨擊，見Ralf Dahrendorf的《歐洲革命的思考》（*Reflections on the Revolution in Europe*, 1990）。其他比較平和，但仍然精彩的回應，是Fred Halliday的「與福山相遇」（An Encounter with Fukuyama, 1992），以及Chris Brown的「歷史的終結？」（The End of History?），收錄在Danchev（1995）。這一章也提及杭亭頓的文章。他的著作《文明的衝突與世界秩序的重建》（*The Clash of Civilizations and the Remaking of World Order*, 1996）的說服力不如較為簡短的原版論文。他後來的作品《我們是誰？》（*Who Are We?*, 2004）探討美國的認同，主張美國的英系清教徒核心認同，已經受到西班牙裔移民不願同化的威脅。Kishore Mahbubani的「西方與其他」（The West and The Rest, 1992），以及Eisuke Sakakiba的「進

步主義的末日：尋找新目標」（The End of Progressivism: A Search for New Goals, 1995）就同一個主題發表了類似的看法。Chris Brown的「歷史結束，世界衝突」（History Ends, World Collide, 1999）深入討論這一章所提到的幾個主題。Amitai Etzioni的《從帝國到社群》（*From Empire to Community*, 2004）是對福山與杭亭頓的回應，也是對社群主義的全球政治理論的回應。Kimberly Hutchings的《時代與全球政治》（*Time and World Politics*, 2008）是重量級著作，無論是現代政治理論介紹，還是後冷戰時期的理論批評，都值得一讀。Larry Diamond的「民主的衰頹」（The Democratic Rollback, 2008）凸顯出獨裁國家的崛起。

　　Joanne Bauer與Daniel A. Bell編著的《東亞的人權挑戰》（*The East Asian Challenge for Human Rights*, 1999）忠實呈現「亞洲價值」的討論。Daniel Bell的《東方遭遇西方：東亞的民主與人權》（*East Meets West: Democracy and Human Rights in East Asia*, 2000）是這個主題的最佳經典，是一連串精彩的對話。F. Zakaria的「文化是宿命：與李光耀對話」（Culture is Destiny: A Conversation with Lee Kwan Yew, 1994）揭露了最受尊崇，最口若懸河的「亞洲價值」代言人的思想。Mahathir Bin Mohamed與Shintaro Ishihara的著作《亞洲之聲：兩位領袖討論即將到來的新世紀》（*The Voice of Asia: Two Leaders Discuss the Coming Century*, 1996）的書名相當得體，表達出反對西方的立場。Arlene Tickner在「從不同的角度分析國際關係：來自第三世界的筆記」（Seeing International Relations Differently: Notes from the Third World, 2003）是罕見的以非西方的觀點，探討民族主義、國家與主權的概念。亦見Chris Brown的「文化多樣性與國際政治理論」（Cultural Diversity and International Political Theory, 2000b）。Ian Buruma與Avishai Margalit的《西方主義：敵人眼中的西方》（*Occidentalism: The West in the Eyes of Its Enemies*, 2004）探討西方的「文明」，並揭露其在反西方激進主義中的複雜性。

第十一章　國際關係與個人：人權、人道法與人道戰爭

前言

　　這本書到目前為止，所探討的多半是所謂的國際關係的結構因素，亦即國家體系、權力、經濟、戰爭，以及我們認為與結構相對的能動者，也就是國家之類的機構能動者。如同在第四章所言，這也符合國際關係作為一個學科的發展軌跡。無論是新現實主義，還是新自由制度主義，都將國際體系層面，視為最值得分析的層面，也是唯一能產出簡明實用的知識，讓我們更加瞭解所研究的最重要的議題的層面。相較於「結構」，建構主義者稍微比較在意「能動」性，然而最在意的還是「國家」這個最重要的行為者。這一章與前一章有些類似，將聚焦於生活在國家與國際之內的個人。

　　乍看之下很難理解為何要關注國際關係之中的個人，畢竟有很多學科都在研究政治範圍之內的個人。我們所研究的當然是一群人的集合，也就是國家，還有為數越來越多的政府間組織與跨國企業，如何回應國際體系的限制，又如何回應彼此？如果依照傳統標準，每一個國家都擁有主權，那這個論點確實成立，傳說中的西發里亞體系也許就是如此。越來越多國家承認法理上更高位階的存在，這削弱了其法律上的主權，何況大多數的國家，甚至可以說是所有國家的能力，都受到第九章所描述的全球化的過程所限。於是個人就變得更為脆弱（無法仰賴強大的國家保護他們的利益），也有可能變得更為強大（可以要求享有某些權利，不是因為具有某個國家的公民身分，而是因為生而為人）。這種變遷在理論上最重大的影響，是推動了國際關係的規範思想。第二章與第三章討論過的幾種主流的國際關係理論，都自稱是價值中立的解釋理論，而不是規範理論。不少人認為，去思考國際體系的倫理是不切實際，甚至可以說不重要。無政府狀態的國家會做出必須做的決策，依據的是國家利益的考量，以及（新現實主義者與新自由制度主義者認為的）體系的規則。道德只存在於主權國家的領土範圍之內，會保

護與促進國民的價值，也讓倫理得以繼續存在，因此國際關係理論家並不關心。後實證主義者反對第一個說法，也就是幾種主流的理論都是價值中立。規範理論家則是反對第二個說法，也就是道德與國家領土邊界之間的關係。在西發里亞體系受到挑戰之後，「國家究竟是助長了道德，還是阻礙了道德」也就變成一個更為重要的問題。個人與國家之間的倫理關係，以及各國的個人之間的倫理關係，是熱度再起的研究主題。規範理論家也覺得自己的想法果然正確，研究行為者應有的行為，跟研究行為者實際的行為同樣重要，如此才能理解快速變遷的世界。

在當代國際關係，個人是否真的比較重要？我們在這一章會談到，在1990年代，三個相關的領域的行為者出現了權力分配的變化。人權體系迅速擴張，以及試圖依循法律與戰爭的途徑落實人權，權力的變遷也的確導致個人在國際層面扮演越來越重要的角色。這裡的重點並不是特定人士，而是接下來會討論的現象，也就是全球開始關注個人的福祉與權利。

普世人權

在柏林圍牆倒下之後，人權建制開始蓬勃發展。依據1948年的《世界人權宣言》（Universal Declaration on Human Rights），每一個人都擁有人權，也有權要求自己的政府尊重人權，但一直到最近，爭取普世人權的行動才有了積極的進展。在冷戰期間，人權往往被當成一種策略上的談判籌碼，用以逼迫東方國家讓步，或是羞辱東方國家。1989年之後，人權的全球發展的政治障礙消失，再加上科技進步，推動人權的非政府組織得以比先前發揮更大的影響力。

也許進展顯著最具體的證據，是批准六大人權公約的國家總數，從1990年開始大幅上升。在1990年代，批准《經濟社會文化權利國際公約》（International Covenant on Economic, Social and Cultural Rights）及《公民與政治權利國際公約》（International Covenant on Civil and Political Rights）的國家數量，從大約90個成長到將近150個，在我寫下這段文字之時，兩個國際公約的批准國數量分別是159個與162個。1993年，超過170個國家參加於維也納召開的世界人權大會（World Conference on Human Rights），重申保障人權的決心，也展現各國對於人權體系的目標的支持。這是二十五年來第一次召開人權會議。世界人權大會過後，聯合國大會一致投票通過設置聯合國人權事務高級專員（UN High

Commissioner for Human Rights）一職，負責協調聯合國的人權計畫，推動全球各地尊重人權。

在1990年代以及21世紀初期，聯合國的人權行動也大幅增加，包括監督人權侵害事件、教育、訓練及其他顧問服務。這或多或少要歸功於非政府組織長期施壓，要促進人權在聯合國行動的「主流化」，因爲這些非政府組織相信，預防與減少衝突的工作，必須與降低違反人權事件的措施互相結合。因此聯合國在薩爾瓦多、柬埔寨、瓜地馬拉、海地、蒲隆地、盧安達、前南斯拉夫，以及剛果民主共和國的行動，首要目標都是建立一個尊重人權的架構，作爲後衝突建立和平的核心工程。

非政府組織是近來人權思想擴張的主要推手。登記在案的國際非政府組織在1990年代增加，在2000年以前已經多達37,000個。其中有不少自稱是「全球的良知」，代表各國人民的共同利益，尤其重視人權議題。非政府組織對於人權體系發揮了各式各樣的影響。諸如紅十字國際委員會（International Committee of the Red Cross）、無國界醫生（Medecins Sans Frontieres），以及樂施會（Oxfam）這些組織，是以直接的實地行動終結苦難，但也代表救助對象發聲，促使全球遵守人權協定與人道法令。人權觀察（Human Rights Watch）與國際特赦組織（Amnesty International）這些組織的首要工作，是監督各國政府與企業的行爲，將違反人權的事件一一公開。這些組織爭取媒體曝光，藉此施壓（這一招他們從1990年開始就特別拿手，人權非政府組織在媒體的曝光率持續暴增），也大有斬獲。

其中一個重要斬獲，是迫使私人行爲者開啓人權論述，也就是讓人權成爲「企業的事業」。在1990年代之前，跨國企業認爲自己在全球貿易應該扮演的角色，是保持中立，避免涉及所在國的政治。西方的企業從不討喜的政權所控制的國家取得廉價的原料與勞力，獲利有一部分要當成稅金繳給另外一些不會批評這些企業的政權。到了1990年代中期，國際特赦組織在英國，以及人權觀察在美國發起大型運動，遊說大企業擔負起與自身的實力及影響力相稱的經濟責任與社會責任，尤其是在人權領域。受到遊說運動，以及隨之而來的消費者壓力影響，蓋璞（Gap）、耐吉（Nike）、銳跑（Reebok），以及利惠（Levi Strauss）這些企業大幅改善海外工廠的工作環境，並將國際認可的人權標準納入作業規範。人權組織也向石油公司施壓，但成效比較有限。1993年，奈及利亞的奧幹尼族生

存運動（Movement for the Survival of the Ogoni People）動員了數萬人向殼牌石油公司（Shell）抗議，並且靈活運用網路，將事件炒作成國際議題，導致全球第一大石油公司不得不暫時停止生產。但是奈及利亞政府卻逮捕並監禁奧幹尼族生存運動人士，甚至將其中幾位處決。英國石油公司在柬埔寨、美孚石油在印尼，道達爾石油公司（Total）與優尼科石油公司（Unocal）在緬甸，以及安隆公司（Enron）在印度的行為，也引發了人權組織以嚴重侵害人權的名義，發動大規模抗議。遭受反彈的企業往往會大肆發出新聞稿，精心策劃的公關活動有時也會登場，但實質上的改變卻是微乎其微。最重大的成果，出現在1990年代末的英國。包括殼牌石油公司、英國石油阿莫科公司（BP-Amoco），以及挪威國家石油公司（Statoil）在內的跨國公司也宣布將實施人權政策。

　　非政府組織的其他斬獲，包括向各國政府與政府間機構施壓。國際反地雷組織（International Campaign to Ban Land Mines）是90個國家的1,400多個非政府組織的串連，在1998年獲得諾貝爾和平獎，也是1997年禁止地雷條約（Mine Ban Treaty）的重要推手。千禧年開發中國家債務減免運動（Jubilee 2000 Campaign）在全球共有2,500萬人簽署，促使西方國家政府與國際金融機構減免了300億美元的債務。國際刑事法院聯盟（Coalition for an International Criminal Court）是推動1998年的羅馬會議與羅馬規約，建立國際刑事法院的最大功臣，這一章的下一節會詳細介紹。人權團體懂得煽動民意，施加壓力，因此得以左右許多政府間組織的活動，也配合聯合國行動，設計人權行動，又經常提供人權行動所需的人員，同時也監督和平協議以及聯合國安理會決議案的實際執行。

　　人權的思想之所以能擴張到涵蓋社會權利、經濟權利及女性權利，幕後的推手就是非政府組織。但是人權體系也經常因為這些方面而受到抨擊。人權體系的基礎是實質正義，是我們基於共同的人性，能向其他人提出何種權利主張，又應該向其他的人盡哪些義務。但是西方的人權理論，往往將公民權利與政治權利，置於社會權利與經濟權利之上。社會主義國家察覺這個現象，也予以抨擊，簽署了曼谷宣言（見第十章）的亞洲國家領袖就反對這種理論。西方的非政府組織，以及亨利·舒（Henry Shue）、貝茨（Charles Beitz），以及博格（Thomas Pogge）這些思想家，也越來越反對這種理論。他們認為全球分配正義不應該脫離全球正義這個更廣大的目標。世界上有這麼多人極其貧困，真有辦法提升人類自由嗎？亨利·舒認為只有當一個人享有健康與活躍的人生所必備的條件，例如

未受污染的空氣與水、適當的食物、衣服、住所，以及基本健康照護（維生權利），才能享有其他權利。他認為這些經濟權利本來就是權利的一部分，而不是額外的選項（Shue, 1980）。貝茨（1999）與博格（2002）也認為，物質資源的分配是正義的關鍵，不能以國界之類的道德性武斷標準，作為將財富差距合理化的藉口。因此要討論人權，絕對不能忽略全球不平等的問題。這種觀念在西方受到強烈反彈，或多或少是因為西方人擔心如果經濟權利很難保障，那整個人權體系都會受創。這種擔憂其實很有道理。另外一個可能的原因則是很沒道理，就是西方人唯恐承認經濟權利是人類繁榮的關鍵，就得放棄長年擁有的某些資源。

　　人權建制的相關討論，並不僅限於爭論特定權利的優先次序，也會討論擁有權利的男性（這裡刻意強調男性是有原因的）。人權的概念帶有一種普世的人類認同，超越了上一章所討論的民族認同、族群認同及宗教認同。支持人權的人，認為個人之所以擁有人權，純粹是因為身為人類，與所處的社會或民族完全無關。這種理論也就是俗稱的「普世主義」，是基於一種直覺，也就是人類有這麼多共同點，所以這些共同點在政治上一定相當重要。這種思想在東方與西方，都引發了評論者的批評。反對的意見認為，人類的共同點很少有重要的。人類的認同之所以存在，是因為本來就在社會關係中根深蒂固，而不是在社會關係形成之前就已出現。因此建立在這種觀點的論述並不主張正當的普世效力。

　　這種論點也是許多女性主義者對全球人權建制的想法。1948年《世界人權宣言》的宗旨，是要保障所有人類不分男女的人權。第2條規定：「人人皆得享受本宣言所載之一切權利與自由，不分種族、膚色、性別、語言……或他種身分。」然而女性主義者認為，全球人權建制的核心，也就是個人的概念，帶有性別歧視。擁有權利者的原型是男性、家長，也是家中主要收入來源。艾爾斯坦（Jean Bethke Elshtain）發現這種擁有權利者的定義，是源自古希臘對於私領域與公領域的差別定義（Elshtain, 1981/1987）。《世界人權宣言》所保障的人權，是要保護個人身為一個政體的公民，或是勞動力的一個個體，在公領域的行為能不受國家的任意干預，並未涉及個人在私領域的活動。女性向來被侷限在私領域，所以需要的保護是防範其他人，而不是防範國家。女性權利受侵害的經驗（受到家庭、宗教與文化因素證成），並未為人權建制所涵蓋。婚內強姦、家暴，以及不平等的財產權在很多國家仍然合法，在每一個國家也都是家常便飯。即使在戰爭時期，這種公私領域的差距依然存在。1949年的《日內瓦第四公約》

（The Fourth Geneva Convention）確實規定了女性的「榮譽」有不受侵犯的權利。所謂的侵犯包括強暴在內。然而對於女性的性暴力、強迫賣淫、以及非法販運向來被視爲一種武器、戰利品，或是衝突難免會造成的後果。

　　女性主義學者與運動者對於在國際架構之內，提升女性的福祉的最佳辦法，始終沒有共識。麥金儂（Catherine MacKinnon, 1993）在內的理論家，認爲建制本身就充滿性別歧視，只在細部微調，絕對不足以涵蓋女性的所有經驗。他們認爲權利的語言對很多女性而言並沒有共鳴，因爲這些女性被公共領域邊緣化，或是排除在外，或是無法享有公民應有的社經條件及不受暴力威脅的自由。他們提議以賦權以及「能力途徑」（capabilities approach）這些觀念取代人權思想，因爲這些觀念較爲偏重平等主義，也較能照顧不同社會結構的個人的不同需求。夏爾沃思（Hilary Charlesworth, 1994）在內的其他人，則是認爲現行的人權建制可以調整（也確實已經大幅調整），比較能回應女性主義者所關切的事項。他們認爲應該要秉持普世人性的觀念，致力實現人人平等，才能扭轉女性長期以來遭到輕視的困境。他們也提出能證明人權體系眞正達到性別平等的例子，例如《羅馬規約》將性別暴力與性暴力列爲犯罪行爲，而且截至2008年，已經有185個國家批准了《消除對婦女一切形式歧視公約》（Convention on the Elimination of All Forms of Discrimination Against Women）。

　　在批准諸如《消除對婦女一切形式歧視公約》以及《禁止地雷條約》（截至2008年夏季共有156國）等國際人權文件的國家數量顯著增加，以及人權論述在聯合國及所屬機構，跨國公司、國際貨幣基金，世界銀行等國際金融機構的主導地位，再加上推動人權的非政府組織也以前所未有的速度增加，顯然一全球性共識已然出現。許多國家與國際組織在1990年代末的想法，確實是人權建制是不容置疑的。然而在美國發生911恐怖攻擊事件之後，各界開始質疑這種想法。國際特赦組織在2004年表示，人權與國際人道法受到五十年來最持久的攻擊，原因在於武裝團體的暴力行爲，以及各國政府對於武裝團體的反應。國際特赦組織在2008年的年度報告，強烈抨擊美國（也批評了歐盟）雙重標準，在「反恐戰爭」支持毫不尊重人權的盟國，又無力維護根本的人權保障，比方說禁止酷刑。反恐戰爭導致國內安全一舉成爲布希政府的施政重點。1940年代至今大力推動人權的美國，也因爲對於國際人道法採取「挑三揀四」的態度，而屢屢被譴責。外界提出的證據包括美國對待關塔那摩灣（Guantanamo Bay）與伊拉克的拘留所的

「敵方戰鬥人員」的方式、以國家安全爲由廢除《禁止酷刑公約》，以及刻意忽視以反恐的名義在海外所犯下的違反人權行爲。美國及許多國家都在2001年完成立法，允許在未經指控的情形下，拘留疑似恐怖分子的外國人，同時也允許政府進行大規模「攔檢」與監視，並大幅限制政治與宗教方面的異議。這些晚近的法令與政策調整，不可能導致全球長期摒棄人權標準。況且我們也該知道，很多新措施是以安全權利（right to security）的名義實施。話雖如此，美國玩弄國際標準，也許會消耗各界對美國的善意，導致美國往後極難要求其他國家按照某些標準對待自己的公民，或是美國公民與軍人。

人權與國際法

人權的概念在1948年的《世界人權宣言》成形。《世界人權宣言》的序言宣稱，人權須受法律規定之保障。但一直到1990年代，才漸漸開始浮現一個眞正能保護人權的法律建制。這個新建制致力於避免平民遭受種族屠殺、違反人道罪，以及戰爭罪之類的嚴重違反人權的罪行，也涵蓋各種條約、特設法庭，區域法院，以及新設立的國際刑事法院。

人權建制的成立，代表某些行爲，例如酷刑、奴役，及任意拘禁，一律遭到禁止，無論國內的法律是否允許，也無論加害者具有何種官方身分。落實此一立場會嚴重挑戰各國的主權，以及各國元首與政府官員向來享有不受起訴的「主權豁免」（sovereign immunity）。包括美國、俄國、中國之內的強國反對這種挑戰，但前南斯拉夫總統米洛塞維奇在2001年以涉嫌犯下66起戰爭罪、違反人道罪，以及種族屠殺遭到逮捕，接受前南斯拉夫問題國際刑事法庭審判（他在關押受審期間死亡），以及前賴比瑞亞總統泰勒（Charles Taylor），因涉嫌犯下11起違反人道罪、戰爭罪、以及其他嚴重違反國際人道法的行爲，接受獅子山特別法庭審判，在這本書寫作期間仍在進行。這是史上第一次有前任國家元首因爲此類罪行而被國際法庭起訴。這一節會介紹國際法與責任的觀念在20世紀的重大發展，以探討1990年代顯而易見的革命如何成形。

戰爭罪起訴本身並非新鮮事。類似的審判在古希臘時代便已存在，但是在20世紀以前，戰爭罪的涉嫌人都是依據國內的法律，在國內法院受審（意思是說在實務上，罪犯如果在國內位居要津，就不會被起訴）。1872年，紅十字國際委員

會的創始人穆瓦尼耶（Gustav Moynier）呼籲成立一個常設國際刑事法院。直到成立，整個過程費時一百多年，而且大多數的進展，碰巧都發生在重大衝突結束的時候。

在第一次世界大戰及第二次世界大戰期間，都出現了將發動侵略，嚴重違反戰爭法的交戰國領袖，予以國際起訴的呼聲。1919年的《凡爾賽條約》（Treaty of Versailles）設置了一個特別國際法院，審判皇帝以及德國軍官。結果並沒有起訴，因為皇帝得到荷蘭給予的庇護（說來諷刺，因為國際刑事法院現在就位於海牙），德國又拒絕交出嫌犯。但這種要求凸顯出國際思維上的變化，要求涉嫌觸犯戰爭罪的個人負起國際責任。在第二次大戰期間，又出現設置國際刑事法院的呼聲，卻遭到同盟國反對。同盟國反而分別在紐倫堡及東京成立了特赦國際軍事法庭，開始進行嚴重侵犯人權行為的國際審判，摒棄主權豁免原則，也開始將個人視為重要的行為者，而不是國家或團體。

冷戰嚴重分裂了聯合國以及聯合國的所屬機構，國際刑法的發展三十多年來幾乎完全停擺。直到1989年之後，才又出現建置一個常設的中央集權體系的呼聲。很多學者都批評，國際制度體系是西方霸權的工具，但也許意想不到的是，發起國際刑事法院設立運動的竟然不是西方國家，而是千里達及托巴哥（Trinidad and Tobago）。這兩國無力控制境內的國際毒品交易相關活動，在1989年要求聯合國重新召開國際法委員會（International Law Commission），建立一個常設性機構。

前南斯拉夫的種族清洗事件，導致國際法委員會的工作停擺。1993年，聯合國安理會設置了前南斯拉夫問題國際刑事法庭。一年之後，盧安達國際刑事法庭也隨之成立，這個聯合國安理會的附屬機構，是為了因應大約80萬名圖西族人與溫和派胡圖族人死亡而設置。至今仍然無從得知，這兩個法庭究竟是面對暴行應有的回應，還是面對「拿出辦法」的呼聲，不得不採取的一種低成本的回應。不過這兩個法庭仍然創下不少重要的先例，包括國際刑法所適用的情形與對象的擴張。先前的戰爭罪審判，關注的始終是在國際戰爭的情境所發生的行為。前南斯拉夫問題國際刑事法庭卻有權起訴違反人道罪的被告，無論罪行是發生在國際武裝衝突，還是國內武裝衝突。盧安達國際刑事法庭的規章，則是完全沒有提及武裝衝突，代表這些罪行也有可能發生在和平時期的一國之內。這等於是跨出了執行人權的一大步，但也嚴重衝擊國家主權。米洛塞維奇在前南斯拉夫問題國際刑

事法庭受審，是史上第一次有前任國家元首因爲國際刑事犯罪遭到起訴。盧安達前總理坎巴達（Jean Kambanda）被判有罪，也是史上第一次有政府首長的種族屠殺罪名成立。如今前波士尼亞塞爾維亞人領袖卡拉季奇（Radovan Karadzic）終於遭到逮捕，目前正在海牙受審，顯然前南斯拉夫問題國際刑事法庭仍然將是各界關注的焦點。在他被捕之後，前南斯拉夫問題國際刑事法庭起訴的161人當中，就只剩下兩名嫌犯仍然在逃。這樣的成績，也許意味著以後再也不會有政府高層嚴重侵犯人權，卻逍遙法外的事情。

　　雖然國際社會希望以法律制裁盧安達與前南斯拉夫的暴行的始作俑者，但這兩個國際法庭很快就暴露出嚴重的缺陷。最大的問題是審判速度緩慢，耗費巨大。1993年至今支付給前南斯拉夫問題國際刑事法庭的經費，已經超過12億美元，盧安達國際刑事法庭也從1996年至今，得到超過10億美元的經費。目前已完成的審判卻少得出奇。這些經費用於前南斯拉夫問題國際刑事法庭十四年來所完成的111場審判，以及盧安達問題國際刑事法庭十三年來的32場審判。

　　前南斯拉夫以及盧安達境內的衝突，對於推動國際刑事法院的設置有兩大貢獻，不僅讓世人再度關注衝突期間所爆發的大規模違反人權事件，也凸顯出特別法庭的設置與運作，在實務上有多麼困難，因此展現出一個常設的國際刑事司法組織所能創造的好處。夏巴斯（William Schabas）認爲兩個法庭是國際司法的重要「實驗室」，讓建立國際刑事法院的議程大步前進（Schabas, 2004: vii）。

　　1998年，160個國家、33個政府間組織，以及236個非政府組織聯盟的代表，參加聯合國在羅馬舉辦的關於設立國際刑事法院的全權代表外交會議。與會代表起草了一份規約，在最後一場會議以多數票通過。120個國家投下《羅馬規約》的贊成票，21國棄權（包括印度以及一些伊斯蘭、阿拉伯及加勒比海國家），7國投下反對票。投票並沒有留下紀錄，但各界盛傳投下反對票的分別是美國、中國、以色列、利比亞、伊拉克、卡達，以及葉門。《羅馬規約》經過60個國家批准，於2002年7月1日生效。國際刑事法院現已開始運作，調查剛果民主共和國、北烏干達、中非共和國，以及蘇丹的達佛地區的戰爭罪。第一批審判也已經展開。

　　《羅馬規約》設置的國際刑事法院擁有很廣泛的權力，能起訴種族屠殺、違反人道罪、戰爭罪，也許還包括侵略罪（不過必須先敲定侵略罪的定義，法院才有管轄權起訴，目前看來是不可能）。國際刑事法院是一個獨立組織，並不隸屬

於聯合國。經費來自成員國（也就是批准《羅馬規約》的國家，在我寫這本書之時是108國）、自願捐獻，以及聯合國。國際刑事法院有權起訴《羅馬規約》生效之後發生，且發生在成員國的境內，或是由成員國的國民所犯下的罪行。國際刑事法院沿用與前南斯拉夫問題國際刑事法庭，以及盧安達國際刑事法庭相同的法理見解，也就是可起訴的種族屠殺與違反人道罪，有可能發生在和平時期，也有可能發生在內部武裝衝突。可起訴的戰爭罪有可能發生在內部武裝衝突，但不會發生在和平時期。國際刑事法院還有另一個地方依循兩個特設法庭的作法，那就是平等對待每個人，任何人不會因為任職於政府、官僚體系、國會、軍隊而享有特殊待遇。

有三種方式能將案件交付國際刑事法庭審判。案件可以由成員國或聯合國安理會提交，或是由檢察官發起（非成員國、非政府組織以及個人亦可請求檢察官展開調查）。如果是由聯合國安理會提交，例如蘇丹的達佛地區，犯行的地點以及侵犯者的國籍並不重要。國際刑事法院一律擁有管轄權，因為聯合國安理會的法律地位更高。最後一點對於非成員國來說格外重要，因為建立了自動管轄權（automatic jurisdiction），所以國家同意不再是管轄權的先決條件。非成員國與成員國都可以選擇由國內的法庭審理案件。依據補償性（complementarity）原則，只有在擁有管轄權的國家無法或不願行使管轄權，國際刑事法院才會行使管轄權。如果國內的法庭有意願也有能力行使某個案件的管轄權，國際刑事法院就無權介入。

聯合國安理會在《羅馬規約》扮演的角色頗有爭議，國際刑事法院與聯合國安理會之間的關係，也許是國際刑事法院能否成功的關鍵。依據《聯合國憲章》，維護國際和平與安全，是聯合國安理會的主要責任。《聯合國憲章》的第七章也規定，所有會員國必須遵守並履行安理會的決策。羅馬會議的一大焦點，是安理會是否有權干預國際刑事法院的運作。不屬於聯合國安理會常任理事國的國家，並不希望將國際司法程序政治化。常任理事國則是認為，刑事起訴相關的決策，應該避開各國為了提升國際和平與安全而協商的時期。妥協的結果，是安理會可以透過積極性決議（positive resolution），阻擋國際刑事法院行使管轄權，此種可每年展延之決議，可將法院調查延期一年。安理會必須遵守《聯合國憲章》第七章的規定，才能將調查延期。重點是安理會5個常任理事國的任何一國，都有權否決延期，但不能否決調查或起訴。國際刑事法院與安理會原則上可

以享有互惠的關係。國際刑事法院調查戰爭罪犯，予以起訴，也等於協助安理會維護國際和平與安全。安理會將案件交付國際刑事法院審理，同時賦予有效的普世管轄權，藉此增廣國際刑事法院落實國際刑法的範圍。但比較有可能出現的情況是不斷的衝突，主要原因是安理會最強大的理事國，也就是美國，對國際刑事法院懷有敵意。

　　美國並不是唯一反對國際刑事法院的國家。安理會5個常任理事國當中，只有最不強大的英國與法國批准了《羅馬規約》。歐洲之外的核武國家，沒有一個批准《羅馬規約》。國際刑事法院是由歐洲、拉丁美洲，以及非洲國家主導。雖然美國並不是唯一反對國際刑事法院的國家，少了美國的支持卻是最嚴重的。沒有美國的支持，任何大型國際機構都很難成功，只要回想一下國際聯盟的命運即可得知。國際聯盟之所以瓦解，最大的原因是缺乏美國支持。在國際正義議題上，美國是將米洛塞維奇繩之以法的主要功臣，因為美國開出條件，要求塞爾維亞引渡米洛塞維奇，才能拿到大筆經濟援助。美國也動用情報科技追蹤米洛塞維奇的行蹤，將其逮捕。因此我們應該仔細研究美國對於國際刑事法院的立場。從1995至2000年，美國政府始終支持設置國際刑事法院，但也始終希望這個法院能受到安理會控制，或是給予美國官員與美國國民刑事豁免權。在柯林頓政府執政的最後一天，美國簽署了《羅馬規約》，表示願意繼續討論，當時柯林頓總統表示，《羅馬規約》有根本性的瑕疵，所以他不會交給參議院批准。小布希政府則是採取更為激進的立場，撤銷了美國的簽署，也不受《羅馬規約》的約束，後來又通過《美軍保護法》，授權總統「運用一切必要手段」讓被國際刑事法院拘留的美國人得以獲釋，即便要進攻荷蘭。《美軍保護法》也規定，對於那些不與美國簽署雙邊豁免協議的國際刑事法院成員國，美國必須終止軍事援助。兩個國家簽署雙邊豁免協議，就等於保證不會將彼此的現任與前任政府官員、軍人，以及國民移交給國際刑事法院管轄，美國希望跟每一個國家都簽署雙邊豁免協議，截至2008年夏季，據說已經有超過100個國家簽署，其中包括46個國際刑事法院的成員國。美國為了爭取其他國家支持聯合國安理會1422號決議案，不惜揚言否決往後所有的維和行動。根據1422號決議，非成員國只要出兵支援聯合國部隊，就能不受國際刑事法院審判。這個決議最後通過，在2003年展期，但是2004年爆發巴格達中央監獄虐囚案，導致安理會沒有通過再一次的展期。美國現在只能依靠雙邊豁免協議，防止美國人遭到國際刑事法院審判。

　　向來以倡導人權，致力在全世界推動人權聞名的美國，為何會強烈反對國際刑事法院？主要有兩個理由：一個是對於美軍所承擔風險的務實考量，另一個是質疑國際法的範圍與本質。務實考量的焦點，是美國身為全球碩果僅存的超級大國，理應要比其他國家更頻繁在「熱點」部署軍隊，因此也就更容易受到帶有政治動機的指控與起訴。這個理論很有道理，但無法解釋美國為何不效法英國，也就是批准《羅馬規約》，卻堅持將所有的指控交由國內司法體系調查，即可避免英國國民受到國際刑事法院審判。

　　美國的立場與正在出現的國際社會結構更有關係。包括赫爾姆斯（Jesse Helms, 2000/2001）在內的政治人物，以及凱西（Lee A. Casey）與里夫金（David B. Rivkin, Jr, 2000/2001）在內的律師，提出了「新主權主義者」（new sovereigntist）之批判觀點，認為國際刑事法院嚴重威脅到國家主權，因為即使美國不批准《羅馬規約》，美國國民可能還是會受到國際刑事法院管轄。這不僅違反條約實踐的慣例，也違反《聯合國憲章》對於國家主權的保護。這種觀點也批判全球倫理，認為將國家責任轉化為個人責任的作法有瑕疵，應該要顛倒過來才對，因為全球對道德議題並沒有共識。既然沒有共識，一個國際組織篡奪主權國家國會的權力，逕自向個人指派義務，不僅不正當，也是侵犯國家主權，中國與印度也認同這個觀點。兩個國家都認為國際刑事法院是西方的產物，被西方的倫理思想與國家權力把持。

　　這些問題並不容易解決。國際刑事法院的支持者認為，《羅馬規約》完全符合美國法律以及美國憲法的規定，但這並不是重點。美國不想失去唯一立法者的權利，只想受到美國同意的法律約束。不少人對於全球道德共識也頗有疑慮。國際刑事法院目前看來很像一個歐洲的產物，支持者多半是世界舞台上相對小的行為者，例如加拿大、南美洲及非洲。如果歐洲太急著建立強勢的國際刑事法院，那麼這一章的開頭所提到的剛萌芽的全球共識就會被摧毀，「國際關係能在一個法律架構之內管理」的觀念也會被摧毀。目前看來似乎真的是面臨危機，國際刑事法院正因為出手干預衝突而飽受抨擊，也被指責是導致達佛與烏干達情況惡化的元兇。國際刑事法院尋求正義的手段，在反對者看來是充滿政治動機的干預與不妥協，會破壞和平。國際刑事法院的首席檢察官歐康波（Luis Moreno-Ocampo）以包括種族屠殺等罪名申請蘇丹總統巴席爾（President Bashir of Sudan）的逮捕令，被非洲聯盟批評是在達佛衝突中「火上澆油」。非

洲聯盟努力經營一個嚴重缺乏資金與資源的聯合國駐達佛維和部隊，希望能與巴席爾協議停火，認爲國際刑事法院施加的壓力對和談不利，還會觸怒執政政權，置維和人員與人道工作人員於險境。北烏干達的情況同樣嚴重。烏干達總統穆塞維尼（Museveni）2003年將北烏干達的衝突交由國際刑事法院審判，應該是希望二十多年來飽受內戰蹂躪的北烏干達，能享有和平與正義。現在看來可能是適得其反。國際刑事法院立即開始審理，也針對最大的反抗軍集團「聖主反抗軍」（Lord's Resistance Army）的五位指揮官發出逮捕令，罪名是戰爭罪與違反人道罪。後來在2007年，當地的和談總算有了進展。蘇丹表示願意舉辦和談，烏干達政府與聖主反抗軍最後簽下休戰協議。但是和談最後還是以失敗收場，因爲聖主反抗軍的領袖康尼（Joseph Kony）堅稱，除非國際刑事法院保證會撤銷他的逮捕令，否則他不會在2008年4月簽署休戰協議。少了他的簽字，和談最終成空。衝突仍在持續，很多人認爲和平無法實現，是因爲國際刑事法院不肯罷手。

　　很難判斷國際刑事法院遇到這種情形該怎麼做。追求正義該不該以犧牲和平爲代價？這個問題很嚴肅，但並非無法回答。安理會理當是國際刑事法院的一大助力，也許國際刑事法院應該繼續積極追求正義，如果和談受到阻礙，就讓安理會交付審判（不過碰到像康尼這樣的被告就沒有用，他們爲了避免被起訴，還是會干擾和談）。我們也許會發現，國際刑事法院追求正義的同時，也鼓勵和平，會以動用司法程序作爲威脅，鼓勵交戰各方展開和談。畢竟有證據可以證明，聖主反抗軍是因爲懼怕國際刑事法院，才願意和談。更有爭議的是，目前還無法證明國際刑事法院只是西方的政治工具。但這個問題同樣也並非無解。倘若國際刑事法院努力爭取全球認同，除了採納美國的意見之外，也願意採納強大的非西方國家的反對意見，又能做出大量合理的判決，也許就能成爲國際體系中不可或缺的一分子。

　　國際刑事法院還很年輕，目前只能略爲評估其對於保護人權的影響。相較之下，爲了實踐1950年的《歐洲人權公約》（European Convention for the Protection of Human Rights and Fundamental Freedoms）所設立的歐洲人權法院（European Court of Human Rights），則是一個歷史悠久的機構，也許是全球最能保護人權的國際機構，說不定能充當國際刑事法院的榜樣。《歐洲人權公約》對於簽署國具有法律拘束力（不像《世界人權宣言》是聯合國大會的決議，所以沒有法律拘束力），歐洲人權法院的法理體系以一千多個判決爲基礎，依據《歐洲人權公

約》以及國際人權法，對於47個會員國的法律與實務具有深遠的影響。在1990年代，兩個因素導致歐洲人權法院成長。第一，隨著冷戰結束，歐洲理事會擴大到東方，歐洲人權法院管轄的會員國越來越多，也包括俄羅斯。第二，歐洲理事會在1994年新增了《歐洲人權公約》的附加議定書，允許個別申請人將案件交付歐洲人權法院審判。在此之前，個人只能向歐洲人權委員會申訴，而後者僅能發表沒有法律約束力的報告。現在除了國家以外，個人以及非國家的團體也能接觸歐洲人權法院。經查違反《歐洲人權公約》的國家，必須設法改正，通常是透過修訂國家法律。能落實歐洲人權法院判決的辦法不多，但還是有棍棒與胡蘿蔔可用。紅蘿蔔是歐盟的會員國身分，棍棒則是對於在歐洲人權法院紀錄不佳的國家，採取貿易與商業制裁。如此雙管齊下，會員國寧可循規蹈矩。

高度整合的歐洲在國際政治當然只能算是特例，並非常態，但歐洲人權法院的成功，看在現實主義者眼裡簡直不可思議，也代表隨著國際關係越來越重視個人福祉，主權的本質也確實出現變化。國際無政府狀態中的利己行動者，為何會自願放棄主權，受到國際制度的約束，讓自己的國民受到位階高於民族國家的上級法律約束？同樣的問題也能拿來問批准《羅馬規約》的國家，因為國際刑事法院有可能發展成跟歐洲人權法院一樣，對成員國有強大的約束力。

對現實主義者來說，更難解釋的是一個國家為何見到違反人權事件，就會拿自身的資源與安全冒險，以軍事方式干預其他國家的事務？這一章的下一節要探討的就是人道干預。

人道干預

在1990年代，人權的提倡以及國際法對人權的保護出現變化，也出現了一個新的更激進的人權保護現象——「人道干預」。那十年以創新的國際行動開始，也以創新的國際行動結束。1991年，庫德族人開始在伊拉克北部享有「安全區」。1999年，北大西洋公約組織干預科索沃事件。我們該如何解讀這些行動？這一節會探討人道干預是不是一個暫時的現象，是因為1990年代較為和平才會出現，在美國於2003年入侵伊拉克之後又陷入困境，還是21世紀國際社會的固定配備？

比起人權的思想或是國際法的擴張，人道干預對於主權國家的衝擊更為全

面，因爲牽涉到使用軍事力量入侵主權領土。英國學派以及國際社會理論家認爲，國家必須互相承認主權，西發里亞制度才能運作。統治者知道要想擁有自己想要的權利（主要是在國家的領土內的唯一管轄權），唯一的辦法就是承認其他統治者的相同權利。所以西發里亞制度最重要的規範之一，是不干預。每一個國家必須尊重其他國家的國界，才能確保自己的國界安全無虞，這並不代表每一個國家向來尊重國界。自1648年簽訂《西發里亞和約》以來，國家的國界遭受無數次的入侵、襲擊與威脅（Krasner, 1999）。重點是不干預是「確定的規範」（settled norm），意思是說國際社會的所有成員就算不見得時時遵守，也一致認爲這個原則是有效的（Frost, 1996）。如果有人違反規範，其他人就會要求他解釋爲何不按照規範行事，或者是證明自己並沒有違反規範。這個規範並不是舊體系所留下的某個神祕的遺物。《聯合國憲章》將這個規範與普世自決，以及促進人權，並列爲國際秩序的原則。

在1990年代，這個規範因爲人道干預的誕生而遭嚴重挑戰。所謂人道干預，意思是一個或一個以上的國家強制入侵某國的領土，不見得有國際組織支持，理論上是爲了消除某國人民的痛苦。人道干預似乎完全違反主權國家體系的原則，之所以會出現，可能與日漸強勢的人權體系有關，尤其是人權體系認爲「國家主權的正當性源自個人權利」。

人權體系在1990年代的成長，代表各國必須遵守新的正當性的標準，也就是必須遵守國際人權法律與規範。國家主權與不干預開始成爲特權，是遵守國際標準才能享有的特權。既然人權的地位高於國家主權，那爲了維護人權而發起的干預行動也就具有正當性，甚至是具有強制性。這種觀念早在1960年代便已出現，也許更早就已出現，但各國擔心超級大國介入，又堅守傳統的主權觀念，於是1970年代在孟加拉、柬埔寨，以及烏干達的干預行動，應該算是人道干預，但在很多人的眼裡卻不是。冷戰結束同時消除超級大國爆發衝突的風險，而受保護國——垮台，以及民族主義在前社會主義國家擴散，又衍生出許多人道干預的候選國。

第二次世界大戰結束後，聯合國宣布帝國主義爲違法，命令所有國家應該盡快展開自治。但這並沒有考量到國家自治的能力，也就是傑克森所謂的「積極主權」（positive sovereignty）（Jackson, 1990）。沒有足夠自治能力，卻有戰略價值的國家，往往成爲超級大國的非正式受保護國。冷戰結束後，這些受保護國往

往被超級大國拋棄，成爲一觸即發的危機，也是國際社會必須處理的責任。1990年代在伊拉克北部的第一次人道行動並非如此（之所以會發生，有一個原因是西方顧慮在科威特剛被打敗的伊拉克軍隊對什葉派與庫德族人的迫害，另一個原因是比較傳統的對於國際和平與安全的顧慮），但第二次人道行動卻絕對是如此。索馬利亞在1977年之前與蘇聯交好，後來爲了大筆軍事援助而轉投美國的懷抱，但在1989年，美國又以侵犯人權爲由，撤銷對索馬利亞的援助。索馬利亞政府垮台，軍閥控制了糧食分配，飢荒不斷擴大，當地現有的小型聯合國行動「第一期聯合國索馬利亞行動」（UNISOM I）也無力干預。1993年12月，聯合國安理會通過在索馬利亞展開一個規模大得多，由美國領軍的聯合國行動，協助運送救援物資（UNITAF）。這次行動顯然是人道干預，而且並未得到目標國同意（目標國已經瓦解）。干預行動一開始很順利，但是部隊在1993年初縮編，又被「第二期聯合國索馬利亞行動」（UNISOM II）取代，各國對於行動的目標意見不一，導致局面漸趨不利，優勢重回軍閥手中。在24位巴基斯坦籍的聯合國維和人員遭到殺害之後，聯合國與美國的聯軍展開較爲傳統的戰爭。1993年10月，18名美軍突擊隊員在著名的「黑鷹墜落」（Black Hawk Down）事件喪生（數百名索馬利亞人也同時喪生）。聯合國與美國的部隊迅速撤離，學到的慘痛教訓是，國際社會並沒有建設國家所需的全盤軍事戰略、情報，以及經驗。會員國也沒有達成自己當初設定目標的決心。更悲哀的是，歷經索馬利亞的嚴重挫敗，美國一旦覺得某個行動不符合自身的國家利益，就想儘量避免人員傷亡，導致國際社會面對1994年盧安達的種族屠殺，卻無所作爲。

國際社會面對前南斯拉夫的瓦解，倒是有採取行動。在共產主義垮台之後，將南斯拉夫的6個共和國凝聚成一個國家的那些制度也隨之消失。政治菁英開始以民族主義爲號召，爭取支持。斯洛維尼亞、克羅埃西亞，以及波士尼亞與赫塞哥維納唯恐被米洛塞維奇領導的塞爾維亞控制，紛紛宣布獨立。塞爾維亞不太在乎斯洛維尼亞，但其他的共和國都有大批塞爾維亞人口，所以不希望這些共和國獨立，內戰因此爆發。國際社會開始收到塞爾維亞軍隊進行種族淨化的消息，卻始終無法決定該如何因應。安理會一開始對所有交戰國實施武器禁運，結果只是讓塞爾維亞繼續強勢。後來聯合國在1992年6月承認這3個共和國是獨立國家，並開始斡旋。安理會聽見克羅埃西亞與波士尼亞的政府尋求援助的呼聲，在同年成立了聯合國保護部隊（UNPROFOR），但任務僅限於保護人道救援。1993年

擴大任務範圍，包括保證在波士尼亞設置「安全區」，將穆斯林集中保護，避免遭受塞爾維亞部隊的攻擊。這項政策是一場災難，最著名的惡果是斯雷布雷尼察（Srebrenica）失陷，成千上萬名為了尋求聯合國保護而前往當地的男人與男孩也因此喪生。聯合國這一次也是依照原則行事，本來想減輕人民的痛苦，結果卻釀成更大的傷害，因為得知當地的暴行卻反應遲緩，也缺乏動用大量武力的決心。

　　1990年代以一個最具爭議的人道干預行動結束：北大西洋公約組織在科索沃的行動。科索沃原本是塞爾維亞共和國境內的自治區，米洛塞維奇為了捍衛在科索沃境內受到壓迫的塞爾維亞人，在1989年廢除了科索沃的自治。人口最多的科索沃阿爾巴尼亞人的某些分子組成了科索沃解放軍（Kosovo Liberation Army），在1998年對塞爾維亞人發動大規模攻擊，也引發塞爾維亞人暴力反擊。雙方的衝突成了安理會的議題。安理會的理事國對於處理方式意見分歧。俄國與中國認為國內的壓迫並不會危及國際和平與安全，因此安理會不應授權以武力干預一個受到承認的政府的行為。北大西洋公約組織終究還是決定採取行動，於1999年3月開始轟炸塞爾維亞軍隊與基礎設施。這一次的干預行動沒有動用地面部隊，因為北大西洋公約組織的會員國不希望有人員傷亡。轟炸造成大約500位平民身亡，也導致塞爾維亞加快種族淨化的腳步。北大西洋公約組織確實讓科索沃脫離塞爾維亞的控制，也讓許多難民得以返回故鄉，但卻不得不將科索沃變成一個長期的非正式受保護國，直到科索沃於2008年2月宣布獨立。

　　對於北大西洋公約組織在科索沃的行動是否合法，是否正義，國際組織至今仍舊看法兩極。同樣於1999年發生在獅子山共和國，以及東帝汶的干預行動，爭議就小得多（因為受到承認的獅子山共和國政府主動尋求干預，希望能打垮叛軍，而聯合國從未承認印尼對東帝汶的主權）。科索沃的干預行動，是人道干預的正當性的試金石。在新世界秩序出現，外交決策受到普世人權的基本思想主導之際，美國與英國的政治人物也公開發表意見。前英國首相布萊爾在1999年4月於芝加哥經濟俱樂部（Chicago Economic Club）發表演說，表示一個關於國際社會的新原則正在出現，是以「義戰」（Just War）的概念為基礎。所謂義戰，意思是說不是因為擴張領土，而是因為終止或防止人道災難所發動的戰爭。中國與俄國則是反對此新型態「義戰」構想，認為北大西洋公約組織無權干預主權國家的事務，沒有得到安理會授權便逕行干預，是違法行為。他們認為人道干預違反

了自決權，是將西方標準強加於其他國家，也許是在暗中追求西方的利益。

　　這個討論的一大重點，是干預者的動機。很多反對侵犯人權的倡導者認同人道干預的概念，但認爲應該由聯合國組成並控制的部隊執行，因爲各國往往只會在符合自身的國家利益時，才會有所行動。撇開聯合國（本身也是各國組成的聯盟）究竟是不是這些人所想像的善良機構不談，我們應該研究的是，國家是不是不應該基於本國的利益而出手干預。我們應該是希望各國看見嚴重侵犯人權的事件，即使不符合自身的利益，也會出手干預，例如盧安達的事件，但比較合理的情況是，國家如果認爲有利可圖，就會樂意讓軍隊冒著生命危險出動。何況國際危機往往極爲複雜，牽涉到許多行動者，因此行動的動機也一定會各有不同。會有利己考量，也會有人道考量，但要是禁止所有國家爲了追求自身利益而干預暴行，那就不會有任何國家肯出手干預了。

　　與干預動機理論相關的，是干預的正當性與權威的問題。干預應該由誰進行，依據誰的命令，應該動用哪一層級的武力？如果安理會並不是這些問題的最終仲裁者，那誰有權決定？同樣的道理，如果干預行動只能由安理會授權，那難道保護人民的大事，就只能取決於動輒操作否決權的5個常任理事國的喜好？干預與國家主權問題國際委員會（International Commission on Intervention and State Sovereignty）於2001年發表了主題爲「保護責任」（The Responsibility to Protect, R2P）的報告，探討這些問題。干預與國家主權問題國際委員會是加拿大政府於2000年成立的機構，是爲了呼應當時的聯合國祕書長安南（Kofi Annan）要求國際社會就干預的基本原則與程序達成共識。報告指出，主權國家在保護國民上負有主要責任，但倘若沒有能力或意願保護，國際社會就必須負起責任。這份報告贊成以武力預防人權受到侵犯，即使安理會沒有明確同意也無妨，但武力只能作爲最後的手段，報告也詳細闡述了干預的指導原則。聯合國世界高峰會於2005年討論保護責任的原則，也宣示支持這份報告的某些內容，但重新確立安理會的決策權威。目前還看不出來保護責任原則將來能有多大的影響力，但有人批評（可想而知）這只是西方帝國主義的另一個工具。那些提倡國際干預飽受衝突摧殘的國家的非政府組織，則是非常重視保護責任原則。

　　有一個特別嚴重的問題是保護責任沒能解決的，那就是人道干預往往會失敗。索馬利亞干預行動結束至今將近二十年，當地的局勢依然不穩定，還淪爲伊斯蘭基本教義派的大本營，因此成爲反恐之戰鎖定的目標。非政府組織認爲，波

士尼亞衝突過後的工作最近才開始有進展，前南斯拉夫地區的暴力衝突也並未完結。北大西洋公約組織在科索沃衝突選擇支持科索沃解放軍，等於是將正當性與權力，交給一個繼續製造反塞爾維亞暴力行為的組織。2004年3月，密特羅維察（Mitrovica）爆發了自1999年來最嚴重的塞爾維亞人與阿爾巴尼亞裔之間的衝突，導致北大西洋公約組織不得不在科索沃增兵。獅子山共和國與東帝汶的干預行動確實有效，但聯合國部隊一直到2005年才得以撤離這兩個國家。相較於傳統戰爭，人道干預更難「贏」，因為成功的標準還包括創造穩定的和平。這需要長期投入資源努力經營，也需要足夠的武力。世上很少有軍隊能輕易從戰鬥過渡到維和。要以建設國家避免未來的暴行，更是難如登天。干預者的注意力往往很快就回歸國內的事務，讓資源不足的聯合國或非政府組織團隊努力拼湊也許永遠都不可行的國家。阿富汗與伊拉克近來的衝突結束之後，也出現類似的問題。我們在這一節的最後會探討後續影響。

　　中國與俄國反對干預的理由，並沒有提及動機、決策，以及成功機率之類的實際問題，而是從不同的國際體系理論切入，否定「國家主權源自國民權利」的觀念。他們認為，主權與民族自決權是國際體系的秩序所不可或缺的條件，任何機構都無權過問一個受到承認的國家境內所發生之事。他們認為普世人權是西方自由派的產物，運用武力逼迫弱國依據強國主觀的意思與利益行事，等於是一種侵略，現實主義者也提出類似的觀點，他們認為人道干預明明是追逐私利，卻包裝成道德行為，或者是一種因為權力平衡暫時不存在而做出的錯誤政策。這種干預在他們眼裡是很危險的，因為不僅會危及國際秩序，而且干預的行為往往會以善／惡的觀念予以證成，使採取不成比例的武力打擊「邪惡」顯得合理，使干預本質帶有風險升溫的傾向。有些自由派人士也有類似的顧慮，他們認同人權的普世適用性，但認為不干預的原則有其必要，既能提升自由權，也能推動和平。支持不干預的最著名的自由派理論家，是沃爾澤（Michael Walzer），不過他的立場在近年有所動搖（Walzer, 2004）。如同許多人道干預的支持者，他也認為國家權利與個人權利相關，但他的結論並不相同。他認為國家擁有自治的道德權利，是源自每一個國民的權利，藉由默許的社會契約所賦予。因此國家的領土權與政治主權在道德上，可以跟個人的生命權與自由權一樣受到保護。沃爾澤認為人道干預在理論上有正當性，但只有在發生「震撼人類的道德良知」的行為之極少數情形才有正當性，悲哀的是他也承認這樣的情形越來越普遍。他認為我們應

該承認國家確實代表國民的利益，也因此尊重國家的自治權。他在這一點與干預的支持者相當不同。倡導干預的人士將國家視為人民福祉的最大威脅，認為只要是基本人權沒有受到尊重，就應該進行干預。對盧班（David Luban）而言，主權的概念（以及延伸而來的國家權利）在「道德上很薄弱」，因為與正當性的問題完全無關。盧班認為沃爾澤忽略了這一點，將政治社群或民族（也許具有從成員的權利衍生而來的不干預權），與國家混為一談（Luban, 1985: 201）。一個民族的存在，並不能證明這個民族的國家正當性，因此為了拯救受到壓迫的民族所採取的干預行動，不僅在道德上可允許，也是無可逃避的道德責任。但是這個理論的依據，是先前討論過的反對者所否定的普世人權的觀念，因此對於那些並非已經排斥絕對的不干預權的人來說幫助有限。

　　前面探討了人道干預的支持者所面對的實務上與理論上的重大障礙。那這個討論是不是已經死亡了？自從911恐怖攻擊事件發生至今，「自願聯盟」（coalitions of the willing）已經推翻了阿富汗與伊拉克的政權，也帶來深遠的影響。聯盟的領袖認為這些戰爭師出有名，最主要的原因是國家安全，不過人道考量也逐漸成為另一個經常提及的原因。他們將推翻神學士政權的戰爭，包裝成一個契機，能讓失敗國家的國民享有人權，尤其是拯救當地受到壓迫的女性。美國與英國將伊拉克的戰爭合理化，宣稱推翻海珊政權，恢復民主政治，對伊拉克的人民有益。當初開戰的理由是伊拉克擁有大規模毀滅性武器，後來時間不斷流逝，英美卻始終找不到武器的蹤影，只好不斷拿伊拉克人民生活改善，當成將戰爭合理化的藉口。很多人認為這是人道干預的一種很諷刺的運用。關塔那摩灣以及伊拉克巴格達中央監獄的事件，證明了聯盟達不到自己設下的標準。聯軍承諾要提供軍隊與資金，大幅改善阿富汗的生活水準，能不能兌現也成問題。這種種現象顯示聯盟國支持人權只不過是口號，其實只想謀求私利。

　　盟國很清楚，自己的行為必須具有人道的形象，才能贏得或是維繫國際的支持，於是安排部隊經營那些向來是由聯合國與非政府組織負責的重建計畫，卻造成始料未及的慘痛結果。當地人民分不清楚軍隊、聯合國，以及非政府組織的活動。援助組織失去了中立的名聲，無法保障自身在作戰區的安全。越來越多人道工作者淪為暴力攻擊的目標，聯合國與紅十字會位於巴格達的總部，都遭受大型汽車炸彈攻擊。自2003年3月起，已有多名援助人員在阿富汗遭到殺害。聯合國與紅十字會不得不撤離伊拉克。無國界醫生以及國際援救委員會（International

Rescue Committee）則是認定人員在阿富汗工作的風險太大，於是暫停所有在當地的業務。聯合國以及紅十字會、大型非政府組織這些組織的「斡旋」功能，在過往是衝突後重建工作的關鍵，但失去了立場中立的名聲，在未來很難扮演斡旋的角色。更何況過往的干預行動成本高昂，成功率又低。在伊拉克戰爭之後，各界普遍質疑西方的動機，所以人道干預對於國際社會而言，變成一個非常棘手的選項。發生在達佛的種族屠殺，從2003年至今已經導致大約30萬人死亡，200萬人流離失所。聯合國雖然在保護責任的原則上達成共識，對於達佛衝突的反應卻緩慢至極。後來總算在2007年部署了一個維和部隊（聯合國與非洲聯盟駐達佛聯合維和部隊），但部隊的人數還不到發揮作用所需的人數的一半，設備更是遠遠不及所需的數量。在我寫下這段文字之時，這個維和部隊看來不會成功，倘若在世界高峰會發表保護責任之後不到五年，維和部隊就真的失敗，那麼國際社會也許再也不願意以武力干預，保護人類的生命與人權。

結論

　　我們從國際關係學科的起源開始談起，也就是現實主義從戰前自由派國際主義的灰燼出現，一直探討到自由主義的普世價值、人權，以及國際法如何讓世界更好，這樣是不是繞了一圈又回到原點？從這一章呈現的證據來看，確實是這樣沒錯，但這樣的結論與第十章的許多結論互相矛盾，也無法凸顯目前瀰漫的恐懼，也就是干預也許再也不是能對抗嚴重侵犯人權的可行選項。在當代的國際關係討論當中，人權的概念似乎具有關鍵且不可動搖的地位。大多數的國家當然都將人權掛在嘴邊，但誰也不知道這些國家言行是否一致，又有多重視本國人與外國人的人權。個人在國際關係的地位越來越重要，一方面表現在個人越來越不受國家侵害，另一方面也表現在個人所承擔的責任越來越重。隨著保護人權的法律建制成長，嚴重違反人權所要承擔的責任也逐漸轉向個人。在20世紀的戰爭之前，國家擁有領土的最大控制權，但倘若在戰爭期間違反國際法，也要負起責任。在21世紀之初，個人如果覺得人權遭到侵犯，可以向本國之外的法院申訴，但如果自己犯下侵害人權的行為，就無法再用「上級命令」以及國家立場當藉口，這是不是代表國家失去了權力？國際刑事法院與歐洲人權法院嚴重挑戰主權國家，因為無論在戰爭還是和平時期，都能約束國家與個人，不僅約束未來的

行爲，也有權檢討過去的行爲。人道干預倘若能繼續充當國際社會對付衝突的工具，對於主權也是一種更直接的侵犯。但國家仍然是極爲強大的行動者，而權力正在從向來支持提倡人權的國家，轉移到那些相當謹愼看待人權，堅守傳統主權觀念的國家。這本書的最後一章要探討這種變遷的過程，以及對於全球政治可能造成的影響。

延伸閱讀

關於人權的論著，Tim Dunne與N. J. Wheeler編寫的《全球政治的人權》（*Human Rights in Global Politics*, 1999）是最佳的單冊論文集。R. J. Vincent的《人權與國際關係：議題與回應》（*Human Rights and International Relations: Issues and Responses*, 1986），以及Jack Donnelly的《國際人權》（*International Human Rights*, 1993）都是很實用的研究。H.J. Steiner與P. Alston的《國際人權解析：法律、政治、道德：文本與資料》（第三版）（*International Human Rights in Context: Law, Politics, Morals: Texts and Materials,* 3rd ed., 2007）含有許多關於人權法的評論，並附有網路資源中心的連結，內含所有重要人權文件的全文，以及大多數次要文件的全文。Richard Rorty的「人權、理性與感性」（Human Rights, Rationality and Sentimentality, 1993）提倡普世人權，但並非以西方自由主義作爲出發點。有關非政府組織如何迫使跨國企業重視人權，見Rebecca DeWinter的「反血汗工廠運動：建構全球成衣業的企業道德能動性」（The Anti-Sweatshop Movement: Constructing Corporate Moral Agency in the Global Apparel Industry, 2003）。關於非政府組織在人權領域的努力，最好的參考資料是各大機構網站上的廣大資源與出版資料目錄。這一章所提到的國際特赦組織2008年發表的報告，全文請見http://thereport.amnesty.org。Michael Ignatieff的《戰士的榮譽：種族戰爭與現代意識》（*The Warrior's Honour: Ethnic War and the Modern Consciousness*, 1999）精彩呈現了非政府組織在衝突區的「新道德干預主義」。《人權季刊》（*Human Rights Quarterly*）以及《國際人權期刊》（*International Journal of Human Rights*）含有各種人權議題的文章。探討人權的著作不少，最近兩個比較值得參考的，是Mark Goodale與Sally Engle Merry的《人權實務：全球與地方的法規發展》（*The Practice of Human Rights: Tracking Law Between* the Global and the Local, 2007），Lynn Hunt的《發明人權》（Inventing Human Rights, 2007）是一本很流暢的人權史書。Jack Donnelly在《人權季刊》發表的「人權相對的普遍性」（The Relative Universality of Human Rights, 2007）一文，以他一貫的明理又有溫情的文字分析人權的基礎，同時也與批評者理性交鋒。Eric Neumayer的「國際人權協議是否真能提升對人權的尊重？」（Do International Human Rights Treaties Improve Respect for Human Rights?）給了這個問題一個悲觀的答案。

想看看探討全球正義的文獻，不妨參閱Thomas Pogge的《世界貧窮與人權》（World Poverty and Human Rights, 2002）、Ian Shapiro與Lea Brilmayer編著的《全球正義》（Global Justice, 1999）、Charles Beitz等人的《國際倫理學》（International Ethics, 1985）、Shue的《基本人權：生存、富裕與美國外交政策》（Basic Rights: Subsistence, Affluence and United States Foreign Policy, 1980）。最近比較值得一讀的作品，有Simon Caney的《國界之外的正義》（Justice Beyond Borders, 2006），以及Christian Barry與Thomas Pogge編著的《全球機構與責任：創造全球正義》（Global Institutions and Responsibilities: Achieving Global Justice, 2005）。與國際關係學科較為相關的，則有《國際研究評論》（Review of International Studies）論壇的「解讀貝茨：二十五年來的政治理論與國際關係」（Reading Charles Beitz: Twenty-Five Years of Political Theory and International Relations, 2005）是瞭解一位重要學者的最佳途徑，但最精彩的還是《政治理論與國際關係》（Political Theory and International Relations, 1999）。

以女性主義觀點探討人權的最佳論文集，是J. S. Peters與A. Wolper編著的《女權、人權：國際女性主義觀點》（Women's Rights, Human Rights: International Feminist Perspectives, 1995）。亦見Catherine MacKinnon對國際特赦組織的演說「戰爭罪，和平罪」（Crimes of War, Crimes of Peace, 1993），以及Rebecca Cook的《女性的人權：國家與國際觀點》（Human Rights of Women: National and International Perspectives, 1994），尤其是Coomaraswamy與Charlesworth所寫的那幾章。有關支持普世主義的女性主義觀點，見Martha Nussbaum的「仿諷教授：茱蒂·巴特勒當紅的失敗主義」（The Professor of Parody: The Hip Defeatism of Judith Butler, 1999）。

　　Timothy McCormack與Gerry Simpson編著的《戰爭罪的法律：國家與國際途徑》（*The Law of War Crimes: National and International Approaches*, 1997）是國際刑法的最佳入門書，結合了理論與歷史分析。Yves Beigbeder的《審判戰爭罪犯：國際司法的政治學》（*Judging War Criminals: The Politics of International Justice*, 1999）詳細解析個人責任的發展。Christopher Rudolph的「建構殘暴政權：戰爭罪法庭的政治學」（Constructing an Atrocities Regime: The Politics of War Crimes Tribunals, 2001），以及Frederic Megret的「國際刑法的政治學」（The Politics of International Criminal Justice, 2002），還有Elizabeth Dauphinee的「戰爭罪與法律的廢墟」（War Crimes and Ruin of Law, 2008），都是近期值得一看的理論作品。Tim Kelsall的「政治、反政治、國際司法：獅子山特別法庭的語言與權力」（Politics, Anti-politics, International Justice: Language and Power in the Special Court for Sierra Leone, 2006）深入研究經常被忽略的獅子山共和國的案子。William Schabas的《國際刑事法院概論》（*An Introduction to the International Criminal Court*, 2004），以及Antonio Cassese等人的《國際刑事法院的羅馬規約：一個評論》（*The Rome Statute of the International Criminal Court: A Commentary*, 2002），都是國際刑事法院的最佳入門教材。《美國國際法期刊》（*American Journal of International Law*, 1999）是關於國際刑事法院的最精彩的論文集。國際刑事法院的網站是http://www.icc-cpi.int/home.html&l_en。所有相關文件都能在羅馬規約的網站http://www.un.org/law/icc找到。這個領域最充實的網路資源，是www.iccnow.org（是一群名為國際刑事法院聯盟的非政府組織所經營的網站），內含最新的批准與調查資料，相當實用的問答集等等。想看看美國對國際刑事法院的評論，見Jason Ralph的「國際社會、國際刑事法院以及美國外交政策」（International Society, the International Criminal Court and American Foreign Policy, 2005）、Peter Spiro的「新主權主義者」（The New Sovereigntists, 2000）、Jessie Helms的「美國主權與聯合國」（American Sovereignty and the UN, 2000/2001），以及David Rivkin與Lee Casey的「國際法：岩石遍布的淺灘」（The Rocky Shoals of International Law, 2000/2001）探討了「新主權主義者」的評論。Linda Bishai在「離開紐倫堡：美國與國際法的愛恨情仇」（Leaving Nuremberg: America's Love/Hate Relationship with International Law, 2008）以宏觀的角度，分析美國對於國際法的立場。Christian Reus-Smit編著的《國際法的政

治學》是近來相當實用的論文集。

　　至於人道干預的相關文獻，絕對不能錯過N. J. Wheeler的《拯救陌生人》（*Saving Strangers*, 2000）。其他的論文集則包括Terry Nardin與Melissa Williams的《人道干預》（*Humanitarian Intervention*, 2006）、Deen K. Chatterjee與Don E. Scheid編著的《道德與海外干預：科索沃及其他》（*Ethics and Foreign Intervention: Kosovo and Beyond*, 2004）、Anthony Lang編著的《正義的干預》（*Just Interventions*, 2003）、Jeff Holzgrefe與Robert Keohane的《人道干預：道德、法律與政治的困境》（*Humanitarian Intervention: Ethical, Legal and Political Dilemmas*, 2003），以及Jonathon Moore編著的《艱難的抉擇：人道干預的道德困境》（*Hard Choices: Moral Dilemmas in Humanitarian Intervention*, 1998）。Michael Walzer的《正義與非正義之戰》（*Just and Unjust Wars*, 2000）以自由主義的觀點批評人道干預。他在後來發表的《戰爭論》（*Arguing About War*, 2004）的一些文章修正了先前的立場。卡內基倫理與國際事務委員會（Carnegie Council for Ethics and International Affairs）出版的《倫理與國際事務》（*Ethics and International Affairs*）期刊，是這個主題的最佳論著。

　　第七章的「延伸閱讀」列出了探討特定干預方式的文獻，亦見Mohamed Sahnoun的「索馬利亞與五大湖區的混合干預：文化、中立與軍隊」（Mixed Intervention in Somalia and the Great Lakes: Culture, Neutrality and the Military, 1998）、Mark Bowden的《黑鷹墜落》（*Black Hawk Down*, 1999）、Philip Gourevitch的《跟你們說一聲，我們全家明天就會被殺光：來自盧安達的故事》（*We Wish to Inform you that Tomorrow We Will Be Killed with Our Families: Stories from Rwanda*, 1998）、Gerard Prunier的《1959至1994年的盧安達危機：一場種族屠殺的歷史》（*The Rwanda Crisis, 1959-94: History of a Genocide*, 1995）、James Gow的《缺乏意志力的勝利：國際外交與南斯拉夫戰爭》（*Triumph of the Lack of Will: International Diplomacy and the Yugoslav War*, 1997）、Ken Booth的《科索沃悲劇：人權層面》（*The Kosovo Tragedy: the Human Rights Dimensions*, 2001）、Tony Blair的「國際社會的原則」（Doctrine of International Community, 1999）。《國際事務》（*International Affairs*）與《外交事務》（*Foreign Affairs*）期刊也定期刊登值得參考的文章。

　　Noam Chomsky的《新軍事人道主義》（*The New Military Humanism*,

1999），以及John Pilger的《新的世界統治者》（*New Rulers of the World*, 2002）都在抨擊西方干預者的動機。Samantha Power的《來自地獄的麻煩：美國與種族屠殺的時代》（*A Problem from Hell: America and the Age of Genocide*, 2002）探討美國的政策與種族屠殺。《哈佛人權期刊》第17卷（*Harvard Human Rights Journal*, Vol. 17, 2004）研究在近年的衝突中，非政府組織與美國軍方之間的關係。Chris Brown的「大國的責任是不是也很大？大國與道德能動性」（Do Great Powers Have Great Responsibilities? Great Powers and Moral Agency, 2004），以及Toni Erskine的「『聯合國的雙手染了血？』一個國際組織應該承擔的責任與責備」（"Blood on the UN's Hands"? Assigning Duties and Apportioning Blame to an Intergovernmental Organization, 2004）探討道德責任與權限的問題。最近比較熱門的主題，是干預與民主政治之間的關係，見Bruce Bueno de Mesquita的「干預與民主政治」（Intervention and Democracy, 2006），以及Christopher Finlay的「改革干預與民主革命」（Reform Intervention and Democratic Revolution, 2007）。Alan Kuperman的「人道干預的道德風險：巴爾幹半島的教訓」（The Moral Hazard of Humanitarian Intervention: Lessons from the Balkans, 2008），以及Roberto Belloni的「人道主義的問題」（The Trouble with Humanitarianism, 2007）對於人道干預態度保留，但並沒有到完全否定的地步。最後，有關保護責任的討論，見Louise Arbour的「保護責任：國際法與實務上的注意義務」（The Responsibility to Protect as Duty of Care in International Law and Practice, 2008），以及Alex Bellamy的「保護責任與軍事干預的問題」（The Responsibility to Protect and the Problem of Military Intervention, 2008）。

　　Chris Brown的《主權、權利與正義：當代國際政治理論》（*Sovereignty, Rights, and Justice: International Political Theory Today*, 2002）探討這一章提到的許多主題。這本書除了內文之外，參考書目也值得一看。

第十二章　未來的樣貌

前言

　　如同在一開始所言，這本書的內容主要是國際關係這個學科的概論，絕對不是呈現時事。但話又說回來，書中用了大篇幅所呈現的理論思辯，倘若看在讀者眼裡覺得對真實世界毫無影響，那也未免太可惜了。我們有權質疑任何一種社會科學，理論是否真能反映真實世界的主題？國際關係當然也不例外。近年來，國際關係理論，無論是披著傳統的「實證主義」外衣，還是明顯的後實證主義，都有越來越抽象的趨勢。但根據懷特（Stephen White）的定義，國際關係理論的目的是，至少應該是「指導行動」，而非只是「揭露世界」（White, 1991）。所以在這本書的最後一章，我們要將前面提到的某些觀念，運用在目前的世界秩序，也要儘量挖掘出在未來可能實現的趨勢。

　　首先最好回顧一下這本書前三版的最後幾章的主題。這三版的結尾都很類似。第一版於1997年出版，但其實是在1996年的夏季寫成（這種延遲當然很正常，後來的兩版以及這一版也是同樣地情形），最後的第四部分的主題是「新議題」，共有兩章，這兩章的第一章其實都在回顧過去，主要是冷戰結束，以及冷戰結束所引發的思潮。一一回顧又討論了1990年代早期的標語與口號，例如「回到未來」（Mearsheimer, 1990）、「歷史的終結」（Fukuyama, 1989）、「民主和平理論」，以及老布希總統宣示的「新世界秩序」（但詭異又很有趣的是，杭亭頓在1993年提出的「文明的衝突」卻沒有包括在內）。這些理論仍然出現在這本書後續的新版，但重要程度降低不少。第二個「最後一章」探討的是當時真正的新議題，之所以說是新議題，並不是因為這些問題剛剛出現，而是因為國際關係理論家才剛開始研究這些問題。新議題包括安全、國際環境政治、性別、難民與遷移，以及更廣泛的國際關係理論走向解放的趨勢。可想而知，這些議題很多都在這本書後來的版本「躍居主流」。

　　2001年出版的第二版也有兩個「最後一章」。在倒數第二章，冷戰終於告一段落，美國的霸權成為王道。沃爾福思（William Wohlforth）在1999年發表了一

篇探討單極世界的穩定的重要文章（Wohlforth, 1999）。這篇文章提到，美國的軍事優勢在可預見的將來，在傳統意義上是無可挑戰的。美國的盟友也出現「扈從」的行為。有人則是感到不悅，認為應該要採取行動制衡美國的權力。更多的重點放在美國在1990年代運用權力的方式，尤其是這個時期的人道干預。討論這個很自然就會引出最後一章，也就是全球化。最後一章深入探討第一版略為提及的一些題材，例如人道主義、性別議題、安全化、邊界議題，尤其是據說正在塑造一個新的全球經濟、社會與政體的經濟與科技力量。同時也預告了第三版的主題會是全球化。

　　結果2005年出版的第三版卻是以911事件以及後續影響為主題，包括「反恐戰爭」以及聯軍在阿富汗與伊拉克的戰爭。美國依然保有傳統的軍事優勢，但19名男子拿著美工刀，就能把一架噴射客機變成一個有效的導引飛彈。還有人用自製炸彈，證明了雖然美國的戰機稱得上是刀槍不入，但控制一個區域必不可少的步兵可絕對不是刀槍不入。美國的盟國還是投靠美國的居多，沒幾個出手制衡美國。但歐陸各國對伊拉克戰爭興趣缺缺，俄國與中國尤其冷淡，表示局勢在長遠的未來可能會有變化。911事件過後世界的另一個特色，是認同政治的重要性再次浮現。在學術圈，批評杭亭頓的「文明的衝突」理論仍然是一種時尚，但社會大眾比較能接受他的思想，無論自己被歸類為哪一種定義粗略的文明。全球化的理論家繼續宣稱全球社會經濟趨勢的重要性。在國際刑法以及新出現的「保護責任」的領域，可以看出雖然發生了「反恐戰爭」，這個世界仍然逐步邁向「全球」政治，而非「國際」政治。而且正如美國並不能代表傳統帝國（雖然「帝國」二字是貼切的形容詞），蓋達組織也不是傳統的恐怖組織，而是一個網路，甚至可以說是連鎖，整個結構也反映出當時的世界經濟正在經歷的某些變遷。

　　之所以簡短回顧同一本書十二年來歷經三版的發展，主要是要凸顯現代世界的變遷有多麼迅速，多麼難以預料，所以這一次撰寫新版格外困難，也許是不智之舉。但話又說回來，新版的目的並不是要預測未來幾年的局勢，而是找出基本的趨勢。一個「毫無意外」的未來會讓人非常意外，但即使是911，以及盧安達種族屠殺這些改變世界的事件，所發揮的作用往往也只是加快世界變遷的速度，抑或是讓存在已久的問題浮上檯面。在911事件發生之前，伊斯蘭恐怖主義已經存在了幾年，也許可以說是幾十年。盧安達的種族屠殺，頂多只是再一次凸顯出，所謂的國際社會顯然沒有能力防範各國政府殘暴對待自己的人民。所以還是

值得在前一版問世之後四年，再度發表新版，提出一些再過四年大概也會過時的思想，但希望即使過時，也不會完全無用。那我們發現了哪些趨勢？簡單來說，大多數歐洲強國的領導與方向都出現變化，美國當然也是如此，西方的聯盟似乎比四年前更強大。但國力強盛的中華人民共和國越來越有自信，威權的俄國民族主義有高昂的能源價格推波助瀾。中國與俄國結成實質聯盟，證實了某些強國不是只想跟隨美國而已。中國的經濟成長是當代世界政治的一大特色，幾乎同樣驚人的印度經濟成長也是（印度雖然可能成為新的經濟強國，但仍然是美國的親密盟友，這也要歸功於小布希總統少數成功的外交政策）。總而言之，雖然美國在傳統的軍事意義上，仍是全球獨一無二的超級大國，但似乎也漸漸出現一種新的權力平衡。這一章的重點，就是要探討這種很奇特的關係，也會用一些篇幅，研究這些非常傳統的，1914年之前的國際政治模式的再度出現，以及持續存在的，應該說更明顯的社會、經濟與政治趨勢的發展，似乎與這種回歸傳統國際關係的趨勢背道而馳。這裡有一個關鍵的問題，那就是在我寫作之時，那些擾亂世界經濟的禍害，會不會釀成會扭轉這些趨勢的經濟蕭條？

回歸多極？

在冷戰剛結束的世界，國內的政治與經濟的體系確實出現了融合的跡象，至少在強國是如此。前蘇聯的繼承國全都是正式的民主國家，民主浪潮席捲了拉丁美洲與非洲。中國雖然仍是一黨獨裁，但各界普遍認為隨著中國的經濟成長，政治體系自由化的壓力也會越來越大。我們從前面幾章發現，「政權類型」對外交政策的影響引發了不少爭議，「民主和平」理論也備受爭議，但應該可以說全世界如果都是民主國家，會比較有機會以和平方式解決問題。強硬的新現實主義者認為，唯一重要的是能力，也預言一個新的權力平衡會出現（Waltz, 1993），但學者多半認為，意圖與能力同樣重要，所以可以推測強國會與美國聯手，不會去制衡美國的權力，因為美國的權力並不會威脅這些國家的核心利益。在1990年代，海珊與米洛塞維奇這些獨裁者感受到美國軍事優勢的威力，但那些可能會採取制衡策略的強國並沒有感受到，大概是因為並不會覺得受到威脅。這段期間強國之間較為和諧，究竟是因為體系融合，還是有別的原因，目前並沒有定論，但可以確定的是真的很和諧，也確實出現了思想的融合。

在21世紀，情況變化很大，是因爲兩個原因。第一，相較於1990年代的行動，美國在「反恐戰爭」，以及在阿富汗與伊拉克動武，似乎比較沒有共識作爲後盾。第二，也是更爲重要的一點，是思想融合的觀念開始變得很有爭議。反民主的伊斯蘭版本在回教世界顯然廣受歡迎，諸如查維茲（Hugo Chavez）之類的裴隆主義（Peronist）領袖在拉丁美洲回歸，也撼動了美國先前的自滿，但更重要的是中國的獨裁政治始終很成功，俄國的政治體系也越來越走向威權。中國的經濟成長幅度，從1990年代中期至今始終相當驚人，雖然長期來說，個人的私有財產權終究會與國家獨占的政治權力發生衝突，但這個衝突在短期並沒有爆發的跡象。也許更有意思的是俄國正在經歷的變遷。1990年代的貪腐裙帶資本主義引發俄國百姓普遍反對自由民主制度，近年來轉向威權的趨勢似乎眞的深得民心，不過這跟俄國的能源資源爲政府創造的財富也有關係。總而言之，這兩個國家似乎與「朝著市場資本主義與自由主義民主政治演進是正常的」命題背道而馳。在西方，博比特（Philip Bobbitt）所提出的市場國家（market-states）似乎是根深蒂固，但在其他地方，還是由其他模式稱霸（Bobbitt, 2003/2008）。何況這些強大的獨裁政權，比以往更反對美國動用武力，原因正是這些國家本身的政治本質。這又牽涉到政權類型會不會影響到外交政策的爭議。卡根（Robert Kagan）提出一個看似合理的觀點。他說，1999年的科索沃戰爭，西方國家多半認爲是人道行動，但看在這些威權國家眼裡，卻是一記警鐘，代表美國想要推翻像他們這樣的威權政權。美國在911之後的外交政策，更是加深了這種認知（Kagan, 2008）。

質疑美國政策的，當然不是只有威權政權，身爲民主國家的印度也反對科索沃干預行動，法國與德國出手阻撓聯合國安理會授權美國在2003年出兵伊拉克。有些學者認爲，這些舉動代表這些國家對美國採取「柔性制衡」（Pape, 2005）。布魯克斯（Stephen Brooks）與沃爾福思（2005）的理論更爲合理。他們認爲這些國家所做的其實是傳統外交，也就是藉由外交手段，影響美國的政策，完全不能稱之爲制衡。總而言之，西方聯盟在2003年呈現的意見分歧，如今已是煙消雲散。法國總統薩科吉與德國總理梅克爾與美國總統的交情，遠勝於法國前總統席哈克與德國前總理施若德。而且小布希總統在2009年1月任滿，也形同去除了緊張關係的一大來源。同樣的道理，印度雖然反對伊拉克戰爭，卻不反對規模更大的「反恐戰爭」，美國與印度也還保持著不錯的關係（雖然或多或少是因爲美國願意將印度違反核武不擴散條約的行爲合法化）。

　　俄國與中國卻是更堅決反對美國。中國以及包括俄國在內的五個領土接壤的前蘇聯共和國，在1996年成立了上海合作組織（Shanghai Cooperation Organization），原初作為信心建立措施，現在則是將威權政權更加緊密串連的工具，尤其是要抵禦他們所謂的美國對中亞的侵犯。中國與俄國也強烈反對美國持續發展有效的彈道飛彈防禦。兩個國家都在更新並擴大自身的傳統武器與核武儲備。這是不是代表現實主義學者一天到晚預言的新權力平衡正在浮現？或多或少是的。這裡有個有趣的矛盾，現實主義者確實相信，如果一個國家的權力太大，就有可能出現制衡的行為。但現實主義者同時也相信，國家之間的相對權力的主要指標，是軍事力量。沒有對俄國與中國的重整軍備計畫不敬的意思，但美國在這個領域始終具有優勢，而且在短期之內也會保有優勢。中國與俄國確實放下了他們之間相當大的歧見，至少是目前暫且放下。而且這兩個國家也確實比以往富有許多，無論是實質上，還是與美國相比，但這並不代表這兩個國家的任何一個，或是兩個合起來，在短期之內能挑戰美國的軍事實力。

　　非現實主義者雖然不會執著於權力平衡理論，卻比較會質疑軍事力量的重要性，對於權力的行使的看法也比較宏觀。在這個方面，當代軍事力量的核武層面特別有意思，也同樣有些矛盾。其實在最近幾年，從前的一個觀念再度興起，那就是核武讓各國政府與國際無政府狀態，變成這個世界再也負擔不起的奢侈品。克雷格（Campbell Craig, 2003）、杜德尼（Daniel Deudney, 2007），以及溫特（Alexander Wendt, 2003）的著作，以不同的理論解釋為何一個世界國家（world state）是好現象，也是無可避免的結果。這三位作者，以及其他許多作者，都強調使用核武不僅會自我毀滅，也完全不道德。但沒有一個核武國家有放棄核武的意思，而且許多國家，尤其是那些覺得受到美國的傳統武力威脅的國家，都迫切希望能擁有核武。北韓與伊朗的統治者都有理由相信，海珊在1980年代開始的核武計畫如果能持續到今天，那他現在一定還會活著，還在巴格達掌權。總而言之，重視邏輯與道德的人，將核武威懾的觀念予以解構、譴責，但很多國家，也許應該說大多數的國家，仍然堅守核武威懾的原則。但如果大家認為核武威懾有效，那在核武國家之間，軍事力量就會變得比較不重要，這對某些主張核武戰爭的強硬派戰略家並沒有不敬的意思。現代超級大國之間確實有可能爆發戰爭，例如美國與中國為了爭奪台灣而戰，但幸好我們也很難想像會有什麼事情導致核武大國的決策者決定以武力交戰。

　　如果軍事力量確實不重要，在很多領域都會出現決策多極化的趨勢。全球經濟決策越來越需要顧及中國與印度的龐大經濟體。以往那種歐盟、日本與美國三方就能敲定經濟決策，將其他國家視為小問題的日子已成過去。歐洲國家很清楚自己越來越依賴俄國的石油與天然氣，也知道俄國政府樂得拿這項需求換取政治利益，烏克蘭就已經領教過了。俄國在高加索一帶展現武力，尤其是針對喬治亞，讓人想起過去的黑暗歲月，不太可能會有人為了拯救喬治亞而出手干預，俄國也不太可能因為國際社會不認同而罷休。相較於俄國，中國立即涉入衝突的機率較低，但中國顯然很不滿自己的西藏政策受到西方批評，對於西方將2008年的北京奧運政治化也頗有微詞。

　　在西方重拾合作意願，甚至願意在阿富汗戰爭進行軍事合作的同時，出現了一種新的「西方對抗其他」的權力模式的陰影，有些記者稱之為「新冷戰」，但跟進的學者並不多。冷戰比這種新權力模式複雜太多。如果真要比喻的話，拿19世紀無關意識型態的舊歐洲國家體系比喻還比較恰當，不過這個比喻也很難讓人放心，畢竟那個體系在1914年的結局很悽慘。拿1914年之前的體系做比喻當然也不恰當，因為美國顯然具有傳統的軍事優勢，這個體系的特色，是在我寫下這段文字之時，沒有一個國家擁有美國的軍事優勢，當時的國際政治實務，多由缺乏此種軍事優勢而生。說來也許讓人意外，但與新興體系比較貼近的比喻，可以在1970年代找到，並不是1970年代的政治，而是那十年發展出的國際關係理論。先前在第二章提到的「複雜的相互依賴」理論，是專門為了處理牽涉到多層的權力，軍方與「平民」權力不見得會重疊，也不見得會互補的情形所設計。複雜的相互依賴當然主要是為了回應世界經濟的變化而誕生，所以我們要在這一章的最後一節，再尋找現在與1970年代的類比。這一章接下來要探討世界經濟目前的問題，但在開始討論之前，不妨先花點時間將目前的情形，與美國的權力互相比較。但凡討論新的國際體系的結構，總離不開這個話題。

　　這本書的前一版用了不少篇幅，討論美國的帝國強權地位。美國帝國理論從2004年到現在，並沒有完全消失，很少會有國際關係理論完全消失，但美國帝國理論重要性遠不如當年，原因是什麼？最主要的原因是伊拉克戰爭，尤其是這場戰爭的後果。如今我們不得不承認，美國沒有能力將伊拉克社會重建成美國想要的樣子。2008年夏季的伊拉克，是從2003年以來最理想的狀態，暴力事件有所減少，也有公民社會復甦的跡象，但這些進步並不是美國想要的樣子。現任的伊拉

克政府有威權主義屬性，宗派問題相當嚴重。伊拉克境內唯一按照美國的意思治理的地方，是庫德族的地區，但這個地區在2003年之前是實質獨立。有一點必須說清楚，現在的這個伊拉克政府，專制程度遠不如海珊政府。一個有點威權，卻很穩定的政權，能帶領國家走向真正的進步，但這並不是美國在2003年想達成的目的。

歷經這次失敗，美國自己對戰爭的投入也逐漸降低，結果就是美國的政治體系又開始主張多邊主義的價值。目前美國政府的實際行為，遠比言論貼近多邊主義，但令人驚訝的是，兩位想成為小布希之後的下一任美國總統的候選人，竟然都支持多邊主義。看看下面這段文字（摘自2008年3月18日《金融時報》）：

（我們）很強大，但這並不代表我們隨時想做什麼就能做什麼。我們也不該自以為擁有成功所需的所有智慧與知識。我們應該傾聽我們的民主盟友的意見，尊重他們的集體意志。倘若我們認為有必要採取國際行動，無論是藉由軍事、經濟還是外交途徑，就要儘量說服盟友認同我們的想法。但我們也要願意讓他們說服。

這段文字的作者是馬侃參議員（Senate John McCain），但歐巴馬參議員應該也有同感。很顯然小布希總統大概從就任開始，他的德州語言與態度就得罪了其他國家。但有所不同的是，大多數的美國人起先不在意其他國家的敵意，現在卻渴望與朋友及盟友重新建立交情。民主黨與共和黨的新領袖也都明白民意的變化。

那麼「多邊主義」在美國政治菁英心目中到底是什麼意思？在歐洲，「多邊主義」有時候代表歐洲對美國權力的行使投下否決票，但美國人絕對不是這樣想。對美國人而言，多邊主義的意義，當然就是比小布希執政初期更重視聯合國，但任何一個負責任的美國領袖，都會承認以聯合國現在的架構，頂多只是全球討論的傳聲筒。聯合國安理會的「5個常任理事國」當中，有2個威權國家對西方強權形成新挑戰。美國與西方普遍希望增加常任理事國的數量，將日本、印度與巴西這些國家納入，卻也很清楚這樣一來，安理會的效率會比目前還低落，也更不容易針對議題凝聚共識，比方說終結蘇丹達佛地區的屠殺。歐巴馬總統會比他的前任更重視氣候變遷的問題，也許還會做出象徵性的舉動，例如同意《京都議定書》所設定的多半是重複的目標。但他不可能終結美國人對汽車與空調的喜愛。同樣的道理，向多邊主義靠攏，也不可能讓美國接受國際刑事法院。就算沒

有小布希總統詭異的「撤簽」《羅馬規約》，參議院也無法以多數通過核准《羅馬規約》。

　　那美國多邊主義的平台是什麼？理想的平台的關鍵，出現在先前提到的馬侃的言論，也就是民主盟友。馬侃主張成立一個「民主聯盟」（League of Democracies），他的顧問卡根在最近發表的著作提出這個構想（Kagan, 2008），也獲得歐巴馬幾位主要幕僚的支持，尤其是達爾德（Ivo Daalder）與安東尼·雷克。「民主聯盟」除了有美國的歐洲盟友之外，還包括澳洲、日本、印度、南韓，以及拉丁美洲的民主國家。之所以提倡「民主聯盟」，顯然也是因為這些國家當中的幾個，尤其是印度、日本與南韓，與美國同樣感受到中國崛起所帶來的危機，而且在美國眼中，這些國家比歐洲國家更有可能強硬面對未來十年的問題。這個構想並不是要讓民主聯盟擁有否決行動的權力，而是提供一個平台，讓所見略同的國家得以按照需求籌劃行動。比較熟悉歷史的民主聯盟的支持者，會想要複製康德提出的「和平聯盟」（Pacific Union），但不要忘了康德倡導的共和國「聯盟」並沒有執行機構。

　　這個提議在未來幾年有可能實現嗎？如果歐巴馬總統認真推動，也許真能建立某種架構。但還是要說清楚，在我寫下這段文字之時，所謂的民主聯盟的成員除了美國之外，全都不甚積極。歐洲國家覺得沒有必要成立這種組織，也看出華府有心要削弱他們的影響力。印度的政治菁英確實想與美國建立良好的關係，也很清楚大家都必須防範中國，卻不太贊成成立一個新機構，將非正式的聯盟正式化。民主聯盟目前看來似乎無望，不過也不能完全推翻類似的機構在中期出現的可能。

　　之所以不能推翻這種可能，原因之一是新上任的美國總統在美國之外的人氣極高，他的當選大大削弱了原本高漲的反美主義。他是活生生的例證，粉碎了「美國人個個肥胖、無知又有種族歧視」的粗陋偏見。至於他的高人氣能不能轉化成政治態度的更深層變化，則是需要時間證明。舉個例子，歐洲人不管再怎麼喜歡歐巴馬總統，多半也不會想按照他的要求增兵支援阿富汗的戰事。歐洲各國的領袖也已經開始擔心，歐巴馬總統可能抵擋不住國會要求保護主義的壓力，甚至懷疑他根本就打算棄守。歐巴馬總統一上任，在全球享有的善意，比每一位前任總統都多，至少是1960年甘迺迪總統（John F. Kennedy）以來的最高人氣，但也面臨自1933年的小羅斯福總統（Franklin Delano Roosevelt）以來，最嚴峻的問

題。時間會證明到底是外界對他的善意確實值得，抑或那些對於華府的新政治秩序期望甚高的人，日後會懊悔支持他。

　　總結一下這一節的內容，不少人認爲後冷戰的「歷史假期」〔借用柯翰默（Charles Krauthammer）發明的美妙詞彙〕，在911那天嘎然而止（Krauthammer, 2003）。儘管蓋達組織及其黨羽一定很希望能威脅到西方的存在，但後續的事件證明，他們完全缺乏這方面的能力，除非發生一件很矛盾的事情，那就是西方爲了配合他們，寧願違背自己的理想。即使是911之後，又爆發了一連串我們所眼見的恐怖攻擊，也並不會威脅到西方的存在，至少威力不如美國與蘇聯之間的核武大戰。但「存在」的意義不只是生存而已。如果西方爲了打擊恐怖主義的威脅，不惜違背向來堅持的憲政體制與法律，那麼恐怖主義就會是一種會危及存在的威脅。不過話又說回來，再借用一下柯翰默的用語，從另一個角度看，假期確實是結束了。在1990年代，一個新的國際秩序似乎有出現的跡象，西方的政治價值似乎即將稱霸全世界。這個新秩序的反對者，也就是米洛塞維奇、海珊等人，全都無足輕重，有能力測試西方的意志，但承受不了眞正的壓力。米洛塞維奇做得太過火，就失去了波士尼亞，重蹈覆轍就失去了科索沃。大多數的人道干預不是失敗收場，就是成效不明顯，不過還是有一些進展，擴散了民主政治，「漫長的19990年代」（1989至2001年）也在「保護責任」報告所帶來的審愼樂觀氣氛中結束。在我寫下這段文字之時（2008年末），情況已是相當不同。俄國、中國與印度躋身強國之林，代表西方霸權的時代會比預期縮短許多，甚至可以說已經結束。但還是找得到樂觀的理由，第三次冷戰不可能會出現，連1914年之前的權力平衡體系也不會出現，目前出現的很像是1970年代明確浮現的相互依賴的複雜模式的強化版（Keohane and Nye, 1977/2000）。新的「強國」往往會努力仿效傳統強國的作爲，但由於相互依賴模式的存在，「違法」行爲將付出慘重的代價。新的體系會比較接近英國學派所提出的多元主義世界，比較不像新現實主義者所形容的理性利己主義者的競爭。總而言之，假期也許已經結束，但新的工作環境不像以前的那樣嚴苛無望。但這種樂觀是不是來自對於國際經濟的未來的錯誤預測？

全球經濟的危機

　　常有人提到，這本書在先前也說過，現代國際秩序的兩大特色，是中國的經濟成長，以及俄國的能源財富。比較少人提起的是，這兩者在中長期會互相矛盾。中國的經濟成長來自出口的能力（應該說是先進口不完整的商品，再重新出口），將商品出口到世界各地，尤其是美國與歐洲。但石油與天然氣的價格倘若一直居高不下，其他國家可能就無法繼續進口中國商品。雪上加霜的是，能源價格之所以如此飆漲，原因之一是中國的製造業成長刺激了國內的需求，顯然這是一連串的惡性循環。世界經濟還有同樣重大的問題。從2007年中開始，世人發現近年來美國（以及程度較輕微的歐洲）市場的信用擴張是不智之舉。美國與英國有太多房屋貸款屬於「次級」，也就是所謂的「忍者」房貸，借給沒有收入、沒有工作的人。而且從某些方面來看，更糟糕的是，這些劣質房貸還跟優質貸款綁在一起，結果就是銀行非常不願意以一般擔保為依據，互相借貸。假設十筆貸款中有一筆是劣質貸款，但無法分辨是哪一筆，那麼銀行就不願意承做以貸款為擔保的跨行借貸。最終的結果是美國有幾家非常著名的金融機構倒閉，還有幾家合併。英國爆發一百五十年來的第一次大型銀行擠兌事件，還要暫緩執行競爭法令，好讓英國最大房貸銀行被另一家銀行接管。每次遇到這種狀況，即使是信用風險低的人，也很難借到錢，結果就是大西洋兩邊的房市都陷入衰退，房價節節下滑，失業率緩緩攀升。不過全世界的總體物價卻在上漲，尤其是基本糧食的價格，某些非工業國家因此屢屢爆發糧食暴動與政治動盪，飽受衝擊。壞事全部湊在一起，糧食價格之所以會上升，或多或少也是降低環境退化的措施無意間造成的結果。用土地種植生質燃料（bio-fuel），確實是糧食價格上漲的原因之一。

　　從種種跡象研判，世界經濟從1990年代初期開始擴張，遭遇過一兩次小挫折，現在看來卻是到了盡頭。世界即將迎來衰退，甚至是更不堪的局面。如果這樣悲觀確實有道理，那麼1990年代至今的政策與學術研究的許多理論基礎都必須修正。例如在先前的章節談到的許多關於全球化、反全球化運動、新自由主義，以及批評新自由主義的作品，大眾的與學術的都有。這些作品多半強烈批判當代世界經濟的結構與制度，但也明示或暗示這個經濟雖然不完美，卻也還會繼續生產商品。要細數新自由主義的種種缺失並不困難，但不可否認的是從1980年代開始，幾乎所有的層面都出現實質的進步。中國與印度的經濟突飛猛進，顯

然再過不到一個世代，超過20億人口將脫離貧窮。在拉丁美洲與東南亞，也有許多類似的成功故事。那些批評新自由主義政策的人，當然可以指出許多先進的國家，仍然有不平等的問題，「底層10億人口」並沒有享受到總體經濟繁榮的果實（Collier, 2007）。但很難相信這些弱勢民族，這些新的「地球上的苦難人民」，會因為世界經濟崩潰而獲得任何利益。世界貿易組織或許是全球資本主義的代理，但很難相信如果目前正在進行的杜哈回合貿易談判一如預期以失敗收場，窮人會得到什麼好處。西方的保護主義氣息已經很濃厚，倘若談判當真破裂，保護主義一定會更為強化。美國在2008年明顯轉向保護主義。無論新總統是否順應潮流，新國會的民主黨多數勢力也不會輕易通過更進一步的貿易自由化，因此窮人更不容易靠出口到已開發國家以圖翻身。撇開某些反全球資本運動的專制幻想不談，對於從1990年代開始成長的經濟體，成功的引擎正是出口帶動的成長。

　　看看中國經濟的情形。中國經濟成長並非來自科技創新，亦非來自較新的資訊產業，印度的資訊科技產業比中國發達得多，而是來自進口未完成的製品，加工做成成品之後再出口。這個策略成效卓著，中國經濟得以飛速成長，對已開發經濟體，尤其是美國，累積了大量的貿易順差。中國也運用貿易順差購買美國政府公債之類的金融商品，藉此維持強勢美元，以提升中國商品的競爭力，進而賺進更多順差，數字相當驚人。根據美國海關總署（US General Administration of Customs）的資料，中國對美國的貿易順差在2008年5月是200億美元（向美國進口是1,000億美元，較2007年5月成長28%，對美國出口是1,200億美元，較2007年5月成長40%）。2008年的1至5月，中美貿易總額為1兆零120億美元，較前年同期成長26%。世界銀行在2008年6月發表的中國季報，預測中國的GDP成長速度會趨向溫和，會走向較能永續的速度，但預期的GDP成長率仍有9.8%。換在別的國家，這種成長幅度絕對不能說是溫和。重點是無論如何，這種情況要是持續下去，災難很快就會爆發。但如果世界經濟真的面臨衰退，那危機就有可能突然降臨，徹底擊垮中國經濟，目前的長期成長將完全停擺，甚至還得回吐近年的獲利。

　　經濟成長回跌對政治的影響是什麼？我們要回到這一章的上一節所談到的多極問題。前一節談到中國與俄國近年來對待西方的態度較為敵對，不過中國不如俄國好戰。世界經濟突然下修，不但不會降低他們的敵意，反而還會火上加油，

俄國的情況最危險。俄國之所以有了自信，要歸功於能源價格節節攀升所帶來的財富與政治勢力。俄國的民意也支持普丁總統（現在是總理）的民族主義綱領，主要是因爲他得以運用國家的財富，提升俄國百姓的生活品質。如果全球衰退導致需求暴跌，能源價格因此下跌，俄國的財富就此消失，而且能源價格從2008年秋季的高峰至今，已經下跌了不少，那俄國的民族主義可能會變得更具侵略性。俄國就像其他國家，向來習慣將國家無法進步，怪罪在外國人頭上，但倘若能源價格下跌，排外情緒將更嚴重。財富會帶來信心，信心會轉化爲冒險主義，但也會助長不願殺雞取卵的心態。雞要是生不出蛋，就表示將來不樂觀。同樣的道理，中國對美國政策的某些趨勢不滿，卻沒有明確表態，因爲兩國的經濟體顯然關係密切。但關係一旦終止，後果將十分嚴重。

　　經濟衰退導致國家行爲與民意偏向民族主義的現象，當然不是只出現在威權國家。正如先前所言，隨著經濟開始出現衰退的跡象，美國的人民與菁英也漸漸不再支持北美自由貿易區（North America Free Trade Area，譯註：原書此處爲North Atlantic Free Trade Area，似爲有誤）所代表的自由貿易思想，轉而希望加強保護主義，歐洲也面臨同樣的壓力。儘管歐盟執行委員會，尤其是前任貿易專員曼德森（Peter Mandelson，現已回到英國內閣任職），努力維持杜哈回合談判繼續運作，很多政治人物卻在國內批評這種作法。同樣的道理，在大西洋兩岸，全面緊縮開支也助長了反移民情緒。英國的情形特別有意思，由於歐盟與本國的法令並行（再加上很多人都有基本英語能力），英國成爲新加入歐盟的東歐國家的許多勞工所嚮往的目的地。這些勞工的代表人物是「波蘭水管工」（其實大多數的波蘭水管工都從事土木工程業，而不是居家修繕業）。2006年，將近60萬人移民至英國（移出人口約爲40萬人，其中半數爲英國國民）。這些移民工人對於英國低薪勞工的工資帶來負面影響，甚至還會導致房價上漲，但繁榮時期的勞力需求較高，抵銷了這些缺點。不過一旦失業率開始上升，本地人就更無法容忍外國勞工奪走「我們的」工作，也更容易受到爭取選票的政客挑撥。

　　在我寫下這段文字之時，英國已經出現這些跡象。英國也是個很有意思的例子，因爲英國的新移民製造的文化問題其實不多。主要由單身年輕男子組成的移民勞動力，在任何一個城市都不會受到所有人的歡迎，但相較於1950年代與1960年代的早期移民，波蘭人以及其他東歐人並不是「可見少數族裔」（visible minorities），反而與英國本地人有許多同樣的文化特質。在經濟繁榮時期，

他們對當地的影響不大，或是有良性的影響〔例如在南安普敦，大約有10%的人口是波蘭人。我們家的錫克教報刊經銷商也會採購波蘭文版的《新聞週刊》（*Newsweek*），也更容易買到優質麵包，不過2萬波蘭人口對南安普敦的影響似乎也就僅此而已〕。在其他國家，文化問題較爲嚴重。在美國，大多數的移民說西班牙語，來自格蘭河（Rio Grande）以南，對於當地人民來說確實是個煩惱。杭亭頓的著作《我們是誰？》探討他在十幾年前提出的「文明的衝突」，在美國自家眞實上演（Huntington, 2005）。根據美國人口普查局（US Census Bureau）在2006年發布的資料，美國有3,400萬人在家中說西班牙語，其中大約有半數居住在加州、德州與佛羅里達州。但這顯然低估了說西班牙語的人數，很多是會躲避普查人員，或是其他官員的非法移民。非法移民算不算是一個問題，當然是見仁見智，畢竟沒有這些勞工，前面提到的那三個州的農業都會停擺。美國憲法的設計者多半是說英語的新教徒，但我們也不能斷定說西班牙語的天主教徒就比較不信奉美國價值。杭亭頓提出一個有趣的觀點：這些移民有現代通訊科技可用，可以繼續自認爲是墨西哥人、哥倫比亞人等等，所以不會願意成爲眞正的美國人。很多學者認爲這話是言過其實，不過美國民眾雖然多半不知道杭亭頓是何人，卻比較認同這種想法。美國選民現在非常排斥北美自由貿易區，許多美國政治人物也就跟著排斥，於是移民便成爲一個問題。不過在最近的選舉，最反移民的政黨所推出的候選人，也就是共和黨的馬侃，向來的形象卻是非常支持移民。他在2005年，與參議員愛德華・甘迺迪（Edward Kennedy）共同推出移民法案，惹來不少黨內同志的砲火，也成爲他當上總統候選人之後，必須巧妙跨越的一道坎。

即使反移民情緒確實存在，我們當然也不必覺得新奇。即使在經濟繁榮時期，本地勞工也不喜歡外國人來搶飯碗，經濟衰退只是加劇了向來存在的趨勢，這牽涉到一個比較普遍的重點。我們探討目前的經濟危機的負面影響，也應該避免做出錯誤的比較。我們在這本書前面的章節提到全球化的相關文獻，也會適度質疑一些比較誇張的言論，探討目前的問題也要適度存疑。跟佛里曼（Thomas Friedman）說聲抱歉，但世界從來就不是平的，更不用說也要跟大前研一說聲抱歉，但我們從未生活在一個無邊界的世界。但是如果目前的問題眞的演變成衰退，甚至是蕭條，那還是會有一些變化。

我們研究一下佛里曼的理論中心的例子，也就是大規模外包的發展。很多國

家的很多工廠生產零件，最後運送到另一個地點組裝成產品，例如戴爾電腦。佛里曼認爲合理的基本原則，應該是同屬戴爾製造鏈的任何兩個國家，永遠都不會交戰。如果眞是如此，那眞是讓人鬆了一口氣，因爲許多水火不容的政敵，其實都身在同一個製造鏈。但是在實際上，參戰的決策很少是基於這種對於後果的理性考量。佛里曼提出的新法則的下場，可能會跟先前類似的法則一樣。最近的例子是「擁有麥當勞分店的國家永遠不會交戰」，在1999年被駁斥。因爲位在貝爾格勒（Belgrade）的麥當勞沒能施展免戰魔法。當然我們不需要相信佛里曼所提出的更誇張的言論，也照樣能明白他所講的確實有道理。經濟危機倘若眞的會造成他所形容的生產鏈縮小，國家之間的緊張也會加劇。如此一來就會出現我們熟悉的場景，每逢經濟蕭條，失業率攀升，各國政府往往會設法讓本國國民不必承擔改變的負面成本。我們老是聽見跨國企業因爲將工業中心的就業機會予以出口而受到批評，但在總體經濟不景氣，失業率攀升的時候，這種批評在政治上的影響就會擴大不少。經濟學家會告訴我們，在經濟衰退時期興起的保護主義風潮，是不懂經濟的產物。想要安然度過危機，就應該將貿易儘量自由化，抗拒國際分工的改變，只會弄巧成拙。但是大家無論是以前，還是以後，都不會聽取經濟學家的忠告。

壞時候，好時候

　　就前面談到的種種趨勢與預測來看，未來的局勢似乎不容樂觀。老式的權力平衡又將出現，威權政權的影響力升高，經濟衰退的跡象盡現。許多作者期待能迎來「後美國世界」，也就是扎卡利亞（Fareed Zakaria）新書的書名，但不是這種後美國世界（Zakaria, 2008）。同樣地道理，那些鼓吹要終結新自由主義稱霸的人，也沒有預料到保護主義以及粗陋的經濟民族主義會東山再起。這麼說來未來並不樂觀，但套用一句老生常談，情況要是這麼壞，又怎麼會這麼好？各地的必需品價格都在上漲，但大多數的人，而且不是僅限於已開發國家，似乎不受壞消息影響。消費水準始終居高不下，大型企業也繼續以科技創新追求獲利，成果相當豐碩。這本書的封面設計，在第一版與第二版特別用了光碟圖案，到了第三版，老掉牙的CD科技（1982年的黑暗時期的發明），被最新流行的iPod取代。而在現在的第四版，iPod步上了CD的後塵，被iPhone所取代（我們考慮過用Wii

遙控器也許會比較炫，想想還是不行，因為就算學生認得，他們的老師也不會認得！）。這些新科技，以及衛星導航、電漿電視與高畫質電視、藍光DVD等等的銷售量持續上升。

　　這裡要表達的重點，是資本主義相當靈活，適應力很強。某些生產方式可能會消失，但會有新產品以及新的生產方式取而代之。網路2.0的時代側重「維基」，也就是使用者得以自行創造、編輯內容的軟體（維基百科就是最著名的例子），對「廣播」娛樂媒體不友善。大眾娛樂的市場還在（例如戲院的賣座強片），但未來的趨勢應該是利基產品。但這並不表示傳統的資本主義獲利模式無法持續。有一位作者就提起古典音樂產業的例子。毒舌評論家勒布雷希特（Norman Lebrecht）宣稱古典音樂產業已死，而且略為觀察一下古典音樂產業的幾家巨擘的產量，例如環球音樂集團〔Universal，旗下品牌包括德意志留聲機公司（DG）、迪卡唱片公司（Decca），以及飛利浦唱片公司（Philips）〕、索尼BMG（Sony BMG）、EMI等等，會覺得他所言不虛（Lebrecht, 2007）。這幾家企業已經到了存亡邊緣，開始賤賣產品。例如EMI的全套卡拉絲與卡拉揚作品集，算起來一張CD的售價還不到一英鎊。但是古典音樂的錄製發行量卻是前所未有的多。不同之處在於現在多半是小型的利基品牌製作發行，有時是表演者自己創設的品牌，而不是那些巨擘的品牌，而且大部分是「現場演出」的錄音。成本比較低，所以誰都發不了大財，但顯然誰也不會破產倒閉。令人驚訝的是，音樂巨擘以往會耗費鉅資，為旗下的明星樂團錄製貝多芬交響曲全輯，當作招牌宣傳。但最近兩張最受好評的專輯，一張是由自有品牌錄製發行〔海汀克（Bernard Haitink）與倫敦交響樂團〕，另一張則是獨立品牌的作品〔馬克拉斯（Charles Mackerras）與蘇格蘭室內管弦樂團在愛丁堡音樂節的演出，由Hyperion錄製〕。最近發行的一張明星專輯，也就是德意志留聲機公司發行的普雷特涅夫（Mikhail Pletnev）專輯，不僅備受批評，還幾乎鐵定賠錢。這些雖然看起來像是題外話（又或許的確是），卻也闡述了安德森（Chris Anderson）所提出的「長尾」（long tail）原則（Anderson, 2006）。以現代客製化的生產方式，加上網路上的資訊，套用安德森的副標題，「無窮的選擇製造出無盡的需求」。根據安德森的估計，亞馬遜公司（Amazon）售出的書籍當中，大約有25%並不是最暢銷的十萬種書籍。企業將種類繁多的產品，零碎販售給利基市場，也能賺進大把鈔票。

　　資本主義的靈活程度與適應能力，確實是世界現況不如理論上不堪的原因之一，但還有一些更廣泛的原因，減弱了經濟下修與政治環境不佳的負面衝擊。也許全球公民社會的某些特質已經根深蒂固，能控制局勢的發展方向。如同這本書先前所述，全球公民社會的概念存在一些問題，最明顯的是缺乏一個全球國家。古典的公民社會概念的設計目的，就是要在國家與私人生活之間創造一個公共空間。這種模式很難與一個基本上仍是無政府的全球政治秩序共存。儘管如此，與全球公民社會相關的一些改變，確實也有深遠的發展。例如在第十一章探討過的，有關國際法的本質的變化，尤其是個人取代國家成為國際法的主體與受體，以及隨之而來的國際刑法與國際刑事法院的問世，全都是為了推動正在發展的國際人道主義。這種變遷始終無法擺脫嚴重的概念問題，我們在第十一章也探討過一些，最明顯的是，對於犯罪的定義顯然缺乏全球通行的標準，也缺乏能執行國際刑法的機構，或是制定國際刑法的立法機構。這些都是重點，從2003年至今的世界事件，更是凸顯這些事情的重要性。米洛塞維奇與海珊的審判，凸顯出共識的缺乏。無論是兩位被告，還是他們的支持者，都認為負責審判的法庭並無正當性（海珊確實是在國內法庭受審，但這個法庭是在國際壓力之下成立，而且還是依循《羅馬規約》。《羅馬規約》設置了國際刑事法院，訂出了違反人道罪的定義。海珊最後就因違反人道罪而被判處絞刑）。很多人並不接受以人道干預作為伊拉克戰爭的藉口，人道干預的概念反而被污名化。聯合國安理會對於應該如何阻止蘇丹達佛地區的種族屠殺，也遲遲沒有達成共識，更是有損人道干預的名聲。也許有人覺得這些是偶發事件，但更重要的是中國與俄國的權力與地位升高，印度也逐漸崛起。莫斯科、北京與新德里全都宣示固守非常傳統的主權概念，反對人道干預的概念，也反對國際刑法的發展。美國偏偏又只在這個領域，與新興國家所見略同，這些問題也就越發嚴重。

　　因此在這種情形，一般人可能會以為前面提到的種種發展會放慢速度，甚至往反方向發展。但如同我們在第十一章所提到，事實並非如此。自從這本書的前一版發表之後，由達官顯要組成的國際委員會在2001年提出的「保護責任」的概念，由聯合國大會正式通過（但通過的是弱化了許多的版本）。國際刑事法院已經開始運作，發布了11個起訴（很尷尬的是被起訴的全都是非洲人），也正在準備開始第一批審判。美國依然反對國際刑事法院，但立場有所軟化。聯合國安理會通過決議案，將達佛問題交付國際刑事法院，這一次美國一改先前的立場，沒

有投下否決票，也不再以終止聯合國維和行動作為要脅，要求不受國際刑事法院管轄，國際刑事法院在這個世界更難運作，但還是勇往直前。亞洲的幾個大國以及美國，都沒有露出要改弦易轍，轉而支持國際刑事法院的跡象，但國際刑事法院也沒有因此放慢腳步。

重點是這些話要凸顯的，並不是「我們生活的世界雖然看起來不美好，但其實是最理想的世界」那種天真又樂觀的想法，而是要凸顯我們同時生活在許多種世界，強國之間越來越敵對的關係深深影響了這些世界。經濟衰退也許馬上就要來臨，但我們的手機的運算能力，比探測月球的阿波羅計畫所使用的還多。殺人犯與暴君也不得不稍微有所警覺，自己也許必須為所作所為付出代價。這些世界，還有其他許多的世界，全都是真實的，至於哪一個最重要，則是會隨著時間而有所不同。在冷戰剛結束的世界，有人在尋找正確的標語，形容蘇聯瓦解所展開的新時代，結果正如先前所述，這本書的第一版用了不少篇幅闡述尋找的過程。顯然我們可以認為尋找的過程尚未結束，這一章也闡述了一兩個值得深思的標語或口號，例如「民主聯盟」、「後美國世界」、「保護責任」等等。但是尋找口號也許會忽略了重點，那就是沒有一個口號能概括目前複雜的局勢。認為天底下只有一個世界的全球化理論家的作品是如此。那些批評全球化，認為世上有貧富兩個世界的左派的作品也是如此。那些批評左派，只相信自己的強國衝突理論，將其餘一切都貶為無稽之談的新現實主義者的作品也是如此。

也許有一個格言值得再提一次：研究國際關係的人，永遠要有感到意外的心理準備。這本書一開始就說過，國際體系總能吐出新的問題，當時所指的是突如其來的1982年的福克蘭戰爭，以及1990至1991年的科威特戰爭。但這個道理也適用於非軍事戰略的論述結尾。誰能料想得到，在2007年12月登場的2008年美國總統大選，竟然會是兩個非「嬰兒潮」世代候選人之間的競爭？一位是年輕的非裔美籍民主黨候選人，還有一位是看似在2000年被小布希排除在外的共和黨候選人。電視劇《白宮風雲》（*The West Wing*）的編劇其實已經想出類似的劇情（劇中的民主黨候選人就是以歐巴馬為原型），但就連他們也沒有想到馬侃參議員會選擇裴琳（Sarah Palin）作為競選搭檔。重點是雖然裴琳州長還沒有從眾人的目光消失，沒有人能預料到歐巴馬會如何競選，也無人料到會引爆如此大的熱潮，在國內外颳起旋風，有一陣子連他在國內的對手，都暗自慶幸美國的民主政治如此強大。

在這一章的開頭，我們探討了1997、2001以及2005的三個版本的最後一章的主題。無論是國際關係的論述的本質，還是國際關係這個主題的本質，都意味著2113年可能會問世第五版的主題，是絕對無法預測的。儘管如此，我們卻覺得很安心，也希望其他研究國際關係的人，都跟我們一樣喜歡國際關係的不可預測性。

延伸閱讀

這一章的目的是將國際關係理論，應用在當代全球政治，因此先前幾章的延伸閱讀也值得再次參考，尤其是第五章、第八章，以及第十一章的延伸閱讀。有關當代的政治報導，結合了研究、政治學，以及新聞的期刊很值得一看，《外交事務》（*Foreign Affairs*）就是最好的例子，其他也很有參考價值的刊物包括《倫理與國際事務》（*Ethics and International Affairs*）、《外交政策》（*Foreign Policy*）、《今日世界》（*The World Today*）、以及《國際事務》（*International Affairs*）。《經濟學人》（*Economist*）與《金融時報》（*Financial Times*）提供最佳最新的報導。除了平面媒體之外，也不妨一探部落格的世界。大多數的報社與大型媒體都有經營網站，經常發表從未播出或刊登的深度報導。除了幾家耳熟能詳的大型媒體（BBC、CNN）之外，「比爾莫耶斯日誌」（Bill Moyers' Journal）內含美國公共廣播電視公司（Public Broadcasting Service）的內容，相當值得一看，網址是http://www.pbs.org/moyers/journal/index-flash.html。《外交政策》期刊經營的部落格，是國際事務相關評論的發表園地（http://www.foreignpolicy.com/）。另一個英國的意見評論網站是http://www.opendemocracy.net/。網路雜誌http://www.slate.com/提供關於國際事務的精彩報導。Huffington Blog也越來越重要：http://www.huffingtonpost.com/。每個人都有自己最喜歡的意見領袖，我們比較喜歡的包括Normblog的Norm Geras：http://normblog.typepad.com/，還有《異議》雜誌（*Dissent*），尤其是Michael Walzer的文章：http://www.dissentmagazine.org/。如果要平衡一下立場，不妨參考http://www.guardian.co.uk/commentisfree。《洋蔥報》（*The Onion*）不見得符合報頭所寫的「美國最佳新聞媒體」，但所發表的諷刺文章與電視新聞，往往比正統的新聞媒體更深入：http://www.theonion.com/content/index。

有不少作品預測未來的國際關係事件，以及國際關係研究的未來方向，以下簡短介紹幾個。Georg Sørensen的「哪一種世界秩序？新千年的國際體系」（What Kind of World Order? The International System in the New Millennium, 2006）探討當代事件對於各種國際關係理論的影響。在同一期的《合作與衝突》（Cooperation and Conflict）有一個「全球秩序論壇」（Symposium on World Order, 2006），蒐集了不少相當實用的回應。如果要看對於國際秩序變化的主流意見，見Richard Haass的「無極性時代：美國稱霸之後呢？」（The Age of Nonpolarity: What Will Follow U.S. Dominance, 2008）、《哈佛國際評論》（Harvard International Review）的特刊「傾斜的平衡：誰將崛起？」（A Tilted Balance: Who Will Rise?, 2007）、C. Dale Walton的《21世紀的地緣政治與強國：從戰略觀點看多極與革命》（Geopolitics and the Great Powers in the Twenty-First Century: Multipolarity and the Revolution in Strategic Perspective, 2007），以及Charles Doran的《危機中的體系：世紀末高階政治的新規則》（Systems in Crisis: New Imperatives of High Politics at Century's End, 2008）。建構主義者對於時事的回應較為多元，其中較為有趣的包括Richard Ned Lebow的《國際關係的文化理論》（A Cultural Theory of International Relations, 2008），探討認同的角色以及人類對於自尊的需求。另外還有Emmanuel Adler的《社群主義的國際關係：國際關係的知識基礎》（Communitarian International Relations: The Epistemic Foundation of International Relations, 2005），從建構主義的角度，探討重疊的知識族群。Brian Rathbun的「對於不確定性的不確定：瞭解國際關係理論的一個重要概念的多重意義」（Uncertain about Uncertainty: Understanding the Multiple Meanings of a Crucial Concept in International Relations Theory, 2007）光是標題就點出了主題的重要性。重要性比較不明顯的則有Nermeen Shaikh編著的《現在就是歷史：全球霸權的批判觀點》（The Present as History: Critical Perspectives on Global Power, 2007），但這本書主張現在的局勢並不特別，可以說思路相當清晰，收錄了優質作者的佳作，相當值得一讀。

看見美國勢力衰退而想拍手叫好，或是憂心忡忡的人，不妨參考Joseph Nye的「回歸美國領導」（Recovering American Leadership, 2008）、Stephen Brooks與William Wohlforth的《失衡的世界：國際關係與美國優勢所受到的挑戰》（World Out of Balance: International Relations and the Challenge of American

Primacy, 2008），以及Fareed Zakaria的《後美國世界》（*The Post-American World*, 2008）。

　　西方人似乎只有在寫作關於中國崛起的書籍，速度才會跟中國的生產力一樣驚人。以下介紹幾個重要的文獻，有學術也有通俗作品。G. John Ikenberry的「中國崛起與西方的未來：自由體系能否生存？」（The Rise of China and the Future of the West: Can the Liberal System Survive?, 2008）、Richard Rosecrance的「權力與國際關係：中國崛起與相關效應」（Power and International Relations: The Rise of China and Its Effects, 2006）、David Lake的「美國霸權與東西方關係的未來」（American Hegemony and the Future of East-West Relations, 2006）、鄧勇的《中國力爭地位：國際關係的重組》（*China's Struggle for Status: The Realignment of International Relations*, 2008）、Robyn Meredith的《象與龍：印度與中國的崛起以及對世界的影響》（*The Elephant and the Dragon: The Rise of India and China and What It Means for All of Us*, 2008）、Will Hutton的《不祥之兆：21世紀的中國與西方》（*The Writing on the Wall: China and the West in the 21st Century*, 2007），以及Bill Emmot的《對手：中國、印度與日本的權力鬥爭會如何影響接下來的十年》（*Rivals: How the Power Struggle Between China, India, and Japan Will Shape Our Next Decade*, 2008）。

　　探討俄國崛起的文獻較少，不過書名卻恐怖得多，例如Robert Legvold的《21世紀的俄國外交政策與過往的陰影》（*Russian Foreign Policy in the 21st Century & the Shadow of the Past*, 2007）、Edward Lucas的《新冷戰：克里姆林宮如何要脅俄國與西方》（*The New Cold War: How the Kremlin Menaces Both Russia and the West*, 2008），以及Yuri Felshtinksy與Vladimir Pribylovsky書名絕妙的《刺客時代：普丁的崛起與再崛起》（*The Age of Assassins: The Rise and Rise of Vladimir Putin*, 2008）。

　　目前關於人權、國際法，以及人道干預的各種文獻，仍然值得國際關係的研究者多加參考，不過最近的事件也是敲響了警鐘，因此衍生出一些較為審慎的道德政治的相關思考。Richard Price的《全球政治的道德極限與可能性》（*Moral Limit and Possibility in World Politics*, 2008）闡述了較為務實的看法。近來探討國際政治中悲劇隱喻的文獻也很重要，最值得參考的是Richard Ned Lebow的《政治的悲觀想像：倫理、利益與秩序》（*The Tragic Vision of Politics: Ethics, Interests and Orders*, 2003）、Mervyn Frost的「悲劇、倫理與國際關係」（Tragedy, Ethics and International Relations, 2003），以及Chris Bown的「悲劇、『悲哀的選擇』與當代國際政治理論」（Tragedy, "Tragic Choices" and Contemporary International Political Theory, 2007）。其他參考文獻包括Brooke Ackerly的《充滿差異的世界的普世人權》（*Universal Human Rights in a World of Difference*, 2008）、Jack Goldsmith與Eric Posner的《國際法的極限》（*The Limits of International Law*, 2005）、Toni Erskine的《根深蒂固的世界主義：在「離散群體」的世界對陌生人與敵人應盡的義務》（*Embedded Cosmopolitanism: Duties to Strangers and Enemies in a World of "Dislocated Communities"*, 2008），以及Urfan Khaliq的《歐盟的外交政策的倫理面向》（*Ethical Dimensions of the Foreign Policy of the European Union*, 2008）。

　　有關這本書寫作之時所發生的金融危機，見Robert J. Shiller的《次級貸款的解決方案：當今的全球金融危機的起因與解決之道》（*The Subprime Solution: How Today's Global Financial Crisis Happened and What to Do About It*, 2008），以及George Soros的《金融市場的新典範：2008年的信用危機與意義》（*The New Paradigm for Financial Markets: The Credit Crisis of 2008 and What It Means*, 2008）都是上乘之作。探討實用的經濟學的，則有Cass Sunstein與Richard Thaler提倡行為經濟學的作品《推力：決定你的健康、財富與快樂》（*Nudge: Improving Decisions About Health, Wealth, and Happiness*, 2008）。最後，Nassim Taleb的《黑天鵝：不太可能發生的事情所造成的影響》（*The Black Swan: The Impact of the Highly Improbable*, 2007）提醒我們應該做好迎接意外的心理準備。

參考文獻

Ackerly, B. (2008) *Universal Human Rights in a World of Difference* (Cambridge: Cambridge University Press).

Ackerly, B., M. Stern and J. True (eds) (2006) *Feminist Methodologies for International Relations* (Cambridge: Cambridge University Press).

Adamson, F. B. and M. Demetriou (2007) 'Remapping the Boundaries of "State" and "National Identity": Incorporating Diasporas into IR Theorizing', *European Journal of International Relations* (13) 489–526.

Adler, A. (1997) 'Seizing the Middle Ground', *European Journal of International Relations* (3) 319–64.

Adler, E. (2005) *Communitarian International Relations: The Epistemic Foundations of International Relations* (London: Routledge).

Albert, M. (2007) '"Globalization Theory": Yesterday's Fad or More Lively than Ever?', *International Political Sociology* (1) 165–182.

Albert, M., L. Brock and K-D. Wolf (eds) (2000) *Civilising World Politics* (Lanham, MD: Rowman & Littlefield).

Albert, M., D. Jacobson and Y. Lapid (eds) (2001) *Identities, Borders, Orders: Rethinking International Relations Theory* (Minneapolis, MN: Minnesota University Press).

Albrow, M. (1996) *The Global Age: State and Society Beyond Modernity* (Cambridge: Polity Press).

Aldcroft, D. H. (1977) *From Versailles to Wall Street 1919–1929* (Harmondsworth: Penguin).

Alexander, Jason (2007) *The Structural Evolution of Morality* (Cambridge: Cambridge University Press).

Alkopher, T. D. (2005) 'The Social (and Religious) Meanings that Constitute War: The Crusades as Realpolitik vs. Socialpolitik', *International Studies Quarterly* (49) 715–38.

Allison, G. T. (1971) *Essence of Decision* (Boston, MA: Little, Brown).

Allison, G. T. and G. F. Treverton (eds) (1992) *Rethinking America's Security: Beyond Cold War to New World Order* (New York: W. W. Norton).

Allison, G. T. and P. Zelikow (1999) *Essence of Decision: Explaining the Cuban Missile Crisis*, 2nd edn (New York: Longman).

American Journal of International Law (1999) 'Developments in International Criminal Law' (93) 1–123.

American Political Science Review (1997) 'Forum on Neo-Realism' (91) 899–936.

American Political Science Review (2005) 'Forum on Democratic Peace' (99) 452–72.

Amin, S. (1974) *Accumulation on a World Scale*, Vols I and II (New York: Monthly Review Press).

Amin, S. (1977) *Imperialism and Unequal Development* (New York: Monthly Review Press).

Anderson, B. (1991) *Imagined Communities*, 2nd edn (London: Verso).

Anderson, C. (2006) *The Long Tail* (New York: Random House)

Angell, N. (1909) *The Great Illusion* (London: Weidenfeld & Nicolson).

Appadurai, A. (1996) *Modernity at Large: Cultural Dimensions of Globalization* (Minneapolis, MN: Minnesota University Press).

Arbour, L. (2008) 'The Responsibility to Protect as a Duty of Care in International Law and Practice', *Review of International Studies* (34) 445–58.

Archibugi, D. and D. Held (eds) (1995) *Cosmopolitan Democracy* (Cambridge: Polity Press).

Aron, R. (1967) *Peace and War: A Theory of International Relations* (London: Weidenfeld & Nicolson).

Arrighi, G., T. Hopkins and I. Wallerstein (1989) *Anti-systemic Movements* (London: Verso).

Art, R. and K. Waltz (eds) (1993) *The Use of Force: Military Power and International Politics* (Lanham, MD: University Press of America).

Ash, T. G. (2004) *Free World: Why A Crisis of the West Reveals an Opportunity of our Time* (London: Allen Lane).

Ashley, R. K. (1984) 'The Poverty of Neorealism', *International Organization* (38) 225–86.

Ashley, R. K. (1989a) 'Imposing International Purpose: Notes on a Problematic of Government', in Czempial and Rosenau, *Global Changes*.

Ashley, R. K. (1989b) 'Living on Borderlines: Man, Poststructuralism and War', in Der Derian and Shapiro, *International/Intertextual*.

Ashley, R. K. (1989c) 'Untying the Sovereign State: A Double Reading of the *Anarchy Problematique*', *Millennium* (17) 227–86.

Ashley, R. K. and R. B. J. Walker (eds) (1990) 'Speaking the Language of Exile: Dissidence in International Studies', Special Issue, *International Studies Quarterly* (34) 259–417.

Ashworth, L. (2006) 'Where Are the Idealists in Interwar International Relations?', *Review of International Studies*, (32) 291–308.

Avant, D. (2005) *The Market for Force: The Consequences of Privatizing Security* (Cambridge: Cambridge University Press).

Axelrod, R. (1984) *The Evolution of Cooperation* (New York: Basic Books).

Axelrod, R. and R. O. Keohane (1985) 'Achieving Cooperation under Anarchy: Strategies and Institutions', *World Politics* (38) 226–54.

Aziz, J. and R. F. Wescott (1997) *Policy Complementarities and the Washington Consensus* (Washington, DC: The International Monetary Fund).

Bacevich, A. (2004) *American Empire: The Realities and Consequences of US Diplomacy* (Cambridge, MA: Harvard University Press).

Bachrach, P. and M. P. Baratz (1970) *Power and Poverty* (New York: Oxford University Press).

Backstrand, K. (2006) 'Democratizing Global Environmental Governance? Stakeholder Democracy after the World Summit on Sustainable Development', *European Journal of International Relations* (12) 467–98.

Baker, A., D. Hudson and R. Woodward (eds) (2005) *Governing Financial Globalization* (London: Routledge).

Balaam, D. and M. Veseth (2004) *Introduction to International Political Economy*, 3rd edn (New York: Prentice Hall).

Balakrishnan, G. (2000) 'Virgilian Visions', *New Left Review*, September/October, 142–8.

Baldwin, D. A. (1985) *Economic Statecraft* (Princeton, NJ: Princeton University Press).

Baldwin, D. A. (1989) *Paradoxes of Power* (New York: Basic Books).

Baldwin, D. A. (ed.) (1993) *Neorealism and Neoliberalism: The Contemporary Debate* (New York: Columbia University Press).

Baldwin, D. A. (1997) 'The Concept of Security', *Review of International Studies* (23) 5–26.

Baldwin, D. A. (1998) 'Correspondence Evaluating Economic Sanctions', *International Security* (23) 189–98.

Baldwin, D. A. (1999/2000) 'The Sanctions Debate and the Logic of Choice', *International Security* (24) 80–107.

Balzacq, T. (2005) 'The Three Faces of Securitization: Political Agency, Audience and Context', *European Journal of International Relations* (11) 171–201.

Baran, P. (1957) *The Political Economy of Growth* (New York: Monthly Review Press).

Barber, B. (1996) *Jihad vs. McWorld* (New York: Ballantine Books).

Barber, B. (2004) *Fear's Empire* (New York: W. W. Norton).

Barkawi, T. (2005) *Globalization and War* (London: Rowman & Littlefield).

Barkawi, T. and M. Laffey (1999) 'The Imperial Peace: Democracy, Force and Globalization', *European Journal of International Relations* (5) 403–34.

Barkawi, T. and M. Laffey (eds) (2001) *Democracy, Liberalism and War* (Boulder, CO: Lynne Rienner).

Barkawi, T. and M. Laffey (2002) 'Retrieving the Imperial: *Empire* and International Relations', *Millennium* (31) 109–27.

Barkawi, T. and M. Laffey (2006) 'The Postcolonial Moment in Security Studies', *Review of International Studies* (32) 329–52.

Barnard, F. M. (ed.) (1969) *J. G. Herder on Social and Political Culture* (Cambridge: Cambridge University Press).

Barnet, R. and J. Cavanagh (1994) *Global Dreams: Imperial Corporations and the New World Order* (New York: Simon & Schuster).

Barnett, M. (2003) *Eyewitness to Genocide: The UN and Rwanda* (Ithaca, NY: Cornell University Press).

Barnett, M. and R. Duvall (2005a) 'Power in International Politics', *International Organization* (59) 39–75.

Barnett, M. and R. Duvall (2005b) *Power in Global Governance* (Cambridge: Cambridge University Press).

Barnett, M. and M. Finnemore (2004) *Rules for the World* (Ithaca, NY: Cornell University Press).

Barry, B. (1989) 'The Obscurities of Power', in *Democracy, Power and Justice* (Oxford: Oxford University Press).

Barry, B. (2000) *Culture and Inequality* (Cambridge: Polity).

Barry, B. and R. E. Goodin (eds) (1992) *Free Movement* (Hemel Hempstead: Harvester Wheatsheaf).

Barry, C. and T. Pogge (eds) (2005) *Global Institutions and Responsibilities: Achieving Global Justice* (Oxford: Wiley-Blackwell).

Bartelson, J. (2006) 'Making Sense of Global Civil Society', *European Journal of International Relations* (12) 371–95.

Bauer, J. and D. A. Bell (eds) (1999) *The East Asian Challenge for Human Rights* (Cambridge: Cambridge University Press).

Bauer, P. (1981) *Equality, The Third World and Economic Delusion* (London: Weidenfeld & Nicolson).

Bauman, Z. (1998) *Globalization: The Human Consequences* (Cambridge: Polity Press).

Beck, U. (1999) *World Risk Society* (Cambridge: Polity Press).

Beigbeder, Y. (1999) *Judging War Criminals: The Politics of International Justice* (New York: St. Martin's Press).

Beitz, C. R. (1999) *Political Theory and International Relations* (Princeton, NJ: Princeton University Press).

Beitz, C. R., M. Cohen, T. Scanlon and J. Simmons (1985) *International Ethics* (Princeton, NJ: Princeton University Press).

Bell, D. (2000) *East Meets West: Democracy and Human Rights in East Asia* (Princeton, NJ: Princeton University Press).

Bellamy, A. (ed.) (2004) *International Society and Its Critics* (Oxford: Oxford University Press).

Bellamy, A. (2008) 'The Responsibility to Protect and the Problem of Military Intervention', *International Affairs* (84) 615–39.

Bellin, E. (2008) 'Faith in Politics: New Trends in the Study of Religion and Politics', *World Politics* (60).

Belloni, R. (2007) 'The Trouble with Humanitarianism', *Review of International Studies* (33) 451–74.

Bender, J. and T. H. Hammond (1992) 'Rethinking Allison's Models', *American Political Science Review* (86) 301–22.

Bentham, J. (1789/1960) *Principles of Morals and Legislation* (Oxford: Basil Blackwell).

Berdal, M. (1996) 'The United Nations in International Relations', *International Affairs* (22) 95–106.

Berdal, M. (2003) 'The UN Security Council: Ineffective but Indispensable', *Survival* (45) 7–30.

Berenskoetter, F. and M. J. Williams (2007) *Power in World Politics* (London: Routledge).

Berman, P. (2004) *Terror and Liberalism* (New York: W. W. Norton).

Bernstein, B. J. (2000) 'Understanding Decisionmaking, US Foreign Policy and the Cuban Missile Crisis: A Review Essay', *International Security* (25) 1134–64.

Berridge, G. R. (2002) *Diplomacy: Theory and Practice*, 2nd edn (Basingstoke/New York: Palgrave Macmillan).

Best, G. (1994) *War and Law since 1945* (Oxford: Oxford University Press).

Bhagwati, J. (2004) *In Defence of Globalization* (Oxford: Oxford University Press).

Bhaskar, R. (1979) *The Possibility of Naturalism: A Philosophical Critique of the Contemporary Human Sciences* (Atlantic Highlands, NJ: Humanities Press).

Bhaskar, R. (2008) *A Realist Theory of Science* (London: Verso Books).

Binmore, K. (2005) *Natural Justice* (Oxford: Oxford University Press).

Bishai, L. (2008) 'Leaving Nuremberg: America's Love/Hate Relationship with International Law', *Review of International Studies* (34) 425–44.

Blainey, G. (1988) *The Causes of War* (New York: Free Press).

Blair, T. (1999) 'Doctrine of the International Community', Speech in Chicago, 24 April; available at: http://www.number-10.gov.uk/output/Page1297.asp.

Blake, D. H. and R. S. Walters (1991) *The Politics of Global Economic Relations* (London: Prentice Hall).

Block, F. (1977) *The Origins of International Economic Disorder* (Berkeley, CA: University of California Press).

Bluth, C. (2004) The British Road to War: Blair, Bush and the Decision to Invade Iraq', *International Affairs* (80) 871–92.

Bobbitt, P. (2003) *The Shield of Achilles* (Harmondsworth: Penguin).

Bobbitt, P. (2008) *Terror and Consent* (New York: Penguin)

Bohas, A. (2006) 'The Paradox of Anti-Americanism: Reflection on the Shallow Concept of Soft Power', *Global Society* (20) 395–414.

Bohman, J. and M. Lutz-Bachmann (eds) (1997) *Perpetual Peace: Essays on Kant's Cosmopolitan Ideal* (Cambridge, MA: MIT Press).

Boot, M. (2002) 'What the Heck Is a "Neo Con"?', *Wall St Journal Online*, 30 December.

Booth, K. (ed.) (1991a) *New Thinking about Strategy and International Security* (London: HarperCollins).

Booth, K. (1991b) 'Security in Anarchy: Utopian Realism in Theory and Practice', *International Affairs* (67) 527–45.

Booth, K. (1991c) 'Security and Emancipation', *Review of International Studies* (17) 313–26.

Booth, K. (1997) 'A Reply to Wallace', *Review of International Studies* (23) 371–7.

Booth, K. (ed.) (2000) 'The Kosovo Tragedy: The Human Rights Dimension', Special Issue of *International Journal of Human Rights* (4) 1/2; reprinted as Booth (2001).

Booth. K. (ed.) (2001) *The Kosovo Tragedy: The Human Rights Dimension* (London: Frank Cass).

Booth, K. (2007) *Theory of World Security* (Cambridge: Cambridge University Press).

Booth, K. and T. Dunne (eds) (2002) *Worlds in Collision* (Basingstoke: Palgrave Macmillan).

Booth, K. and S. Smith (eds) (1995) *International Relations Theory Today* (Cambridge: Polity Press).

Booth, K. and N. Wheeler (2007) *The Security Dilemma: Fear, Cooperation and Trust in World Politics* (Basingstoke: Palgrave).

Boucher, D. (1998) *Political Theories of International Relations* (Oxford: Oxford University Press).

Boulding, K. (1962) *Conflict and Defense* (New York: Harper & Row).

Bowden, M. (1999) *Black Hawk Down* (New York: Bantam Books).

Bozeman, A. B. (1960) *Politics and Culture in International History* (Princeton, NJ: Princeton University Press).

Brahimi Report (2000) *Report of the Panel on UN Peace Operations* (United Nations); available at: http://www.un.org/peace/reports/peace_operations/.

Brecher, M. (1993) *Crises in World Politics: Theory and Reality* (Oxford: Pergamon Press).

Brenner, R. (1977) 'The Origins of Capitalist Development', *New Left Review* (104) 25–92.

Bretherton, C. and J. Vogler (2005) *The European Union as a Global Actor* (London: Routledge).

Brett, E. A. (1985) *The World Economy since the War* (Basingstoke/New York: Palgrave Macmillan).

Brewer, A. (1990) *Marxist Theories of Imperialism: A Critical Survey* (London: Routledge).

British Journal of Politics and International Relations (2007) Special Issue 'Beyond Being Marginal: Gender and International Relations in Britain (9) 183–325.

Brooks, S. G. (1997) 'Duelling Realisms', *International Organization* (51) 445–77.

Brooks, S. G. and W. Wohlforth (2002) 'American Primacy in Perspective', *Foreign Affairs* (81) 20–33.

Brooks, S. G. and W. Wohlforth (2005) 'Hard Times for Soft Balancing' *International Security* (30) 72–108.

Brooks, S. G. and W. Wohlforth (2008) *World Out of Balance: International Relations and the Challenge of American Primacy* (Princeton, NJ: Princeton).

Brown, C. (1992a) *International Relations Theory: New Normative Approaches* (Hemel Hempstead: Harvester Wheatsheaf).

Brown, C. (1992b) "'Really-Existing Liberalism", and International Order', *Millennium* (21) 313–28.

Brown, C. (1994a) 'Critical Theory and Postmodernism in International Relations', in Groom and Light, *Contemporary International Relations.*

Brown, C. (ed.) (1994b) *Political Restructuring in Europe: Ethical Perspectives* (London: Routledge).

Brown, C. (1994c) '"Turtles All the Way Down": Antifoundationalism, Critical Theory, and International Relations', *Millennium* (23) 213–38.

Brown, C. (1995) 'The End of History?', in Danchev, *Fin de Siècle.*

Brown, C. (1999) 'History Ends, Worlds Collide', *Review of International Studies,* Special Issue, 'The Interregnum' (25) 45–57; also in M. Cox, K. Booth and T. Dunne (eds), *The Interregnum* (Cambridge: Cambridge University Press).

Brown, C. (2000a) 'On the Borders of (International) Political Theory', in N. O'Sullivan (ed.), *Political Theory in Transition* (London: Routledge).

Brown, C. (2000b) 'Cultural Diversity and International Political Theory', *Review of International Studies* (26) 199–213.

Brown, C. (2001) 'Cosmopolitanism, World Citizenship and Global Civil Society', in Jones and Caney, *Human Rights.*

Brown, C. (2002) *Sovereignty, Rights and Justice: International Political Theory Today* (Cambridge: Polity Press).

Brown, C. (2004) 'Do Great Powers Have Great Responsibilities? Great Powers and Moral Agency', *Global Society* (18) 21–42.

Brown, C. (2007) 'Tragedy, "Tragic Choices" and Contemporary International Political Theory', *International Relations* (21) 5–13.

Brown, C., T. Nardin and N. J. Rengger (eds) (2002) *International Relations in Political Thought* (Cambridge: Cambridge University Press).

Brown, M. E., S. M. Lynn-Jones and S. E. Miller (eds) (1995) *The Perils of Anarchy: Contemporary Realism and International Security* (Cambridge, MA: MIT Press).

Brown, M. E., S. M. Lynn-Jones and S. E. Miller (eds) (1996) *Debating the Democratic Peace* (Cambridge, MA: MIT Press).

Brown, M. E., O. R. Coté, Jr., S. M. Lynn-Jones and S. E. Miller (eds) (1997) *Nationalism and Ethnic Conflict* (Cambridge, MA: MIT Press).

Brown, M. E., O. R. Coté, Jr., S. M. Lynn-Jones and S. E. Miller (eds) (2004a) *New Global Dangers: Changing Dimensions of International Security* (Cambridge, MA: MIT Press).

Brown, M. E., O. R. Coté, Jr., S. M. Lynn-Jones and S. E. Miller (eds) (2004b) *Offense, Defense and War* (Cambridge, MA: MIT Press).

Brzezinski, Z. (2004) *Choice: Global Domination or Global Leadership* (New York: Basic Books).

Buckley-Zistel, S. (2006) 'Dividing and Uniting: The Use of Citizenship Discourses in Conflict and Reconciliation in Rwanda', *Global Society* (20) 101–13.

Bueno de Mesquita, B. (2006) 'Intervention and Democracy', *International Organization* (60) 627–49.

Bull, H. (1976) 'Martin Wight and the Theory of International Relations', *British Journal of International Studies* (2) 101–16.

Bull, H. (1977/1995/2002) *The Anarchical Society* (London/Basingstoke: Palgrave Macmillan; New York: Columbia University Press).

Bull, H. (1984) *Justice in International Relations: The Hagey Lectures* (Waterloo, Ontario: University of Waterloo).

Bull, H. and A. Watson (eds) (1984) *The Expansion of International Society* (Oxford: Clarendon Press).

Burchill, S., A. Linklater, R. Devetak, J. Donnelly, T. Nardin, M. Paterson, C. Reus-Smit and J. True (2009) *Theories of International Relations,* 4th edn (Basingstoke/New York: Palgrave Macmillan).

Burkhalter, H. (2004) 'The Politics of Aids', *Foreign Affairs* (83) 8–14.

Burki, S. J. and G. E. Perry (1998) *Beyond the Washington Consensus: Institutions Matter* (Washington, DC: The World Bank).

Burton, J. W. (1968) *Systems, States, Diplomacy and Rules* (Cambridge: Cambridge University Press).

Burton, J. W. (1972) *World Society* (Cambridge: Cambridge University Press).

Buruma, I. and A. Margalit (2004) *Occidentalism: The West in the Eyes of Its Enemies* (New York: Penguin).

Busch, M. L. (2007) 'Overlapping Institutions, Forum Shopping, and Dispute Settlement in International Trade', *International Organization* (61) 735–61.

Bush, President G. H. W. (1990) 'Towards a New World Order', Address before a joint session of Congress, 11 September, *US Department of State Dispatch,* 17 September 1990, 91–4.

Butterfield, H. (1953) *Christianity, Diplomacy and War* (London: Epworth).

Butterfield, H. and M. Wight (eds) (1966) *Diplomatic Investigations* (London: George Allen & Unwin).

Buzan, B. (1990) *People, States and Fear*, 2nd edn (London: Harvester Wheatsheaf).

Buzan, B. (1993) 'From International System to International Society: Structural Realism and Regime Theory Meet the English School', *International Organization* (47), 327–52.

Buzan, B. (1999) 'The English School as a Research Programme', BISA Conference, Manchester; available at: http://www.ukc.ac.uk/politics/englishschool/.

Buzan, B. (2004) *From International to World Society: English School Theory and the Social Structure of Globalization* (Cambridge: Cambridge University Press).

Buzan, B. (2005) 'Not Hanging Separately: Responses to Dunne and Adler', *Millennium: Journal of International Studies* (34) 183–94.

Buzan, B. and O. Waever (1997) 'Slippery? Contradictory? Sociologically Untenable? The Copenhagen School Replies' [to McSweeney 1996], *Review of International Studies* (23) 241–50.

Buzan, B., M. Kelstrup, P. Lemaitre and E. Tromer (eds) (1990) *The European Security Order Recast: Scenarios for the Post-Cold War Era* (London: Pinter).

Buzan, B., C. Jones and R. Little (1993) *The Logic of Anarchy: Neorealism to Structural Realism* (New York: Columbia University Press).

Buzan, B., O. Waever and J. de Wilde (1997) *Security: A New Framework for Analysis* (Boulder, CO: Lynne Rienner).

Byman, D. A. and K. M. Pollack (2001) 'Let Us Now Praise Great Men: Bringing the Statesman Back In', *International Security* (25/4) 107–46.

Byman, D. A. and M. C. Waxman (2000) 'Kosovo and the Great Air Power Debate', *International Security* (24) 5–38.

Byrnes, T. and P. Katzenstein (eds) (2006) *Religion in an Expanding Europe* (Cambridge: Cambridge University Press).

Calderisi, R. (2007) *The Trouble with Africa: Why Foreign Aid Isn't Working* (London: Palgrave Macmillan).

Callinicos, A. (2007) 'Does Capitalism Need the State System?', *Cambridge Review of International Affairs* (20) 533–49.

Campbell, D. (1993) *Politics without Principle: Sovereignty, Ethics, and the Narratives of the Gulf War* (Boulder, CO: Lynne Rienner).

Campbell, D. (1998) *National Deconstruction: Violence, Identity and Justice in Bosnia* (Minneapolis, MN: University of Minnesota Press).

Caney, S. (2006) *Justice beyond Borders: A Global Political Theory* (Oxford: Oxford University Press).

Caporaso, J. (ed.) (1978) 'Dependence and Dependency in the Global System', Special Issue of *International Organization* (32) 1–300.

Cardoso, F. and E. Faletto (1979) *Dependency and Development in Latin America* (Berkeley, CA: University of California Press).

Carlsnaes, W. (1992) 'The Agent–Structure Problem in Foreign Policy Analysis', *International Studies Quarterly* (36) 245–70.

Carlsnaes, W., Risse, T. and Simmonds, B. (eds) (2004) *Handbook of International Relations* (London: Sage).

Carr, E. H. (1939/2001) *The Twenty Years' Crisis,* ed. Michael Cox (London/Basingstoke/New York: Palgrave Macmillan).

Carr, E. H. (1968) *Nationalism and After* (London: Macmillan).

Carr, E. H. and R. W. Davies (1978) *A History of Soviet Russia* (London/New York: Palgrave Macmillan).

Carver, T., M. Cochran and J. Squires (1998) 'Gendering Jones', *Review of International Studies* (24) 283–97.

Cassese, A., P. Gaeta and J. R. W. D. Jones (eds) (2002) *The Rome Statute of the International Criminal Court: A Commentary* (Oxford: Oxford University Press).

Castells, M. (1996/7) *The Information Age: Economy, Society and Culture,* 3 vols (Oxford: Basil Blackwell).

Cavanagh, J., D. Wysham and M. Arruda (1994) *Beyond Bretton Woods: Alternatives to the Global Economic Order* (London: Pluto Press).

Cerny, P. (1990) *The Changing Architecture of Politics* (London: Sage).

Chalmers, A. F. (1999) *What Is This Thing Called Science?,* 3rd edn (Milton Keynes: Open University Press).

Chandler, D. (2004) *Constructing Global Civil Society* (Basingstoke/New York: Palgrave Macmillan).

Chang, H. (2007) *Bad Samaritans: The Myth of Free Trade and the Secret History of Capitalism* (London: Bloomsbury Press).

Charlesworth, H. (1994) 'What Are "Women's International Human Rights"?', in Cook (ed.), *Human Rights of Women.*

Charlesworth, H. and C. Chinkin (2000) *The Boundaries of International Law: A Feminist Analysis* (Manchester: Manchester University Press).

Chase-Dunn, C. (1989) *Global Formation: Structures of the World Economy* (Oxford: Basil Blackwell).

Checkel, J. (ed.) (2007) *International Institutions and Socialization in Europe* (Cambridge: Cambridge University Press).

Chatterjee, D. K. and D. E. Scheid (eds) (2004) *Ethics and Foreign Intervention: Kosovo and Beyond* (New York: Cambridge University Press).

Chernoff, F. (2005) *The Power of International Theory: Reforging the Link to Foreign Policy-Making through Scientific Inquiry* (London: Routledge).

Chojnacki, S. (2006) 'Anything New or More of the Same? Wars and Military Interventions in the International System, 1946–2003', *Global Society* (20) 25–46.

Chomsky, N. (1994) *World Orders, Old and New* (London: Pluto Press).

Chomsky, N. (1999) *The New Military Humanism* (London: Pluto Press).

Chomsky, N. (2004) *Hegemony or Survival: America's Quest for Global Dominance* (London: Penguin).

Chryssochoou, D. (2001) *Theorizing European Integration* (London: Sage).

Clark, G. and L. B. Sohn (1966) *World Peace through World Law* (Cambridge, MA: Harvard University Press).

Clark, I. (1999) *Globalization and International Relations Theory* (Oxford: Oxford University Press).

Clark, I. (2005) *Legitimacy in International Society* (Oxford: Oxford University Press).

Clark, I. (2007) *Legitimacy in World Society* (Oxford: Oxford University Press).

Clarke, M. and B. White (eds) (1989) *Understanding Foreign Policy: The Foreign Policy Systems Approach* (Aldershot: Edward Elgar).

Claude, I. L. (1962) *Power and International Relations* (New York: Random House).

Claude, I. L. (1971) *Swords into Plowshares* (New York: Random House).

Clausewitz, K. von (1976) *On War* (trans. and ed. by Michael Howard and Peter Paret) (Princeton, NJ: Princeton University Press).

Cochran, M. (2000) *Normative Theory in International Relations* (Cambridge: Cambridge University Press).

Cohen, B. (1990) 'Review Article: The Political Economy of International Trade', *International Organization* (44) 261–78.

Cohen, B. (2007) 'The Transatlantic Divide: Why Are American and British IPE so Different?' *Review of International Political Economy* (14) 197–219.

Cohen, R. (1994) 'Pacific Unions: A Reappraisal of the Theory that "Democracies Do Not Go To War With Each Other"', *Review of International Studies* (20) 207–23.

Coker, C. (1994) *War in the Twentieth Century* (London: Brassey's).

Coker, C. (1998) *War and the Illiberal Conscience* (Boulder, CO: Westview Press).

Coker, C. (2001) *Humane Warfare: The New Ethics of Post-Modern War* (London: Routledge).

Collier, P. (2007) *The Bottom Billion: Why the Poorest Countries are Failing and What Can Be Done About It* (Oxford: Oxford University Press).

Collingwood, V. (2006) 'Non-governmental Organisations, Power and Legitimacy in International Society', *Review of International Studies* (32) 439–54.

Connolly, W. E. (1993) *The Terms of Political Discourse*, 2nd edn (Oxford: Martin Robertson).

Connolly, W. E. (1991) *Identity/Difference: Democratic Negotiations of Political Paradox* (Ithaca, NJ: Cornell University Press).

Connolly, W. E. (1995) *The Ethos of Pluralization* (Minneapolis, MN: University of Minnesota Press).

Connolly, W. E. (2000) 'Speed, Concentric Circles and Cosmopolitanism', *Political Theory* (28) 596–618.

Connolly, W. E. (2002) *Neuropolitics: Thinking, Culture, Speed* (Minneapolis, MN: University of Minnesota Press).

Constantinou, C. (1994) 'Diplomatic Representation, or, Who Framed the Ambassadors?', *Millennium* (23) 1–23.

Constantinou, C. (1996) *On the Way to Diplomacy* (Minneapolis, MN: University of Minnesota Press).

Cook, R. (ed.) (1994) *Human Rights of Women: National and International Perspectives* (Philadelphia: University of Pennsylvania Press).

Coomaraswamy, R. (1994) 'To Bellow Like a Cow: Women, Ethnicity and the Discourse', in Cook (ed.), *Human Rights of Women*.

Cooperation and Conflict (2006) Symposium on World Order (41) 341–402.

Cooper, R. (2003) *The Breaking of Nations* (London: Atlantic Books).

Cottam, M. (1986) *Foreign Policy Decision-Making: The Influence of Cognition* (Boulder, CO: Westview Press).

Cox, M. (2003) 'The Empire's Back in Town: Or America's Imperial Temptation – Again', *Millennium* (32) 1–29.

Cox, M. (2005) 'Beyond the West: Terrors in Transatlantia', *European Journal of International Relations* (11) 203–33.

Cox, M. (2006) 'Let's Argue about the West: Reply to Vincent Pouliot', *European Journal of International Relations* (12) 129–34.

Cox, M., K. Booth and T. Dunne (eds) (1999), *The Interregnum* (Cambridge: Cambridge University Press).

Cox, M., T. Dunne and K. Booth (eds) (2002) *Empires, Systems and States: Great Transformations in International Politics* (Cambridge: Cambridge University Press).

Cox, R. (1981) 'Social Forces, States, and World Orders: Beyond International Relations Theory', *Millennium* (10) 126–55.

Cox, R. (1987) *Production, Power and World Order: Social Forces in the Making of History* (New York: Columbia University Press).

Cox, R. and H. K. Jacobson (eds) (1973) *The Anatomy of Influence* (New Haven, CT: Yale University Press).

Cox, R. (with T. Sinclair) (1996) *Approaches to World Order* (Cambridge: Cambridge University Press).

Craig, C. (2003) *Glimmer of a New Leviathan: Total War in the Realism of Niebuhr, Morgenthau, and Waltz* (New York: Columbia University Press).

Craig, G. C. and A. L. George (eds) (1983) *Force and Statecraft* (New York: Oxford University Press).

Crane, G. T. and A. M. Amawi (eds) (1999) *The Theoretical Evolution of International Political Economy: A Reader* (New York: Oxford University Press).

Creasy, E. (1902) *Fifteen Decisive Battles* (London: Macmillan).

Czempial, E.-O. and J. N. Rosenau (eds) (1989) *Global Changes and Theoretical Challenges* (Lexington, MA: Lexington Books).

Daalder, I. and M. Hanlon (2001) *Winning Ugly* (Washington, DC: The Brookings Institute).

Daalder, I. and J. M. Lindsay (2003) *America Unbound: The Bush Revolution in Foreign Policy* (Washington, DC: The Brookings Institute).

Dahl, R. (1961) *Who Governs?* (New Haven, CT: Yale University Press).

Dahl, R. (1970) *Modern Political Analysis* (New York: Prentice Hall).

Dahrendorf, R. (1990) *Reflections on the Revolution in Europe* (London: Chatto & Windus).

Dallaire, R. (2003) *Shake Hands with the Devil* (Montreal: Random House of Canada).

Dallmayr, F. (2002) *Dialogue Among Civilizations* (Basingstoke: Palgrave Macmillan).

Danchev, A. (ed.) (1995) *Fin de Siècle: The Meaning of the Twentieth Century* (London: I. B. Tauris).

Dauphinee, E. (2008) 'War Crimes and the Ruin of Law', *Millennium* (37) 49–67.

Dawkins, R. (1989) *The Selfish Gene* (Oxford: Oxford University Press).

Dean, K., J. Joseph, J. Roberts and C. Wight (2006) *Realism, Philosophy and Social Science* (Basingstoke: Palgrave).

De Goede, M. (2008) 'The Politics of Preemption and the War on Terror in Europe', *European Journal of International Relations* (14) 161–85.

Dehio, L. (1965) *The Precarious Balance* (New York: Knopf).

Della Porta, D. and M. Diani (eds) (2006) *Social Movements: An Introduction* (Oxford: Blackwell).

Della Porta, D. and S. G. Tarrow (eds) (2005) *Transnational Protest and Global Activism* (Lanham, MD: Rowman & Littlefield).

Deng, Y. (2008) *China's Struggle for Status: The Realignment of International Relations* (Cambridge: Cambridge University Press).

Der Derian, J. (1987) *On Diplomacy: A Genealogy of Western Estrangement* (Oxford: Basil Blackwell).

Der Derian, J. (1992) *Antidiplomacy: Spies, Terror, Speed and War* (Oxford: Basil Blackwell).

Der Derian, J. (1998) *The Virilio Reader* (Oxford: Basil Blackwell).

Der Derian, J. (2001) *Virtuous War: Mapping the Military–Industrial–Media–Entertainment Network* (Boulder, CO: Westview Press).

Der Derian, J. and M. Shapiro (eds) (1989) *International/Intertextual: Postmodern Readings in World Politics* (Lexington, MA: Lexington Books).

Desai, M. (2002) *Marx's Revenge* (London: Verso).

Dessler, D. (1989) 'What's at Stake in the Agent–Structure Debate'. *International Oranization* (43) 441–73.

Deudney, D. (2000) 'Geopolitics as Theory: Historical Security Materialism', *European Journal of International Relations* (6) 77–108.

Deudney, D. (2007) *Bounding Power* (Princeton, NJ: Princeton University Press).

Deudney, D. and G. J. Ikenberry (1999) 'The Nature and Sources of Liberal International Order', *Review of International Studies* (25) 179–96.

Devetak, R. (2009) 'Critical Theory' and 'Postmodernism', in Burchill *et al.*, *Theories of International Relations*.

DeWinter, R. (2003) 'The Anti-Sweatshop Movement: Constructing Corporate Moral Agency in the Global Apparel Industry', in Erskine (ed.), *Can Institutions Have Responsibilities?*

Diamond, L. (2008) 'The Democratic Rollback', *Foreign Affairs* (87) 2, 36–48.

Dicken, P. (2004) *Global Shift: The Internationalization of Economic Activity* (London: Chapman & Hall).

Dillon, M. and L. Lobo-Guerrero (2008) 'Biopolitics of Security in the 21st Century: An Introduction', *Review of International Studies* (34) 265–92.

Dingwerth, K. and P. Pattberg (2006) 'Global Governance as a Perspective on World Politics', *Global Governance* (12) 185–204.

Dobson, A. and R. Eckersley (eds) (2006) *Political Theory and the Ecological Challenge* (Cambridge: Cambridge University Press).

Donegan, B. (2006) 'Governmental Regionalism: Power/Knowledge and Neoliberal Regional Integration in Asia and Latin America', *Millennium* (35) 23–51.

Doner, R. F., B. K. Ritchie and D. Slater (2005) 'Systemic Vulnerability and the Origins of Developmental States: Northeast and Southeast Asia in Comparative Perspective', *International Organization* (59) 327–61.

Donnelly, J. (1993) *International Human Rights* (Boulder, CO: Westview Press).

Donnelly, J. (2000) *Realism and International Relations* (Cambridge: Cambridge University Press).

Donnelly, J. (2006) 'Sovereign Inequalities and Hierarchy in Anarchy: American Power and International Society', *European Journal of International Relations* (12) 139–70.

Donnelly, J. (2007) 'The Relative Universality of Human Rights', *Human Rights Quarterly* (29) 281–306.

Doran, C. (2008) *Systems in Crisis: New Imperatives of High Politics at Century's End* (Cambridge: Cambridge University Press).

Doty, R. L. (1997) 'Aporia: A Critical Exploration of the Agent-Structure Prolematique in International Relations Theory', *European Journal of International Relations* (3) 365–92.

Dowty, A. (1987) *Closed Borders* (New Haven, CT: Yale University Press).

Doyle, M. (1983) 'Kant, Liberal Legacies and Foreign Policy', Parts I and II, *Philosophy and Public Affairs* (12) 205–35; 323–53.

Doyle, M. (1986) 'Liberalism and World Politics', *American Political Science Review* (80) 1151–70.

Doyle, M. (1997) *Ways of War and Peace: Realism, Liberalism and Socialism* (New York: W. W. Norton).

Doyle, M. (2008) *Striking First: Preemption and Prevention in International Conflict* (Princeton, NJ: Princeton University Press).

Doyle, M. and N. Sambanis (2006) *Making War and Building Peace: United Nations Peace Operations* (Princeton, NJ: Princeton University Press)

Dunn, K. C. and P. M. Goff (eds) (2004) *Identity and Global Politics* (Basingstoke/New York: Palgrave Macmillan).

Dunne, T. (1995) 'The Social Construction of International Society', *European Journal of International Relations* (1) 367–89.

Dunne, T. (1998) *Inventing International Society* (Basingstoke/New York: Palgrave Macmillan).

Dunne, T. (2003) 'Society and Hierarchy in International Relations', *International Relations* (17) 303–20.

Dunne, T. (2005) 'System, State and Society: How Does It All Hang Together?', *Millennium* (34) 157–70.

Dunne, T. and N. Wheeler (1996) 'Hedley Bull's Pluralism of the Intellect and Solidarism of the Will', *International Affairs* (72) 91–107.

Dunne, T. and N. Wheeler (eds) (1999) *Human Rights in Global Politics* (Cambridge: Cambridge University Press).

Dunne, T., M. Kurki and S. Smith (eds) (2007) *International Relations Theories: Discipline and Diversity* (Oxford: Oxford University Press).

Durkheim, E. (1982) *The Rules of Sociological Method* (New York: Free Press).

Easterly, W. (2007) *The White Man's Burden: Why the West's Efforts to Aid the Rest Have Done So Much Ill and So Little Good* (New York: Penguin).

Eberwein, W. and B. Badie (2006) 'Prevention and Sovereignty: A Vision and a Strategy for a New World Order?' *Global Society* (20) 1–24.

Eckersley, R. (2004) *The Green State: Rethinking Democracy and Sovereignty* (Cambridge, MA: MIT Press).

Edkins, J. (1999) *Poststructuralism and International Relations: Bringing the Political Back In* (Boulder, CO: Lynne Rienner).

Edkins, J. (2003) *Trauma and the Memory of Politics* (Cambridge: Cambridge University Press).

Edkins, J., N. Persram and V. Pin-Fat (eds) (1999) *Sovereignty and Subjectivity* (Boulder, CO: Lynne Rienner).

Eilstrup-Sangiovanni, M. (ed.) (2006) *Debates on European Integration* (Basingstoke: Palgrave).

Ekins, P. (1992) *A New World Order: Grassroots Movements for Global Change* (London: Routledge).

Elliot, L. (2004) *The Global Politics of the Environment*, 2nd edn (Basingstoke: Palgrave Macmillan; New York: New York University Press).

Ellis, S. and G. Ter Haar (2004) *Worlds of Power: Religious Thought and Political Practice in Africa* (London: C. M. Hurst).

Elman, C. (1997) 'Horses for Courses: Why Not Neorealist Theories of Foreign Policy?', *Security Studies* (6) 7–53.

Elshtain, J. B. (ed.) (1981) *Public Man, Private Woman* (Oxford: Martin Robertson).

Elshtain, J. B. (1987) *Women and War* (Brighton: Harvester Wheatsheaf).

Elshtain, J. B. (1998) '*Women and War* Ten Years After', *Review of International Studies* (24) 447–60.

Elshtain, J. B. (2004) *Just War Against Terror: The Burden of American Power in a Violent World* (New York: Basic Books).

Emmanuel, A. (1972) *Unequal Exchange* (London: New Left Books).

Emmott, B. (2008) *Rivals: How the Power Struggle Between China, India and Japan Will Shape Our Next Decade* (New York: Harcourt).

Enloe, C. (1993) *The Morning After: Sexual Politics at the End of the Cold War* (Berkeley, CA: University of California Press).

Enloe, C. (2000) *Bananas, Beaches and Base: Making Feminist Sense of International Politics,* 2nd edn (Berkeley, CA: University of California Press).

Enloe, C. (2004) *The Curious Feminist: Searching for Women in a New Age of Empire* (Berkeley, CA: University of California Press).

Erskine, T. (ed.) (2003) *Can Institutions Have Responsibilities? Collective Moral Agency and International Relations* (Basingstoke/New York: Palgrave Macmillan).

Erskine, T. (2004) '"Blood on the UN's Hands"? Assigning Duties and Apportioning Blame to an Intergovernmental Organisation', *Global Society* (18) 21–42.

Erskine, T. (2008) *Embedded Cosmopolitanism: Duties to Strangers and Enemies in a World of 'Dislocated Communities'* (Oxford: Oxford University Press)

Ethics and International Affairs (2002) Roundtable: 'New Wars: What Rules Apply?' (16) 1–26.

Ethics and International Affairs (2003a) Roundtable: 'Evaluating the Pre-Emptive Use of Force' (17) 1–35.

Ethics and International Affairs (2003b) Special Section, 'The Revival of Empire' (17).

Etzioni, A. (2004) *From Empire to Community* (Basingstoke: Palgrave).

Evans, G. (1975) 'E. H. Carr and International Relations', *British Journal of International Studies* (1) 77–97.

Evans, M. (ed.) (2005) *Just War Theory: A Reappraisal* (Edinburgh: Edinburgh University Press).

Evans, P., D. Rueschemeyer and T. Skocpol (eds) (1985) *Bringing the State Back In* (Cambridge: Cambridge University Press).

Evans, P. B., H. K. Jacobson and R. D. Putnam (eds) (1993) *Double-Edged Diplomacy: International Diplomacy and Domestic Politics* (Berkeley, CA: University of California Press).

Falk, R. (1971) *This Endangered Planet* (New York: Vintage).

Falk, R. (1999) *Predatory Globalization: A Critique* (Cambridge: Polity Press).

Fawn R. and R. Hinnebusch (eds) (2006) *The Iraq War: Causes and Consequences* (Boulder, CO: Lynne Rienner).

Felshtinsky, Y. and V. Pribylovsky (2008) *The Age of Assassins: The Rise and Rise of Vladimir Putin* (London: Gibson Square Books).

Ferguson, N. (2004) *Colossus; The Rise and Fall of the American Empire* (London: Allen Lane).

Ferguson, N. (2005) 'Sinking Globalization', *Foreign Affairs* (84).

Finlay, C. J. (2007) 'Reform Intervention and Democratic Revolution', *European Journal of International Relations* (13) 555–81.

Forsyth, M. G., H. M. A. Keens-Soper and P. Savigear (eds) (1970) *The Theory of International Relations* (London: Allen & Unwin).

Fox, W. R. T. (1985) 'E. H. Carr and Political Realism: Vision and Revision', *Review of International Studies* (11) 1–16.

Frank, A. G. (1971) *Capitalism and Underdevelopment in Latin America* (Harmondsworth: Penguin).

Frank, A. G. and B. Gills (eds) (1993) *The World System: Five Hundred Years or Five Thousand?* (London: Routledge).

Frank, T. (2001) *One Market Under God* (New York: Random House).

Freedman, L. (ed.) (1994) *War* (Oxford: Oxford University Press).

Freedman, L. (2000) 'Victims and Victors: Reflections on the Kosovo War', *Review of International Studies* (26) 335–58.

Freud, S. (1985) *Civilisation, Society and Religion* (Harmondsworth: Penguin).

Friedberg, A. L. (2005) 'The Future of U.S.–China Relations: Is Conflict Inevitable?', *International Security* (30) 7–45.

Frieden, J. A. and D. A. Lake (eds) (1999) *International Political Economy: Perspectives on Global Power and Wealth*, 4th edn (Belmont, CA: Wadsworth; London: Routledge).

Friedman, M. (1966) *Essays in Positive Economics* (Chicago: Chicago University Press).

Friedman, T. (1999) *The Lexus and the Olive Tree* (New York: HarperCollins).

Frost, M. (1996) *Ethics in International Relations* (Cambridge: Cambridge University Press).

Frost, M. (2003) 'Tragedy, Ethics and International Relations', *International Relations* (17) 477–95.

Fuchs, D. (2005) 'Commanding Heights? The Strength and Fragility of Business Power in Global Politics', *Millennium* (33) 771–801.

Fukuyama, F. (1989) 'The End of History', *The National Interest* (16) 3–16.

Fukuyama, F. (1992) *The End of History and the Last Man* (New York: Free Press).

Gaddis, J. L. (2004) *Surprise, Security and the American Experience* (Cambridge, MA: Harvard University Press).

Galtung, J. (1971) 'A Structural Theory of Imperialism', *Journal of Peace Research* (13) 81–94.

Gardner, R. N. (1980) *Sterling–Dollar Diplomacy in Current Perspective: The Origins and Prospects of our International Economic Order* (New York: Columbia University Press).

Garthoff, R. (1994) *The Great Transition: American–Soviet Relations and the End of the Cold War* (Washington, DC: Brookings Institute).

Gartzke, E. and K. S. Gleditsch, (2006) 'Identity and Conflict: Ties that Bind and Differences that Divide', *European Journal of International Relations* (12) 53–87.

Gat, A. (2005) 'The Democratic Peace Theory Reframed: The Impact of Modernity', *World Politics* (58) 73–100.

Gellman, P. (1988) 'Hans Morgenthau and the Legacy of Political Realism', *Review of International Studies* (14) 247–66.

Gellner, E. (1988) *Plough, Sword and Book: The Structure of Human History* (London: Collins Harvill).

George, A. L. (1971) *The Limits of Coercive Diplomacy* (Boston, MA: Little, Brown).

George, J. (1994) *Discourses of Global Politics: A Critical (Re) Introduction to International Relations* (Boulder, CO: Lynne Rienner; Basingstoke: Palgrave Macmillan).

George, S. (1988) *A Fate Worse than Debt* (Harmondsworth: Penguin).

Germain, R. and M. Kenny (1998) 'Engaging Gramsci: International Relations Theory and the New Gramscians', *Review of International Studies* (24) 3–21.

Gerner, D. J. (1991) 'Foreign Policy Analysis: Exhilarating Eclecticism, Intriguing Enigmas', in Howell, 'International Studies'.

Geschiere, P. (1997) *The Modernity of Witchcraft: Politics and the Occult in Postcolonial Africa* (Richmond, VA: University of Virginia Press).

Giddens, A. (1985) *The Nation-State and Violence* (Cambridge: Polity Press).

Giddens, A (1986) *The Constitution of Society* (Cambridge: Polity Press)

Giddens, A. (1999) *The Runaway World* (Cambridge: Polity Press).

Gill, S. (ed.) (1993) *Gramsci, Historical Materialism and International Relations* (Cambridge: Cambridge University Press).

Gill, S. and D. Law (1988) *The Global Economy: Prospects, Problems and Policies* (London: Harvester).

Gills, B., J. Rocamora and R. Wilson (1993) *Low Intensity Democracy: Political Power in the New World Order* (London: Pluto Press).

Gilpin, R. (1975) *US Power and the Multinational Corporation* (New York: Basic Books).

Gilpin, R. (1981) *War and Change in World Politics* (New York: Cambridge University Press).

Gilpin, R. (1984) 'The Richness of the Tradition of Political Realism', *International Organization* (38) 287–304.

Gilpin, R. (1992) *The Political Economy of International Relations* (Princeton, NJ: Princeton University Press).

Gilpin, R. (2000) *The Challenge of Global Capitalism: The World Economy in the 21st Century* (Princeton, NJ: Princeton University Press).

Gilpin, R. (2001) *Global Political Economy: Understanding the International Economic Order* (Princeton, NJ: Princeton University Press).

Glasius, M., D. Lewis and H. Seckinelgin (eds) (2004) *International Civil Society* (London: Routledge).

Gleditsch, N. P. and T. Risse-Kappen (eds) (1995) 'Democracy and Peace', Special Issue, *European Journal of International Relations* (1) 429–574.

Global Civil Society Yearbook, annual (Oxford: Oxford University Press).

Global Governance (2006) Special Issue on the International Monetary Fund (12) 343–523.

Global Governance (2007) Special Issue on the World Bank (12) 461–581.

Goldsmith, J. and E. Posner (2005) *The Limits of International Law* (Oxford: Oxford University Press).

Goldstein, J. and R. O. Keohane (eds) (1993) *Ideas and Foreign Policy* (Ithaca, NY: Cornell University Press).

Gong, G. C. (1984) *The Standard of 'Civilisation' in International Society* (Oxford: Oxford University Press).

Goodale, M. and S. E. Merry (2007) *The Practice of Human Rights: Tracking Law Between the Global and the Local* (Cambridge: Cambridge University Press).

Gordon, P. and Shapiro, J. (2004) *Allies at War* (New York: McGraw-Hill Higher Education).

Gotz, N. (2008) 'Reframing NGOs: The Identity of an International Relations Non-Starter', *European Journal of International Relations* (14) 231–58.

Gourevitch, P. (1998) *We Wish to Inform You that Tomorrow We will be Killed with our Families: Stories from Rwanda* (New York: Farrar, Straus & Giroux).

Gow, J. (1997) *Triumph of the Lack of Will: International Diplomacy and the Yugoslav War* (London: C. Hurst).

Gowa, J. (1983) *Closing the Gold Window: Domestic Politics and the End of Bretton Woods* (Ithaca, NY: Cornell University Press).

Gowa, J. (1999) *Ballots and Bullets: The Elusive Democratic Peace* (Princeton, NJ: Princeton University Press).

Grant, R. and K. Newland (eds) (1991) *Gender and International Relations* (Milton Keynes: Open University Press).

Gray, C. (1999) 'Clausewitz Rules OK! The Future Is the Past with GPS', *Review of International Studies,* Special Issue 'The Interregnum' (25) 161–82; also in Cox *et al.* (1999).

Gray, J. (2004) *Al Qaeda and What it Means to Be Modern* (London: Faber & Faber).

Greenhill, B. (2008) 'Recognition and Collective Identity Formation in International Politics', *European Journal of International Relations* (14) 343–68.

Grieco, J. M. (1988) 'Anarchy and the Limits of Cooperation: A Realist Critique of the Newest Liberal Institutionalism', *International Organization* (42) 485–508.

Griffiths, M. (1992) *Realism, Idealism and International Politics: A Reinterpretation* (London: Routledge).

Groom, A. J. R. and M. Light (eds) (1994) *Contemporary International Relations: A Guide to Theory* (London: Pinter).

Groom, A. J. R. and P. Taylor (eds) (1975) *Functionalism: Theory and Practice in World Politics* (London: University of London Press).

Groom, A. J. R. and P. Taylor (eds) (1984) *The Commonwealth in the 1980s* (London: Macmillan).

Groom, A. J. R. and P. Taylor (eds) (1994) *Frameworks for International Co-operation* (London: Pinter).

Gulick, E. V. (1955) *Europe's Classical Balance of Power* (Ithaca, NY: Cornell University Press).

Guzzini, S. (2000) 'A Reconstruction of Constructivism in International Relations', *European Journal of International Relations* (6) 147–82.

Guzzini, S. and A. Leander (eds) (2006) *Constructivism and International Relations: Alexander Wendt and his Critics* (London: Routledge).

Haas, E. B. (1964) *Beyond the Nation State* (Stanford, CA: Stanford University Press).

Haas, P. (1989) 'Do Regimes Matter: Epistemic Communities and Mediterranean Pollution Control', *International Organization* (43) 377–403.

Haas, P. (ed.) (1992) 'Knowledge, Power and International Policy Coordination', Special Issue, *International Organization* (46) 1–390.

Haass, R. (2008) 'The Age of Nonpolarity,' *Foreign Affairs* (87), 3.

Habermas, J. (1994) *The Past as Future* (Cambridge: Polity Press).

Habermas, J. (1997) 'Kant's Idea of Perpetual Peace, with the Benefit of Two Hundred Years' Hindsight', in Bohman and Lutz-Bachmann, *Perpetual Peace.*

Habermas, J. (1999) 'A War on the Border Between Legality and Morality', *Constellations* (6) 263–72.

Habermas, J. (2002) *The Inclusion of the Other: Studies in Political Theory* (Cambridge: Polity Press).

Hall, R. B. (1999) *National Collective Identity: Social Constructs and International System* (New York: Columbia University Press).

Halliday, F. (1992) 'An Encounter with Fukuyama', *New Left Review* (193) 89–95.

Halliday, F. (1994) *Rethinking International Relations* (London: Macmillan).

Hallward, M. C. (2008) 'Situating the "Secular": Negotiating the Boundary between Religion and Politics', *International Political Sociology* (2) 1–16.

Halper, S. and J. Clarke (2004) *America Alone: The Neo-Conservatives and Global Order* (Cambridge: Cambridge University Press).

Hamilton, K. and R. T. B. Langhorne (1995) *The Practice of Diplomacy* (London: Routledge).

Hanson, V. D. (1989) *The Western Way of War: Infantry Battle in Classical Greece* (New York: Knopf).

Harding, S. (1986) *The Science Question in Feminism* (Milton Keynes: Open University Press).

Hardt, M. and A. Negri (2001) *Empire* (Cambridge, MA: Harvard University Press).

Hardy, D. T. and J. Clarke (2004) *Michael Moore Is a Big Fat Stupid White Man* (London: HarperCollins).

Harris, N. (1986) *The End of the Third World* (Harmondsworth: Penguin).

Harvard Human Rights Journal, vol. 17 (2004).

Harvard International Review (2007) Special Issue, 'A Titled Balance: Who Will Rise?' (29).

Harvey, N. (1998) *The Chiapas Rebellion* (Durham, NC: Duke University Press).

Hasenclever, A., P. Mayer and V. Rittberger (1997) *Theories of International Regimes* (Cambridge: Cambridge University Press).

Hasenclever, A., P. Mayer and V. Rittberger (2000) 'Integrating Theories of International Regimes', *Review of International Studies* (26) 3–33.

Haslam, J. (2002) *No Virtue like Necessity: Realist Thought in International Relations since Machiavelli* (New Haven, CT: Yale University Press).

Hassner, P. (2002) *The United States: The Empire of Force or the Force of Empire* (Chaillot Papers, No. 54), Paris.

Havel, V. (1993) *Summer Meditations on Politics, Morality and Civility in a Time of Transition* (New York: Vintage).

Hay, C., M. Lister and D. Marsh (eds) (2006) *The State: Theories and Issues* (Basingstoke/New York: Palgrave Macmillan).

Hegel, G. F. W. (1821/1991) *Elements of the Philosophy of Right* (Cambridge: Cambridge University Press).

Held, D. (1995) *Democracy and the Global Order* (Cambridge: Polity Press).

Held, D. and A. McGrew (eds) (2003) *The Global Transformations Reader,* 2nd edn (Cambridge: Polity Press).

Held, D. and A. McGrew (eds) (2007) *Globalization Theory: Approaches and Controversies* (Cambridge: Polity Press).

Held, D, A. McGrew, D. Goldblatt and J. Perraton (1999) *Global Transformations* (Cambridge: Polity Press).

Helms, J. (2000/1) 'American Sovereignty and the United Nations', *The National Interest* (62) 31–4.

Hendrickson, D. C. (2002) 'Towards Universal Empire: The Dangerous Quest for Absolute Security', *World Policy Journal* (19) 2–10.

Hermann, C. E., C. W. Kegley and J. N. Rosenau (eds) (1987) *New Directions in the Study of Foreign Policy* (London: Allen & Unwin).

Herz, J. (1956) 'Rise and Demise of the Territorial State', *World Politics* (9) , 4, pp. 473 – 493,

Heuser, B. (2002) *Reading Clausewitz* (London: Pimlico).

Higgott, R. (1994) 'International Political Economy', in Groom and Light, *Contemporary International Relations*.

Higgott, R. (2000) 'Economic Globalization and Global Governance: Towards a Post Washington Consensus', in Rittberger and Schnabel, *The UN Global Governance System in the Twenty-First Century*.

Hill, C. (1989) '1939: The Origins of Liberal Realism', *Review of International Studies* (15) 319–28.

Hill, C. (2002) *The Changing Politics of Foreign Policy* (Basingstoke/New York: Palgrave Macmillan).

Hill, C. (2003) 'What Is to Be Done? Foreign Policy as a Site for Political Action', *International Affairs* (79) 233–55.

Hinsley, F. H. (1963) *Power and the Pursuit of Peace* (Cambridge: Cambridge University Press).

Hinsley, F. H. (1966) *Sovereignty* (London: Hutchinson).

Hinsley, F. H. (1974) *Nationalism and the International System* (London: Hodder & Stoughton).

Hirst, P. and G. Thompson (2000) *Globalization in Question: The International Economy and the Possibilities of Governance* (Cambridge: Polity Press).

Hitchens, C. (2003) *The Long Short War: The Postponed Liberation of Iraq* (London: Plume Books).

Hobbes, T. (1946) *Leviathan* (ed. with an introduction by M. Oakeshott) (Oxford: Basil Blackwell).

Hobson, J. A. (1902/1938) *Imperialism: A Study* (London: A. Constable).

Hobson, J. M. (2000) *The State and International Relations* (Cambridge: Cambridge University Press).

Hobson, J. M. (2001) 'The "Second State Debate" in International Relations: Theory Turned Upside Down', *Review of International Studies* (27) 395–414.

Hodges, M. (ed.) (1972) *European Integration* (Harmondsworth: Penguin).

Hoffmann, S. (1977) 'An American Social Science: International Relations', *Daedalus* (106) 41–61.

Hogan, M. (ed.) (1992) *The End of the Cold War: Its Meaning and Implications* (Cambridge: Cambridge University Press).

Holbraad, C. (1970) *Concert of Europe* (London: Longman).

Hollis, M. (1995) *The Philosophy of the Social Sciences* (Cambridge: Cambridge University Press).

Hollis, M. and S. Smith (1991) *Explaining and Understanding International Relations* (Oxford: Clarendon Press).

Holsti, O., R. Siverson and A. George (1980) *Change in the International System* (Boulder, CO: Westview Press).

Holzgrefe, J. L. and R. O. Keohane (eds) (2003) *Humanitarian Intervention: Ethical, Legal, and Political Dimensions* (New York: Cambridge University Press).

Houghton, D. P. (2007) 'Reinvigorating the Study of Foreign Policy Decision Making: Toward a Constructivist Approach,' *Foreign Policy Analysis* (3) 24–45.

Howard, M. (1983) *Clausewitz* (Oxford: Oxford University Press).

Howell, L. D. (ed.) (1991/2) 'International Studies: The State of the Discipline', Special Issue, *International Studies Notes* (16/17) 1–68.

Hume, D. (1987) *Essays: Moral, Political and Literary* (Indianapolis, IN: Liberty Classics).

Hunt, K. and K. Rygiel (eds) (2006) *(En)Gendering the War on Terror: War Stories and Camouflaged Politics* (London: Ashgate).

Hunt, L. (2007) *Inventing Human Rights* (New York: W. W. Norton).

Huntington, S. (1993a) 'The Clash of Civilizations', *Foreign Affairs* (72) 22–49.

Huntington, S. (1993b) 'Response: If Not Civilizations, What?', *Foreign Affairs* (72) 186–94.

Huntington, S. (1996) *The Clash of Civilizations and the Remaking of World Order* (New York: Simon & Schuster).

Huntington, S. (2005) *Who Are We?* (New York: Free Press).

Hurd, E. S. (2007) *The Politics of Secularism in International Relations* (Princeton, NJ: Princeton University Press).

Hurrell, A. (2007) *On Global Order: Power, Values and the Constitution of International Society* (Oxford: Oxford University Press)

Hurrell, A. and B. Kingsbury (eds) (1992) *The International Politics of the Environment* (Oxford: Oxford University Press).

Hutchings, K. (2008) *Time and World Politics* (Manchester: Manchester University Press).

Hutton, W. (2007) *The Writing on the Wall: China and the West in the 21st Century* (London: Little, Brown).

Ignatieff, M. (1999) *The Warrior's Honour: Ethnic War and the Modern Consciousness* (New York: Vintage).

Ignatieff, M. (2000) *Virtual War* (New York: Metropolitan Books).

Ignatieff, M. (2003) *Empire Lite* (London: Minerva).

Ikenberry, G. J. (1998) 'Constitutional Politics in International Relations', *European Journal of International Relations* (4) 147–77.

Ikenberry, G. J. (1998/99) 'Institutions, Strategic Restraint and the Persistence of American Post-War Order', *International Security* (23) 43–78.

Ikenberry, G. J. (2001) *After Victory* (Princeton, NJ: Princeton University Press).

Ikenberry, J. G. (ed.) (2002a) *America Unrivalled: The Future of the Balance of Power* (Ithaca, NY: Cornell University Press).

Ikenberry, J. G. (2002b) 'America's Imperial Ambition', *Foreign Affairs* (81) 5–52.

Ikenberry, J. G. (2008)'The Rise of China and the Future of the West; Can the Liberal System Survive', *Foreign Affairs* (87).

International Affairs (2007) 'Forum: Europe at 50' (83) 227–317.

International Commission on Intervention and State Sovereignty, The (2002) *The Responsibility to Protect*; available at: http://www.dfait-maeci.gc.ca/iciss-ciise/pdf/Commission-Report.pdf.

International Feminist Journal of Politics (2002) 'Forum: The Events of 11 September and Beyond' (4) 95–113.

International Organization (1998) Special Issue: '*International Organization*' at Fifty', P. Katzenstein, R. O. Keohane and S. Krasner (eds) (52) 645–1012.

International Relations (2005) Roundtable: The Battle Rages On (19) 337–60.

International Relations (2006) Forum: Rethinking the Rules (20) 273–349.

International Relations (2007) Special Issue: 'The Privatisation and Globalisation of Security in Africa' (2) 131–256.

International Security (2001/2) Special Section, 'The Threat of Terrorism: US Policy after September 11th' (26) 5–78.

International Security (2005) Forum: Balancing Acts (30) 7–45.

International Studies Perspectives (2005) 'Policy and the Poliheuristic Theory of Foreign Policy Decision Making: A Symposium' (6) 94–150.

International Studies Review (2006a) Forum: The Changing Face of Europe: European Institutions in the Twenty-First Century (8) 139–97.

International Studies Review (2006b) Forum: Moving Beyond the Agent–Structure Debate (8) 355–81.

International Studies Review (2007) 'The North–South Divide and International Studies: A Symposium' (9) 556–710.

Jackson, R. (1990) *Quasi-States: Sovereignty, International Relations and the Third World* (Cambridge: Cambridge University Press).

Jackson, R. (2000) *The Global Covenant* (Oxford: Oxford University Press)

Jackson, R. and G. Sorensen (2006) *Introduction to International Relations,* 3rd edn (Oxford: Oxford University Press).

Janis, I. (1972) *Victims of Groupthink* (Boston, MA: Houghton Mifflin).

Jarvis, A. (1989) 'Societies, States and Geopolitics', *Review of International Studies* (15) 281–93.

Jervis, R. (1976) *Perception and Misperception in World Politics* (Princeton, NJ: Princeton University Press).

Jervis, R. (1999) 'Realism, Neoliberalism and Co-operation: Understanding the Debate', *International Security* (24) 42–63.

Jessop, Bob (2002) *The Future of the Capitalist State* (Cambridge: Polity Press).

Jessop, Bob (2007) *State Power* (Cambridge: Polity Press).

Joll, J. (1984) *The Origins of the First World War* (London: Longman).

Jones, A. (1996) 'Gendering International Relations', *Review of International Studies* (22) 405–29.

Jones, A. (1998) 'Engendering Debate', *Review of International Studies* (24) 299–303.

Jones, P. and S. Caney (eds) (2000) *Human Rights and Global Diversity* (London: Frank Cass).

Jones, R. W. (1999) *Security, Strategy and Critical Theory* (Boulder, CO: Lynne Rienner).

Jones, R. W. (ed.) (2001) *Critical Theory and World Politics* (Boulder, CO: Lynne Rienner).

Joseph, J. (2008) 'Hegemony and the Structure–Agency Problem in International Relations: A Scientific Realist Contribution,' *Review of International Studies* (34) 109–29.

Joy, B. (2000) 'Why the Future Doesn't Need Us', *Wired* (8 April) 238–62.

Kagan, R. (2004) *Paradise and Power: America and Europe in the New World Order* (London: Atlantic Books).

Kagan, R (2008) *The Return of History and the End of Dreams* (NY: Atlantic Books).

Kaher, M. (ed.) (1986) *The Political Economy of International Debt* (Ithaca, NY: Cornell University Press).

Kaldor, M. (2003) *Global Civil Society: An Answer to War* (Cambridge: Polity Press).

Kaplan, M. (1957) *System and Process in International Politics* (New York: Wiley).

Katznelson, I. and H. Milner (eds) (2002) *Political Science: The State of the Discipline* (New York: W. W. Norton).

Katzenstein, P, R.O. Keohane, and S. Krasner (1999) *Exploration and Contestation in the Study of World Politics* (Cambridge, MA: MIT press)

Kaufman, S., R. Little and W. Wohlforth (2007) *Balance of Power in World History* (London: Palgrave).

Keane, J. (2003) *Global Civil Society?* (Cambridge: Cambridge University Press).

Keegan, J. (1978) *The Face of Battle* (London: Jonathan Cape).

Keegan, J. (2004) *The Iraq War* (London: Hutchinson).

Kegley, C. W. Jr (ed.) (1995) *Controversies in International Relations Theory: Realism and the Neoliberal Challenge* (Belmont, CA: Wadsworth; London: Macmillan).

Kegley, C. W. Jr and E. Wittkopf (2004) *World Politics: Trend and Transformation*, 9th edn (Belmont, CA: Wadsworth).

Kelsall, T. (2006) 'Politics, Anti-Politics, International Justice: Language and Power in the Special Court for Sierra Leone', *Review of International Studies* (32) 587–602.

Kennan, G. (1952) *American Diplomacy* (New York: New American Library).

Kennedy, P. (1981) *The Realities Behind Diplomacy* (London: Allen & Unwin).

Kennedy, P. (1988) *The Rise and Fall of the Great Powers* (London: Unwin, Hyman).

Kennedy, P. (1993) *Preparing for the Twenty-First Century* (New York: Random House).

Keohane, R. O. (1980) 'The Theory of Hegemonic Stability and Changes in International Economic Regimes, 1967–1977', pp. 132–62 in Holsti *et al.*, *Change in the International System*; also in Keohane (1989).

Keohane, R. O. (1984) *After Hegemony* (Princeton, NJ: Princeton University Press).

Keohane, R. O. (ed.) (1986) *Neorealism and its Critics* (New York: Columbia University Press).

Keohane, R. O. (1988) 'International Institutions: Two Approaches', *International Studies Quarterly* (32) 379–96; also in Keohane (1989).

Keohane, R. O. (1989) *International Institutions and State Power* (Boulder, CO: Westview Press).

Keohane, R. O. and S. Hoffmann (eds) (1991) *The New European Community* (Boulder, CO: Westview Press).

Keohane R. O. and J. S. Nye (eds) (1971) *Transnational Relations and World Politics* (Cambridge, MA: Harvard University Press).

Keohane, R. O. and J. S. Nye (1977/2000) *Power and Interdependence, 1st/3rd edn* (Boston, MA: Little, Brown).

Kerr, D. (2005) 'The Sino-Russian Partnership and US Policy toward North Korea: From Hegemony to Concert in Northeast Asia', *International Studies Quarterly* (49) 411–38.

Keylor, W. (2005) *The Twentieth Century World and Beyond: An International History since 1900* (New York: Oxford University Press).

Keynes, J. M. (1919) *The Economic Consequences of the Peace* (London: Macmillan).

Khaliq, U. (2008) *Ethical Dimensions of the Foreign Policy of the European Union* (Cambridge: Cambridge University Press).

Kiely, R. (2006) 'US Hegemony and Globalisation: What Role for Theories of Imperialism?', *Cambridge Review of International Affairs* (19) 205–21.

Kiely, R. (2007) 'Poverty Reduction through Liberalisation? Neoliberalism and the Myth of Global Convergence', *Review of International Studies* (33) 415–34.

Kiely, R. (2007) *The New Political Economy of Development* (Basingstoke: Palgrave).

Kindleberger, C. (1973) *The World in Depression 1929–1939* (Harmondsworth: Penguin).

King, G., R. O. Keohane and S. Verba (1994) *Designing Social Enquiry: Scientific Inference in Qualitative Research* (Princeton, NJ: Princeton University Press).

Kissinger, H. (1994) *Diplomacy* (London: Simon & Schuster).

Klein, N. (2001) *No Logo* (London: Flamingo).

Knorr, K. and J. N. Rosenau (eds) (1969) *Contending Approaches to International Politics* (Princeton, NJ: Princeton University Press).

Koch, H. (ed.) (1972) *The Origins of the First World War* (London: Longman).

Krasner, S. D. (1972) 'Are Bureaucracies Important? (Or Allison Wonderland)', *Foreign Policy* (7) 159–79.

Krasner, S. D. (ed.) (1983) *International Regimes* (Ithaca, NY: Cornell University Press).

Krasner, S. D. (1985) *Structural Conflict: The Third World Against Global Liberalism* (Berkeley, CA: University of California Press).

Krasner, S. D. (1994) 'International Political Economy: Abiding Discord', *Review of International Political Economy* (1) 13–19.

Krasner, S. D. (1999) *Sovereignty: Organized Hypocrisy* (Princeton, NJ: Princeton University Press).

Kratochwil, F. (1989) *Rules, Norms and Decisions* (Cambridge: Cambridge University Press).

Kratochwil, F. (1995) 'Sovereignty as *Dominium*: Is There a Right of Humanitarian Intervention?', in Lyons and Mastanduno, *Beyond Westphalia?*

Kratochwil, F. (2000) 'Constructing a New Orthodoxy? Wendt's *Social Theory of International Politics* and the Constructivist Challenge', *Millennium: Journal of International Studies* (29) 73–101.

Kratochwil, F. (2005) 'Religion and (Inter-)National Politics: On the Heuristic of Identities, Structures, and Agents', *Alternatives* (30) 113–40.

Kratochwil, F. and E. Mansfield (eds) (2005) *International Organization and Global Governance: A Reader* (New York: Pearson).

Kratochwil, F. and J. G. Ruggie (1986) 'International Organization: the State of the Art or the Art of the State', *International Organization* (40) 753–75.

Krause, K. and M. C. Williams (eds) (1997) *Critical Security Studies: Concepts and Cases* (Minneapolis, MN: University of Minnesota Press).

Krauthammer, C. (2003) 'The Unipolar Moment Revisited', *The National Interest* (Winter 2002/3) 5–17.

Krugman, P. (1994) *Rethinking International Trade* (Cambridge, MA: MIT Press).

Krugman, P. (1996) *Pop Internationalism* (Cambridge, MA: MIT Press).

Krugman, P. (1998) *The Accidental Theorist and Other Despatches from the Dismal Science* (Cambridge, MA: MIT Press).

Krugman, P. (2004) *The Great Unravelling* (New York: W. W. Norton).

Krugman, P. and M. Obstfeld (2002) *International Economics: Theory and Policy* (New York: HarperCollins).

Kubalkova, V., N. Onuf and P. Kowert (1998) *International Relations in a Constructed World* (Armonk, NY: M. E. Sharpe).

Kuperman, A. J. (2008) 'The Moral Hazard of Humanitarian Intervention: Lessons from the Balkans', *International Studies Quarterly* (52) 49–80.

Kurki, M. (2006) 'Causes of a Divided Discipline: Rethinking the Concept of Cause in International Relations Theory', *Review of International Studies* (32) 189–216.

Kurki, M. (2008) *Causation in International Relations: Reclaiming Causal Analysis* (Cambridge: Cambridge University Press).

Kymlicka, W. (ed.) (1995) *The Rights of Minority Cultures* (Oxford: Oxford University Press).

Kymlicka, W. (2001) *Politics and the Vernacular: Nationalism, Multiculturalism and Citizenship* (Oxford: Oxford University Press).

Kymlicka, W. and M. Opalski (eds) (2001) *Can Liberal Pluralism be Exported? Western Political Theory and Ethnic Relations in Eastern Europe* (Oxford: Oxford University Press).

Laclau, E. (1976) *Politics and Ideology in Marxist Theory* (London: New Left Books).

LaFeber, W. (1999) *Michael Jordan and the New Global Capitalism* (New York: W. W. Norton).

Lakatos, I. and A. Musgrave (eds) (1970, reprinted 2008) *Criticism and the Growth of Knowledge* (Cambridge: Cambridge University Press).

Lake, D. (1988) *Power, Protection and Free Trade: International Sources of US Commercial Strategy, 1887–1939* (Ithaca, NY: Cornell University Press).

Lake, D. (1992) 'Powerful Pacifists: Democratic States and War', *American Political Science Review* (86) 24–37.

Lake, D. (1993) 'Leadership, Hegemony and the International Economy: Naked Emperor or Tattered Monarch with Potential', *International Studies Quarterly* (33) 459–89.

Lake, D. (2006) 'American Hegemony and the Future of East–West Relations', *International Studies Perspectives* (7) 23–30.

Lake, D. (2007) 'Escape from the State of Nature: Authority and Hierarchy in World Politics', *International Security* (32) 47–79.

Lal, D. (1983) *The Poverty of 'Development Economics'* (London: Institute of Economic Affairs).

Lang, A. F. (ed.) (2003) *Just Interventions* (Washington, DC: Georgetown University Press).

Lapid, Y. (1989) 'The Third Debate: On the Prospects of International Theory in a Post-Positivist Era', *International Studies Quarterly* (33) 235–54.

Lapid, Y. and F. Kratochwil (eds) (1996) *The Return of Culture and Identity in International Relations Theory* (Boulder, CO: Lynne Rienner).

Layne, C. (1994) 'Kant or Cant: the Myth of the Democratic Peace', *International Security* (19) 2; 5–49.

Lebow, R. N. (1981) *Between Peace and War: The Nature of International Crisis* (Baltimore, MD: Johns Hopkins University Press).

Lebow, R. N. (2003) *The Tragic Vision of Politics: Ethics, Interests and Orders* (Cambridge: Cambridge University Press).

Lebow, R. N. (2008) *A Cultural Theory of International Relations* (Cambridge: Cambridge University Press).

Lebow, R. N. and T. Risse-Kappen (eds) (1995) *International Relations Theory and the End of the Cold War* (New York: Columbia University Press).

Lebow, R. N. and J. Stein (1994) *We All Lost the Cold War* (Princeton, NJ: Princeton University Press).

Lebrecht, N. (2007) *Maestros, Masterpieces and Madness: The Secret Life and Shameful Death of the Classical Record Industry* (London: Allen Lane)

Legro, J. W. and A. Moravcsik (1999) 'Is Anybody Still a Realist?', *International Security* (24) 25–55.

Legvold, R. (2007) *Russian Foreign Policy in the 21st Century & the Shadow of the Past* (New York: University of Columbia Press).

Levi-Faur, D. (1997) 'Economic Nationalism: From Friedrich List to Robert Reich', *Review of International Studies* (23) 359–70.

Levit, K. (2005) 'Keynes and Polanyi: The 1920s and the 1990s', *Review of International Political Economy* (13) 152–77.

Levy, M. A., O. R. Young and M. Zürn (1995) 'The Study of International Regimes', *European Journal of International Relations* (1) 267–330.

Lewis, B. (2002) *What Went Wrong? The Clash between Islam and Modernity in the Middle East* (Oxford: Oxford University Press).

Lieber, R. (2007) *The American Era: Power and Strategy for the 21st Century* (Cambridge: Cambridge University Press)

Light, M. and A. J. R. Groom (eds) (1985) *International Relations: A Handbook in Current Theory* (London: Pinter).

Linklater, A. (1990) *Beyond Realism and Marxism* (Basingstoke/New York: Macmillan).

Linklater, A. (1992) 'The Question of the Next Stage in International Relations Theory: A Critical-Theoretic Approach', *Millennium* (21) 77–98.

Linklater, A. (1998) *The Transformation of Political Community* (Cambridge: Polity Press).

Linklater, A. and H. Suganami (2006) *The English School of International Relations: A Contemporary Reassessment* (Cambridge: Cambridge University Press)

Lipschutz, R. (2005) 'Power, Politics and Global Civil Society', *Millennium* (33) 747–69.

Liska, G. (1990) *The Ways of Power: Patterns and Meanings in World Politics* (Oxford: Basil Blackwell).

List, F. (1966) *The National System of Political Economy* (London: Frank Cass).

Little, I. M. D. (1982) *Economic Development: Theory, Policy, and International Relations* (New York: Basic Books).

Little, R. (1994) 'International Relations and Large Scale Historical Change', in Groom and Light, *Contemporary International Relations.*

Little, R. (2007) *The Balance of Power in International Relations: Metaphors, Myths and Models* (Cambridge: Cambridge University Press).

Little, R. and M. Smith (eds) (2006) *Perspectives on World Politics: A Reader* (London: Routledge).

Loescher, G. (1993) *Beyond Charity: International Co-operation and the Global Refugee Crisis* (New York: Oxford University Press).

Lomas, P. (2005) 'Anthropomorphism, Personification and Ethics: A Reply to Alexander Wendt', *Review of International Studies* (31) 349–56.

Long, D. and B. Schmidt (eds) (2005) *Imperialism and Internationalism in the Discipline of IR* (New York: State University of New York Press).

Long, D. and P. Wilson (eds) (1995) *Thinkers of the Twenty Years' Crisis: Interwar Idealism Reassessed* (Oxford: Clarendon Press).

Lövbrand, E. and J. Stripple (2006) 'The Climate as Political Space: On the Territorialisation of the Global Carbon Cycle', *Review of International Studies* (32) 217–35.

Lucas, E. (2008) *The New Cold War: How the Kremlin Menaces Both Russia and the West* (London: Bloomsbury).

Lukes, S. (1974/2004) *Power: A Radical View,* 2nd edn (London/Basingstoke/New York: Palgrave Macmillan).

Lynn-Jones, S. M. and S. E. Miller (eds) (1995) *Global Dangers: Changing Dimensions of International Security* (Cambridge, MA: MIT Press).

Lyons, G. M. and M. Mastanduno (eds) (1995) *Beyond Westphalia?* (Baltimore, MD: Johns Hopkins University Press).

MacKinnon, C. (1993) 'Crimes of War, Crimes of Peace', in Shute and Hurley, *On Human Rights.*

MacMillan, J. (1996) 'Democracies Don't Fight: A Case of the Wrong Research Agenda', *Review of International Studies* (22) 275–99.

MacMillan, J. and A. Linklater (eds) (1995) *Boundaries in Question* (London: Pinter).

Macridis, R. C. (ed.) (1992) *Foreign Policy in World Politics* (London: Prentice-Hall).

Mahbubani, K. (1992) 'The West and The Rest', *The National Interest* (28) 3–13.

Mann, J. (2004) *The Rise of the Vulcans* (New York: Viking Books).

Mann, M. (1986/1993) *The Sources of Social Power,* Vols I and II (Cambridge: Cambridge University Press).

Mann, M. (1988) *States, War and Capitalism* (Oxford: Basil Blackwell).

Mann, M. (2003) *Incoherent Empire* (London: Verso).

Mannheim, K. (1936/1960) *Ideology and Utopia* (London: Routledge & Kegan Paul).

Mansfield, E and R. Snyder (2005) *Electing to Fight: Why Emerging Democracies go to War* (Cambridge, MA: MIT Press)

Martel, G. (ed.) (1986) *The Origins of the Second World War Reconsidered: The A. J. P. Taylor Debate after Twenty-Five Years* (Boston, MA: George Allen & Unwin).

Marx, K. (1973) *Political Writings,* Vol. 1 (London: Penguin).

Mayall, J. (1990) *Nationalism in International Society* (Cambridge: Cambridge University Press).

Mayall, J. (ed.) (1996) *The New Interventionism: 1991–1994* (Cambridge: Cambridge University Press).

McCormack, T. L. H. and G. J. Simpson (eds) (1997) *The Law of War Crimes: National and International Approaches* (The Hague: Kluwer Law International).

McGrew, A. and P. Lewis (1992) *Global Politics: Globalization and the Nation State* (Milton Keynes: Open University Press).

McSweeney, B. (1996) 'Identity and Security: Buzan and the Copenhagen School', *Review of International Studies* (22) 81–94.

McSweeney, B. (1998) Durkheim and the Copenhagen School', *Review of International Studies* (24) 137–40.

Mead, W. R. (2002) *Special Providence* (London: Routledge).

Mead, W. R. (2004) *Power, Terror, Peace and War* (New York: Alfred A. Knopf).

Meadows, D., J. Randers, D. L. Meadows and W. W. Behrens (1974) *Limits to Growth* (London: Pan).

Mearsheimer, J. (1990) 'Back to the Future: Instability in Europe after the Cold War', *International Security* (15) 5–56; and collected in M. E. Brown, Lynn-Jones and Miller, *The Perils of Anarchy* (1995).

Mearsheimer, J. (1994/5) 'The False Promise of International Institutions', *International Security* (19) 5–49; and collected in M. E. Brown, Lynn-Jones and Miller, *The Perils of Anarchy* (1995).

Mearsheimer, J. (2001) *The Tragedy of Great Power Politics* (New York: W. W. Norton).

Mearsheimer, J. (2005) 'E.H. Carr vs. Idealism: The Battle Rages On', *International Relations* (19) 139–52.

Mearsheimer, J. and S. Walt (2006) 'The Israel Lobby,' *London Review of Books* (28) 3–12.

Mearsheimer, J. and S. Walt (2007) *The Israel Lobby and U.S. Foreign Policy* (New York: Straus and Giroux).

Megret, F. (2002) 'The Politics of International Criminal Justice', *European Journal of International Law* (13) 1261–84.

Meinecke, F. (1957) *Machiavellism: The Doctrine of Raison d'Etat and Its Place in Modern History* (London: Routledge & Kegan Paul).

Meredith, R. (2008) *The Elephant and the Dragon: The Rise of India and China and What It Means for All of Us* (New York: W. W. Norton).

Meyer, J., J. Boli, G. Thomas and F. Ramirez (1997) 'World Society and the Nation State', *American Sociological Review* (62) 171–90.

Micklethwait, J. and A. Wooldridge (2004) *The Right Nation* (London: Allen Lane).

Miliband, R. (1973) *The State and Capitalist Society* (London: Quartet Books).

Millennium (1988) 'Women and International Relations', Special Issue (17) 419–598.

Millennium (1991) 'Sovereignty at Bay, 20 Years After', Special Issue (20) 198–307.

Millennium (1995) 'The Globalization of Liberalism', Special Issue (24) 377–576.

Millennium (1998) 'Gender and International Relations', Special Issue (27) 809–1100.

Millennium (2000a) 'Seattle December 1999' (29) 103–40.

Millennium (2000b) 'Religion and International Relations', Special Issue (29) 565–89.

Millennium (2002) 'Exchange: "What Empire: Whose Empire?"' (31) 318–45.

Millennium (2003) 'International Relations in the Digital Age', Special Issue (32) 441–672.

Millennium (2005) 'Facets of Power in International Relations', Special Issue (33) 477–961.

Millennium (2007a) 'Forum: Scientific and Critical Realism in International Relations', (35) 343–407.

Millennium (2007b) 'Theory of the International Today', Special Issue (35) 495–817.

Millennium (2008a) 'Exchange: Pluralism in IR', (36) 105–20.

Millennium (2008b) 'Forum: Reflections on the Past, Prospects for the Future in Gender and International Relations' (37) 97–179.

Mills, K. (2005) 'Neo-Humanitarianism: The Role of International Humanitarian Norms and Organizations in Contemporary Conflict,' *Global Governance* (11) 161–83.

Milner, H. V. and K. Keiko (2005) 'Why the Move to Free Trade? Democracy and Trade Policy in the Developing Countries', *International Organization* (59) 107–43.

Mitrany, D. (1966) *A Working Peace System* (Chicago: Quadrangle Books).

Mitrany, D. (1975) *The Functional Theory of Politics* (London: Martin Robertson).

Modelski, G. (1987) *Long Cycles in World Politics* (London: Macmillan).

Mohamed, M. Bin and S. Ishihara (1996) *The Voice of Asia: Two Leaders Discuss the Coming Century* (Tokyo: Kodansha International).

Moore, J. (ed.) (1998) *Hard Choices: Moral Dilemmas in Humanitarian Intervention* (Lanham, MD: Rowman & Littlefield).

Moore, M (2004a) *Dude, Where's My Country* (London: Penguin).

Moore, M. (2004b) *Stupid White Men* (London: Penguin).

Moravcsik, A. (1997) 'Taking Preferences Seriously: The Liberal Theory of International Politics', *International Organization* (51) 513–53.

Moravcsik, A. (1998) *The Choice for Europe: Social Purpose and State Power from Messina to Maastricht* (Ithaca, NY: Cornell University Press).

Morgenthau, H. J. (1948) *Politics Among Nations: The Struggle for Power and Peace* (New York: Alfred P. Knopf) (5th edn 1978).

Morton, A. D. (2007) 'Waiting for Gramsci: State Formation, Passive Revolution and the International', *Millennium* (35) 597–621.

Murphy, C. (1994) *International Organization and Industrial Change: Global Governance since 1850* (Cambridge: Polity Press).

Murphy, C. and R. Tooze (eds) (1991) *The New International Political Economy* (Boulder, CO: Lynne Rienner).

Murray, A. J. (1996a) 'The Moral Politics of Hans Morgenthau', *The Review of Politics* (58) 81–107.

Murray, A. J. H. (1996b) *Reconstructing Realism* (Edinburgh: Keele University Press).

Nardin, T. (1983) *Law, Morality and the Relations of States* (Princeton, NJ: Princeton University Press).

Nardin, T. (ed.) (1996) *The Ethics of War and Peace* (Princeton, NJ: Princeton University Press).

Nardin, T. and D. Mapel (eds) (1992) *Traditions of International Ethics* (Cambridge: Cambridge University Press).

Nardin, T. and M. S. Williams (2006) *Humanitarian Intervention* (London/New York: New York University Press).

National Commission on Terrorist Attacks, 'The 9/11 Commission Report' (2004) *The Full Final Report of the National Commission on Terrorist Attacks Upon the United States* (New York: W. W. Norton).

National Interest, The (2003) Special Issue on Empire (71) 2–62.

National Interest, The (2004) Forum on Iraq (76) 5–56.

Navari, C. (2007) 'States and State Systems: Democratic, Westphalian or Both?' *Review of International Studies* (33) 577–95.

Navon, E. (2001) 'The "Third Debate" Revisited', *Review of International Studies* (27) 611–25.

Neufeld, M. (1995) *The Restructuring of International Relations Theory* (Cambridge: Cambridge University Press).

Neumann, I. B. and O. J. Sending (2007) '"The International" as Governmentality', *Millennium* (35) 677–701.

Neumayer, E. (2005) 'Do International Human Rights Treaties Improve Respect for Human Rights?', *Journal of Conflict Resolution* (49) 925–53.

Newell, P. (2008) 'The Political Economy of Global Environmental Governance', *Review of International Studies* (34) 507–30.

Nicholas, H. G. (1985) *The United Nations as a Political System* (Oxford: Oxford University Press).

Nicholson, M. (1996) *Causes and Consequences in International Relations: A Conceptual Survey* (London: Pinter).

Niebuhr, R. (1932) *Moral Man and Immoral Society* (New York: Charles Scribner's Sons).

Nuruzzaman, M. (2006) 'Paradigms in Conflict: The Contested Claims of Human Security, Critical Theory and Feminism', *Cooperation and Conflict* (41) 285–303.

Nussbaum, M. (1999) 'The Professor of Parody: The Hip Defeatism of Judith Butler', *The New Republic*, 22 February, 37–45.

Nye, J. (1971) *Peace in Parts* (Boston, MA: Little, Brown).

Nye, J. S. (1988) Neorealism and Neoliberalism', *World Politics* (40) 235–51.

Nye, J. S. (1990) *Bound to Lead: The Changing Nature of American Power* (New York: Basic Books).

Nye, J. S. (2002) *The Paradox of American Power* (New York: Oxford University Press).

Nye, J. S. (2005) *Soft Power* (New York: PublicAffairs).

Nye, J. S. (2008) 'Recovering American Leadership', *Survival* (50) 55–68.

Oberdorfer, D. (1991) *The Turn: How the Cold War Came to an End* (London: Jonathan Cape).

O'Brien, R. and M. Williams (2007) *Global Political Economy*, 2nd edn (Basingstoke/ New York: Palgrave Macmillan).

Odysseos, L. and H. Seckinelgin (2002) *Gendering the International* (London: Palgrave).

O'Hanlon, M. E. (2002) 'A Flawed Masterpiece', *Foreign Affairs* (81) 47–63.

Ohmae, K. (1990) *The Borderless World* (London: Collins).

Olson, W. C. and A. J. R. Groom (1992) *International Relations Then and Now* (London: Pinter).

Onuf, N. (1989) *World of Our Making* (Columbia, SC: University of South Carolina Press).

Onuf, N. (1995) 'Levels', *European Journal of International Relations* (1) 35–58.

Overton, R. (2000) 'Molecular Electronics will Change Everything', *Wired* (8 July) 240–51.

Palan, R. and J. Abbott (1996) *State Strategies in the Global Political Economy* (London: Pinter).

Pape, R. A. (1997) 'Why Economic Sanctions Do Not Work', *International Security* (22) 90–136.

Pape, R. A. (1998) 'Why Economic Sanctions *Still* Do Not Work', *International Security* (23) 66–77.

Pape, R. A. (2005) 'Soft Balancing against the United States' *International Security* (30) 7–45

Parekh, B. (2000) *Rethinking Multiculturalism* (Basingstoke: Palgrave Macmillan; Cambridge, MA: Harvard University Press).

Parekh, B. (2008) *A New Politics of Identity: Political Principles for an Interdependent World* (London: Palgrave).

Paret, P. (ed.) (1986) *Makers of Modern Strategy from Machiavelli to the Nuclear Age* (Princeton, NJ: Princeton University Press).

Patomaki, H. (2002) *After International Relations: Critical Realism and the (Re)Construction of World Politics* (London: Routledge).

Patomäki, H. and C. Wight (2000) 'After Postpositivism: The Promise of Critical Realism', *International Studies Quarterly* (44) 213–37.

Pederson, T. (2002) 'Co-operative Hegemony: Power, Ideas and Institutions in Regional Integration', *Review of International Studies* (28) 677–96.

Percy, S. (2007a) *Mercenaries: The History of a Norm in International Relations* (Oxford: Oxford University Press).

Percy, S. (2007b) 'Mercenaries; Strong Norm, Weak Law', *International Organization* (61) 367–97.

Peters, J. S. and A. Wolper (eds) (1995) *Women's Rights, Human Rights: International Feminist Perspectives* (New York: Routledge).

Peterson, V. S. (ed.) (1992) *Gendered States: Feminist (Re)Visions of International Relations Theory* (Boulder, CO: Lynne Rienner).

Philpott, D. *et al* (forthcoming) *God's Century* (New York: W. W. Norton)

Pijl, K. Van der (1998) *Transnational Classes and International Relations* (London: Routledge).

Pilger, J. (2002) *New Rulers of the World* (London: Verso).

Pin-Fat, V. (2005) 'The Metaphysics of the National Interest and the "Mysticism" of the Nation-State: Reading Hans J. Morgenthau', *Review of International Studies* (31) 217–36.

Pinker, S. (2003) *The Blank Slate: The Modern Denial of Human Nature* (Harmondsworth: Penguin).

Pogge, T. (2002) *World Poverty and Human Rights* (Cambridge: Polity Press).

Polanyi, K. (1975) *The Great Transformation* (Boston, MA: Beacon Books).

Porter, B. (ed.) (1969) *The Aberystwyth Papers* (Oxford: Oxford University Press).

Porter, G. and J. Welsh Brown (1991) *Global Environmental Politics* (Boulder, CO: Westview Press).

Posen, B. (2000) 'The War for Kosovo: Serbia's Political Military Strategy', *International Security* (24) 39–84.

Poulantzas, N. (1978/2001) *State, Power, Socialism* (London: Verso Books).

Pouliot, V. (2006) 'The Alive and Well Transatlantic Security Community: A Theoretical Reply to Michael Cox', *European Journal of International Relations* (12) 119–27.

Pouliot, V. (2008) The Logic of Practicality: A Theory of Practice of Security Communities', *International Organization* (62) 257–88.

Powell, R. (1991) 'Absolute and Relative Gains in International Relations Theory', *American Political Science Review* (85) 1303–20.

Powell, R. (1994) 'Anarchy in International Relations: The Neoliberal–Neorealist Debate', *International Organization* (48) 313–34.

Power, S. (2002) *A Problem from Hell: America and the Age of Genocide* (London: Flamingo).

Prebisch, R. (1950) *The Economic Development of Latin America and Its Principal Problems* (New York: United Nations).

Price, M. (2008) *Moral Limit and Possibility in World Politics* (Cambridge: Cambridge University Press).

Price, R. and C. Reus-Smit (1998) 'Dangerous Liaisons: Critical International Theory and Constructivism', *European Journal of International Relations* (4) 259–94.

Prunier, G. (1995) *The Rwanda Crisis, 1959–94: History of a Genocide* (New York: Columbia University Press).

Puhovski, Z. (1994) 'The Moral Basis of Political Restructuring', in C. Brown (ed.), *Political Restructuring in Europe.*

Quirk, J. and V. Darshan (2005) 'The Construction of an Edifice: The Story of a First Great Debate', *Review of International Studies* (31) 89–107.

Rai, S. and G. Waylen (eds) (2008) *Global Governance: Feminist Perspectives* (Basingstoke: Palgrave).

Ralph, J. (2005) 'International Society, the International Criminal Court and American Foreign Policy', *Review of International Studies* (31) 27–44.

Ramsbotham, O. and T. Woodhouse (1996) *Humanitarian Intervention in Contemporary Conflict* (Cambridge: Polity Press).

Rasler, K. and W. Thompson (eds) (2005) *Puzzles of the Democratic Peace* (Basingstoke: Palgrave).

Rasmussen, M. (2006) *The Risk Society at War: Terror, Technology and Strategy in the Twenty-first Century* (Cambridge: Cambridge University Press).

Rathbun, B. (2007) 'Uncertain about Uncertainty: Understanding the Multiple Meanings of a Crucial Concept in International Relations Theory', *International Studies Quarterly* (51) 533–57.

Reich, R. (1992) *The Work of Nations* (New York: Vintage).

Reiss, H. (ed.) (1970) *Kant's Political Writings* (Cambridge: Cambridge University Press).

Reus-Smit, C. (ed.) (2004) *The Politics of International Law* (Cambridge: Cambridge University Press).

Review of International Studies (1999a) Special Issue: *The Interregnum* (25) (also published as M. Cox, K. Booth and T. Dunne (eds) (1999), *The Interregnum* (Cambridge: Cambridge University Press).

Review of International Studies (1999b) Forum on Andrew Linklater's *The Transformation of Political Community* (25) 139–75.

Review of International Studies (2000) Forum on Alexander Wendt's *Social Theory of International Politics* (26) 123–80.

Review of International Studies (2001) Forum on the English School (27) 465–513.

Review of International Studies (2003a) Forum on American Realism (29) 401–60.

Review of International Studies (2003b) Forum on Chomsky (29) 551–620.

Review of International Studies (2004a) Forum on the State as a Person (30) 255–316.

Review of International Studies (2004b) Forum on the American Empire (30) 583–653.

Review of International Studies (2005a) Forum on Habermas and International Relations (31) 127–209.

Review of International Studies (2005b) Forum on Charles Beitz: Twenty-five Years of Political Theory and International Relations (31) 361–423.

Review of International Studies (2006) Special Issue on Force and Legitimacy in World Politics (31) 3–263.

*Review of International Studie*s (2007) Special Issue: Critical International Relations Theory after 25 years (33) 3–174.

Ricardo, D. (1971) *Principles of Political Economy and Taxation* (Harmondsworth: Penguin).

Richardson, J. L. (1994) *Crisis Diplomacy* (Cambridge: Cambridge University Press).

Rieff, D. (2002) *A Bed for the Night: Humanitarianism in Crisis* (New York: Vintage).

Ripsman, N. M. and T.V. Paul (2005) 'Globalization and the National Security State: A Framework for Analysis', *International Studies Review* (7) 199–227.

Risse, T. (2000) 'Let's Argue', *International Organization* (54) 1–39.

Risse-Kappen, T. (ed.) (1995) *Bringing Transnational Relations Back In: Non-State Actors, Domestic Structures and International Institutions* (Cambridge: Cambridge University Press).

Rittberger, V. (ed.) (1993) *Regime Theory and International Relations* (Oxford: Oxford University Press).

Rittberger, V. and A. Schnabel (eds) (2000) *The UN Global Governance System in the Twenty-first Century* (Tokyo: United Nations University Press).

Rivkin, D. B. and L. A. Casey, (2000/1) 'The Rocky Shoals of International Law', *The National Interest* (62) 35–46.

Roberts, A. and R. Guelff (eds) (2000) *Documents on the Laws of War* (Oxford: Oxford University Press).

Roberts, A. and B. Kingsbury (eds) (1993) *United Nations, Divided World: The UN's Role in International Relations* (Oxford: Oxford University Press).

Robertson, E. M. (ed.) (1971) *The Origins of the Second World War: Historical Interpretations* (London: Macmillan).

Rodney, W. (1983) *How Europe Underdeveloped Africa* (London: Bogle-Louverture).

Rorty, R. (1993) 'Human Rights, Rationality and Sentimentality', in Shute and Hurley, *On Human Rights*.

Rorty, R. (1998) 'The End of Leninism, Havel, and Social Hope', in *Truth and Progress: Philosophical Papers, Vol. 3* (Cambridge: Cambridge University Press).

Rosamond, B. (2000) *Theories of European Integration* (Basingstoke/New York: Palgrave Macmillan).

Rose, G. (1998) 'Neoclassical Realism and Theories of Foreign Policy', *World Politics* (51) 144–72.

Rosecrance, R. (2006) 'Power and International Relations: The Rise of China and Its Effects', *International Studies Perspectives* (7) 31–35.

Rosen, S. P. (2005) *War and Human Nature* (Princeton, NJ: Princeton University Press).

Rosenau, J. N. (ed.) (1967) *Domestic Sources of Foreign Policy* (New York: Free Press).

Rosenau, J. N. (ed.) (1969) *International Politics and Foreign Policy: A Reader* (New York: Free Press).

Rosenau, J. N. (1997) *Along the Domestic–Foreign Frontier: Exploring Governance in a Turbulent World* (Cambridge: Cambridge University Press).

Rosenau, J. N. and E.-O. Czempiel (eds) (1992) *Governance without Government: Order and Change in World Politics* (Cambridge: Cambridge University Press).

Rosenberg, J. (1994) *The Empire of Civil Society* (London: Verso).

Rosenberg, J. (2001) *Follies of Globalization Theory* (London: Verso).

Rosenthal, J. (1991) *Righteous Realists* (Baton Rouge: University of Louisiana Press).

Rubin, J. (2003) 'Stumbling into War', *Foreign Affairs* (82) 46–66.

Rudolph, C. (2001) 'Constructing an Atrocities Regime: The Politics of War Crimes Tribunals', *International Organization* (55) 655–92.

Ruggie, J. G. (1982) 'International Regimes, Transactions and Change: Embedded Liberalism in the Postwar Economic Order', *International Organization* (36) 379–415.

Ruggie, J. G. (1983) 'Continuity and Transformation in the World Polity: Towards a NeoRealist Synthesis', *World Politics* (35) 261–85.

Ruggie, J. G. (1998) *Constructing the World Polity* (London: Routledge).

Russett, B. (1993) *Grasping the Democratic Peace: Principles for a Post-Cold War World* (Princeton, NJ: Princeton University Press).

Russett, B., J. L. Ray and R. Cohen (1995) 'Raymond Cohen on Pacific Unions: A Response and a Reply', *Review of International Studies* (21) 319–25.

Ruthven, M. (2000) *Islam: A Very Short Introduction* (Oxford: Oxford University Press).

Ruthven, M. (2004) *A Fury for God: The Islamicist Attack on America* (Cambridge: Granta Books).

Sachs, W. (ed.) (1993) *Global Ecology: A New Arena of Political Conflict* (London: Zed Books).

Sagan, S. D. and K. Waltz (1995) *The Spread of Nuclear Weapons* (New York: W. W. Norton).

Sagarin, R. D. and T. Taylor (eds) (2008) *Natural Security: A Darwinian Approach to a Dangerous World* (Berkeley, CA: University of California Press).

Sahnoun, M. (1998) 'Mixed Intervention in Somalia and the Great Lakes: Culture, Neutrality and the Military', in Moore, *Hard Choices*.

Sakakiba, E. (1995) 'The End of Progressivism: A Search for New Goals', *Foreign Affairs* (74) 8–15.

Sassen, S. (1998) *Globalization and its Discontents* (New York: New Press).

Sassen, S. (2000) *Cities in a World Economy* (Thousand Oaks, CA: Pine Forge Press).

Schabas, W. (2004) *An Introduction to the International Criminal Court,* 2nd edn (Cambridge: Cambridge University Press).

Schelling, T. (1960) *The Strategy of Conflict* (Cambridge, MA: Harvard University Press).

Schmidt, B. (1998) *The Political Discourse of Anarchy: A Disciplinary History of International Relations* (Albany, NY: State University of New York Press).

Schmitt, C. (1932/1996) *The Concept of the Political* (Chicago: University of Chicago Press).

Scholte, J. A. (2005) *Globalization*, 2nd edn (Basingstoke/New York: Palgrave Macmillan).

Scheuerman, W. (2008) 'Realism and the Left: The Case of Hans J. Morgenthau', *Review of International Studies* (34) 29–51.

Schroeder, P. (1994) 'Historical Reality vs. Neo-Realist Theory', *International Security* (19) 108–48; and collected in M. E. Brown, Lynn-Jones and Miller, *The Perils of Anarchy* (1995).

Schweller, R. (1998) *Deadly Imbalances: Tripolarity and Hitler's Strategy of World Conquest* (New York: Columbia University Press).

Scott, S. V. and O. Ambler, (2007) 'Does Legality Really Matter? Accounting for the Decline in US Foreign Policy Legitimacy Following the 2003 Invasion of Iraq', *European Journal of International Relations* (13) 67–87.

Scruton, R. (2003) *The West and the Rest: Globalization and the Terrorist Threat* (London: Continuum).

Searle, J. (1995) *The Construction of Social Reality* (London: Allen Lane).

Sen, A. (1982) *Poverty and Famine* (Oxford: Clarendon Press).

Sen, A. (2000) *Development and Freedom* (Cambridge: Cambridge University Press).

Sending, O. J. and I. B. Neumann (2006) 'Governance to Governmentality: Analyzing NGOs, States, and Power', *International Studies Quarterly* (50) 651–672.

Sewell, J. P. (1966) *Functionalism and World Politics* (Princeton, NJ: Princeton University Press).

Shaikh, N. (ed) (2007) *The Present as History: Critical Perspective on Global Power* (New York: University of Columbia Press).

Shannon, V. P. (2005) 'Wendt's Violation of the Constructivist Project: Agency and Why a World State is Not Inevitable', *European Journal of International Relations* (11) 581–7.

Shapiro, I. and L. Brilmayer (eds) (1999) *Global Justice* (New York: New York University Press).

Shapiro, M. and H. R. Alker (eds) (1996) *Challenging Boundaries: Global Flows, Territorial Identities* (Minneapolis, MN: University of Minnesota Press).

Shaw, M. (ed.) (1999) *Politics and Globalization: Knowledge, Ethics and Agency* (London: Routledge).

Shawcross, W. (2000) *Deliver Us from Evil: Warlords and Peacekeepers in a World of Endless Conflict* (London: Bloomsbury).

Shawcross, W. (2004) *Allies at War* (London: Atlantic Books).

Shiller, R. J. (2008) *The Subprime Solution: How Today's Global Financial Crisis Happened and What to Do about It* (Princeton, NJ: Princeton University Press).

Shilliam, R. (2007) 'Morgenthau in Context: German Backwardness, German Intellectuals and the Rise and Fall of a Liberal Project', *European Journal of International Relations* (13) 299–327.

Shonfield, A. (ed.) (1976) *International Economic Relations of the Western World 1959–1971,* Vol. I, *Politics and Trade* (Shonfield *et al.*), Vol. II, *International Monetary Relations* (Susan Strange) (Oxford: Oxford University Press).

Shue, H. (1980) *Basic Rights: Subsistence, Affluence and U.S. Foreign Policy* (Princeton, NJ: Princeton University Press).

Shute, S. and S. Hurley (eds) (1993) *On Human Rights* (New York: Basic Books).

Singer, J. D. (1961) 'The Levels of Analysis Problem in International Relations', in K. Knorr and S. Verba (eds), *The International System: Theoretical Essays* (Princeton, NJ: Princeton University Press).

Singer, J. D. (1979) *Explaining War* (London: Sage).

Sklair, L. (1995) *The Sociology of the Global System* (Hemel Hempstead: Harvester Wheatsheaf).

Slaughter, A.-M. (2004) *A New World Order* (Princeton, NJ: Princeton University Press).

Smith, A. D. (1998) *Nationalism and Modernity* (London: Routledge).

Smith, H. (1994) 'Marxism and International Relations', in Groom and Light, *Contemporary International Relations*.

Smith, K. E. and M. M. Light (eds) (2001) *Ethics and Foreign Policy* (Cambridge: Cambridge University Press).

Smith, M. J. (1986) *Realist Thought from Weber to Kissinger* (Baton Rouge: University of Louisiana Press).

Smith, S. (1986) 'Theories of Foreign Policy: An Historical Overview', *Review of International Studies* (12) 13–29.

Smith, S. (1997) 'Power and Truth: A Reply to William Wallace', *Review of International Studies* (23) 507–16.

Smith, S. and M. Clarke (eds) (1985) *Foreign Policy Implementation* (London: Allen & Unwin).

Smith, S., K. Booth and M. Zalewski (eds) (1996) *International Theory: Post-Positivism and Beyond* (Cambridge: Cambridge University Press).

Smythe, E. and P. J. Smith, (2006) 'Legitimacy, Transparency, and Information Technology: The World Trade Organization in an Era of Contentious Trade Politics', *Global Governance* (12) 31–54.

Snyder, J. (1991) *Myths of Empire: Domestic Politics and International Ambition* (Ithaca, NY: Cornell University Press).

Snyder, R., H. W. Bruck, B. Sapin and V. Hudson, D. Chollet and J. Goldgeier (2003) *Foreign Policy Decision Making Revisited* (Basingstoke: Palgrave Macmillan).

Soederberg, S., G. Menz and P. Cerny, P. (eds) (2005) *Internalizing Globalization: The Rise of Neoliberalism and the Erosion of National Models of Capitalism* (Basingstoke: Palgrave Macmillan).

Sørenson, G. (2003) *The Transformation of the State: Beyond the Myth of Retreat* (Basingstoke/New York: Palgrave Macmillan).

Sørensen, G. (2006) 'What Kind of World Order? The International System in the New Millennium', *Cooperation and Conflict* (41) 343–63.

Soros, G. (2008) *The New Paradigm for Financial Markets: The Credit Crisis of 2008 and What It Means* (Jackson, TN: Public Affairs)

Spero, J. and J. Hart (2003) *The Politics of International Economic Relations,* 6th edn (Belmont, CA: Wadsworth).

Spiro, P. J. (2000) 'The New Sovereigntists', *Foreign Affairs* (79) 9–15.

Spykman, N. (1942) *America's Strategy in World Politics* (New York: Harcourt Brace).

Steans, J. (1998) *Gender and International Relations: An Introduction* (Cambridge: Polity Press).

Stein, A. (1982) 'Coordination and Collaboration: Regimes in an Anarchic World', *International Organization* (36) 294–324.

Steiner, H. J. and P. Alston (eds) (2007) *International Human Rights in Context: Law, Politics, Morals*, 3rd edn (Oxford: Clarendon Press).

Sterling-Folker, J. (2006) *Making Sense of IR Theory* (Boulder, CO: Lynne Reiner).

Stiglitz, J. (2004) *Globalization and its Discontents* (London: Penguin).

Stoessinger, J. G. (2005) *Why Nations Go to War,* 9th edn (Belmont, CA: Wadsworth).

Stopford, J. and S. Strange (1991) *Rival States, Rival Firms: Competition for World Market Shares* (Cambridge: Cambridge University Press).

Strange, S. (1970) 'International Economics and International Relations: A Case of Mutual Neglect', *International Affairs* (46) 304–15.

Strange, S. (1971) *Sterling and British Policy* (Oxford: Oxford University Press).

Strange, S. (1985) 'Protectionism and World Politics', *International Organization* (39) 233–59.

Strange, S. (1986) *Casino Capitalism* (Oxford: Basil Blackwell).

Strange, S. (1987) 'The Persistent Myth of Lost Hegemony', *International Organization* (41) 551–74.

Strange, S. (1988) *States and Markets* (London: Pinter).

Strange, S. (1992) 'States, Firms and Diplomacy', *International Affairs* (68) 1–15.

Strange, S. (1994) 'Wake up Krasner! The World *Has* Changed', *Review of International Political Economy* (1) 209–19.

Strange, S. (1996) *The Retreat of the State* (Cambridge: Cambridge University Press).

Strange, S. (1998a) 'Globaloney', *Review of International Political Economy* (5) 704–11.

Strange, S. (1998b) *Mad Money* (Manchester: Manchester University Press).

Strange, S. (1999) 'The Westfailure System', *Review of International Studies* (25) 345–54.

Stritzel, H. (2007) 'Towards a Theory of Securitization: Copenhagen and Beyond', *European Journal of International Relations* (13) 357–83.

Stubbs, R. and G. Underhill (eds) (1999) *Political Economy and the Changing Global Order,* 2nd edn (Toronto: Oxford University Press).

Suganami, H. (1989) *The Domestic Analogy and World Order Proposals* (Cambridge: Cambridge University Press).

Suganami, H. (1990) 'Bringing Order to the Causes of War Debate', *Millennium* (19) 19–35.

Suganami, H. (1996) *On the Causes of War* (Oxford: Clarendon Press).

Suganami, H. (1999) 'Agents, Structures, Narratives', *European Journal of International Relations* (5) 365–86.

Sunstein, C. R. and R. H. Thaler (2008) *Nudge: Improving Decisions About Health, Wealth, and Happiness* (New Haven, CT: Yale University Press).

Sylvester, C. (1994) *Feminist Theory and International Relations in a Post-Modern Era* (Cambridge: Cambridge University Press).

Sylvester, C. (2001) *Feminist International Relations: An Unfinished Journey* (Cambridge: Cambridge University Press).

Taleb, N. N. (2007) *The Black Swan: The Impact of the Highly Improbable* (New York: Random House).

Taliaferro, J. (2000/01) 'Security Seeking under Anarchy: Defensive Realism Revisited', *International Security* (25) 128–61.

Taylor, A. J. P. (1961) *The Origins of the Second World War* (London: Hamish Hamilton).

Taylor, C. (1971) 'Interpretation and the Sciences of Man', *Review of Metaphysics* (25) 3–51.

Taylor, C. (2007) *A Secular Age* (Cambridge, MA: Harvard University Press).

Taylor, P. (1993) *International Organization in the Modern World* (London: Pinter).

Taylor, P. and A. J. R. Groom (eds) (1978) *International Organization: A Conceptual Approach* (London: Pinter).

Taylor, P. and A. J. R. Groom (eds) (1989) *Global Issues in the United Nations Framework* (London: Macmillan).

Taylor, P. and A. J. R. Groom (1992) *The UN and the Gulf War, 1990–1991: Back to the Future* (London: Royal Institute of International Affairs).

Taylor, P. and A. J. R. Groom (2000) *The United Nations at the Millennium* (London: Continuum).

Thayer, B. (2000) 'Bringing in Darwin: Evolutionary Theory, Realism and International Politics', *International Security* (25) 124–51.

Thayer, B. (2004) *Darwin and International Relations* (Lexington: The University Press of Kentucky).

Thomas, C. (1987) *In Search of Security: The Third World in International Relations* (Brighton: Wheatsheaf).

Thomas, C. (1992) *The Environment in International Relations* (London: Royal Institute of International Affairs).

Thomas, C. (ed.) (1994) 'Rio: Unravelling the Consequences', Special Issue, *Environmental Politics* (2) 1–241.

Thomas, C. and P. Wilkin (eds) (1999) *Globalization and the South* (Basingstoke/New York: Palgrave Macmillan).

Thompson, H. (2006) 'The Case for External Sovereignty', *European Journal of International Relations* (12) 251–74.

Thompson, W. R. (2006) 'Systemic Leadership, Evolutionary Processes, and International Relations Theory: The Unipolarity Question', *International Studies Review* (8) 1–22.

Tickner, A. (2003) 'Seeing International Relations Differently: Notes from the Third World', *Millennium: Journal of International Studies* (32) 295–324.

Tickner, J. A. (1989) 'Hans Morgenthau's Principles of Political Realism: A Feminist Reformulation', *Millennium* (17) 429–40.

Tickner, J. A. (1992) *Gender in International Relations* (New York: Columbia University Press).

Tickner, J. A. (2001) *Gendering World Politics* (New York: Columbia University Press).

Tilly, C. (ed.) (1975) *The Formation of National States in Western Europe* (Princeton, NJ: Princeton University Press).

Tilly, C. (1990) *Coercion, Capital and European States AD 990–1990* (Oxford: Basil Blackwell).

Toffler, A. and H. Toffler (1993) *War and Anti-War* (Boston, MA: Little, Brown).

Tomlinson, J. (1999) *Globalization and Culture* (Cambridge: Polity Press).

Treitschke, H. von (1916/1963) *Politics* (abridged and ed. by Hans Kohn) (New York: Harcourt, Brace & World).

Tucker, R. W. and D. C. Hendrickson (1992) *The Imperial Temptation: The New World Order and America's Purpose* (New York: Council on Foreign Relations).

Turner, L. and M. Hodges (1992) *Global Shakeout* (London: Century Business).

United Nations (1995) *Our Global Neighborhood: Report of the Commission on Global Governance* (New York: United Nations).

United Nations (1999) *Human Development Report* (New York: UN Publications).

Van Evera, S. (1998) 'Offense, Defense and the Causes of War', *International Security* (22) 5–43.

Van Evera, S. (1999) *Causes of War: Power and the Roots of Conflict* (Ithaca, NY: Cornell University Press).

Vernon, R. (1971) *Sovereignty at Bay* (New York: Basic Books).

Veseth, M. (1998) *Selling Globalization: The Myth of the Global Economy* (Boulder, CO: Lynne Rienner).

Vincent, R. J. (1986) *Human Rights and International Relations: Issues and Responses* (Cambridge: Cambridge University Press).

Viotti, P. and M. Kauppi (1999) *International Relations Theory*, 3rd edn (New York: Prentice Hall).

Vogler, J. (2000) *The Global Commons: Environmental and Technological Governance* (New York: John Wiley).

Vogler, J. and M. Imber (eds) (1995) *The Environment and International Relations* (London: Routledge).

Waever, O. (1996) 'The Rise and Fall of the Inter-paradigm Debate', in Smith, Booth and Zalewski, *International Theory*.

Walker, R. B. J. (1993) *Inside/Outside: International Relations as Political Theory* (Cambridge: Cambridge University Press).

Wallace, W. (1994) *Regional Integration: The West European Experience* (Washington, DC: Brookings Institute).

Wallace, W. (1996) 'Truth and Power, Monks and Technocrats: Theory and Practice in International Relations', *Review of International Studies* (22) 301–21.

Wallace, W. (1999a) 'Europe after the Cold War: Interstate Order or Post-Sovereign Regional System', *Review of International Studies* (25) 201–33.

Wallace, W. (1999b) 'The Sharing of Sovereignty: The European Paradox', *Political Studies* (47) 503–21.

Wallerstein, I. (1974/1980/1989) *The Modern World System*, Vols I, II and III (London: Academic Press).

Wallerstein, I. (1991a) *Geopolitics and Geoculture: Essays on the Changing World System* (Cambridge: Cambridge University Press).

Wallerstein, I. (1991b) *Unthinking Social Science: The Limits of Nineteenth-Century Paradigms* (Cambridge: Polity Press).

Walt, S. (1985) 'Alliance Formation and the Balance of World Power', *International Security* (9) 3–43; and collected in M. E. Brown, Lynn-Jones and Miller, *The Perils of Anarchy* (1995).

Walt, S. (1987) *The Origin of Alliances* (Ithaca, NY: Cornell University Press).

Walt, S. (1991) 'The Renaissance of Security Studies', *International Studies Quarterly* (35) 211–39.

Walt, S. (2002) 'The Enduring Relevance of the Realist Tradition', in Katznelson and Milner, *Political Science.*

Walt, S. (2005) *Taming American Power: The Global Response to U.S. Primacy* (New York: W. W. Norton).

Walton, C. D. (2007) *Geopolitics and the Great Powers in the Twenty-first Century: Multipolarity and the Revolution in Strategic Perspective* (London: Routledge).

Waltz, K. (1959) *Man, the State and War* (New York: Columbia University Press).

Waltz, K. (1979) *Theory of International Politics* (Reading, MA: Addison-Wesley).

Waltz, K. (1990) 'Realist Thought and Neorealist Theory', *Journal of International Affairs* (44) 21–37.

Waltz, K. (1993) 'The Emerging Structure of International Politics', *International Security* (18) 44–79; and collected in M. E. Brown, Lynn-Jones and Miller, *The Perils of Anarchy* (1995).

Waltz, K. (1997) 'Evaluating Theories', *American Political Science Review* (91) 913–18.

Waltz, K. (1998) 'An Interview with Kenneth Waltz' (conducted by Fred Halliday and Justin Rosenberg), *Review of International Studies* (24) 371–86.

Waltz, K. (2000) 'Structural Realism after the Cold War', *International Security* (25) (1) 5–41.

Walzer, M. (ed.) (1997) *Toward a Global Civil Society* (New York: Berghahn Books).

Walzer, M. (2000) *Just and Unjust Wars*, 3rd edn (New York: Perseus).

Walzer, M. (2004) *Arguing about War* (New Haven, CT: Yale University Press).

Warleigh, A. (2006) 'Learning from Europe? EU Studies and the Re-thinking of "International Relations"', *European Journal of International Relations* (12) 1, 31–51.

Warren, B. (1980) *Imperialism: Pioneer of Capitalism* (London: New Left Books).

Watson, A. (1982) *Diplomacy: The Dialogue of States* (London: Methuen).

Watson, A. (1992) *The Evolution of International Society: A Comparative Historical Analysis* (London: Routledge).

Watt, D. C. (1989) *How War Came* (London: Heinemann).

Webber, M. and M. Smith (2002) *Foreign Policy in a Transformed World* (London: Longman).

Weber, C. (1999) *Faking It: US Hegemony in a 'Post-Phallic' Era* (Minneapolis, MN: University of Minnesota Press).

Wee, H. Van der (1986) *Prosperity and Upheaval 1945–1980* (Harmondsworth: Penguin).

Weinberg, G. L. (1994) *A World at Arms: A Global History of World War II* (Cambridge: Cambridge University Press).

Weiss, T. G. (1999) *Military–Civil Interactions: Intervening in Humanitarian Crises* (Lanham, MD: Rowman & Littlefield).

Welch, D. A. (1992) 'The Organizational Process and Bureaucratic Politics Paradigm', *International Security* (17) 112–46.

Weller, M. (1999) 'On the Hazards of Foreign Travel for Dictators and Other Criminals', *International Affairs* (75) 599–618.

Wendt, A. (1987) 'The Agent/Structure Problem in International Relations Theory', *International Organization* (41) 335–70.

Wendt, A. (1991) 'Bridging the Theory/Metatheory Gap in International Relations' *Review of International Studies* (17), 383–92.

Wendt, A. (1992) 'Anarchy Is What States Make of It: The Social Construction of Power Politics', *International Organization* (46) 391–426.

Wendt, A. (1999) *Social Theory of International Politics* (Cambridge: Cambridge University Press).

Wendt, A. (2003) 'Why a World State Is Inevitable', *European Journal of International Relations* (9) 491–542.

Wendt, A. (2004) 'The State as Person in IR Theory', *Review of International Studies* (30) 289–316.

Wendt, A. (2005a) 'Agency, Teleology and the World State: A Reply to Shannon', *European Journal of International Relations* (11) 589–98.

Wendt, A. (2005b) 'How Not to Argue against State Personhood: A Reply to Lomas', *Review of International Studies* (31) 357–60.

Wheeler, N. J. (1992) 'Pluralist and Solidarist Conceptions of International Society: Bull and Vincent on Humanitarian Intervention', *Millennium* (21) 463–87.

Wheeler, N. J. (2000) *Saving Strangers* (Oxford: Oxford University Press).

Wheeler, N. J. (2000/1) 'Reflections on the Legality and Legitimacy of NATO's Intervention in Kosovo', in Booth (ed.), *The Kosovo Tragedy*.

White, B. (1999) 'The European Challenge to Foreign Policy Analysis', *European Journal of International Relations* (5) 37–66.

White, S. (1991) *Political Theory and Postmodernism* (Cambridge: Cambridge University Press).

Wibbels, E. (2006) 'Dependency Revisited: International Markets, Business Cycles, and Social Spending in the Developing World', *International Organization* (60) 433–68.

Wiener, A. and T. Diez (eds) (2004) *European Integration Theory* (Oxford: Oxford University Press).

Wiener, J. (1995) 'Hegemonic Leadership: Naked Emperor or the Worship of False Gods', *European Journal of International Relations* (1) 219–43.

Wight, C. (1999) '"They Shoot Dead Horses Don't They?" Locating Agency in the Agent–Structure Problematique', *European Journal of International Relations* (5) 109–42.

Wight, C. (2004) 'Social Action without Human Activity', *Review of International Studies* (30) 269–80.

Wight, C. (2006) *Agents, Structures and International Relations* (Cambridge: Cambridge University Press).

Wight, M. (1946/1978) *Power Politics,* 2nd edn (Leicester: Leicester University Press).

Wight, M. (1977) *Systems of States* (Leicester: Leicester University Press).

Willetts, P. (ed.) (1983) *Pressure Groups in the International System* (London: Pinter).

Williamson, J. (1990) 'What Washington Means by Policy Reform', in Williamson (ed.), *Latin American Adjustment: How Much Has Changed* (Washington, DC: Institute for International Economics).

Williamson, J. and C. Milner (1991) *The World Economy* (Hemel Hempstead: Harvester Wheatsheaf).

Williams, M. C. (2005) *The Realist Tradition and the Limits of International Relations* (Cambridge: Cambridge University Press).

Williams, M. C. (2007) *Realism Reconsidered: The Legacy of Hans Morgenthau in International Relations* (Oxford: Oxford University Press).

Wilson, P. (2001) 'Radicalism for a Conservative Purpose: The Peculiar Realism of E. H. Carr', *Millennium: Journal of International Studies* (30) 123–36.

Wilson, P. (2003) *The International Theory of Leonard Woolf* (Basingstoke/New York: Palgrave Macmillan).

Wohlforth, W. (1993) *Elusive Balance: Power and Perception during the Cold War* (Ithaca, NY: Cornell University Press).

Wohlforth, W. (1994/5) 'Realism and the End of the Cold War', *International Security* (19) 91–129.

Wohlforth, W. C. (1999) 'The Stability of a Unipolar World', *International Security* (24) 5–41.

Wohlforth, W., R. Little, S. Kaufman, D. Kang, C. Jones, V. T. Hui, A Eckstein, D. Deudney and W. Brenner (2007) 'Testing Balance-of-Power Theory in World History', *European Journal of International Relations* (13) 155–85.

Woodward, B. (2002) *Bush at War* (New York: Pocket Books).

Woodward, B. (2004) *Plan of Attack: The Road to War* (New York: Pocket Books).

Woolsey, R. J. (ed.) (2003) *The* National Interest *on International Law and Order* (London: Transaction).

World Bank – China Quarterly Update http://web.worldbank.org/WBSITE/EXTER-NAL/COUNTRIES/EASTASIAPACIFICEXT/CHINAEXTN

World Politics (forthcoming 2009) Special Issue: 'International Relations Theory and the Consequences of Unipolarity' (62).

Wright, M. (ed.) (1989) 'The Balance of Power', Special Issue, *Review of International Studies* (15) 77–214.

Young, O., G. Demko and K. Ramakrisna (eds) (1996) *Global Environmental Change and International Governance* (Hanover, NH: University Press of New England).

Zacher, M. with B. A. Sutton (1996) *Governing Global Networks: International Regimes for Transport and Communication* (Cambridge: Cambridge University Press).

Zakaria, F. (1992) 'Realism and Domestic Politics: A Review Essay', *International Security* (17) 177–98.

Zakaria, F. (1994) 'Culture is Destiny: A Conversation with Lee Kwan Yew', *Foreign Affairs* (73) 109–26.

Zakaria, F. (1998) *From Wealth to Power* (Princeton, NJ: Princeton University Press).

Zakaria, F. (2008a) *The Post-American World* (New York: W. W. Norton).

Zakaria, F. (2008b) 'The Future of American Power', *Foreign Affairs* (87), 3.

Zalewski, M. and J. Papart (eds) (1997) *The 'Man' Question in International Relations* (Boulder, CO: Westview Press).

Zehfuss, M. (2007) *Wounds of Memory: The Politics of War in Germany* (Cambridge: Cambridge University Press).

國家圖書館出版品預行編目資料

國際關係/Chris Brown, Kirsten Ainley著；
葉惠琦、龐元媛譯. -- 初版. -- 臺北市：五
南，2019.06
　　面；　公分
譯自：Understanding International Relations
ISBN 978-957-11-9703-6 (平裝)

1. 國際關係

578.1　　　　　　　　　　107006309

1PAS

國際關係
Understanding International Relations

作　　者 ― Chris Brown, Kirsten Ainley

譯　　者 ― 葉惠琦（322.9）、龐元媛

發 行 人 ― 楊榮川

總 經 理 ― 楊士清

總 編 輯 ― 楊秀麗

副總編輯 ― 劉靜芬

責任編輯 ― 林佳瑩、許珍珍、陳鴻旻

封面設計 ― 王麗娟

出 版 者 ― 五南圖書出版股份有限公司

地　　址：106台北市大安區和平東路二段339號4樓

電　　話：(02)2705-5066　　傳　　真：(02)2706-6100

網　　址：http://www.wunan.com.tw

電子郵件：wunan@wunan.com.tw

劃撥帳號：01068953

法律顧問　林勝安律師事務所　林勝安律師

出版日期　2019年6月初版一刷

定　　價　新臺幣450元

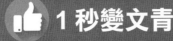

經典永恆・名著常在

五十週年的獻禮 —— 經典名著文庫

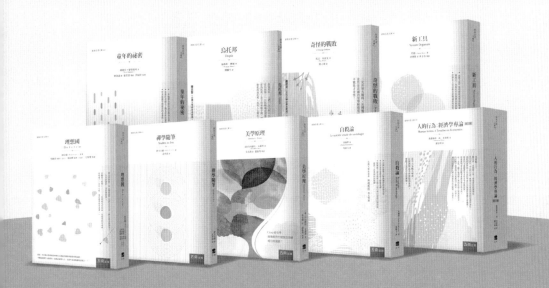

五南，五十年了，半個世紀，人生旅程的一大半，走過來了。
思索著，邁向百年的未來歷程，能為知識界、文化學術界作些什麼？
在速食文化的生態下，有什麼值得讓人雋永品味的？

歷代經典・當今名著，經過時間的洗禮，千錘百鍊，流傳至今，光芒耀人；
不僅使我們能領悟前人的智慧，同時也增深加廣我們思考的深度與視野。
我們決心投入巨資，有計畫的系統梳選，成立「經典名著文庫」，
希望收入古今中外思想性的、充滿睿智與獨見的經典、名著。
這是一項理想性的、永續性的巨大出版工程。
不在意讀者的眾寡，只考慮它的學術價值，力求完整展現先哲思想的軌跡；
為知識界開啟一片智慧之窗，營造一座百花綻放的世界文明公園，
任君遨遊、取菁吸蜜、嘉惠學子！